Françoise Hauser
Volker Häring

# Singapur

IWANOWSKI'S REISEBUCHVERLAG

Im Internet:

**www.iwanowski.de**

Hier finden Sie aktuelle Infos zu allen Titeln, interessante Links – und vieles mehr!

**Einfach anklicken!**

Schreiben Sie uns, wenn sich etwas verändert hat. Wir sind bei der Aktualisierung unserer Bücher auf Ihre Mithilfe angewiesen:
**info@iwanowski.de**

**Singapur**
**4. Auflage 2013**

© Reisebuchverlag Iwanowski GmbH
Salm-Reifferscheidt-Allee 37 • 41540 Dormagen
Telefon 0 21 33/26 03 11 • Fax 0 21 33/26 03 33
info@iwanowski.de
www.iwanowski.de

Titelfoto: Central Business District over Marina Park
Nordic Photos/LOOK, München

Alle anderen Farbabbildungen: siehe Bildnachweis Seite 255

Redaktionelles Copyright, Konzeption und deren ständige Überarbeitung: Michael Iwanowski
Karten: Astrid Fischer-Leitl, München
Reisekarte: Dagmar Theissen, Klaus-Peter Lawall, Unterensingen
Titelgestaltung: Point of Media, www.pom-online.de
Layout und Lektorat: Annette Pundsack, Köln

Alle Rechte vorbehalten. Alle Informationen und Hinweise erfolgen ohne Gewähr für die Richtigkeit im Sinne des Produkthaftungsrechts. Verlag und Autoren können daher keine Verantwortung und Haftung für inhaltliche oder sachliche Fehler übernehmen. Auf den Inhalt aller in diesem Buch erwähnten Internetseiten Dritter haben Autoren und Verlag keinen Einfluss. Eine Haftung dafür wird ebenso ausgeschlossen wie für den Inhalt der Internetseiten, die durch weiterführende Verknüpfungen (sog. „Links") damit verbunden sind.

Gesamtherstellung: Grafisches Centrum Cuno, Calbe
Printed in Germany

**ISBN: 978-3-86197-073-6**

# Inhalt

## 1. EINLEITUNG — 8
Vom Sündenpfuhl zum konfuzianischen Idealstaat — 9

## 2. LAND UND LEUTE — 10

### Geschichte Singapurs — 11

### Landschaftlicher Überblick — 19
Klima — 22

### Politik und Wirtschaft — 23
Das politische System — 23
Auf dem Weg zum kleinen Tiger:
das Wirtschaftswunder Singapur — 24

### Gesellschaftlicher und kultureller Überblick — 30
Der Vielvölkerstaat:
die Ethnien und Religionen Singapurs — 30
Feiertage und Feste — 40
Chinesische Feiertage 40 · Islamische Feiertage 41 ·
Indische Feiertage 41
Die Sprachen Singapurs — 41
Die Medien — 43
Singapur-Knigge — 45
In chinesischer Gesellschaft 46 · In indischer Gesellschaft 47 ·
In muslimischer/malaiischer Gesellschaft 47
Singapurs Kulturlandschaft — 47

## 3. SINGAPUR ALS REISEZIEL — 50

### Allgemeine Reisetipps von A–Z — 51
### Das kostet Sie der Aufenthalt in Singapur — 95

## 4. SINGAPUR ENTDECKEN — 98

### Tourenvorschläge — 99

### Entlang des Singapore River und an der Marina Bay — 103
Redaktionstipps 104
Spaziergang — 104
Fullerton Hotel 104 · Merlion 105 · Marina Bay Sands Hotel
105 · Gardens by the Bay 106 · Asian Civilisations Museum 106 ·
Boat Quay 107 · Clarke Quay 107 · Robertson Quay 108 ·
Reisepraktische Informationen 108

### Der Colonial Core — 113
Redaktionstipps 113

*Inhalt*

      **Spaziergang** _____ 113
      Old Parliament House (Arts House) 115 · Supreme Court 115 · City Hall 116 · St. Andrew's Cathedral 116 · Raffles City 117 · Padang und Esplanade-Park 117 · Esplanade Theaters on the Bay 117 · Civilian War Memorial 118 · Chijmes 118 · Cathedral of the Good Shepard 119 · Armenian Church 119 · Singapore Philatelic Museum 119 · Peranakan Museum 119 · National Museum of Singapore 120
      **Fort Canning Park und die Battle Box** _____ 120
      MICA-Building 121 · Fort Canning Park 121 · Fort Canning 122 · Fort Canning Centre 122 · Geschichtslektion aus Wachs: die Battle Box 123 · Reisepraktische Informationen 124

## Central North: Von der Bras Basah Road bis zum Rochor Canal   127
      Redaktionstipps 127
      **Spaziergang** _____ 127
      Raffles Hotel 127 · Singapore Art Museum 129 · Maghain Aboth Synagoge 129 · Church of Saint Peter and Paul 131 · Saint Joseph's Church 131 · Bugis 132 · Kuan Im Tong Tempel 132 · Sri Krishnan Tempel 133 · Sculpture Square 133 · Parkview Square 133 · Suntec City 134 · Singapore Flyer 134 · Reisepraktische Informationen 135

## Kampong Glam (Arab Street)   140
      Redaktionstipps 141
      **Spaziergang** _____ 141
      Sultan Moschee 142 · Sultan Gate 143 · Hajjah Fatimah Moschee und Alsagoff Arabic School 143 · Malabar Moschee 143 · Gewürze und Roti Prata 144 · Reisepraktische Informationen 144

## Little India   146
      Redaktionstipps 147
      **Spaziergang** _____ 147
      Tekka Market 147 · Maggi Beer Garden und India Arts Belt 149 · Little India Arcades 149 · Dunlop Street 149 · Abdul Gaffoor Moschee 149 · Angullia Moschee 150 · Sri Veeramakaliamman Tempel 150 · Sri Srinivasa Perumal Tempel 151 · Leong San Tempel 151 · Sakyamuni Buddha Gaya Tempel 151 · Mustafa Centre 152 · Reisepraktische Informationen 152

## Rund um die Orchard Road   157
      Redaktionstipps 157
      **Spaziergang** _____ 158
      Hilton Hotel 158 · Goodwood Park Hotel 159 · Peranakan Place 160 · Emerald Hill 160 · Cairnhill Road 161 · Little Tokyo 163 · Istana 164 · Botanischer Garten 164 · Reisepraktische Informationen 166

## Der Financial District 170
Redaktionstipps 170
**Spaziergang** _____ 170
Bank of China 170 · Clifford Pier 170 · Raffles Place 171 ·
Raffles Quay 172 · Reisepraktische Informationen 173

## Chinatown 174
Redaktionstipps 174
**Spaziergang** _____ 177
Chinatown Heritage Centre 178 · Trengganu und Smith Street 178 ·
Sago Lane & Sago Street 179 · Jamae Moschee 179 · Sri Mariamman
Tempel 180 · Eu Yan Sang Clinic und Thye On Ginseng Medical Hall
181 · Ann Siang Hill 182 · Amoy Street 182 · Al Abrar Moschee 183 ·
Thian Hock Keng Tempel 183 · Nagore Durgha Schrein 184 · Tempel
der Buddhazahn-Reliquie 185 · Reisepraktische Informationen 185

# 5. AUSSERHALB DES ZENTRUMS 190

## Entlang der Küste nach Osten 191
Redaktionstipps 191
**Spaziergang** _____ 193
Reisepraktische Informationen 197

## Changi und der Osten 199
Redaktionstipps 199
**Changi Prison Museum** _____ 199
**Changi Village und Changi Beach Park** _____ 200
**Pasir Ris Park** _____ 201
Reisepraktische Informationen 202

## Der Westen 203
Redaktionstipps 203
**Southern Ridges** _____ 203
**Holland Village** _____ 204
**Chinese Garden und Japanese Garden** _____ 205
**Singapore Science Centre** _____ 207
**Haw Par Villa** _____ 208
**Jurong Bird Park** _____ 210
**Bukit Timah Nature Reserve** _____ 211
**Bukit Batok Town Park** _____ 214
**Ming Village** _____ 214
**Singapore Discovery Centre** _____ 214
**Snow City** _____ 215
Reisepraktische Informationen 215

## Singapurs grüner Norden 218
Redaktionstipps 219
**Lian Shan Shuang Lin Kloster (Siong Lim Tempel)** __ 219
**Kong Meng San Phor Kark See Tempel** _____ 220

## Inhalt

| | |
|---|---|
| MacRitchie Reservoir Park | 221 |
| Zoo von Singapur | 223 |
| Woodlands und Kranji War Memorial | 224 |
| Sungei Buloh Wetland Reserve | 224 |
| Reisepraktische Informationen 226 | |

**Auf der anderen Seite der Grenze: Johor Bahru** — 227
Reisepraktische Informationen 228

### 6. DIE INSELN — 230
Redaktionstipps 231

**Sentosa Island** — 231
Reisepraktische Informationen 235

**Pulau Ubin** — 238
Reisepraktische Informationen 244

**Kusu Island** — 245
**Sisters' Islands und Pulau Hantu** — 246
**St. John's Island und Lazarus Island** — 246

### 7. ANHANG — 248
**Literatur/Buchempfehlungen** — 249
**Stichwortverzeichnis** — 250
**Bildnachweis** — 255

### Weiterführende Informationen zu folgenden Themen

| | |
|---|---|
| Sir Stamford Raffles: Ein Sonderling schreibt Weltgeschichte | 17 |
| Asiatische Werte und Konfuzius | 27 |
| Im Reich der Geister | 37 |
| Schlemmen für die Gesundheit | 64 |
| Raus aus der Bettenburg | 155 |
| Die wichtigsten Shopping Center | 162 |
| Ein Mann verändert Asien: „Rubber Ridleys" Visionen | 165 |
| Im Reich der Peranakan | 196 |

### Kartenverzeichnis

| | |
|---|---|
| Singapur mit Teil-Malaysia | 21 |
| Klimadaten | 79 |
| Singapur-Zentrum | 100 |
| Singapore River | 105 |
| Robertson Quay und Mohamed Sultan Road: Reisepraktisches | 111 |
| Colonial Core | 114 |
| Colonial Core: Reisepraktisches | 125 |
| Central North | 130 |
| Central North: Reisepraktisches | 136 |
| Kampong Glam | 140 |

| | |
|---|---|
| Little India | 148 |
| Little India: Reisepraktisches | 153 |
| Orchard Road | 158 |
| Orchard Road: Reisepraktisches | 168 |
| Financial District | 171 |
| Chinatown | 176 |
| Chinatown: Reisepraktisches | 186 |
| Geylang/Katong | 194 |
| Changi | 199 |
| Der Westen | 204 |
| Bukit Timah Nature Reserve | 212 |
| Der Norden | 218 |
| Südlich des MacRitchie Reservoir Parks | 221 |
| Johor Bahru | 227 |
| Sentosa Island | 233 |
| Sentosa Island: Reisepraktisches | 237 |
| Pulau Ubin | 241 |
| St. John's Island, Sisters' Islands, Kusu Island, Lazarus Island | 245 |
| Republik Singapur Gesamtübersicht | Vordere Umschlagklappe |
| MRT-Plan | Hintere Umschlagklappe |

## Legende

| | | | | |
|---|---|---|---|---|
| ★ | Sehenswürdigkeit | | 🚆 | Bahnhof |
| | | | | MRT Station |
| | Kirche | | | Übernachten |
| | Kathedrale | | Y | Bar |
| | Denkmal | | | Essen |
| | Fort | | $ | Bank |
| | Pagode/Tempel | | | Polizei |
| M | Museum | | | Hütte |
| T | Theater | | | Strand |
| K | Kino | | | Golfplatz |
| i | Information | | Ω | Höhle |
| | Moschee | | | Seilbahn |
| ✈ | Internationaler Flughafen | | ✉ | Post |
| | Fähre | | | Shopping |
| ⚓ | Hafen | | | Markt |
| // | Fußgängerbrücke | | | |

# I. EINLEITUNG

# Vom Sündenpfuhl zum konfuzianischen Idealstaat

Singapur? Schon allein die Erwähnung des Namens lässt hartgesottene Traveller aufseufzen. „Asien für Anfänger" lautet das Urteil vieler Weltenbummler, die der Stadt gerne Sterilität unterstellen, fast so als seien Dreck und Chaos Teil der Definition des asiatischen Kontinents. In der Tat fehlt der Stadt Singapur vieles, was in anderen Ländern des Kontinents zum Alltag gehört: Schmutz, Kriminalität und Korruption wird man hier fast vergeblich suchen. Auch der tägliche Kampf gegen den Kleinbetrug, der darwinistische Straßenverkehr vieler Nachbarländer und die üblichen tropischen Gesundheitsprobleme bleiben dem Reisenden erspart. Stattdessen ist selbst der kleinste Straßenstand garantiert blitzsauber, jede behördliche Leistung zeitnah, ohne Schikane erhältlich und Bildung selbstverständlich.

Was der Europäer in Singapur erlebt, mag in der Tat für Asien nicht gerade typisch sein, und doch repräsentiert es das, was sich viele Asiaten insgeheim wünschen: *Lee Kuan Yew*, der Gründer und strenge Vater Singapurs, hat beinahe erreicht, was viele Bürger in Fernost offen oder insgeheim anstreben – den konfuzianischen Idealstaat. Und gerade das macht Singapur so viel asiatischer als viele andere Länder. Der hohe Lebensstandard, die saubere Luft, viel Grün, eine exquisite Küche und natürlich die überaus freundlichen Bewohner tun ihr Übriges dazu, Singapur in eine attraktive Stadt zu verwandeln.

Nicht zuletzt konnte sich aus dem freundlichen Miteinander der Kulturen eine bunte Stadt entwickeln, deren ethnische Viertel nicht zu Museumsdörfern degradiert wurden, sondern eher als typische Aushängeschilder der Ethnien gelten können. Wer je abends durch Little India geschlendert ist oder sich dem Nachtleben des Clarke Quay hingegeben hat, wird das Adjektiv „steril" sicher nicht mehr verwenden wollen.

Der durchschnittliche Reisende bleibt lediglich zwei bis drei Tage in der Stadt, doch wer sich Zeit nimmt für Singapur, wird schnell feststellen, dass die Stadt selbst nach zwei oder drei Wochen noch überaus spannend bleibt. Für uns jedenfalls ist sie eine der lebenswertesten Städte Asiens.

Ein großer Dank geht an See Weng Choy, der Volker Häring im Singapurer Nachtleben mit Rat und Tat begleitet hat.

Françoise Hauser und Volker Häring

## 2. LAND UND LEUTE

# Geschichte Singapurs

„Das moderne Singapur hat seine Ursprünge 1819. Nichts, was vorher auf dieser Insel geschah, ist von Bedeutung, um die aktuelle Lage zu verstehen", ließ 1969 der singapurische Geschichtsprofessor *Tregonning* anlässlich des 150-jährigen Jubiläums der Stadt verlauten – provokante, aber wahre Worte. Was im Übrigen nicht bedeutet, dass Singapur keine Geschichte hat, sondern lediglich auf den Umstand verweist, dass die neuere Geschichte nicht zwangsläufig auf der älteren aufbaut.

Viele Aspekte der singapurischen Geschichte liegen auch heute noch im Dunkeln. Größtenteils hat dies einen geradezu trivialen Grund: Lange Zeit blieb der kleine Handelsposten von der Weltgeschichte recht unberührt, sodass es wohl niemandem notwendig schien, Singapurs Vorkommnisse für die Nachwelt aufzuzeichnen. Erst die Ausgrabungen auf dem Fort Canning Hill lieferten „handfeste" Beweise für frühere Besiedlungen.

*Historie im Dunkeln*

Sicher ist, dass Singapur lange als **Temasek** bekannt war und abwechselnd von verschiedenen Königreichen Südostasiens kontrolliert wurde. Ab dem 7. Jahrhundert war die Insel ein (wenn auch recht unbedeutender) Teil des Srivijaya-Großreiches, das im 14. Jahrhundert vom javanischen Majapahit-Königreich abgelöst wurde. Nicht überall traf dieser Machtwechsel auf Zustimmung, und als sich gen Ende des 14. Jahrhunderts der Adlige **Parameswara** gegen die Javaner erhob und sich selbst zum König der Malaien ausrief, konnte er durchaus auf Rückhalt in den abgelegenen Ecken des Reiches hoffen. Von den Majapahit nach Sumatra getrieben, flüchtete er sich auf die Riau-Inseln.

*Das historische Singapur (National Museum of Singapore)*

*Singapura – Löwenstadt*

In den 1390er-Jahren schließlich zog er sich nach Temasek zurück. „Seehafen", so die wörtliche Übersetzung, schien ein recht profaner Name für den Wohnsitz eines Königs, sodass die Insel in Singapura – Löwenstadt – umbenannt wurde. Der Legende nach soll der Parameswara bei einem Erkundungsausflug einen Löwen erblickt haben, was ihn zu diesem neuen Namen inspirierte (eine aus biologischer Sicht sehr unwahrscheinliche Geschichte). Auf jeden Fall plante der Prinz von hier aus seine eher unköniglichen Piratenüberfälle, mit denen er nicht nur seinen Hof unterhielt, sondern auch den Zorn der Handelsnationen Siam und Java auf sich zog und daher nach wenigen Jahren wieder vertrieben wurde. Der bis dahin relativ erfolglose Herrscher floh nach Norden und gründete, zum Islam konvertiert und nunmehr unter dem Namen **Iskander Shah** regierend, das **Sultanat von Malakka**, das fortan auch Singapur zu seinen Territorien zählte.

*Bedeutung der East India Company*

Bereits Ende des 16. Jahrhunderts hatten auch die Briten den Blick gen Osten gewandt: Mit der Gründung der **East India Company (EIC)** im Jahr 1600 sollte das holländisch-portugiesische Monopol im Gewürzhandel gebrochen werden. Lange Zeit hielt die EIC das exklusive Recht für den britischen Asienhandel und blieb daher der wichtigste Importeur indischer und chinesischer Waren. Nachdem in Indien zahlreiche Handelsposten geschaffen worden waren, galt es den Seeweg von Indien nach China zu sichern.

Besonders das Nadelöhr der Malakka-Straße zwischen Sumatra und Malaysia war eine problematische Strecke, genauso anfällig für Angriffe durch die europäischen Konkurrenten wie durch einheimische Piraten. Nur wenige Jahrzehnte später übernahm Großbritannien auch die holländischen Besitzungen in Südostasien (Malakka, Bencoolen und Java), um sie nicht in die Hände der Franzosen gelangen zu lassen.

*East India Company (National Museum of Singapore)*

**Geschichte Singapurs**  13

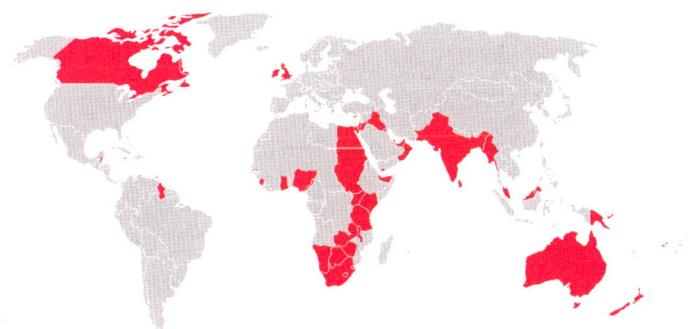

*Ausdehnung des Britischen Empire 1821 (Quelle Wikipedia)*

Und es war **Stamford Raffles**, ein Angestellter der EIC, dem die Verwaltung von Java und Sumatra übertragen wurde. Doch schon 1816 schien es strategisch günstig, Java an die Holländer zurückzugeben, um sie als Verbündete auf der Seite der britischen Krone gegen Frankreich zu wissen. Im Fernen Osten freilich waren die Holländer nun wieder ernste Konkurrenten. Immer deutlicher wurde es, dass auch der südliche Zugang zur Straße von Malakka durch einen britischen Posten gesichert werden musste.

Während des allgemeinen Gerangels um die Vorherrschaft in Asien, dümpelte Singapur, wie viele andere Inseln der Region nur ein lokaler Handelsposten, vor sich hin. Anderen Quellen zufolge war das Eiland ein verrufenes Piratenquartier, dessen Bewohner den vorbeisegelnden Handelsschiffen auflauerten.

*Piratenquartier*

Im Jahr 1812, nach dem Tode **Sultan Mahmuds** von Riau-Johor, war ein Streit um dessen Nachfolge entbrannt: Die Bugis, eine einflussreiche Volksgruppe der Region, unterstützten den jüngeren Sohn *Tengku Abdul Rahman*, während die Malaien auf den erstgeborenen **Tengku Hussein** setzten. Nach holländischer Intervention wurde der Machtkampf zugunsten des Jüngeren entschieden und *Hussein* zog sich auf eine entlegene Insel des Archipels zurück. Besonders einflussreich war der Sultansposten allerdings ohnehin nicht mehr: De facto lag die Macht bei einer ganzen Riege von Staatsbeamten, von denen der „Temenggong", eine Art oberster Richter, Singapur verwaltete.

Bei seiner Ankunft in Singapur im Jahr 1819 handelte *Raffles* mit beiden Brüdern Verträge aus, in denen *Hussein* fortan als „seine königliche Hoheit Sultan Hussein Mohammed Shah, Sultan von Johor" auftrat. Ein geschickter Schachzug – erhielt doch *Hussein* so unter britischem Schutz einen Teil der Rechte, die ihm bisher verwehrt geblieben waren, und *Raffles* einen denkbar einfachen Verhandlungspartner, der wenig zu verlieren hatte und ihm günstig alle Legitimationen verschaffte. Dem Sultan wurde unter anderem das lebenslange Wohnrecht auf dem Gelände von der Küste bis zum Rochor River zugesprochen, sowie eine Rente von 5.000 spanischen Dollar aus der Schatulle der East India Company. Singapur wurde damit am 29. Ja-

*Stadtentwicklungsplan für Singapur – der Jackson Plan (Quelle Wikipedia)*

nuar 1819 ein Teil des Britischen Empire.

Als **Freihafen** zog Singapur schnell Händler aller Nationalitäten an. Endlich bot sich die Gelegenheit, die holländischen Handelsrestriktionen zu umgehen! Die Stadt wuchs in atemberaubendem Tempo: 1821 war Singapur auf 5.000 Bewohner angewachsen, darunter 3.000 Malaien, mehr als 1.000 Chinesen und 500 Bugis, nur drei Jahre später lebten bereits 10.000 Menschen in der Stadt. Und Raffles hatte große Pläne mit dem neuen Besitztum. Zwar blieb er in Bencoolen stationiert, engagierte sich aber stark in Singapur.

*Raffles Visionen*

Viele seiner sozialen und wirtschaftlichen Visionen waren für ihre Zeit außergewöhnlich: Er ließ nicht nur Sklaverei und Glücksspiel verbieten, sondern auch einen genauen Stadtentwicklungs- und Besiedlungsplan entwerfen (bekannt als Jackson Plan).

Die De-facto-Verwaltung der Stadt übergab er 1819 dem ehemaligen Statthalter von Malakka, Colonel *William Farquhar*, nur um ihn bei seinem nächsten Besuch wieder zu feuern: Mit Entsetzen stellte *Raffles* 1822 fest, dass sich *Farquhar* in vielen wichtigen Punkten nicht an seine Instruktionen gehalten hatte. Der Sklavenhandel mit Kulis blühte, gegen Gebühr wurden Lizenzen für den Opiumhandel und für Spielsalons verkauft. Zudem hatte Farquhar gegen den expliziten Willen *Raffles'* den europäischen Händlern erlaubt, Warenhäuser an den Flussufern zu errichten.

Derweil wurde auf dem internationalen Parkett der Status Quo Singapurs gesichert: Im März 1824 unterzeichneten Großbritannien und die Niederlande den **Londoner Vertrag**, in dem Ost-Indien in zwei klare Einfluss-Sphären geteilt wurde: Die Gebiete nördlich der Straße von Malakka wurden den Briten zugeschlagen, während die Holländer die Region südlich davon kontrollierten. Malakka kam damit in britische Hände, während das ehemals englische Bencoolen unter holländische Verwaltung geriet. Im folgenden Jahr schließlich zementierte die East India Company den Status Quo und kaufte dem hoch verschuldeten Sultan von Johor die Insel komplett und unwiderruflich ab. Nur zwei Jahre später bildete die EIC aus Penang, Malakka und Singapur die **Straits Settlements**, deren Verwaltung ab 1832 von Singapur aus erfolgte, 1851 aus Kostengründen aber in die Hand des Generalgouverneurs von Indien gelegt wurde. Die Einwohnerzahl der Stadt stieg derweil kräftig an.

*Straits Settlements*

In den Docks wurden Arbeitskräfte gebraucht. Meist waren es junge Chinesen, Inder und Malaien, die den Weg nach Singapur fanden. Frauen waren freilich kaum darunter. Ihnen war in den Herkunftsgebieten nicht nur die Ausreise verboten, es passte schlichtweg auch nicht zum Bild der Frau in den traditionellen Gesellschaften, das Glück im Ausland zu suchen.

Mitte des 19. Jahrhunderts betrug die Männer-Frauen-Ratio 15:1! 1856 wurde daher sogar eine Prämie ausgeschrieben, für alle, die eine Ehefrau mitbrachten. Prostitution, Glücksspiel und Kriminalität prosperierten derweil in der Testosteron-geladenen Gesellschaft, ein wahrer Sündenpfuhl! Um die 80.000 Einwohner hatte Singapur 1860, dafür aber keine Kanalisation, kein nennenswertes Gesundheitswesen und straßenweise Elendsquartiere.

*Männerüberschuss*

Wirtschaftlich blieb Singapur aber auf Erfolgskurs. Praktisch die gesamten Zinn- und Kautschuk-Erträge der malaiischen Halbinsel wurden über den Hafen von Singapur abgewickelt. Auch die ersten Öllager entstanden, sodass die Stadt Ende des 19. Jahrhunderts zum wichtigsten Hafen Asiens avancierte und selbst weltweit auf Platz sieben rangierte. Kein Wunder, dass auch die Bevölkerung kontinuierlich weiter wuchs: 1900 waren es noch ca. 250.000 Einwohner, doch schon 1930 hatte sich die Zahl auf eine halbe Million verdoppelt. Und das, obwohl die Wirtschaftskrise der 1920er-Jahre auch an Singapur nicht spurlos vorüberging: Die Gummi-Preise fielen schlagartig ins Bodenlose; Arbeitslosigkeit und Emigration waren die Folge.

Zum ersten Mal in der Geschichte der Stadt verabschiedeten die Briten eine **Quotenregelung** für chinesische Einwanderer. Frauen waren davon allerdings ausgenommen, sodass sich innerhalb weniger Jahre das Geschlechterverhältnis ausbalancierte. Erstmals begannen die Einwohner sich in Singapur heimisch zu fühlen, wurden Familien gegründet und Kinder geboren, entstand nun eine „echte" ein-

*Quote für Einwanderer*

*Denkmal für indische Einwanderer in Telok Ayer*

heimische Bevölkerung. Für viele erscheint diese Zeit heute noch als der Beginn der singapurischen Gesellschaft.

Politisch blieb die Lage jedoch turbulent. Inspiriert durch die Entwicklungen in China, entstand auch in Singapur eine kommunistische Bewegung, die sich 1930 in Malayan Communist Party (MCP) umbenannte. Und eine weitere Bedrohung zeichnete sich am Horizont ab: Das **japanische Kaiserreich** hatte längst ein Auge auf die Rohstoffe Malayas geworfen. Nachdem sich Japan in den 1930er-Jahren große Teile Chinas einverleibt hatte und in den Zweiten Weltkrieg eingetreten war, griffen die Truppen des Tenno 1941 Malaya an und überrannten im Februar 1942 Singapur.

*Japanische Schreckensherrschaft*

Eine wahre Schreckensherrschaft begann für die Bewohner der Stadt: Willkürlich richtete die japanische Geheimpolizei jeden hin, der auch nur im Entferntesten in die Kategorie „Widerstandskämpfer" fallen konnte. Meist traf es junge, chinesische Männer, doch auch die britischen Bewohner wurden interniert. Hunger und Krankheiten waren in **Syonan** (Licht des Südens), so der neue japanische Name, an der Tagesordnung, mehr als 100.000 Menschenleben soll die Besatzungszeit gekostet haben. Kurze Zeit nach dem Atombombenabwurf auf Hiroshima und Nagasaki im August 1945 kapitulierten die Japaner und die Briten kehrten zurück nach Singapur. Die britische Aura der Unbesiegbarkeit war freilich dahin.

Sowohl in Malaya als auch in Singapur regte sich Widerstand gegen die Briten: Kommunistische Aufstände verunsicherten die Kolonialherren so sehr, dass 1948 ein Ausnahmezustand verhängt wurde, der die nächsten zwölf Jahre überdauern sollte.

Zudem blieben die allgemeinen Lebensumstände erst einmal sehr schlecht – auch dies nagte am britischen Herrschaftsanspruch. Immer wieder kam es auch in Singapur zu Streiks und Auseinandersetzungen. Besonders die gebildete Mittelschicht verlangte nach Mitbestimmung.

1953 berief die Kolonialregierung die nach ihrem Leiter *Sir George Rendell* benannte Rendell-Kommission, mit der Weisung, eine neue politische und konstitutionelle Struktur für Singapur auszuarbeiten. Nach langen Beratungen empfahl *Rendell* zumindest eine partielle Autonomie, wobei innere Sicherheit, Justiz, Finanzen, Verteidigung und Außenpolitik unter britischer Kontrolle bleiben sollten.

Zudem sollte im April 1955 in allgemeinen Wahlen eine Ein-Kammer-Legislative gewählt werden.

*„Der Feind hört mit" – britisches Propagandaplakat*

*Historisches Foto – Nationalfeiertag (National Museum of Singapore)*

Zusammen mit den Kommunisten hatte es die die **People's Action Party** (PAP) geschafft, große Teile der Bevölkerung hinter sich zu vereinen. Eine Verbindung, die aufgrund großer politischer Differenzen nicht lange halten sollte: Während der moderate Flügel die Vereinigung mit Malaysia befürwortete, favorisierten die Kommunisten ein kommunistisches, unabhängiges Singapur. 1961 nannte sich der kommunistische Flügel Barisan Sosialis und verließ die PAP.

Um den Malaien die Angst vor einer chinesischen Übermacht zu nehmen, wurden auch die vorrangig malaiischen Gebiete Sabah und Sarawak in den malaysischen Staat integriert und nach langen Verhandlungen im September 1963 die **Föderation von Malaysia** ins Leben gerufen. Besonders Indonesien konnte sich mit dieser Veränderung nicht anfreunden – eine derart große Regionalmacht vor der Haustür war dem Inselreich suspekt – und so kam es zwischen den beiden Staaten immer wieder zu kriegerischen Auseinandersetzungen, der **Konfrontasi**, die erst nach dem Sturz Sukarnos (erster Präsident Indonesiens) 1966 enden sollte.

*Föderation von Malaysia*

### Sir Stamford Raffles: Ein Sonderling schreibt Weltgeschichte

Allein die Gründung Singapurs hätte *Raffles* zu einem Platz in den Geschichtsbüchern verholfen – doch seine wichtigsten Leistungen liegen auf ganz anderem Gebiet: Als einer der ersten Kolonialherren beschäftigte er sich intensiv mit der einheimischen Kultur und verlieh der englischen Herrschaft in Südostasien ein humaneres Gesicht – vielleicht weil er selbst seine hohe Position mit viel Einsatz erarbeiten musste, denn *Raffles* stammte durchaus nicht aus „gutem" Hause: 1781 als Sohn eines Kapitäns geboren und mit nur zwei Jahren Schul-

*Hat Großes bewirkt ...*
*(National Museum of Singapore)*

bildung, tritt er 1795 als kleiner Angestellter in die Londoner East India Company ein. Sein geradezu streberhafter Fleiß erweckt das Interesse der Vorgesetzten, die ihm 1805 eine gewaltige Beförderung zukommen lassen: Er wird zum Assistenten des Gouverneurs von Penang ernannt. Hier leitet er nicht nur größtenteils die Verwaltungsgeschäfte der Kolonie, sondern lernt als einer der wenigen Kolonialangestellten Malaiisch und springt hier und da als Übersetzer ein, wenn sich die offiziellen Vertreter als allzu unfähig erweisen. Privat beginnt er mit der wissenschaftlichen Erfassung der malaiischen Kultur und verursacht nebenbei noch einen handfesten Skandal, als er die zehn Jahre ältere Witwe eines indischen Chirurgen heiratet.

Als 1811 Java den Briten zufällt, ist *Raffles'* große Stunde gekommen: Er wird zum Gouverneur der Insel ernannt und darf nun nach eigenem Gutdünken schalten und walten. Er schafft Zwangsarbeit, Folter und Sklavenhandel ab, reformiert in wenigen Jahren das Kolonialsystem und befiehlt die Suche nach der verschollenen Tempelanlage von Borobudur nahe Yogyakarta, die daraufhin aus der vulkanischen Asche ausgegraben und restauriert wird. Nur wenige Jahre später, 1816, fällt Java an die Holländer zurück und *Raffles* krönt sein indonesisches Intermezzo mit einer zweibändigen Geschichte Javas, die ihm zusammen mit seinen anderen Errungenschaften den Titel „Sir" einbringt.

Seine weitere Karriere führt ihn im Jahr 1818 nach Bencoolen (Benkulu) auf Sumatra. Dort führt er als Gouverneur das allgemeine Schulwesen ein und leitet ganz nebenbei aus der Ferne den Aufbau Singapurs. Den steilen Aufstieg der Stadt erlebt er jedoch nicht mehr: Von Malaria geplagt, stirbt er 1826 mit nur 45 Jahren in London.

*... Sir Stamford Raffles*
*(National Museum of Singapore)*

# Landschaftlicher Überblick

Wer Singapur auf dem Globus sucht, muss gute Augen haben: Der kleine rote Punkt an der Südspitze der malaiischen Halbinsel ist in der Realität gerade einmal etwas mehr als 685 km² groß. Mit 42 km maximaler Breite und 23 km maximaler Länge ist die Insel so klein, dass sie, proportional gesehen, auf den meisten Karten gar nicht dargestellt werden dürfte. Und wenn sie trotzdem erscheint, dann wohl, weil hier einer der reichsten Staaten Asiens liegt, der es ohne nennenswerte Rohstoffe geschafft hat, innerhalb weniger Generationen in die Liga der wohlhabenden Nationen aufzusteigen.

Anderthalb Breitengrade nördlich des Äquators liegt dieses Wirtschaftswunder, nur durch die **Meerenge von Johor** von Malaysia getrennt. Zwei Brücken verbinden Singapur mit dem Nachbarn – und eine Trinkwasserleitung, die die Abhängigkeit des Staatsstaats von seinem Nachbarn verdeutlicht.

Noch vor weniger als 200 Jahren war die Insel von immergrünem, dichtem tropischen Regenwald bedeckt. Heute sind nicht einmal 5 % dieser Walddecke übrig, einzig das Naturschutzreservat **Bukit Timah** besteht aus ursprünglicher Vegetation. Einen Hauch des ursprünglichen Singapur bietet jedoch die kaum besiedelte, vorgelagerte Insel **Pulau Ubin** im Osten Singapurs, wo neben Affen, Ottern und Wildschweinen sogar noch Kobras und Pythons leben.

*Gute Augen muss man haben, um Singapur auf dem Satellitenfoto zu erkennen* (Quelle Wikipedia)

Trotz des geringen Anteils an unberührter Natur ist Singapur eine sehr grüne Stadt. Nur die Hälfte des Territoriums ist bebaut, und das bei einer Bevölkerung von immerhin 4,5 Millionen (2011) Menschen, von denen allerdings deutlich weniger die singapurische Staatsbürgerschaft besitzen. Der Rest der Fläche besteht aus Parks, landwirtschaftlichen Feldern und Naturreservaten. Ökologische Fragen werden in Singapur ernst genommen und **Umweltschutz**, für asiatische Verhältnisse, sehr groß geschrieben. Die positiven Entwicklungen lassen sich nicht übersehen: Wenn nicht gerade brennende Wälder der benachbarten Staaten die Umwelt verpesten, muss sich in Singapur niemand scheuen, tief durchzuatmen. Kaum eine andere asiatische Großstadt darf sich so klarer Luft rühmen.

*Grüne Stadt*

Neben der Hauptinsel gibt es gut **60 weitere Inseln** – eine Zahl, die übrigens stetig abnimmt, denn dank der Landgewinnungsprogramme werden hier und dort auch kleine Inseln einverleibt. Überhaupt sind alle Zahlen zu Fläche und Größe mit Vorsicht zu genießen: Platz ist knapp in der aufstrebenden Metropole, und so wird fleißig „angebaut". Die *Beach Road* beispielsweise lag einst am Strand, heute muss man schon ein ordentliches Stück laufen, um von dort bis zur Küste zu gelangen. Etwa

*Hauptinsel mit zahlreichen Inseln*

*Auf dem Weg nach Pulau Ubin*

20 % Flächenzuwachs verzeichnet die Insel seit den 1960er-Jahren, und ein Ende ist noch nicht in Sicht.

*Lage an der Straße von Malakka*

Singapurs Reichtum, Geschichte, ja die Existenz der Stadt selbst, lassen sich auf die strategisch höchst günstige Position der Insel zurückführen: An der Malakka-Straße gelegen, der wichtigsten Seeverbindung zwischen dem indischen und chinesischen Kulturraum, war Singapur schon immer ein Treffpunkt der Händler. Mit dem Nordost-Monsun segelten die chinesischen Händler seit Jahrhunderten entlang der malaiischen Ostküste bis zu ihrer südlichsten Spitze. Während der Wartezeit bis zum Beginn des entgegengesetzten Südwest-Sommermonsuns, der zurück in die Heimat führte, wurde mit indischen Händlern verhandelt.

Auch Schiffe, die vom Indischen Ozean in Richtung des südchinesischen Meeres segelten, mussten die Straße von Malakka passieren. Besonders mit dem Beginn der Kolonialzeit wurde diese Strecke zu einem strategischen Punkt, der von Holländern und Briten gleichermaßen begehrt war. Trinkwasser und Proviant lud man hier nach, später, mit der Dampfschifffahrt, wurde Singapur auch zu einer bedeutenden Ladestation für Kohle. Bei allen politischen und historischen Veränderungen, die sich seither ergeben haben, hat Singapur seine Bedeutung als Hafenstadt bewahren können: Hier befindet sich der größte Container- und Ölhafen der Welt, dessen Raffinerien das Rohöl aus den Nachbarstaaten Malaysia, Indonesien sowie anderer Nationen verarbeiten.

Parallel dazu gelang es Singapur in den letzten 30 Jahren, den Dienstleistungssektor erheblich auszubauen. Mit Erfolg: Als zweitreichstes Land Asiens (nur Japan steht

ein wenig besser da) kann sich die Stadt viele Errungenschaften leisten, die auch dem Reisenden zugutekommen. Vom topmodernen Verkehrswesen (inklusive einer geradezu frostig klimatisierten U-Bahn, von der man in Europa nur träumen mag) bis zur einwandfreien medizinischen Versorgung steht Singapur Europa in Sachen Lebensqualität in nichts nach. Ganz besonders erfreulich ist auch, dass dabei fast alle Singapurer von der Entwicklung profitieren konnten, wie zum Beispiel ein Blick auf den Immobilienmarkt zeigt: Acht von zehn Singapurern sind Eigentümer ihrer Wohnung.

## Klima

Ewig währender Sommer, so lässt sich das Klima Singapurs knapp zusammenfassen. Nur 137 km trennen die tropische Stadt vom Äquator, und so liegen die Temperaturen rund ums Jahr zwischen 28 und 33 °C.

*Hohe Luftfeuchtigkeit*

Dazu kommt die für Europäer teils recht anstrengende Luftfeuchtigkeit von gut 90 %. Jahreszeiten gibt es nicht, dafür aber leichte Temperatur- und Feuchtigkeitsschwankungen unter dem Einfluss des Monsuns. Am angenehmsten wird die Zeit des Nordost-Monsuns empfunden, wenn die Temperaturen in der Regel um einige Grad fallen. Ganz ohne Preis ist aber auch diese klimatische Erleichterung nicht zu haben: In dieser Zeit regnet und stürmt es öfter als sonst.

*Im Butterfly Park & Insect Kingdom*

# Politik und Wirtschaft
## Das politische System

Auch wenn es zuweilen anders erscheint, Singapur ist eine Demokratie, zumindest auf dem Papier und mittlerweile zumeist auch in der Realität. Das britische System stand Pate, was Institutionen, Legislative und Wahlrecht betrifft. Seit der Unabhängigkeitserklärung 1965 fanden in Singapur alle vier bis fünf Jahre Parlamentswahlen statt, aus denen die **People's Action Party (PAP)** meist als klarer Sieger hervorging. Nur einmal, 1991, feierte die Opposition einen bescheidenen Erfolg und errang vier Sitze im Parlament, was im Lager der PAP eine fast panikartige Reaktion auslöste, die daraufhin Wahlkreise umorganisierte und Oppositionskandidaten unter Druck setzte.

Seit den Parlamentswahlen 2006 hält die PAP, trotz eines Stimmenverlustes von 9 %, wieder 82 der 84 Sitze, auf die **Worker's Party of Singapore** und die **Singapore Democratic Alliance** entfallen jeweils ein Sitz. Die Teilnahme und Wahl von Oppositionspolitikern wird, neben psychologischem und wirtschaftlichem Druck auf unliebsame Kandidaten, durch einige Details im Wahlrecht erschwert, zuweilen sogar unmöglich gemacht.

Offizielles Staatsoberhaupt ist der Präsident, der bis zu einer Verfassungsänderung 1991 vom Parlament ernannt wurde, seit 1993 jedoch vom Volk gewählt wird. Der Präsident erfüllt vor allem repräsentative Aufgaben, hält seit 1991 jedoch auch ein, allerdings sehr eingeschränktes, Vetorecht. Unnötig zu erwähnen, dass auch die jeweiligen frei gewählten Präsidenten zumindest PAP-nahe waren. Das augenblickliche Staatsoberhaupt ist **Tony Tan** (chinesisch: Tan Keng Yam).

Nicht wenige Kommentatoren sehen Singapur als Autokratie, in der der jeweilige Regierungschef die Rolle des unanfechtbaren, aber auf das Allgemeinwohl bedachten gütigen Herrschers spielt. Dies gilt sicher für *Lee Kuan Yew*, mit gewissen Einschränkungen für dessen Nachfolger *Goh Chok Tong*, der Singapur von 1990 bis 2004 regierte und (noch) für *Lee Kuan Yews* Sohn, *Lee Hsien Loong*, dem seitdem die Regierungsgeschäfte obliegen. Ungeachtet unbestreitbarer autokratischer Tendenzen gibt sich Singapur als demokratischer Staat, mit offiziell freien Wahlen und freier Meinungsäußerung. Wo jedoch westliche Demokratien Wert auf Disput und eine agile Opposition legen, dominiert in Singapur zumeist der Gedanke der Harmonie und der „Good Governance". Salopp ausgedrückt: Wo der regierende Politiker es gut mit seinem Volk meint und es diesem auch nicht gerade schlecht geht, stört eine nörgelnde Opposition allenfalls und ist auch dementsprechend zu behandeln.

*Good Governance*

Tatsächlich hat der Durchschnitts-Singapurer kein großes Interesse an politischer Partizipation, worauf die Wahlpflicht (!) im Stadtstaat bereits hinweist (Wer nicht zur Urne schreitet, wird von der Wählerliste gestrichen und hat fortan weder aktives noch passives Wahlrecht). Solange die Wirtschaft brummt und die persönlichen Freiheiten jenseits der organisierten politischen Meinungsäußerungen nicht eingeschränkt werden, rührt sich nicht viel Opposition in Singapur.

*Der größte Hafen der Welt*

## Auf dem Weg zum kleinen Tiger: das Wirtschaftswunder Singapur

*Mitglied der ASEAN und NAM*

Unter der starken Hand *Lee Kuan Yews* ging Singapur neue Wege. Außenpolitisch suchte Lee neue Allianzen, die den wackligen geopolitischen Status Singapurs festigen sollten. So war Singapur einer der Gründungsstaaten der **Association of Southeast Asian Nations (ASEAN)** und wurde im Jahr 1970 Mitglied in der Bewegung der blockfreien Staaten *(Non-Aligned Movement NAM)*, dem losen Zusammenschluss der unabhängigen Nationen.

Vor allem die Mitgliedschaft im ASEAN stabilisierte die Beziehungen zu den rivalisierenden Nachbarn Malaysia und Indonesien, beide ebenfalls im ASEAN vertreten. Sie brachte Singapur zudem einige bedeutende Vorteile im regionalen Außenhandel. Die innenpolitische Strategie der PAP konzentrierte sich auf die Kernprobleme der wirtschaftlichen Entwicklung und der sozialen Stabilität. Kritische Stimmen verweisen noch auf einen dritten Aspekt der Politik der PAP: Die Erhaltung der eigenen Machtposition. Hierin liegt auch der Kern der politischen Debatte, die die Entwicklung Singapurs seit der Unabhängigkeit begleitet: Die Frage, ob Eigennutz oder Allgemeinwohl die Prämisse *Lee Kuan Yews* und der PAP war. Wie man diese Frage auch immer beantworten mag, unbestreitbar ist, dass der Erfolg Singapurs vor allem maßgeblich auf die Wirtschafts-, Sozial- und Bildungspolitik der PAP zurückzuführen ist.

Bis in die späten 1960er-Jahre zog Singapur sein Einkommen vor allem aus dem Handel, der mehr als die Hälfte des Bruttoinlandsprodukts (BIP) ausmachte. In der

Folgezeit setzte die Regierung große Anstrengungen daran, diese Abhängigkeit zu reduzieren und vor allem das produzierende Gewerbe und den Aufbau des Finanzdienstleistungssektors zu fördern. Kernpunkt dieser Strategie war vor allem die massive Förderung des Bildungsbereichs. Eine Nation ohne Rohstoffe kann sich nur durch herausragende Ergebnisse auf dem Bildungs- und Technologiesektor behaupten, dies war der PAP klar.

Große Summen wurden in den Ausbau des Bildungssystems gesteckt, Englisch und Mandarin wurden als wichtige Weltsprachen gefördert. Gleichzeitig nahm der Staat in großem Umfang steuernden Einfluss auf die Wirtschaft. Über die **GLCs (Gouvernement Linked Companies)** hält der Staat bis heute Anteile an mehr als 500 inländischen Unternehmen und übt so Kontrolle über etwa zwei Drittel des inländischen Firmenvermögens aus. Zudem wurde der Service- und Dienstleistungssektor gefördert und ausgebaut, und ausländische Investoren mit Steuervergünstigungen ins Land gelockt. Mit der Ansiedlung von Erdölfirmen wie Shell und Esso wurde Singapur Mitte der 1970er-Jahre drittgrößter Raffineriestandort weltweit, und ist seit 1979 der **größte Hafen der Welt**, allerdings dicht gefolgt von Hongkong. Seit Ende der 1960er-Jahre erreichte Singapur eine durchschnittliche Wachstumsrate von 9 %, die Arbeitslosigkeit fiel von 12 % Mitte der 1960er-Jahre bis auf 3 % Anfang der 1980er-Jahre. Bereits in den 1970er-Jahren war Singapur wichtigster Finanzumschlagsplatz Südostasiens.

*Ausbau des Bildungssystems*

Weitere dringende Probleme, denen sich die PAP nach der Unabhängigkeit gegenübersah, waren die große Einkommensdisparität, die ethnische Heterogenität sowie die schlechten **Lebens- und Wohnbedingungen** eines Großteils der singapurischen Bevölkerung. Das Housing and Development Board (HDB), das kurz nach der Unabhängigkeit den Singapur Improvement Trust ablöste, sorgte in der Umsetzung eines großangelegten staatlichen Wohnungsbauprogramms dafür, dass die Einwohner der Slums sukzessive in die Housing Estates am Stadtrand umzogen, und ihre Wohnung nicht selten, mit staatlicher Förderung, über die Jahre auch kauften.

Heute ist Singapur eines der Länder mit dem größten Anteil privaten Wohnungsbesitzes weltweit und die unmenschlichen Wohnverhältnisse gehören im Stadtstaat heute größtenteils der Vergangenheit an. Die noch von *Raffles* eingeführte strikte Trennung der Ethnien wurde durch die Housing Estates aufgehoben. Die

*Bildung und Kultur sind die wichtigsten Ressourcen des Stadtstaats*

## Land und Leute

*Die Gleichstellung der Religionen und Ethnien wird im Stadtstaat Singapur betont*

Regierung setzte große Anstrengungen daran, die Gleichberechtigung der einzelnen Volksgruppen und eine von Ethnien unabhängige singapurische Identität zu schaffen. Mit dem **Presidential Council for Minority Rights** im Jahr 1973 setzte die Regierung ein bis heute bestehendes Gremium ein, das die Volksgruppen Singapurs vor Diskriminierung und Benachteiligung der verschiedenen Ethnien durch neu verabschiedete Gesetze schützen soll. Allen Vorwürfen zum Trotz, die chinesische Bevölkerungsmehrheit zu privilegieren, betonte *Lee Kuan Yew* immer die Gleichheit aller Bevölkerungsgruppen Singapurs und propagierte die asiatischen Werte als gemeinsame moralische und ideelle Grundlage aller Ethnien Singapurs. Heute wacht das Ministry of Community Development, Youth and Sports (MCYS) darüber, dass die verschiedenen Ethnien gleichermaßen gefördert werden. Immerhin erledigt das Ministerium seinen Job so gut, dass auch deutsche Städte hin und wieder Vertreter des MCYS einladen, um mehr über das multikulturelle Konzept Singapurs zu erfahren.

*Wenig individuelle Freiheit*

Die wirtschaftliche Erfolgsstory Singapurs ging jedoch auf Kosten der **individuellen Freiheit** seiner Bewohner und deren Rechte. Mit der Ablösung *Lee Kuan Yews* durch **Goh Chok Tong** im Jahr 1990 versprachen sich viele eine Liberalisierung des politischen Systems. Tatsächlich versuchte die PAP, wenn auch nur auf kosmetischer Ebene, größere Partizipation der Bürger Singapurs zu gewährleisten.

Seit 1993 wird der Präsident vom Volk gewählt und hat ein gewisses politisches Mitspracherecht, obwohl seine Aufgaben vor allen Dingen repräsentativ sind. Bereits seit den 1980er-Jahren erlaubt die geänderte Verfassung, Kandidaten der Opposition, die mehr als 15 % der Wählerstimmen in ihrem Wahlkreis erringen, als sogenannte **Non-Constituency Members of Parliament (NCMP)** ins Parlament zu berufen.

Zumindest auf **kultureller Ebene** hat sich Singapur seit Anfang der 1990er-Jahre gewandelt. Der PAP ist durchaus bewusst, dass das langweilige Image der Stadt sich langfristig negativ auf die wirtschaftliche Stärke Singapurs auswirken kann. Die Sorge, dass ihr Rückhalt in der jüngeren Generation, die die entbehrungsreichen Anfangsjahre nur vom Hörensagen kennt, schwindet, führt dazu, dass die PAP große Anstrengungen daransetzt, das Bild der Stadt in der Weltöffentlichkeit zu korrigieren. „Wir müssen uns dem Thema Vergnügen widmen, wenn wir im 21. Jahrhundert konkurrenzfähig bleiben wollen", ließ die Regierung verlauten.

Heute ist Singapur nicht mehr die blitzblanke und langweilige Metropole, als die sie immer noch bezeichnet wird. Dennoch kehren jedes Jahr Tausende gut ausgebildete junge Singapurer ihrer Stadt den Rücken und suchen ihr Glück im Westen, der neben guten Karrierechancen auch ein größeres Maß an individueller Freiheit bietet.

*Abwanderung*

Und auch zu Hause im Wirtschaftswunderland Singapur zeigt die Fassade erste größere Risse. Die **Asienkrise** 1997 und die weltweite Rezession nach den Terroranschlägen 2001 gingen auch nicht spurlos an Singapur vorbei. Zum ersten Mal seit der Unabhängigkeit schrumpfte das BIP im Jahr 2001 um 2 %. Auch die **SARS-Krise** im Jahr 2003 forderte ihren Tribut in Singapur. Auch wenn Singapur seither wieder zurück auf die Erfolgsspur gefunden hat und heute einen mit Deutschland vergleichbaren Lebensstandard hat, wurde es doch deutlich, dass der Stadtstaat sein politisches System überdenken muss.

Anfang 2004 wurde **Lee Hsien Loong**, ältester Sohn *Lee Kuan Yews*, Singapurs neuer Premierminister. Wie bereits 1990, als sein Vorgänger *Goh Chuk Tong* sein Amt antrat, erwarten Beobachter eine politische Liberalisierung unter Lee. Im Mai 2006 verteilte er im Rahmen des „Progress Package" 2,6 Milliarden SGD aus staatlichen Überschüssen an das Volk, gestaffelt nach Bedürftigkeit und Verdienst. Bei den im gleichen Monat stattfindenden Wahlen gewann die PAP 82 von 84 Sitzen im Parlament.

Mittlerweile hat sich die wirtschaftliche Lage weitgehend erholt. 2012 verfügte Singapur über ein Pro-Kopf-Bruttonationaleinkommen von rund 60.000 SGD – 37-mal so viel wie in 1965! Seit 2010 steht Singapur im „Doing Business Report" der Weltbank fortlaufend an erster Stelle: Nirgendwo in der Welt sonst ist es so leicht und unbürokratisch, Geschäfte zu tätigen.

## Asiatische Werte und Konfuzius

Eine der vielen Geschichten über *Konfuzius*, der von 551 bis 479 v. Chr. in China gelebt hat, erzählt von einer seiner Reisen. Er kam durch ein kleines Dorf und sah eine alte Frau einsam auf einer Bank vor ihrem Haus sitzen. „Hast Du keinen Mann?", fragte der Weise. „Vom Tiger gefressen!", antwortete die Frau. „Und Deine Söhne?", hakte *Konfuzius* nach. „Auch vom Tiger gefressen!", erwiderte sie. „Was ist mit Töchtern, Schwiegersöhnen, Enkeln?" „Ebenfalls vom Tiger gefressen!" Irritiert fragte *Konfuzius* die Frau, warum sie denn immer noch

*Konfuzianische Werte spielen in Singapur eine wichtige Rolle*

in der Gegend wohne, wenn der Tiger doch so gefährlich wäre. „Wir haben hier eine gute Regierung", kam sofort die Antwort. „Eine schlechte Regierung ist schlimmer als ein gefräßiger Tiger!", konstatierte der Weise und ging seines Weges. Tatsächlich trifft diese Geschichte in gewissem Maße auch auf Singapur zu. Auch wenn die meisten Bewohner des Stadtstaats durchaus nicht unkritisch ihrer Regierung gegenüberstehen und mit dem einen oder anderen „politischen Raubtier" leben müssen, alles in allem können und wollen sich die Singapurer nicht unbedingt über ihre Regierung und deren Politik beklagen.

Zwar wird der Aufstieg Singapurs rückwirkend immer auch mit den konfuzianischen Wurzeln seiner Premierminister erklärt, ein wirkliches öffentliches Thema zur Erklärung der Singapurer Erfolgsgeschichte wurde der Konfuzianismus allerdings erst in den 1990er-Jahren. Dies lag einerseits daran, dass man im Westen wie in China mit Erstaunen auf den Stadtstaat am Äquator blickte und nach genehmen Erklärungen suchte. Für China war Singapur der Beweis, dass wirtschaftliche Entwicklung auch jenseits einer totalen „Verwestlichung" stattfinden konnte und keinesfalls demokratische Strukturen für einen wirtschaftlichen Erfolg vonnöten sind. Im Westen blickte so manch ein von Parlamenten und Wahlausgängen abhängiger Regierungschef mit Neid nach Südostasien und fand seinen Gefallen an dem singapurischen System. Konfuzianismus als zugrundeliegende Ideologie zu sehen, war hier der kleinste gemeinsame Nenner.

Für China war dieser Erklärungsversuch am ehesten mit der Situation der Festlandchinesen vergleichbar. Im Westen war der Staatskonfuzianismus ein Mythos, der vor allem in der Debatte der „Asiatischen Werte" Anfang der 1990er-Jahre en vogue war und eher vom Unverständnis westlicher Wissenschaftler zeugte. Oft vergaß man nur allzu gern, dass Singapur mehr ist als nur eine chinesische Kultur und eine der Ursachen seines Erfolgs eben auch der Multikulturalismus seiner Bevölkerung darstellt. Die Singapurer Regierung war jedoch auch nicht ganz unschuldig an der Konfuziusdebatte: Da in den 1980er- und 1990er-Jahren eine Generation in Singapur heranwuchs, die die Gründungsjahre nicht mehr miterlebt hatte und der Singapurer Politik und deren Vertretern zunehmend kritisch gegenüberstand, war der Appell an die asiatischen Werte und deren Herausstellung durch die Obrigkeit auch der Versuch, eine nationale Identität auf der Basis der Gemeinsamkeit zu schaffen. Gemeinsinn, Obrigkeitshörigkeit, Bildungsbeflissenheit sind die Stichworte, die die Singapurer Öffentlichkeit bis heute dominieren.

Ein Spaziergang durch Singapur mündet an jeder Ecke, Hauswand und Straßenkreuzung an einem Propagandaplakat, das die Bürger zur Müllvermeidung, Rattenbekämpfung und zur Sauberkeit anhält, vor Verbrechern warnt und Rauchern, Kaugummikauern und Skateboardern drakonische Strafen androht.

Tatsächlich gibt man sich seitens der singapurischen Regierung inzwischen Mühe, nicht die konfuzianische, sondern die asiatische Tradition in den Vordergrund zu stellen. *Lee Kuan Yew* drückt dies so aus: Asiaten hätten wenig Zweifel, dass eine Gesellschaft, die das Gemeinwesen höher schätzt als das Individuum, ihren (den gesellschaftlichen) Interessen mehr dient als der amerikanische Individualismus. Gemeinschaft statt Individuum, sozialer Staat statt Demokratie, gerechter, omnipotenter Herrscher statt windiger Populist von Volkes Gnaden, so lässt sich die Singapurer Herrschaftsphilosophie auf den Punkt bringen.

Ob nun konfuzianisch oder allgemein asiatisch, entlang der Westküste des Pazifiks findet diese Staatsphilosophie viele Bewunderer.

Ob es nun an den asiatischen Werten liegt, am konfuzianischen Erbe oder der Weitsicht *Lee Kuan Yews*, Singapur steht als Beispiel für eine über Jahrzehnte betriebene, kluge Wirtschaftspolitik, die eine Stringenz aufweist, wie sie in einer Demokratie westlichen Verständnis kaum möglich ist. Das macht Singapur vor allem für die autoritär geführten Länder Ost- und Südostasiens zum attraktiven Vorbild.

*Für Sauberkeit und die Einhaltung von Regeln sollen die allgegenwärtigen Verbotsschilder sorgen*

# Gesellschaftlicher und kultureller Überblick

## Der Vielvölkerstaat: die Ethnien und Religionen Singapurs

*Schmelztiegel der Kulturen*

Im offiziellen Regierungsjargon bezeichnet sich Singapur gerne als Schmelztiegel der Kulturen. De facto handelt es sich aber eher um ein freundliches Nebeneinander von diversen Volksgruppen, die sich zwar als Singapurer verstehen, sehr wohl aber ihre eigenen Traditionen, Anschauungen und Religionen bewahrt haben. In Zeiten, in denen das Ideal der **multikulturellen Gesellschaft** dem Rest der Welt viel Kopfzerbrechen bereitet, lohnt sich ein Blick auf Singapur. Längst nicht alle Fragen sind im Stadtstaat optimal beantwortet – trotzdem gibt es hier, vor allem im Vergleich zum benachbarten Malaysia, auffallend viele kulturell gemischte Freundesgruppen, Ehepaare und vor allem gemeinsame Schulklassen.

Gesellschaftlich gesehen hatte Singapur sicher keinen einfachen Start: Ein wirres Durcheinander Hunderter von Volksgruppen kollidierte hier, meist ohne jegliche Bildung, von Armut getrieben, fernab der Heimat, ohne Familie oder Freunde und überwiegend männlich. Innerhalb weniger Jahre vervielfachte sich zudem die Zahl der Einwohner, hauptsächlich gespeist von weiteren Einwanderungswellen. Bis heute ist Singapur ein buntes Gemisch geblieben, auch wenn es um Bildung und soziale Fragen heute ungleich besser steht.

Um die Zahl der Konflikte von vornherein gering zu halten, ließ *Raffles* den verschiedenen Ethnien im Stadtentwicklungsplan von 1822 **getrennte Siedlungsgebiete** zuweisen, deren Umrisse auch heute noch mit den meisten ethnischen Vierteln übereinstimmen. Damit nicht genug, unterschied *Raffles* die Siedler auch nach regionaler Herkunft, sodass sich beispielsweise chinesische Einwanderer, je nach Heimatbezirk, straßenweise gebündelt wiederfanden. Zwar konnten damit viele Reibungspunkte umgangen werden, alle Konflikte konnte jedoch auch diese Politik nicht vermeiden. Damals wie heute trafen auf engstem Raum Religionen aufeinander, deren Vorstellungen sich schon in elementaren Fragen völlig unterschieden. Hinzu kam die britische Kolonialpolitik, deren unterschiedliche Behandlung der verschiedenen Ethnien auf der gesamten malaiischen Halbinsel noch viele Jahrzehnte später für politischen und sozialen Sprengstoff sorgen sollte.

*„Greater China"*

Anders als im Rest der malaiischen Halbinsel besteht der Großteil der singapurischen Bevölkerung – 76,4 %, um es genau zu sagen – heute aus den Nachfahren **chinesischer Einwanderer**, weshalb Singapur zu „Greater China" gezählt wird. Zu Recht. Auch wenn politisch nur wenig an die Volksrepublik China erinnert, so ist die Dominanz der chinesischen Kultur im Alltag kaum zu übersehen. In den meisten Familien wird ein chinesischer Dialekt gesprochen, und das Leben in den chinesischen Tempeln ist so aktiv wie eh und je. Ein kulturell homogener Block sind die Chinesen freilich nicht: Ihre Glaubenswelt ist eine bunte Mixtur aus verschiedenen Religionen. Statistisch gesehen ist der **Buddhismus** dabei am stärksten vertreten.

Mehr als eine Million Singapurer bekennen sich offiziell zum Buddhismus der Mahayana-Variante, wie sie in Ostasien allgemein verbreitet ist (de facto dürften es aber erheblich mehr sein, zählt man die „Gelegenheits-Buddhisten" hinzu).

Diese sehr individuelle Religion bedeutet eine lebenslange Suche nach der Wahrheit, Erkenntnis und Erlösung, wobei die Tugenden Wohltätigkeit, Toleranz und Selbstlosigkeit als Pfeiler des Buddhismus gelten. Buddha zeigt dabei den Weg, doch der Gläubige muss ihn selbst gehen, seine eigene Erkenntnis finden. Erst dann kann er ins Nirwana eingehen. Menschen, die diesen letzten Schritt nicht vollziehen, um anderen Menschen bei der Suche zu helfen, werden Boddhisattvas genannt.

Vor allem die **Bodhisattva Guanyin** wird im chinesischen Raum glühend verehrt und ist in fast jedem Tempel zu finden, egal, wel-

*In Singapur bestehen die Religionen nebeneinander*

cher chinesischen Religion er geweiht ist. Der fließende Übergang zu den anderen Glaubensschulen Chinas ist für Europäer nur schwer zu verstehen. Im **chinesischen Volksglauben** konkurrieren die Religionen nicht, sondern werden eher komplementär wahrgenommen. Im Klartext bedeutet dies, dass immer gerade der Heilige oder Gott in den Vordergrund rückt, dem man in der aktuellen Lebenssituation besonders große Kompetenz zutraut.

Vor einer Prüfung macht es beispielsweise Sinn, im konfuzianischen Tempel ein Opfer zu bringen, ist doch der große Philosoph vor allem für seinen Bildungseifer bekannt. Entgegen vieler westlicher Vorurteile ist der **Konfuzianismus** ansonsten keine Religion im eigentlichen Sinne, denn er verzichtet auf Götter oder andere transzendentale Vorstellungen. Die Lehre des *Konfuzius* war und ist jedoch gesellschaftlich sehr prägend: Regiert wird per Vorbild und Abschreckung (und einfacher ließe sich die singapurische Politik wohl kaum zusammenfassen), wobei die Pflichten und Rechte des Einzelnen je nach gesellschaftlicher Stellung sehr klar definiert sind. Gleichgestellte Beziehungen kennt der Konfuzianismus nicht, dafür aber eine deutliche Hierarchie.

*Lehre des Konfuzius*

Geht es um seelischen Ausgleich, medizinische Fragen oder magische Aspekte, wenden sich die meisten Chinesen eher dem **Daoismus** zu. Diese Philosophie soll dem Menschen helfen, in Einklang mit dem Kosmos zu leben, zur kindlichen Unbekümmertheit zurückzufinden, kurzum, ein glückliches Leben zu führen. Auch der Daoismus war einst lediglich eine philosophische Schule, wurde im Laufe der Jahrhunderte aber mit so vielen Göttern und Heiligen angereichert, dass selbst der zutiefst Gläubige nicht das gesamte Pantheon überblicken könnte.

*In Einklang mit dem Kosmos*

*Wünsche können schriftlich formuliert werden*

Im Westen besonders bekannt ist die chinesische Geomantik **Fengshui**, die ebenfalls aus dem Daoismus entstand: Nur wenn sich Gebäude, Gräber und Gärten harmonisch in die Landschaft einfügen, ist der Fluss der kosmischen Kräfte gesichert, werden Dämonen von Haus und Hof abgehalten.

Der Übergang von Daoismus zu **Geisterglauben** und **Ahnenverehrung** ist dabei fließend: Ein kleiner Ahnenaltar gehört eigentlich in jedes chinesische Heim oder Ladenlokal. Hier wird den verstorbenen Familienmitgliedern geopfert, die nach dem Tod auf Leistungen aus dem Diesseits angewiesen sind. Spezielle Geschäfte (vor allem in der Sago Lane) bieten allerhand Alltagswaren aus Papier an, die per Feuer zu den Verstorbenen geschickt werden. Wer es mit dem verstorbenen Opa gut meint, schickt ihm daher nicht nur ein regelmäßiges Taschengeld in Form von Banknoten der „Hell Bank", sondern vielleicht auch ein Auto, eine Waschmaschine, ein Handy oder andere Ausrüstung, die das Leben im Jenseits erleichtert, und serviert ihm täglich eine Schale Reis und etwas Obst.

*Geisterabwehr*

Werden die Verstorbenen jedoch vernachlässigt, oder gelingt es den Toten nicht, sich vollständig vom Diesseits zu lösen, verwandeln sie sich schnell in eine Gefahr für alle Menschen. Übellaunig lungern sie vor Tempeln und an geomantisch ungünstigen Stellen herum und bringen allen, die mit ihnen in Kontakt kommen, Unglück. Allerhand Talismane, Türbilder und Symbole helfen dem Menschen jedoch, sich dieser unsichtbaren Gefahr zu erwehren.

Eine weitere wichtige Ethnie Singapurs sind die **Inder**. Sie stellen ca. 7 % der Gesamtbevölkerung und stammen aus unterschiedlichen Regionen Indiens. Auch wenn die Tamilen zahlenmäßig dominieren (und daher Tamilisch auch zu den offiziellen Verkehrs- und Unterrichtssprachen zählt), sind die Inder eine höchst heterogene Gemeinschaft verschiedener Religionen, Sprachen, Kasten und Kulturen. Neben den rund 140.000 Hindus gibt es immerhin um die 20.000 indische Sikhs und etwa 100.000 indische Muslime sowie etliche Christen.

*Verschiedene indische Gruppen*

Auch innerhalb der einzelnen Gruppen gibt es große Unterschiede, die dem Außenstehenden jedoch kaum auffallen. Beispielsweise hebt sich das Tamilische der meist gebildeten Jaffna-Tamilen, die einst aus Sri Lanka einwanderten, so sehr vom Tamil der einfachen Arbeiter der indischen Provinz Tamil Nadu ab, dass eine Verständigung kaum möglich ist. Untereinander suchen diese beiden Gruppen kaum Kontakt. Da wundert es nicht, dass nicht Tamil, sondern Englisch und Malaiisch die Hauptsprachen Little Indias sind.

Obwohl die Inder nur einen geringen Teil der Bevölkerung stellen, ist ihre Präsenz dank der farbenprächtigen Tempel nicht zu übersehen: Der **Gopuram**, der mit Göttern und Figuren überladene Turm über dem Eingang des Tempels, ist weithin sichtbar und ermöglicht den Gläubigen auch ohne Tempelbesuch quasi auf die Schnelle eine Götter-Konsultation. In der Tempelarchitektur symbolisiert der Gopuram den heiligen Berg Meru, der sein weltliches Pendant im Berg Kailash in Tibet hat.

*Farbenprächtige Tempel*

Götter gibt es unzählige im **Hinduismus**, quasi für jeden Lebensbereich und jede Situation und Aufgabe mindestens einen. Hauptsächlich verehrt wird jedoch das Dreigestirn Brahma, Vishnu und Shiva sowie deren jeweilige Frauen, im Falle Shivas auch dessen Kinder. Brahma kommt hierbei die Rolle des Schöpfers, Vishnu des Bewahrers und Shiva die Rolle des Zerstörers zu. In der Realität und vor allem in Tempeln spielt **Brahma** jedoch eine untergeordnete Rolle, die meisten indischen Tempel sind entweder Vishnu oder Shiva geweiht. Brahma wird in der Regel mit vier Armen und vier Gesichtern dargestellt.

Geboren wurde Brahma aus einer Lotusblüte, die aus dem Nabel Vishnus wuchs, und er erträumte bei seiner Geburt das Universum, wie wir es kennen. Hundert Brahma-Jahre bedeuten einen kosmischen Zyklus, danach gewinnt die zerstörerische Kraft Shivas die Oberhand und die Welt fällt der Zerstörung anheim. Nach einem weiteren Brahma-Jahr, immerhin mehr als drei Billionen Erdjahre, beginnt der Zyklus von Neuem. Brahmas Frau, **Saraswati**, ist die Göttin der Reinigung, der Fruchtbarkeit und des Lernens.

Wie Brahma wird auch **Vishnu** in der Regel mit vier Armen, aber nur einem Gesicht dargestellt. Durch seine blaue Gesichtsfarbe ist er gut von den anderen Göttern zu unterscheiden. Sein Name bedeutet „der Alldurchdringende", dem Glauben nach wohnt er allen Dingen und Wesen inne. Von besonderer Bedeutung sind auch seine Reinkarnationen, allen voran Krischna und Rama. Letzterem wird in dem allgegenwärtigen Epos **Ramayana** ein Denkmal gesetzt. In der oft dargestellten Geschichte verkörpert Rama den edlen und mutigen Retter, der seine Frau Sita aus den Händen des Dämonenkönigs Ravana befreit. Sita

*7 % der Bevölkerung Singapurs sind Inder*

*Der elefantenköpfige Ganesha gilt als Überwinder von Hindernissen und steht für Neuanfang*

wird hier auch als Reinkarnation **Lakshmis**, Vishnus Frau gesehen, der Göttin des Reichtums, der Weisheit und des Glücks.

**Shiva** schließlich, obwohl der Zerstörer im hinduistischen Dreigestirn, erfreut sich einer ebenso großen Verehrerschar wie Vishnu. Nicht nur die Anhänger Shivas sehen ihn als höchstes Wesen und Gott der Götter. Sein zerstörerischer Akt bereitet einen Neuanfang vor und ist so der erste Schritt zur Schöpfung. Dargestellt wird er entweder symbolisch als Lingam (Steinphallus) oder in menschlicher, dann oft tanzender Form.

**Pavati**, seine Frau, steht als Symbol für Hingabe, Eheglück und Fruchtbarkeit. Ihr gemeinsamer Sohn, **Ganesha**, ist der Gott der Kaufleute und Künstler und gilt als Überwinder von Hindernissen. Daher wird er auch vor jedem Vorhaben, mit Ausnahme von Beerdigungen, konsultiert. Sein charakteristisches Elefantengesicht verdankt er im Übrigen seinem Vater, der ihm aufgrund eines Missverständnisses den Kopf abhackte und diesen, der nicht mehr aufzufinden war, mit dem Kopf des nächsten Lebewesens ersetzte, das des Weges kam: ein Elefant. Sein Aussehen tut jedoch seiner Popularität keinen Abbruch: Kaum ein Tempel oder ein Hausaltar, auf dem nicht eine Ikone des Ganesha steht.

*Glaube an die Wiedergeburt*

Wie auch die Buddhisten, glauben die Hindus an die Wiedergeburt, allerdings, im Gegensatz zur Lehre des Buddhismus, seelengebunden. Ein und dieselbe Person wird so unendlich wiedergeboren, in verschiedenen Inkarnationen, als Mensch, Tier oder Gott, je nach den Taten des vorangegangenen Lebens. Jedem Individuum bleibt so also die Freiheit, sein Leben und seine Taten und damit sein Karma zu beeinflussen, das wiederum das nächste Leben bestimmt.

Beim Betreten eines hinduistischen Tempels sollte man die Schuhe ausziehen. Der Zutritt zum Sanktum im Zentrum des Tempels ist für Nichthindus verboten!

Das Zusammenleben zwischen Chinesen und Indern ist nicht immer einfach: Auch wenn es niemand so recht zugeben mag, die chinesische Verachtung für Menschen dunkler Hautfarbe ist auch in Singapur unterschwellig vorhanden. Gemischte Ehen gibt es daher eher zwischen Malaien und Indern. Zum einen kamen viele Inder über

Malaysia nach Singapur und sind deshalb des Malaiischen mächtig. Zum anderen sind es vor allem die muslimischen Inder, die sich unter dem Dach der gemeinsamen Religion mit ihren malaiischen Glaubensbrüdern verbunden fühlen. Immerhin gut 500.000 Malaien leben in Singapur, das sind rund 14 % der Bevölkerung, von denen quasi alle dem muslimischen Glauben anhängen, wenn auch in Recht gemäßigter Form.

Ursprünglich kam der **Islam** im 13. Jahrhundert via Indien nach Malaysia, also in einer bereits Asien-adaptierten Form, und vermischte sich dort mit dem Adat, dem malaiischen Verhaltenskodex. Um die 720.000 Muslime zählt Singapur heute, von denen viele in den Vierteln der Ostküste leben. Den farbigsten Einblick in die muslimische Kultur der Region bietet freilich die Arab Street mit ihren prächtigen Moscheen und zahlreichen Halal-Imbissen.

*Die Sultan Moschee an der Muscat Street krönt ein goldener Zwiebelturm*

Mehr noch als in den anderen Religionen Singapurs ist das Gebetshaus Lebensmittelpunkt der gläubigen Muslime. Auch wenn nicht alle die vorgeschriebenen fünf Gebete pro Tag schaffen – immerhin sind fast alle tagsüber als Arbeitnehmer unterwegs – ist das Freitagsgebet in der Moschee quasi obligatorisch.

Ein freitäglicher Moschee-Besuch zur abendlichen Hauptgebetszeit bietet sich daher nicht an, in der Regel wird Nichtgläubigen dann der Zugang verwehrt. So prächtig sich die Moscheen teils von außen zeigen, im Inneren sind sie meist schlicht gehalten. Die Gebetshalle liegt immer in Richtung Mekka, die Richtung, in die sich die Gläubigen während des Gebets verbeugen. Männer und Frauen sind dabei getrennt. Die **Mihrab**, eine Nische in der Wand, zeigt, welche Wand gen Mekka gerichtet ist. Meist ist die Mihrab mit arabischen Kalligrafien ausgeschmückt – bildliche Darstellungen sind im Islam nicht erlaubt.

In vielen Moscheen steht neben der Nische ein Pult, der **Minbar**. Von hier aus predigt freitags der Imam. Ebenfalls auffällig sind die Waschgelegenheiten, die sich vor allen Moscheen finden: Vor dem Gebet müssen Hände, Füße und Gesicht gereinigt werden. Auch in puncto Kleiderordnung gelten in allen Moscheen die gleichen Regeln: Kurze Hosen und ärmellose T-Shirts sind für Männer tabu, Frauen müssen

*Regeln beim Moschee-besuch*

Arme, Beine und Kopf bedecken und dürfen keine eng anliegenden Kleidungsstücke tragen. Generell wird die Moschee barfuß betreten. Für touristische Besucher halten die meisten Moscheen Überwürfe bereit, sodass auch unpassend gekleidete Ausländer eine Chance haben, das Gotteshaus von innen zu betrachten.

*Lokale Besonderheit des Islam*

Eine interessante Besonderheit des lokalen Islam lässt sich fast überall in Singapur entdecken: Die **Keramats**, kleine, geradezu behelfsmäßige Schreine, die auf den ersten Blick keiner Religion eindeutig zuzuordnen sind. Oft handelt es sich um Gräber ganz besonders gläubiger Menschen, denen bereits zu Lebzeiten viel Weisheit oder magische Fähigkeiten nachgesagt wurden und die sich daher ganz besonders als Vermittler zwischen Mensch und Gott eignen. Hin und wieder werden jedoch auch Objekte wie Steine oder Bäume verehrt, in denen der Geist der Verstorbenen wohnen kann. Auch für Nichteingeweihte sind die Keramats einfach zu erkennen, da sie im Allgemeinen in Gelb gehalten sind. Die Bittsteller der Keramats bringen meist ein kleines Opfer dar, beispielsweise Klebreis auf Bananenblättern, und tragen dann ihr Anliegen vor.

Die Anzahl der Stoffstreifen an den Bäumen und Sträuchern neben dem Keramat zeigt, wie beliebt der Schrein bei den Gläubigen ist: Weiße Streifen stehen für „normale" Wünsche, während gelbe ein besonders großes Anliegen repräsentieren. Im fundamentalistischen Islam wird die Verehrung von Keramats übrigens nicht gern gesehen: Nur Gott allein soll im Mittelpunkt der religiösen Verehrung stehen.

*Vermischung der Religionen*

Wer aufmerksam durch die Tempel und Schreine schreitet, wird feststellen, dass es in Singapur immer wieder zu seltsamen „Cross-over"-Mischungen kommt: Indische Götter sitzen hin und wieder einhellig mit ihren chinesischen Kollegen im daoistischen Tempel, indische Besucher beten in chinesischen Tempeln oder an malaiischen Schreinen, die lokalen Geistern oder Heiligen gewidmet sind und eigentlich von allen Volksgruppen besucht werden.

Wenn's hilft, so der pragmatische Ansatz, dann ist es gut, und wenn sich angesichts eines konkreten Problems ein besonders spezialisierter Gott im indischen Pantheon anbietet, dann gibt es für einen Chinesen keinen Grund, ihn nicht auch um Hilfe zu bitten.

Neben den für Europäer eher exotischen Religionen gibt es natürlich auch eine ganze Reihe von **Christen** in Singapur. Nicht umsonst war Singapur lange Zeit ein regelrechtes Ausbildungszentrum für christliche Missionare aller Konfessionen, die sich hier die passenden Sprach- und Landeskenntnisse für ihre Aufgabe in Indien und China aneigneten. Um die 480.000 Christen leben heute in Singapur. Dabei handelt es sich nicht nur um Europäer, sondern auch um Chinesen und Inder, denen der Wechsel zum Christentum immer auch einen Ausweg aus dem strengen Kastenwesen zu bieten scheint.

Immerhin jeder vierte Singapurer bekennt sich übrigens offiziell zu keiner der großen Religionen – damit gehört Singapur zu den wenigen Ländern Asiens mit erwähnenswertem Anteil an **Atheisten**.

## Im Reich der Geister

Es ist stockdunkel und das Gras knöcheltief. Am rechten Fuß krabbelt etwas, hin und wieder schütteln die Schattengestalten rechts und links wie wild alle Gliedmaßen. Rund 30 Menschen stehen mitten im subtropischen Regenwald, umgeben von dichtem Blätterwerk, laut zirpenden und trötenden Insekten, Vögeln und allerhand anderen Tieren, von denen man vielleicht lieber gar nicht genau wissen mag. Im Schein der Taschenlampen hat sich eine seltsame Gruppe zusammengefunden: Von den rund 30 Teilnehmern der Tour beweist sich gut die Hälfte per T-Shirt als Profis im Geistergeschäft. „SPI – *Singapore Paranormal Investigators*" prangt in weißer Schrift auf schwarzem Untergrund. Wahrscheinlich, damit es die Geister auch im Dunkeln gut lesen können. Die anderen sind bunt zusammengewürfelt. Zwei verliebte Pärchen, einige Familien mit Kindern und ein paar wagemutige Jugendliche in Flip-Flop-Sandalen. Sie alle haben sich auf der Webseite der Organisation für den „Spooky Walk" angemeldet und bei Einbruch der Dunkelheit an der Lavendar MRT Station getroffen. Seit einigen Jahren bietet die SPI solche Ausflüge an. Meist geht es an verwunschene Orte, Gebäude oder Waldecken, an denen es nicht mit rechten Dingen zugeht oder Geister gesichtet wurden. Alternativ sind transzendentale Leckerli wie daoistische Geisteraustreibungen oder Friedhofsspaziergänge im Programm.

Ob er wirklich an Geister glaubt, ist *Kenny Fong*, dem Gründer von SPI, nicht so recht zu entlocken. „Wir versuchen, alle Phänomene wissenschaftlich zu ergründen" sagt er. Sicher ist: Er hat Ahnung. Während die Gruppe im Dunkeln zwischen den Grabsteinen des verlassenen Friedhofs Bukit Brown umherstolpert, erklärt er die Bedeutung der verschiedenen Grabsteine, das geomantische Arrangement und wie man den Ahnen per Feuer ein Taschengeld ins Jenseits schickt. Die Welt des chinesischen Volksglaubens ist voller Geister und Dämonen, doch *Kenny* scheint sie alle persönlich zu kennen. Zugegeben, das Exkursionsfeld ist gut gewählt. Der Friedhof Bukit Brown wurde bereits vor vielen Jahren aufgegeben, viele der Gräber bereits umgebettet, da bereits 2011 die Arbeiten für eine MRT-Station beginnen sollen. Wer hier jetzt noch im Grab modert, hat oft keine Verwandten mehr und ist damit der ideale Kandidat für ein Dasein als Geist. Längst hat sich der Dschungel drumherum das Areal wieder erobert: Schlingpflanzen würgen die Grabsteine, die Wege sind bereits zugewuchert, die Bodensteine rutschig und bemoost. Nach fast zwei Stunden erreicht die Tour den Höhepunkt: Im fahlen Mondlicht

*Spannende Geschichten erzählt Kenny Fong vom SPI*

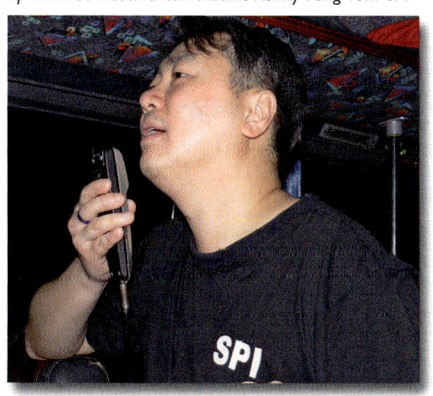

wirkt die kleine Lichtung geradezu unwirklich. Genauso wie der kleine daoistische Tempel. Das Dach ist halb eingestürzt, überall liegen die Reste vergangener Opferzeremonien: Angesengtes Totengeld, goldbedruckte Papierfetzen, Räucherstäbchen-Reste. Wäre dies ein echter Eastern-Karate-Film, genau hier würden die Geister den Hauptdarsteller aus dem Hinterhalt angreifen. Leider passiert nichts dergleichen. Kein seltsames Knacken im Unterholz, kein leises Raunen, kein eiskalter Hauch im Nacken. Nur das glitschige Gefühl, wie ein weiterer Schweißtropfen vom Nacken gen Rücken rutscht.

Der Rückweg geht erheblich schneller vonstatten. Wenige Minuten später sitzen die Teilnehmer wieder im modernen Tourenbus samt Klimaanlage und Fernseher auf dem Weg zurück zur Lavendar Station.

Für die meisten Besucher der Tour ist dieser Szenewechsel kein Gegensatz. Geister sind nicht modern oder traditionell, sie sind ECHT! Und es gibt sie überall. Egal ob in Spuk-Videos auf Youtube, Geisterbüchern und Gespenstergeschichten – in Singapur stellt eigentlich niemand die Existenz der Geisterwelt infrage.

Dank moderner Kommunikationsmittel müssen Geister und Dämonen nun auch nicht mehr einsam bleiben. Berichtet ein Hobby-Geisterjäger in den einschlägigen Internetforen von seltsamen Phänomenen, geht mitunter ein echter Run auf den Ort des Schreckens los. Spekulationen über das Warum beschäftigen Hunderte wenn nicht Tausende von Menschen, die tagsüber wohlig schaudernd an besagtem Haus oder Wald vorüberhasten: Wer wurde hier ermordet? Lag hier einst ein Friedhof? Welches Anliegen treibt den Geist um? Kein Wunder, dass es in Singapur immer noch professionelle Geisterjäger gibt, die allen Ernstes ihrem Job nachgehen, ohne dass eine Hollywood-Produktionsfirma dahintersteht. Auch Singapurs Taxifahrer weigern sich schon mal, eine verwunschene oder besonders bespukte Straße anzufahren. Ziele wie Woodland, Sembawang oder Khatib gelten als besonders riskant. Immer wieder sollen sich hier Fahrgäste zu einem Friedhof fahren lassen und die Rechnung schließlich in Totengeld bezahlt haben. Kurzum, nirgendwo sonst in Asien, nicht einmal in China, wo Geister quasi zum Alltag gehören, ist das Tor zum Jenseits so weit offen, wandeln die Geister nach Belieben in den Alltag der Stadt. Die *Singapore Paranormal Investigators* haben immerhin rund 30.000 Mitglieder. Und das bei nur viereinhalb Millionen Einwohnern! Seit einigen Jahren bietet die Organisation sogar Firmenevents an. „Wir sind gut gebucht" bestätigt *Kenny*. Offensichtlich schweißt eine Nacht zwischen Geistern und Dämonen auch verfeindete Kollegen wieder gut zusammen.

Interessanterweise spielt der Geisterzauber jenseits aller ethnischen Grenzen. Sicher, chinesische Singapurer glauben an andere Geister als Malaien oder Inder. Theoretisch. Aber genauso wie man sich der Götterwelt des Nachbarn gegenüber offen zeigt und schon einmal die ein oder andere tüchtigen Gottheit in den eigenen Pantheon importiert – frei nach dem Motto „wenn sie gut arbeitet, ist es egal wo sie herkommt", ebenso leicht lässt man sich von der Existenz anderer Dimensionen überzeugen.

Doch wie wird man Geist? Die „Berufswege" sind unterschiedlich und passen nicht immer logisch zusammen. Zum einen sind oft Menschen betroffen, die zum Zeitpunkt ihres Todes noch eine „Rechnung offen haben" oder eines gewaltsamen Todes gestorben sind. Vor allem Orte, an denen die japanischen Besatzer während des Zweiten Weltkriegs Gefangene töteten oder folterten, sind daher besonders oft heimgesucht. Aber auch die Schauplätze von Selbstmorden oder andere Orte, an denen Menschen sterben, sind ideale Spukplätze. Kein Wunder, dass eigentlich jedes Krankenhaus einen eigenen Geist hat, der die Patienten schreckt.

Mitmachen ist übrigens ganz einfach: Die **Singapore Paranormal Investigators** bieten regelmäßig derartige Exkursionen auf Englisch an. Auch Nichtmitglieder sind willkommen, meist ist ein kleiner Kostenbeitrag von wenigen SGD fällig. Informationen, Hintergründe zur Geisterwelt Singapurs und genaue Daten zu Exkursionen gibt es auf der Webseite http://spi.com.sg.

Alternativ bietet auch die Konkurrenz der **API Asian Paranormal Investigators** ähnliche Exkursionen an. Infos unter http://api.sg/main/.

### Hier spukts! – Singapurs schrecklichste Orte

**1. Changi Beach:** Hier wurden während der japanischen Besatzung viele Gefangene exekutiert, die heute noch nachts kopflos und jammernd über den Strand geistern.

**2. East Coast Beach:** Hier soll sich nach Einbruch der Dunkelheit eine weiße Lady herumtreiben – wahrscheinlich der Geist einer Ertrunkenen. Geisterjäger warnen daher, hier nachts nicht alleine schwimmen zu gehen!

**3. Mount Faber Road:** Auch auf der steilen Straße, die sich den Berg Mount Faber heraufwindet, wird immer wieder eine weiße Erscheinung gesichtet, die den Passanten ins Ohr raunt: „Ich warte auf Dich ..."

**4. St. John's Island:** Einst war hier die Quarantänestation Singapurs, dann beherbergte die Insel Drogenabhängige auf Entzug. Heute sollen die verlassenen Gebäude von Geistern besiedelt sein, die nachts seltsame Laute von sich geben.

**5. Old Changi Hospital:** Viele Menschen starben im Old Changi Hospital – wenn auch nicht eines gewaltsamen Todes. Heute gilt das verlassene Gebäude als Lieblingsspielplatz der Geisterjäger, an dem sich sehr verlässlich Erscheinungen zeigen.

*Tempelaltar an einem verborgenen Ort*

# Feiertage und Feste

Die **gesetzlichen Feiertage** sind der Neujahrstag am 1. Januar, Karfreitag, der Tag der Arbeit am 1. Mai, der Nationalfeiertag am 9. August anlässlich der Unabhängigkeit von 1965 und Weihnachten am 25. Dezember.

Neben den oben genannten werden in Singapur auch die **Feiertage vieler verschiedener Ethnien** begangen, die zum Teil ebenfalls als nationale Feiertage gelten. Ihre Termine fallen jedoch jedes Jahr auf ein anderes Datum, da sie nach den traditionellen Kalendern der verschiedenen Volksgruppen berechnet werden.

## Chinesische Feiertage

**Chinesisch-Neujahr** (gesetzlicher Feiertag, Januar/Februar), auch als Frühlingsfest oder *Chun Jie* bekannt, ist mit Abstand das wichtigste Fest der Chinesen. Die Feierlichkeiten und Paraden ziehen sich über mehr als zwei Wochen hin und enden mit dem Laternenfest 14 Tage nach Chinesisch-Neujahr. Am Neujahrsabend selbst wird das neue Jahr lautstark begrüßt, um die bösen Geister zu vertreiben. So kann das Gute Einzug halten.

**Qing Ming Festival** (April) – An diesem Tag gedenken die Chinesen der Toten und ziehen gemeinsam auf die Friedhöfe, um die Gräber zu säubern und zusammen mit den Ahnen zu speisen.

**Drachenbootfest** (Juni) – Am 5. Tag des fünften Monats des Mondkalenders werden Drachenbootrennen im Gedenken an den Dichter *Qu Yuan* veranstaltet. Er ertränkte sich zur Zeit der „streitenden Reiche" im dritten Jahrhundert v. Chr. aus Frust über die Korruption und Unfähigkeit bei Hofe im Miluo-Fluss. Die Anwohner versuchten vergeblich, schnell herbeizurudern, um ihn zu retten – eine Szene die heute noch mit prächtig geschmückten Booten nachgespielt wird.

**Fest der hungrigen Geister** (*Festival of the Hungry Ghosts*, August/September). Am 15. Tag des siebten Monats des Mondkalenders öffnen sich die Tore des Jenseits und seine Bewohner dürfen sich einen Tag auf Erden bewegen. Um die unheimlichen Besucher bei Laune zu halten, finden nun in der Stadt kleine Aufführungen statt. Und weil satte Geister ebenfalls keine Schwierigkeiten machen, werden ihnen an jeder Ecke kleine Snacks angeboten.

**Mitherbst-Fest** (*Moon Cake Festival*, September) – Am 15. Tag des achten Monats soll der Mond ganz besonders voll sein. Traditionell betrachtet man an diesem Abend zusammen mit seinen Liebsten den Mond – oder gedenkt derer, die den Feiertag fern der Heimat begehen müssen. Dazu isst man die süßen Mondkuchen.

*Geschmückt zum chinesischen Laternenfest*

*Süße Mondkuchen*

## Islamische Feiertage

**Hari Raya Haji** (gesetzlicher Feiertag, Januar/Februar) – Der Feiertag erinnert an die Haj, die Pilgerreise nach Mekka. An diesem Tag werden an den Tempeln Tiere geschlachtet und das Fleisch an Bedürftige verteilt.
**Ramadan** (Oktober/November) – Der Fastenmonat fällt jedes Jahr auf einen anderen Termin, ist aber in den muslimischen Gebieten nicht zu übersehen. Tagsüber gilt strenges Fastengebot, nach Einbruch der Dunkelheit wird gefeiert und geschlemmt, was das Zeug hält.
**Hari Raya Puasa** (November) – Mit diesem Feiertag wird das Ende des Ramadan begangen. Besonders in den Vierteln Arab Street und Geylang Serai ein lebhaftes Fest.

*Fastengebot*

## Indische Feiertage

**Pongal** (Mitte Januar) – Viertägiges indisches Erntefest, vor allem im Sri Mariamman Temple in der South Brigde Road.
**Thaipusam** (Vollmond im tamilischen Monat Thai, Januar/Februar) – Zu Ehren des jüngsten Sohnes Shivas, Lord Murugan, zelebriertes Fest der Selbstreinigung. Prozession vom Sri Srinivasa Perumal zum Sri Thendayuthapani Tempel, bei der sich die Gläubigen nach intensivem Fasten und spiritueller Vorbereitung Körper und Gesicht mit rituellen Spießen, den sogenannten Kavadis, durchbohren und sich in tranceartigem Zustand auf die 4 km lange Strecke begeben.
**Vesak-Tag** (Mai) – Der Vollmond im ersten Monat des indischen Kalenders kennzeichnet den Tag zur Erinnerung an Buddhas Erleuchtung. In den Klöstern werden an diesem Tag viele Dinge geopfert, die Mönche tragen heilige Sutras vor und lassen in Käfigen gehaltene Vögel frei. Am Abend findet eine Kerzenlicht-Prozession statt.
**Navarathri** (Mitte September bis Anfang Oktober) – Indisches Fest zu Ehren der Frauen Shivas, Vishnus und Brahmas.
**Deepavali** (Oktober) – „Fest des Lichts" zur Erinnerung an Ramas Sieg über den Dämonenkönig Ravala (Geschichte aus dem Ramayana).
**Thimithi** (24. Oktober) – Feuerlauf-Zeremonie. Gläubige Hindus beweisen ihre religiöse Innigkeit, indem sie im Sri Mariamman Temple über glühende Kohlen laufen.

Fällt ein Feiertag auf einen Sonntag, wird der darauffolgende Montag zum Feiertag erklärt.

# Die Sprachen Singapurs

Wenn Europäer über die Schwierigkeiten des Fremdsprachenerwerbs stöhnen, mag manch ein Singapurer insgeheim mit dem Kopf schütteln. Vielsprachigkeit ist schlichtweg normal in einem Stadtstaat, der **vier Amtssprachen** besitzt (Malaiisch, Hochchinesisch, Tamil und Englisch) und in dem inoffiziell ein Vielfaches von Sprachen und Dialekten in Gebrauch sind.

*Mehrere Sprachen*

Offiziell spricht etwa ein Viertel aller Singapurer zu Hause Englisch, etwas mehr als ein Drittel benutzt Hochchinesisch, ein weiteres Viertel bedient sich eines der vielen chinesischen Dialekte, ca. 14 % sprechen Malaiisch und nur etwas mehr als 3 % unterhalten sich in der Familie auf Tamil. So weit die Statistik.

De facto sind die meisten Chinesen der Hochsprache **Mandarin** mächtig. Zu Hause sprechen sie wahrscheinlich aber eine der Regionalsprachen, wie Hokkien aus der chinesischen Provinz Fujian, Kantonesisch aus der Provinz Guangdong oder Teochew aus der Region um die kantonesische Stadt Chaozhou. Oft sind zu Hause gleich mehre Idiome im Umlauf, wenn die Eltern aus verschiedenen Provinzen stammen oder die Nachbarn sich allesamt im Dialekt einer anderen Region unterhalten. Manche Chinesen kommen so spielend auf drei Sprachen.

Ähnlich vielfältig ist auch der Hintergrund zahlreicher indischer Familien: Auch wenn die Tamilen besonders stark vertreten sind, stammen die indischstämmigen Bewohner Singapurs aus den verschiedensten Regionen des Subkontinents, sodass viele der **indischen Sprachen**, von Hindi bis Bengali, von Malayalam bis Panjabi auch in Singapur vertreten sind. Interessanterweise sind zahlreiche Inder auch auf Malaiisch absolut verhandlungssicher, da viele von ihnen via Malaysia nach Singapur gelangten – und so werden auch innerhalb der indischen Gemeinschaft hin und wieder die Verhandlungen über die Sprachgrenzen hinweg auf Malaiisch geführt. Nicht zuletzt tragen auch die Malaien zum sprachlichen Flickenteppich Singapurs bei, wenn auch vergleichsweise bescheiden mit einer einzigen Sprache, dem **Malaiischen**.

In Anbetracht dieses Gewirrs von Mutter-, Zweit-, Drittsprachen und Dialekten wundert es nicht, dass die Regierung das Englische auch nach Ende der Kolonialzeit als allgemeine Verkehrssprache beibehielt. Für den Europäer mag das sogenannte **singapurische Englisch** ob des Tonfalls und der Aussprache zuerst etwas ungewohnt klingen. Trotzdem handelt es sich doch um absolut korrektes Englisch mit starker britischer Färbung.

*Umgangssprache Singlish*

Lediglich in der Umgangssprache „**Singlish**" haben sich die Einflüsse des Chinesischen und Malaiischen eingeschlichen. Beide asiatischen Idiome sind grammatisch gesehen sehr einfach strukturiert und kommen ohne Deklinationen und Konjugationen aus – stellen Sie sich einfach eine deutsche Unterhaltung unter ausschließlicher Verwendung der Wortstämme vor. Um Zeiten oder den Passiv anzudeuten, wird im Chinesischen eine Reihe von Satzpartikeln eingesetzt, die am Ende des Satzes beispielsweise anzeigen, dass die Handlung beendet ist oder einen anderen zeitlichen Aspekt beinhalten könnte. Im Klartext bedeutet dies, dass auch im Singlish die Grammatik reduziert wird und teils chinesische Satzstrukturen auftauchen. Sätze wie „Can do lah!" übersetzen sich dann hochsprachlich mit „of course I can do this". Neben den grammatischen Einflüssen zeigt sich die enge Nachbarschaft zum Chinesischen und Malaiischen auch im Vokabular: Worte wie „makan" (Malaiisch für essen), „kopitiam" für „Café" (kopi = malaiisch Kaffee, tiam = Hokkien für Geschäft) oder „bo cheng hu" (Hokkien für Durcheinander) gehören zum Standardwortschatz. Der Einfluss des Tamil ist hier übrigens eher gering – es gibt schlichtweg zu wenige Muttersprachler.

Die **Sprachpolitik** der Regierung Singapurs ist einfach: Die gesamte Erziehung erfolgt in der Unterrichtssprache Englisch, alle Schüler müssen aber eine zweite Schwerpunktsprache der anderen Amtssprachen (in der Regel die ihrer Ethnie) vertieft lernen. Besonders in wirtschaftlicher Hinsicht scheint ein möglichst hoher Anteil an Anglophonen vorteilhaft.

*Singlish – Englisch mit chinesischen und malaiischen Einflüssen*

Um der sprachlichen Fragmentierung der chinesischen Bevölkerung vorzubeugen, wird zudem das Hochchinesische stark propagiert. Immer wieder trifft man auf Schilder, die die Bürger mahnen, sich der Hochsprache Mandarin (auch als Putonghua oder Guoyu bekannt) zu bedienen. Auch wenn die Zeichenschrift von allen Dialektsprechern verstanden wird, sind die meisten chinesischen Lokalsprachen untereinander nicht verständlich. Insgesamt strebt Singapur eine Art **anglophile Zweisprachigkeit** an, die Englisch und eine beliebige weitere der Amtssprachen favorisiert. Statistiken zeigen übrigens, dass Tamil stark zurückgeht. Besonders die jüngeren Tamilen sind fast alle des Englischen soweit mächtig, dass sie die Sprache oft auch im Freundeskreis oder zu Hause benutzen.

*Hauptsprache Englisch*

# Die Medien

„Meinungsfreiheit ist in Singapur kein Problem!", legt der in Hongkong wohnende amerikanische Comiczeichner *Larry Feign* einer seiner Figuren in den Mund. „Wir dürfen die Regierung in Englisch, Mandarin, Tamil und Malay preisen!" Auch wenn sich die Singapurer Regierung mit direkter Zensur eher zurückhält, ist der Stadtstaat sicherlich kein Medienparadies und erst recht nicht der Hort der Meinungsfreiheit. Der *Worldwide Press Freedom Index* der Reporter ohne Grenzen führte Singapur bei der Beurteilung der Pressefreiheit im Jahr 2010 an 136. Stelle – von 178 bewerteten Ländern. Ähnlich wie beim politischen System ist die staatliche Einflussnahme auf die Medien sublim und indirekt, was die Unterdrückung oppositioneller Meinungen angeht. Die offizielle Zensur nimmt sich vor allem religiös und kulturell heikler Themen an und unterbindet sexualisierte Darstellungen ebenso wie allzu kontroverse Meinungen.

*Vier Sprachen – eine Meinung*

Laut Aussage der Regierung ist die Bevölkerung Singapurs größtenteils erzkonservativ. Kontroverse oder provokative Meinungsäußerungen könnten, so das Argument, das sensible Gleichgewicht in der multi-ethnischen Gesellschaft Singapurs gefährden. Dass es letztendlich Sache der Regierung ist, zu definieren, was kontrovers, was sittengefährdend und was provokativ ist, lässt hier einen großen Spielraum, auch für politisch motivierte Zensur. Dies gilt gleichermaßen für die Printmedien, Film, Fernsehen und das Internet.

*Die Schere im Kopf*

Fast alle Zeitungen und Magazine Singapurs, inklusive der international hoch angesehenen „**Straits Times**", gehören zur *Singapur Press Holding*, die zwar pro forma nicht staatlich ist, dessen Anteilseigner jedoch von der Regierung eingesetzt werden. Die kostenlos verteilte „**Today**" ist ebenfalls nicht unabhängig, sondern gehört der staatlichen *Media Corp*. Während die „Straits Times" sich im Umgang mit anderen Ländern durch große Objektivität und investigativen Journalismus auszeichnet, unterzieht sie sich, offiziell aus den eingangs genannten Gründen, im Umgang mit lokalen Angelegenheiten einer freiwilligen Selbstzensur, die grundlegende Kritik am Singapurer System kategorisch ausschließt. Diese freiwillige Selbstzensur gilt auch für alle anderen Presseerzeugnisse sowie die Fernsehsender. Diese wiederum werden, wie auch alle 14 frei empfänglichen Radiosender der Stadt, von der bereits erwähnten *Media Corp* kontrolliert, sodass das anfangs erwähnte Zitat hier seine Bedeutung findet.

Die Programme der *Media Corp* senden in Englisch (Channel 5, Channel News Asia), Mandarin (Channel 8, Channel U), Tamil (Central) und Malay (Suria), setzen aber vor allem auf Unterhaltung und Soft News. Kritische Berichterstattung sucht man hier vergebens.

Auch ausländische Medien sind in Singapur deutlichen Beschränkungen unterworfen und müssen strenge Auflagen erfüllen. Offiziell aus administrativen Gründen war die einst so renommierte „Far Eastern Economic Review" (FEER) seit Oktober 2006 in Singapur verboten. Kurz zuvor hatte die FEER ein Interview mit dem Singapurer Oppositionspolitiker *Chee Soon Juan* abgedruckt. Ende 2009 ist die FEER ganz eingestellt worden. Generell verboten ist Pornografie. Auch den „Playboy" werden Sie also vergeblich in Singapur suchen. Auf Druckerzeugnissen mit potenziell jugendgefährdendem Inhalt, unter anderem auf dem Magazin „Cosmopolitan", prangt ein Aufkleber „Parental Warning/not suitable for the young".

**Internationale Kabelprogramme** wie Star, HBO, BBC World oder CNN sowie der Deutsche Sender Deutsche Welle TV sind in den meisten Hotels frei zu empfangen, unterliegen aber ebenfalls einer, wenn auch selten exerzierten, Zensur. So war die HBO-Erfolgsserie „Sex and the City" bis 2004 in Singapur verboten. Kino- und Fernsehfilme werden oft nur nach dem Herausschneiden „anstößiger" Szenen gezeigt. Der private Besitz von Satellitenschüsseln ist, auch wenn eine Liberalisierung seit Jahren diskutiert wird, in Singapur verboten.

*Kritik im Internet*

Ungeachtet der indirekten und der tatsächlichen Zensur finden sich im Internet zunehmend kritische Stimmen. Während die Kontrolle offizieller Seiten recht effektiv ist, treffen sich vor allem in den Blogs Kritiker wie Verteidiger des Singapurer Systems. Eine Übersicht der verschiedenen **Singapur-Blogs** finden Sie unter www.bloggersg.com.

> **Zeitungen, Magazine und TV-Programme in Singapur**

**Zeitungen**
Überregionale Tageszeitung: Straits Times (www.straitstimes.com)
Wirtschaft: Business Times (www.business-times.com)
Kostenlose Tageszeitung: Today (www.todayonline.com)
Boulevard: The Electric New Paper (www.tnp.sg)

**Magazine** (Programm/Veranstaltungen)
The Expat (www.theexpat.com)
Juice (www.juice.com.sg)

**TV-Programme**
Englisch: Channel 5 (Filme, Shows und Soaps), Channel News Asia (Nachrichten und Berichte)
Mandarin: Channel 8 (Unterhaltung, Shows und Nachrichten), Channel U (Jugendprogramm)
Tamil: Central
Malay: Suria
Programm im Internet: www.mediacorptv.com

Wer ungefilterte Nachrichten über Singapur sucht, wird unter anderem auf der Seite **www.asiasentinel.com** fündig. Hier schreiben ehemalige Journalisten der eingestellten „Far Eastern Economic Review" weiterhin über Politik und Tagesgeschehen in Asien. Einen satirischen, wenn auch etwas beliebigen Blick auf Singapur wirft zum Beispiel der Blog http://singaporedonkey.wordpress.com. Auf hohem journalistischem Niveau bewegt sich das Internetmagazin „Talking Cock" (www.talkingcock.com) und zeichnet ein satirisch überspitztes Bild des Stadtstaats.

# Singapur-Knigge

Einen Singapurer mit eklatantem Fehlverhalten zu erschrecken, ist gar nicht so einfach: Das Miteinander der lokalen Kulturen und der rege Kontakt zum Ausland haben ihre Spuren in Form von Toleranz und Nachsicht hinterlassen. Zudem wissen die meisten Bewohner des Stadtstaats um die kulturellen Unterschiede zwischen Asien und Europa. Trotzdem gibt es natürlich einige Grundregeln der Höflichkeit, die sich von den europäischen Normen unterscheiden.

Allen asiatischen Kulturen gemein ist eine gewisse **Zurückhaltung**: Egal ob Chinese, Inder oder Malaie, sich selbst, seine Fähigkeiten oder Meinungen zu sehr in den Vordergrund zu stellen, gehört sich einfach nicht. Die typisch deutsche Selbstsicherheit in Bezug auf das eigene Können wird in Singapur eher besserwisserisch oder als eine Art Angeberei verstanden, auch wenn sie den Tatsachen entspricht. Wer sich ein Vorbild am britischen „Understatement" nimmt, liegt eigentlich immer richtig.

*Understatement*

Ruhe, **Gelassenheit** und freundliche Persistenz führen in Asien fast immer besser zum Ziel als Aufregung und Hyperaktivität. Wer im Hotel oder Restaurant eine echte Beschwerde vorzubringen hat (was in Singapur selten genug ist), tut also gut daran, dies freundlich, aber bestimmt vorzutragen. Ein **Lächeln** – von Europäern gerne als hämische Antwort missverstanden – signalisiert lediglich, dass die Beschwerde angekommen ist. In derartigen Situationen vor Aufregung ausfällig zu werden, gar am Ende mit der Faust auf den Tresen zu schlagen, lässt aus asiatischer Sicht eigentlich nur einen Schluss zu: Dieser Mensch hat keinerlei Kultur. Selbigen Eindruck erweckt der Mitteleuropäer auch, wenn er allzu **joviales Verhalten** an den Tag legt: Ruppige Schulterklopferei, Händeschütteln nach der Schraubstock-Methode, zwischengeschlechtliche Berührungen und das kernige Naseputzen bei Tisch sind in Singapur nicht angemessen.

Eine gewisse Zurückhaltung zeigt sich auch im **Kleidungsstil**: Legere Kleidung ist in Singapur in Ordnung, Sauberkeit allerdings ein Muss und der Einblick auf Körperteile nicht wirklich erwünscht. Noch in den 1990er-Jahren war männlichen Langhaarträgern (theoretisch) die Einreise verwehrt. Singapur ist seither zwar ein gutes Stück lockerer geworden (und auch hier tragen manche Jugendliche nun verwegene Frisuren), doch ausgefallene Mode findet nicht nur Bewunderung.

*Beim Friseur in Singapur*

Eine potenzielle Quelle der Peinlichkeiten sind die Socken: Bei vielen Gelegenheiten gilt es, die Schuhe auszuziehen – und damit eventuelle Löcher oder Verfärbungen zu offenbaren!

Bei privaten Besuchen sind in der Regel wenige **Fettnäpfchen** zu erwarten: Wer einen aufmerksamen Blick auf die Gastgeber wirft und es ihnen gleichtut (Zieht man die Schuhe vor der Eingangstür aus? Wird der Teller restlos leer geputzt?), liegt fast immer richtig. Geschenke werden übrigens nicht sofort ausgepackt. Wenn die Gastgeber sie achtlos zur Seite legen, deutet dies nicht auf Desinteresse, sondern auf eine gute Erziehung hin.

Neben diesen allgemeinen Grundregeln gibt es natürlich noch einige kulturspezifische Besonderheiten der verschiedenen Ethnien.

## In chinesischer Gesellschaft

*Zahlen mit Bedeutung*

➤ Diverse **Zahlen** haben aufgrund ihrer Gleichlautung mit positiven oder negativen Begriffen einen dementsprechenden Beigeschmack: Die 8 ist eine Glückszahl, 9 steht für langes Leben, während die 4 den Tod symbolisiert. Ein Taxi-Unternehmen mit der Telefonnummer 4444 könnte daher bis zum Sankt-Nimmerleinstag auf Kunden warten, in Hotels gibt es meist keinen vierten Stock.

➤ Nach dem Essen keinesfalls die **Stäbchen** senkrecht in die Schale stecken! So

wird den verstorbenen Ahnen die Speise am Altar serviert, quasi also der Tod an den Tisch gerufen.
➤ Uhren oder Blumen eignen sich nicht als **Gastgeschenke**, da beide mit dem Tod assoziiert werden. Konfekt, Obst, ein Buch über die Heimat oder Süßigkeiten für die Kinder kommen allemal besser an und sollten immer in gerader Anzahl verschenkt werden.
➤ Sobald der letzte Bissen verschwunden ist, gilt das **Essen als beendet**, auch wenn es sich um eine Einladung handelt. Jetzt noch sitzen zu bleiben, wäre schlichtweg unhöflich.
➤ Erwarten Sie **keine direkten Antworten**, ein unverblümtes „Nein" auf eine Frage kann unhöflich wirken. Die Kunst der Antwort „durch die Blume" ist unter Chinesen sehr ausgeprägt.

*Kein direktes Nein*

## In indischer Gesellschaft

➤ Sittsame **Frauenkleidung** bedeutet immer bedeckte Beine, während ein Stückchen freier Bauch und nackte Oberarme durchaus akzeptabel sind. Sollten Sie das Glück haben, zu einer indischen Hochzeit eingeladen zu werden, gilt: so viel Schmuck wie möglich. Vor allem Frauen zeigen bei dieser Gelegenheit wahrhaftige Opulenz!
➤ Die linke Hand gilt als **unrein** und wird beim Essen nicht verwendet.
➤ Ein „**Ja**" wird oft durch eine rollende Kopfbewegung von rechts nach links angedeutet. Europäer missverstehen diese Geste oft als zweifelnde Haltung.
➤ Für gläubige Hindus ist **Rindfleisch tabu**, viele Inder essen kategorisch vegetarisch. Klären Sie dies vor einer Essenseinladung ab.

## In muslimischer/malaiischer Gesellschaft

➤ Die linke Hand ist tabu: Zu Begrüßung, zum Essen und beim Überreichen der Geschenke **bitte die rechte Hand** benutzen!
➤ **Alkohol und Schweinefleisch** sind nicht erlaubt. Auch wenn es viele Muslime in Singapur nicht hundertprozentig genau nehmen, sollten Sie einen malaiischen Bekannten nicht zur Haxe im Bierhaus einladen.
➤ Freizügige **Kleidung** kommt nicht gut an, vor allem Frauen sollten sich bauchfreie Shirts und knappe Miniröcke verkneifen. Wer eine Moschee betreten möchte, muss zudem Arme, Beine und Kopf bedecken.
➤ Beim Betreten des Hauses werden die **Schuhe ausgezogen**.
➤ **Gastgeschenke** werden bei Abreise und nicht bei der Ankunft übergeben.

# Singapurs Kulturlandschaft

Singapur ist sicherlich nicht die Kulturhauptstadt Asiens und neue Trends und Moden sind aus dem Stadtstaat ebenfalls kaum zu erwarten. Dennoch, seit den Stadtvätern in den 1990er-Jahren klar wurde, dass das langweilige Saubermann-

Image Singapurs sich auf lange Sicht nachteilig auf die wirtschaftliche Entwicklung der Stadt auswirken könnte, genießt die Kunst- und Kulturszene weit größere Freiheiten als unter *Lee Kuan Yew*. Die ersten Ansätze, das kulturelle Angebot zu erweitern, kamen – im Babysitter-Stadtstaat Singapur nicht weiter verwunderlich – von staatlicher Seite. Die heute etablierten **Kunst- und Kulturfestivals** wie das **Singapore Film Festival** und das **Singapore Arts Festival** sind Kinder des kulturellen Aufbruchs der späten 1980er-Jahre und werden von staatlichen Organisationen unterstützt bzw. organisiert. Hinzu kommen Festivals wie das **WOMAD** (World of Music, Arts & Dance), das jeden August im Fort Canning Park stattfindet, und das **Singapore Buskers Festival**, auf dem immer im November Akrobaten, Magier, Jongleure und andere Straßenkünstler an der Orchard Road, dem Marina Square und am Singapore River ihr Können zeigen.

*Zahlreiche Festivals*

Wer in den Veranstaltungskalender der Stadt schaut, kann sich das ganze Jahr über von Festival zu Festival schaukeln und wahlweise schlemmen, tanzen, Musik hören und trinken. Von den vielen traditionellen Festivals der einzelnen Volksgruppen ganz zu schweigen, die weiterhin mit Inbrunst gefeiert werden und zuweilen, wie das **Moon Cake Festival** in Chinatown, ein wenig aufgepeppt wurden.

Ob im Sinne *Lee Kuan Yews* oder nicht, Singapur muss sich zumindest im asiatischen Umfeld nicht mehr vor anderen Metropolen verstecken.

Von der relativ kunstfreundlichen Atmosphäre profitiert schließlich auch die lokale **Musik- und Theaterszene**. Dank der kulturellen Aufbruchstimmung hat sich Ende der 1990er-Jahre eine lebhafte lokale Theaterszene etabliert. Vor allem die professionelle Theatertruppe **W!ld Rice** (Programm und Infos: www.wildrice.com.sg) setzt die Multi-Ethnizität Singapurs in Theater, Musik und Tanz um. Auch *The Necessary Stage,* das *Singapore Repertory Theatre* sowie *Theatreworks* fördern mit Eigenproduktionen Singapurer Künstler und Autoren und lassen auch kritische Töne nicht vermissen.

Die Produktionen sind meist auf Englisch bzw. zweisprachig Englisch/Mandarin. Es lohnt sich folglich durchaus, einen Singapur-Aufenthalt mit einem Theaterbesuch zu verbinden. Was die Musikszene angeht, so kann man ihr im positiven Sinne kaum entgehen. Bereits seit den 1960er-Jahren gibt es im Stadtstaat eine lebhafte Rock- und Blues-Szene, die mit dem Entstehen der Barviertel um den Singapore River einen zusätzlichen Boom erlebte.

Mit wenigen Ausnahmen bieten heute alle Bars und Pubs mindestens einen Tag in der Woche **Live-Musik**. Auch lokale Bands haben jenseits der Grenzen des Stadtstaats eine gewisse, freilich auf Asien begrenzte Popularität erreicht. Einen guten Einblick in die Kreativität der lokalen Bandszene bekommt man bei **Straits Records**, einem kleinen Independent-Plattenladen in der Haji Lane.

Was das **Kino** angeht, so steht Singapur deutlich im Schatten der großen Filmzentren Bollywood und Hongkong. In den Kinos dominiert Mainstream aus Hollywood, nur zuweilen macht eine Produktion aus Singapur auch im Ausland auf sich aufmerksam, wie „12 Storeys" von *Eric Khoo*, der drei Geschichten aus den Housing

Estates miteinander verzahnt und 1997 als erster Film aus Singapur in Cannes gezeigt wurde.

Einen regelrechten Boom erlebten in den letzten Jahren **Designer-Bars**, die sich einen regelrechten Wettkampf um die beste Design-Idee und das skurrilste Thema liefern. So kann man heute in Singapur zwischen zwei Tänzen eine Runde Sauerstoff nachtanken (Two Rooms), Cocktails in einem überdimensionierten Eisschrank schlürfen (Eski) oder zwischen chinesisch-kaiserlichem und Khmer-Ambiente sein Markenoutfit präsentieren (die Bars der Indochine-Kette). Schon ein Blick auf die flash-animierten, hochstilisierten und musikunterlegten Webseiten einer Bar lässt erahnen, dass hier mit Effekten nicht gegeizt wird.

*Bars im Trend*

Am besten steht der Stadt jedoch weiterhin die Bodenständigkeit, die in **Bars** wie **Harry's** oder **Jazz@South Bridge** seit mehr als einem Jahrzehnt zelebriert wird: einfache Pub-Atmosphäre, und dazu handgemachte Musik. Nach einer Reihe Buddha-geschmückter, spiegelverglaster und polierter Szenebars wirkt das angenehm authentisch. Richtig zum Leben erwacht Singapur übrigens nur am Wochenende, von Freitag bis Samstag, wenn die ansonsten höchst strebsame Bevölkerung, Einheimische wie Expats, die spärliche Freizeit bis zum Anschlag auskostet.

Auch verschiedene Ansätze einer **Subkultur** gibt es in Singapur. In einer Nation, in der Sauberkeit, Erfolgsstreben und Obrigkeitshörigkeit quasi mit der Muttermilch eingesogen werden und zudem der Staat peinlich darauf bedacht ist, „Unsitten" und „Moralosigkeit" erst gar nicht zuzulassen, haben es alle Strömungen jenseits des Mainstream eher schwer. Dies zeigt sich vor allem an der **Schwulen- und Lesbenszene**. Offiziell ist Homosexualität in Singapur immer noch verboten, von dem sozialen Stigma einmal ganz abgesehen. In der Realität wird sie zwar geduldet, und es gibt einige Discos und Kneipen in der Stadt, die auf ein schwules Publikum ausgerichtet sind. Die Szene hat es jedoch aus begreiflichen Gründen eher schwer, sich zu etablieren. Am offensten geht es noch in Chinatown rund um die Tanjong Pagar Road zu, wo die schwule Seele die größte Auswahl an Bars, Discos und Clubs hat, die offiziell „schwulenfreundlich", inoffiziell aber schlicht und ergreifend queer sind. Eine Übersicht über die entsprechenden Etablissements findet man unter www.utopia-asia.com.

*Restaurants und Bars an der Smith Street*

# 3. SINGAPUR ALS REISEZIEL

# Allgemeine Reisetipps von A–Z

> **☞ Hinweis**
>
> In den **Allgemeinen Reisetipps von A–Z** finden Sie reisepraktische Hinweise für die Vorbereitung Ihrer Reise und für Ihren Aufenthalt in Singapur. Auf den anschließenden **Grünen Seiten** (ab S. 95) werden Preisbeispiele für den Singapur-Aufenthalt gegeben. Im anschließenden **Reiseteil** (ab S. 98) erhalten Sie dann detailliert Auskunft über Infostellen, Verkehrsmittel, Sehenswürdigkeiten mit Adressen und Öffnungszeiten, Unterkünfte, Restaurants, Einkaufsmöglichkeiten und das Nachtleben. Die Angaben in diesem Buch wurden sorgfältig recherchiert, sollten sich dennoch einige Details geändert haben, freuen wir uns über Ihre Anregungen und Korrekturen: info@iwanowski.de.

| | | | |
|---|---|---|---|
| **A**kupunktur | 52 | **K**arten | 74 |
| Alkohol | 52 | Kinder | 74 |
| Anreise/Abreise | 52 | Kleidung | 75 |
| Apotheken/Drogerien | 54 | Kulturelle Veranstaltungen | 75 |
| Aufenthalts-/Arbeitserlaubnis | 55 | **M**aßeinheiten | 77 |
| Auto fahren | 55 | **N**achtleben | 77 |
| Autovermietungen | 56 | Notruf | 77 |
| **B**abys | 57 | **Ö**ffnungszeiten | 78 |
| Babysitter | 57 | **P**ost | 78 |
| Behinderte | 57 | **R**auchen | 78 |
| Behörden | 57 | Reisezeit | 78 |
| Bettler | 58 | **S**hopping | 78 |
| Botschaften/Konsulate | 58 | Sicherheit | 82 |
| Business-Informationen | 59 | Sport | 82 |
| Bücher | 59 | Sprache | 82 |
| **C**amping | 60 | Stadtverkehr | 83 |
| **D**rogen | 60 | Steuerrückerstattung | 85 |
| **E**inreise | 61 | Strände | 85 |
| Elektrizität | 61 | Strafen | 85 |
| Ermäßigungen | 61 | **T**elefonieren | 86 |
| Essen und Trinken | 61 | Tourveranstalter/Reisebüros | 87 |
| **F**ahrrad fahren | 66 | Trinkgeld | 87 |
| Fernsehen | 66 | Trinkwasser | 87 |
| Flüge | 67 | **U**nterkünfte | 87 |
| Fotografieren | 67 | **V**egetarier/Veganer | 88 |
| Frauen allein unterwegs | 68 | Veranstaltungskalender | 88 |
| Friseur | 68 | Versicherung | 88 |
| **G**eführte Touren | 69 | Visum | 88 |
| Geld | 70 | **W**äsche waschen/Reinigung | 89 |
| Gesundheit | 70 | Weiterreise | 89 |
| Golf | 71 | Wellness | 92 |
| **I**nformationen | 72 | **Z**eitungen/Zeitschriften | 93 |
| Internet | 72 | Zeitzone | 94 |
| | | Zoll | 94 |

## Akupunktur

Wer die chinesische Medizin vor Ort ausprobieren möchte, hat in Singapur eine große Auswahl. Folgende Adressen sind auch für Ausländer ansprechend und empfehlenswert:

**Eu Yan Sang Clinic**, 269 South Bridge Road,
☎ 62235085, www.euyansang.com.sg, Mo–Sa 9–17.30 Uhr.
**Chinese Acupuncture Centre**, Orchard Road 545,
Far East Shopping Centre, Level 3, ☎ 67345330, www.nature-cure.com.sg,
Mo, Mi, Fr 9.15–12 und 16.30–18 Uhr, Di 9.30–10.30 Uhr, Do 16.30–18 Uhr,
Sa 9.15–12 Uhr.

## Alkohol

Was alkoholische Getränke angeht, gestaltet sich Singapur, zumindest, wenn man mit einem knappen Budget ausgestattet, eher als Entziehungskur. Im Supermarkt kostet eine Flasche **Bier** (60 cl) um die 5 SGD, im Restaurant nicht selten weniger als 10 SGD. „Trinken Sie Tiger-Bier mit Maß", steht auf den Etiketten. Vielleicht auch ein Appell an die Geldbörse. **Wein** ist im Vergleich dazu etwas günstiger. Ausgezeichneter australischer Weißwein ist auch in besseren Restaurants recht günstig zu bekommen und passt hervorragend zu Meeresfrüchten aller Art. Im Supermarkt kostet eine gute Flasche Wein um die 25 SGD, im Restaurant etwa das Doppelte. Wie immer im prestigebewussten Asien sind hier nach oben hin keine Grenzen gesetzt.

Am kostengünstigsten bleibt der Rausch mit importiertem chinesischen **Schnaps**, der allerdings nur als Absacker nach einem üppigen Mahl wirklich empfehlenswert ist. Mit seinem eindringlichen Geschmack wird er allerdings die davor genossenen Gaumenfreuden etwas schmälern. Wie in vielen anderen Teilen der Welt wird Alkoholkonsum auf der Straße nicht gerne gesehen und ist an vielen Plätzen verboten!

Die meisten Bars und Pubs haben bis 20 oder 21 Uhr Happy Hour, in dieser Zeit kann man einiges sparen.

## Anreise/Abreise

### ▶ Mit dem Zug

Singapur liegt am Schnittpunkt der meisten Verkehrsrouten Asiens. Sie können folglich für die Anreise zwischen Flugzeug, Schiff und sogar der Eisenbahn wählen. Eine Anreise mit der **Transsibirischen Eisenbahn** nach China und von dort weiter mit der Bahn durch das Reich der Mitte und Thailand und Malaysia ist sicherlich die ungewöhnlichste Art, nach Singapur zu reisen (wobei das Stück zwischen Kunming und Chiang Mai mit dem Flugzeug überbrückt werden muss, zumindest bis 2018, dann soll auch diese Lücke geschlossen sein).

Das letzte 1.900 Kilometer lange Teilstück zwischen Bangkok und Singapur können Sie auch mit dem berühmten **Eastern & Oriental Express** zurücklegen, eine empfehlenswerte, jedoch äußerst kostenintensive Alternative. Die zweitägige Bahnfahrt kostet in der

*Auf dem Weg nach Singapur – per Zug sicher die schönste Alternative (Quelle: Eastern & Oriental Express)*

günstigsten Klasse Klasse ab 1.800 US-$ aufwärts, Vollpension und Unterhaltungsprogramm inklusive (www.orientexpress.com).

### ▶ Mit dem Flugzeug

Die meisten Singapur-Besucher kommen allerdings mit dem Flugzeug am **Changi Airport** (www.changiairport.com) im Osten Singapurs an. Mit 46 Millionen Fluggästen jährlich ist dieser einer der geschäftigsten und bestfrequentierten Flughäfen Südostasiens. Lange bevor sich in anderen Ländern das Konzept des Service-Flughafens durchsetzen konnte, hat man in Singapur alles daran gesetzt, die Terminals möglichst besucherfreundlich zu gestalten.

**Changi Airport**
Der Flughafen wirkt wie ein Singapur im Kleinen, übersichtlich, sauber, effektiv und multinational. Mehrere Business Centres, umfangreiche Einkaufs- und Verpflegungsmöglichkeiten (mehr als 80 Restaurants!) verkürzen die Wartezeit vor dem Abflug. In mehreren gut sortierten Buchläden können Sie Ihre Reisebibliothek auffrischen. Duty-Free-Einkauf ist möglich und rangiert preislich im internationalen Mittelfeld. Falls Sie längeren Aufenthalt am Flughafen haben oder Ihr Flug Verspätung hat, können Sie sich eine Massage gönnen (Terminal 1: *Fish Spa and Reflexology* in der Departure Transit Lounge, Terminal 2: *TT Quick Massage* in der Departure Check-in Hall oder *The Ultimate Spa* in der Departure Transit Lounge, www.theultimate.com.sg/sitebranches/aboutus/transithaven.html) oder ein Bad im balinesisch dekorierten Swimmingpool des „Ambassador Transit Hotel" nehmen (www.harilelahospitality.com, 13,65 SGD für Nichtgäste).

Changi Airport hat derzeit drei Terminals, ein viertes Terminal wird gerade gebaut. Aufgrund der Bauarbeiten wurde der erst 2006 eröffnete Budget Terminal im September 2012 wieder geschlossen. Die dort ansässigen Billigfluglinien werden nun im Terminal 2 abgefertigt.

Zur Vaborientierung empfiehlt sich ein Blick auf die exzellente Homepage des Flughafens: www.changiairport.com. Die gebührenfreie **Hotline** des Changi Airports lautet ☏ 1-800-5424422.

**Transfer in die Stadt**
Der Service mit der MRT (*Übersichtsplan in der hinteren Umschlagklappe*) vom Flughafen in die Stadt ist schnell und effektiv, die einfache Fahrt mit der MRT ins Zentrum dauert eine knappe halbe Stunde und kostet 2 SGD. Fahrkarten können direkt an der MRT Station (EW 29) Changi Airport gekauft werden, die **Ticketautomaten** geben allerdings nur auf 10 SGD Rückgeld, und vor 8 Uhr sind die Tickethäuschen noch nicht geöffnet. Es empfiehlt sich daher, sich schon am Flughafen Kleingeld zu besorgen, sollten Sie mit einem Frühflug ankommen.

Nach zwei Stationen muss man in „Tanah Merah" (EW4) von der **Flughafenlinie** in die **Ost-West-Linie** in Richtung Boon Lay umsteigen (gleicher Bahnsteig) und erreicht ohne weiteres Umsteigen Bugis (EW12), City Hall (EW13) und Outram Park (EW16, Chinatown). An der Station City Hall kann man in Richtung Orchard Road umsteigen (Nord-Süd-Linie), an der Station Outram Park bestehen Umsteigemöglichkeiten nach Little India (Nord-Ost-Linie).

Vor allem mit schwerem Gepäck empfiehlt sich jedoch die Fahrt mit dem **Taxi**, die inklusive Flughafenzuschlag von 3 SGD (tagsüber an Werktagen) bzw. 5 SGD (Freitag bis Sonntag und 17–24 Uhr) je nach Destination zwischen 20 und 30 SGD kostet. Nachts (23.30–6 Uhr) kommt zudem noch ein Zuschlag in Höhe von 10–50 % hinzu.

**Abreise**
Auch die Abreise aus Singapur gestaltet sich problemlos, der Check-in und die Sicherheitsprozeduren dauern selten länger als eine halbe Stunde. Die **Flughafensteuer** (*Passenger Service Charge PSC*) von derzeit 21 SGD ist bereits im Flugticket enthalten. Für Transitpassagiere, die das Flugzeug wechseln, trat am 1. April 2011 eine Transitsteuer in Höhe von 9 SGD in Kraft. Passagiere, die vom Budget Terminal abfliegen, müssen eine Steuer in Höhe von 18 SGD entrichten. Ob diese Steuer jeweils im Ticketpreis bereits enthalten ist, hängt von der Fluglinie ab.

### Apotheken/Drogerien

Praktisch alle wichtigen Medikamente sind auch in Singapur erhältlich. Apotheken gibt es in großer Menge, darunter auch zahlreiche, die eine Mischung aus östlicher und westlicher Medizin vertreiben.

Viele der recht exotisch anmutenden Läden, die von außen mit getrockneten Pflanzen- und Tierteilen für traditionelle Arzneien werben, verbergen im Inneren eine moderne und gut ausgestattete Sektion für konventionelle westliche Medikamente. Wer regelmäßig Medikamente einnehmen muss, sollte aber mit einem ausreichenden Vorrat anreisen. Alle anderen in Europa üblichen Mittel der Reiseapotheke erhalten Sie aber vor Ort. Schwache Medikamente und Sanitärbedarf werden in Drogerien verkauft, starke Mittel sind in Singapur, wie auch in Europa, verschreibungspflichtig.

*Ungewohnte Zutaten in der chinesischen Apotheke*

Eine sehenswerte Apotheke auch jenseits aller Krankheiten und Wehwehchen ist die „Eu Yang San Medical Hall" in Chinatown.

### Aufenthalts-/Arbeitserlaubnis

Fragen zur Aufenthaltserlaubnis und zu längeren Aufenthalten beantworten entweder die Botschaften und Konsulate im Ausland oder die Immigration & Checkpoints Authority (ICA) vor Ort. Eine eventuelle Arbeitserlaubnis erteilt das Employment Pass Department im Ministry of Manpower.

**Immigration & Checkpoints Authority** (ICA),
Kallang Road 10, ICA Building,
☎ 63916100, ica_feedback@ica.gov.sg, www.ica.gov.sg,
zu erreichen via MRT Station Lavender

**Employment Pass Department** (Ministry of Manpower, MOM),
Maxwell Road 9, Annexe A, MND Complex,
☎ 64385122, mom_epd@mom.gov.sg, www.mom.gov.sg

### Auto fahren

Angesichts des überaus gut ausgebauten Nahverkehrs und der günstigen Taxipreise ist die Versuchung, in Singapur selbst Auto zu fahren, für den Touristen eher gering. Zudem herrscht Linksverkehr.

Wer trotzdem lieber selbst am Steuer sitzt, hat prinzipiell schon die Möglichkeit: Mit dem deutschen und internationalen **Führerschein** kann sich der Europäer auch in Singapur ein Auto mieten. Wer länger als ein Jahr in Singapur bleibt, muss allerdings in diesem Zeitraum eine einheimische Führerscheinprüfung ablegen, sonst verfällt die Fahrerlaubnis. Weitere Infos dazu unter http://tt.ecitizen.gov.sg.

Die **Höchstgeschwindigkeit** innerhalb der Stadt beträgt 50 km/h, auf den Expressways sind max. 90 km/h erlaubt.

Die **Alkoholgrenze** liegt bei 0,35 Promille. **Anschnallen** ist Pflicht, auch auf dem Rücksitz. Mobiles **Telefonieren** während der Fahrt ist verboten.

*Für asiatische Verhältnisse geht es auf den Straßen Singapurs gesittet zu*

Die **Expressways** sind von 7.30 bis 9.30 Uhr, die Hauptstraßen des Central Business District, in Chinatown und der Orchard Road von 7.30 bis 19 Uhr nur gegen **Maut** zu nutzen. Sie wird per *Electronic Road Pricing Scheme* (ERP) erhoben. Der Fahrer muss dazu über einen Kartenleser, einer **In-Vehicle Unit** (IU) verfügen, die gegen 120 SGD Kaution an Tankstellen gemietet werden kann. Pro Tag fallen weitere 10 SGD Kosten an. Die Karte selbst wird automatisch von den Mautstellen erkannt und muss immer wieder aufgeladen werden. Mietwagen sind in der Regel bereits mit dem kleinen Gerät ausgestattet. Der Verkehr ist dank dieser Maßnahmen recht zivil, Parkplätze sind relativ leicht zu finden und kosten in der Regel zwischen 0,50 und 1 SGD pro 30 Minuten.

### Autovermietungen

Neuwagen sind in Singapur rund 25 % teurer als in Europa und mit vielen weiteren Gebühren und Steuern belastet. Für den Reisenden kommt daher eigentlich nur ein Mietwagen in Frage. Die Preise variieren natürlich je nach Modell und Mietdauer. Einen ersten Überblick erhalten Sie im Internet, denn bei allen großen Anbietern lassen sich die Fahrzeuge per Internet oder Reisebüro reservieren.

**Avis**, der internationale Klassiker, www.avis.com
- Changi Airport, Terminal 2, Arrival Hall, ☎ 65428855, tgl. 7–23 Uhr
- Changi Airport, Terminal 1, Arrival Hall GTC, ☎ 65450800, tgl. 7–23 Uhr
- 390 A Havelock Road, Waterfront Plaza Level 1, ☎ 67371668, tgl. 8–18 Uhr

**Hertz**, www.hertz.com
- 15 Scotts Road, Thong Teck Building, ☎ 67357566, Mo–Sa 8–18 Uhr
- Changi Airport, Terminal 2, Arrival Hall, ☎ 65425300, tgl. 7–23 Uhr

**Hawk Rent A Car**, ebenfalls ein Singapur-Anbieter mit guten Angeboten, - 1 Fifth Avenue, Guthrie House, Level 2, ☎ 64694468, 🖷 64690848, www.hawkrentacar.com.sg, Mo–Sa 9–17.30 Uhr

### Banken

ⓘ *siehe unter „Geld", s. S. 70*

### Babys

ⓘ *siehe auch unter „Kinder", s. S. 74*

Dank der sauberen Umgebung und exzellenten medizinischen Versorgung sind Aufenthalte in Singapur auch mit Baby möglich. Eine sehr gute Sonnenschutzcreme (möglichst Schutzfaktor 40 und, je nach Schwitzverhalten, auch wasserfest), ein für Babys geeignetes Anti-Mückenmittel sowie eine Mütze mit Nackenschutz gehören auf alle Fälle ins Gepäck. Wer mit dem Kinderwagen unterwegs ist, braucht unbedingt einen Sonnenschirm! Windeln gibt es in allen üblichen Größen im Supermarkt, und auch sonst ist der in Europa bekannte Babybedarf in Drogerien und Lebensmittelgeschäften erhältlich.

### Babysitter

Viele große Hotels bieten einen seriösen Babysitter-Service an. Dieser dürfte allerdings für deutsche Eltern nur wenig interessant sein, es sei denn, das Kind spricht Englisch.

### Behinderte

Mit dem Rollstuhl nach Asien – das ist kein einfaches Unterfangen. Wenn überhaupt, ist Singapur aber sicher die beste Adresse! Der *Access Guide* der **Disabled People's Association of Singapore** auf der Internetseite www.dpa.org.sg gibt ausführlich Auskunft über Sehenswürdigkeiten, Hotels und alle anderen wichtigen Orte des alltäglichen Lebens und ihrer Eignung für den behindertengerechten Ausflug.

Generell dürften Rollstuhlfahrer kaum auf Ablehnung stoßen, wohl aber auf allerlei praktische Probleme wie hohe Bordsteinkanten und fehlende Rollstuhlrampen in älteren Gebäuden.

### Behörden

Fast alle staatlichen Stellen und Behörden sind auch online erreichbar. Auf den Internetseiten www.ecitizen.gov.sg und www.gov.sg findet man alle Adressen und Telefonnummern, die Sektion Non-Residents richtet sich speziell an Reisende.

## Bettler

Im verkappten Wohlfahrtsstaat Singapur gibt es kaum Bettler. Dies liegt einerseits daran, dass sich der Staat und diverse Wohlfahrtsorganisationen um Bedürftige kümmern, aber auch daran, dass im „gesichtbewussten" und erfolgsorientierten Singapur kaum jemand freiwillig seine Armut und Bedürftigkeit zur Schau stellt. Bettler dürfen zudem auch kaum mit der Toleranz der Ordnungskräfte rechnen. Wer dennoch, vor allem im Umfeld eines Tempels, um Almosen bettelt, dem geht es wahrscheinlich tatsächlich schlecht.

## Botschaften/Konsulate

### ▶ In Deutschland
**Botschaft der Republik Singapur**
Voßstr. 17, 10117 Berlin,
☏ 030-226343-0, 📠 030-226343-75,
www.mfa.gov.sg/berlin, singemb_ber@sgmfa.gov.sg,
Mo–Fr 9–13 und 13.30–17 Uhr, deutsche Feiertage und 9. August geschl.

**Honorargeneralkonsul der Republik Singapur**
Badstr. 98, 71336 Waiblingen,
☏ 07151-263033, 📠 07151-261120,
hon.konsulat-singapur.stgt@stihl.de,
Di–Fr 9–12 Uhr

### ▶ In Österreich
**Honorargeneralkonsulat von Singapur**
Am Stadtpark 9, A-1030 Wien,
☏ 01-717071250, 📠 01-717071656,
Mo–Fr 9–12 Uhr

### ▶ In der Schweiz
**Ständige Vertretung der Republik Singapur, Konsularabteilung**
Avenue du Pailly 10, CH-1219 Châtelaine, Genève,
☏ 022-7950101, 📠 022-7968381
www.mfa.gov.sg/geneva/, singpm_gva@sgmfa.gov.sg,
Mo–Fr 8.30–13 und 14–17 Uhr

### ▶ In Singapur
**Botschaft der Bundesrepublik Deutschland**
Raffles Place 50, Singapore Land Tower, Level 12, Singapore 048623,
☏ 65336002, 📠 65331132, Notfall-☏ 98170414,
www.singapur.diplo.de,
Konsularabteilung Mo–Fr 8.30–11.30 Uhr;
Visaabteilung Mo–Fr 9–12 Uhr
Postanschrift: Embassy of the Federal Republic of Germany,
Robinson P.O. Box 1533,
Singapore 903033

**Botschaft der Republik Österreich**
600 North Bridge Road, Parkview Square, Level 24, 188778 Singapore,
☏ 63966350/-52, 🖷 63966340,
www.advantageaustria.org/sg/, singapore@advantageaustria.org
Mo–Fr 9–17.30 Uhr
Postanschrift: Austrian Embassy Tanglin, P.O. Box 238, 912408 Singapore

**Botschaft der Schweiz**
1 Swiss Club Link, Singapore 228162,
☏ 64685788, 🖷 64668245,
www.eda.admin.ch, sin.vertretung@eda.admin.ch,
Mo–Fr 9–12 Uhr

## Business-Informationen

Informationen zum singapurischen Wirtschaftsleben und Hilfe für potenzielle Investoren gibt es sowohl unter www.singaporebusinessguide.com/index.html als auch in den Niederlassungen des Singapore Trade Development Board vor Ort und im Ausland:

**Singapore Economic Development Board**, 250 North Bridge Road, Raffles City Tower, Level 24, 179101 Singapore, ☏ 3362288, 🖷 3396077, www.edb.gov.sg, clientservices@edb.gov.sg
**Singapore Economic Development Board**, Kaiserstr. 5, 60311 Frankfurt, ☏ 069-2739930, 🖷 069-27399333, www.edb.gov.sg
**International Enterprise Singapore**, 230 Victoria Street, Level 7, Bugis Junction Office Tower, ☏ 6433431, www.iesingapore.com
**International Enterprise Singapore**, Goethestr. 5, 60313 Frankfurt, ☏ 069-9207350, 🖷 069-92073522, frankfurt@iesingapore.gov.sg, www.iesingapore.com

## Bücher

**Englische Literatur** gibt es in Singapur in Hülle und Fülle, wobei allzu kritische Werke kaum zu finden sind. Auch deutsches Lesematerial findet man zuhauf, allerdings nur in der ausgezeichnet bestückten, deutschen Abteilung im Hauptgeschäft der japanischen Kette **Books Kinokuniya** (www.kinokuniya.com.sg). Dieses Kaufhaus in wahrhaft gigantischen Ausmaßen residiert im dritten Stock des Takashimaya Shopping Center in Ngee Ann City Tower B an der Orchard Road 391 B. Weitere, ebenfalls recht große Filialen finden sich im Liang Court Shopping Center, dritter Stock in der River Valley Road 177 C am Clarke Quay (leicht zu finden, da in den oberen Stockwerken das Novotel Clark Quay untergebracht ist) und im Bugis Junction Store an der Victoria Road 1200 im Stadtviertel Bugis. Alle Läden bieten neben englisch- und chinesischsprachigen Büchern auch eine breite Palette japanischer Lektüre.

Ein weiterer großer und gut bestückter Buchladen ist das amerikanische **Borders** an der Orchard Road, Ecke Patterson Road, (501 Orchard Road, Wheelock Place, Level 1, Mo–Do und So 9–23, Fr und Sa 9–24 Uhr).

Wer sich für die Kultur und Politik Südostasiens interessiert, ist bei **Select Books** im Tanglin Shopping Centre Level 3 ausgezeichnet aufgehoben, das wohl mit der breitesten Palette von auf diese Region spezialisierten Büchern aufwarten kann. Auch chinesische und japanische Literatur in englischer Übersetzung sowie das eine oder andere antiquarische Buch lassen sich hier finden.

**Popular**, unter anderem in der MRT-Station Orchard, ist eine weitere Kette von vor allem in der MRT zu findenden Buchläden, die neben Zeitungen und Zeitschriften auch die aktuellen Bestseller in englischer Sprache sowie Reiseführer und Karten im Angebot haben. Bild- und Kunstbände findet man bei **Basheer Graphic Books**, Bras Basah Complex Level 4.

### Camping

Singapur ist eine dicht besiedelte Großstadt. Da wundert es nicht, dass die Campinggelegenheiten eher rar sind. Wo es sie dann doch gibt, stellen sie eine kostenlose und legale Übernachtungsmöglichkeit dar. Auf **Pulau Ubin** kann man am **Jelutong**, **Mamam** und **Noordin Beach** sein Zelt ohne weitere Formalitäten aufstellen, eigenes Equipment vorausgesetzt.

Weiterhin ist das Campen an folgenden Orten gestattet, allerdings ist eine Erlaubnis nötig:
- **Changi Beach Park** (zwischen Carpark 1 und Carpark 4; zwischen Carpark 6 und Carpark 7)
- **East Coast Park** (Area D und Area G)
- **Pasir Ris Park** (Area 1 und 3)
- **Sembawang Park** (Area A)
- **West Coast Park** (Area 3).

Die Erlaubnis *(Camping Permit)* kann man entweder online unter http://www.axs.com.sg/phpweb/consumer/npark_camping_permit.php einholen oder bei den über 500 AXS-Maschinen, wie sie unter anderem am Changi Beach Park (i-kiosk am Carpark 1), East Coast Park (Area C3), Pasir Ris Park (Carpark E), Sembawang Park (Carpark 1) und West Coast Park (McDonald's in Area 3) stehen.

Aktuelle Information über Campingmöglichkeiten und -plätze sind erhältlich beim **National Parks Board**, 150 Beach Road, ☎ 63914488, www.nparks.gov.sg.

### Drogen

Vergessen Sie es. Sofort. Wie auch im benachbarten Malaysia und in Indonesien wird Drogenbesitz (Haschisch und alle verwandten Cannabis-Produkte gehören selbstredend dazu) strengstens geahndet! Ob es sich dabei um Mengen für den Eigenkonsum oder den Wiederverkauf handelt, ist dabei zweitrangig. Selbst die Todesstrafe ist nicht ausgeschlossen und wird auch bei Ausländern genauso verhängt wie bei Einheimischen. Egal wie sauber und freundlich sich die Stadt präsentiert, wer will schon die nächsten 25 Jahre im Changi Prison verbringen?

## Einreise

Praktisch alle Reisenden kommen am **Changi Airport** an. Die Einreise am Flughafen gestaltet sich problemlos und unkompliziert und dauert selbst zu Stoßzeiten kaum länger als 30 Minuten. Deutsche, Österreicher, Schweizer und die meisten Bürger der EU brauchen kein Visum für Singapur, der Reisepass muss allerdings noch sechs Monate nach Einreise gültig sein.

Bereits im Flugzeug werden zumeist die **Ein- und Ausreiseformulare** ausgeteilt, sodass man sie nur ausgefüllt an der Passkontrolle abgeben muss. Bei Ankunft mit dem Flugzeug bekommt der Besucher normalerweise eine Aufenthaltsgenehmigung von 30 Tagen in den Pass gestempelt, bei Einreise mit dem Zug oder dem Schiff beschränkt sich die Aufenthaltsgenehmigung meist auf 14 Tage.

Ein Aufenthalt von bis zu drei Monaten ist problemlos möglich und muss beim **Singapore Immigration and Registration Department**, 10 Kallang Road, ☎ 63916100, Mo–Fr 9–17 Uhr, beantragt werden. Allerdings sollte man dafür im Besitz eines gültigen Rückflugtickets sein und muss eventuell ausreichend Barmittel bzw. eine gültige Kreditkarte vorweisen.

Adressen der Botschaft und der Konsulate der Republik Singapur siehe unter „Botschaften/Konsulate", S. 58.

## Elektrizität

Die Stromspannung beträgt wie in Deutschland 220 Volt bei 50 Hertz. Es werden dreipolige Stecker wie in Großbritannien verwendet. In den meisten Hotels sind Adapter vorrätig, ansonsten sind sie für wenige Dollar in jedem Kaufhaus zu haben.

## Ermäßigungen

Anders als in Europa, wo sich scheinbar jeder für irgendeine Art von Ermäßigung qualifiziert, herrschen in Singapur klare Preisstrukturen. Kinder unter sechs Jahren dürfen die meisten Museen kostenlos besuchen, in den öffentlichen Verkehrsmitteln gilt ab drei Jahren der Kinderpreis, ab zwölf Jahren ist in der Regel der volle Preis fällig. Senioren ab 60 Jahren können meist ebenfalls mit einer Ermäßigung rechnen.

## Essen und Trinken

Eine wahrhaft singapurische Küche, gibt es das überhaupt? Die ehrliche Antwort wäre nein – und das ist gut so! Denn jede der ansässigen Ethnien hat ihre eigenen kulinarischen Traditionen und Geschmäcker mitgebracht und kultiviert. Auch wenn kein Küchenchef davor gefeit ist, hier und da von den Nachbarn ein wenig abzuschauen, bleibt doch immer noch erkennbar, aus welcher geografischen Ecke die Rezepte stammen. Bewaffnet mit einem Arsenal tropischer Gewürze und Zutaten, scharfen Currys, Meeresfrüchten und cremiger Kokosmilch, schaffen es selbst die einfachen Köche der Nachtmärkte, wahre Gaumenfreuden zu zaubern. Nicht umsonst rühmt sich Singapur als kulinarische Destination und feiert sich selbst alljährlich einen ganzen Monat lang mit einem „Food Festival" der Spitzenklasse.

### ▶ Straßen-Gourmets

Wer die komplette Bandbreite der lokalen Küchen ausprobieren möchte, kommt um die **Hawker Center** und **Nachtmärkte** nicht herum: Überall in der Stadt haben sich die kleinen Buden und Garküchen zusammengetan und bieten einen günstigen und hygienisch einwandfreien Spaziergang durch die Küchen Asiens. Ganz freiwillig geschah dies anfangs nicht, geht doch die Gründung der Hawker Center vor allem auf staatliche Initiativen zurück: Indem man die Garköche zwang, sich niederzulassen, wurden Hygiene und Essensqualität überprüfbar. Von A (die beste Note) bis D reicht die **Klassifizierung**, die am Eingang meist deutlich angebracht ist.

Wer sich heute an den Ständen umschaut, wird es dem Staat danken: Sauberkeit ist Standard und, ganz im Gegensatz zu vielen anderen asiatischen Ländern, sind negative gesundheitliche Folgen hier nicht zu befürchten.

### 📖 Buchtipp

Wer sich den Hawker Centers ganz besonders intensiv widmen möchte, dem sei der singapurische Führer „**Makansutra**" empfohlen. Der Titel setzt sich als Wortspiel aus dem malaiischen Begriff „makan" (essen) und dem Sanskrit-Wort Sutra („Lektion", hierzulande aus dem Kamasutra bekannt) zusammen. Der Band ist in großen Buchläden erhältlich sowie über die Website www.makansutra.com.

### ▶ Chinesische Küche

Sie hat Singapur geprägt wie keine andere. Egal aus welcher Provinz die Einwanderer stammten, sie alle nahmen ihre Lieblingsrezepte mit. Auch hier gilt: Vermischt haben sie sich kaum. Selbst das ausgewiesene Nationalgericht Singapurs, der „Hainanese Chicken Rice", zeigt schon im Namen, dass es eindeutig von der südchinesischen Insel Hainan stammt.

Fast alle Restaurants geben an, welcher Region sie sich verschrieben haben, und die Unterschiede sind auch für Uneingeweihte groß. Allen gemein ist, dass Ernährung, Qualität der Zutaten und die „innere Harmonie" der Gerichte sehr ernst genommen werden. Mal schnell was essen, das gibt es in der chinesischen Küche nicht: Alles, was der Mensch zu sich nimmt, hat eine Bedeutung, eine Auswirkung und trägt damit zum Erhalt der Gesundheit bei. Oder eben nicht. Die Diskussionen, was, warum und wie etwas dem Körper zuträglich ist, wird in chinesischen Kreisen mit Inbrunst geführt. Genauso wichtig sind auch die Aspekte der traditionellen chinesischen Medizin: Jede Zutat ist entweder dem weiblichen Prinzip Yin oder dem männlichen Yang zuzuordnen. Beide müssen auch in der Küche in Einklang gebracht werden. Egal, ob man daran glaubt, das Ergebnis überzeugt.

**Kleines kulinarisches Glossar**
Alle typisch chinesischen Gerichte Singapurs zu nennen, wäre ein ambitioniertes Unternehmen. Dennoch sei hier eine Grundauswahl der beliebtesten Gerichte genannt:

Allen voran natürlich besagter **Hainanese Chicken Rice**. Hier handelt es sich um gedünstetes Huhn mit in Hühnerbrühe gegartem Reis, dazu Chili- und Sojasoße. Ebenfalls recht verbreitet ist **Black Pepper Beef** aus grünem Paprika und Steakstreifen mit Reis, das Brühe-Fondue **Steamboat** und das kantonesische **Dim Sum**: Kleine Häppchen und gefüllte Teigwaren, die frei zusammengestellt werden können. **Fried Hokkien Mee** schließlich sind die gebratenen Nudeln mit Garnelen, Fleisch, Gemüse und Chili, die in jedem Hawker Center zu finden sind.

Generell verheißt der Titel „Sichuan-Küche", auch in der Schreibweise Szechuan, eher scharfe Gerichte, während nordchinesische Küche besonders herzhaft schmeckt. Kantonesische und Shanghaier Gerichte kennt der Europäer teils schon aus den heimatlichen Restaurants – mit dem Unterschied, dass sie hier einfach noch mal so gut schmecken.

### ▶ Indische Küche
Vor allem die südindische Küche hat sich in Singapur etablieren können, stammen doch viele der indischen Bewohner aus Tamil Nadu und den angrenzenden Provinzen.

Für **Vegetarier** ist dies eine gute Botschaft, denn Fleisch spielt eine untergeordnete Rolle. Lasche Gerichte für „verweichlichte Europäer" gibt es hier freilich nicht: Der Speisekarteneintrag „scharf" meint genau dies – in indischer Auslegung! Selbst Reisenden, die sich für Liebhaber feuriger Speisen halten, dürfte in indischen Restaurants hin und wieder der Atem stocken. Verpassen sollte man die vielen Spezialitäten trotzdem nicht:

**Fishhead Curry** etwa, wobei der Fischkopf selbst nicht gegessen wird. Als Beilage gibt es dazu entweder Reis oder eine der vielen Fladen-Varianten wie Chapati oder Naan. Genauso typisch sind die **Biryani-Gerichte** aus gebratenem Reis mit Fleisch und/oder Gemüsebeilagen. **Daun Pisang** wiederum bezeichnet Reis mit Fleisch und Gemüse, auf einem Bananenblatt serviert.

Wer vor dem Gewürz-Feuerwerk gehobener Gerichte zurückschreckt, ist an den indischen Imbissständen der Hawker Shops gut aufgehoben. Hier werden die **Roti Canai** frisch ausgebacken, Pfannkuchen, die mit der scharfen Linsensoße Dhal oder einer sehr dünnen Currysoße serviert werden. Etwas sättigender sind die **Murtabak**: Derselbe Teig wird mit Zwiebeln, Ei, Fleisch oder Gemüse gefüllt.

### ▶ Malaiische Küche
Sofern man die einfachsten Namen der malaiischen Zutaten beherrscht, erschließt sich die Speisekarte recht schnell: *Nasi*

*Roti Canai (Pfannkuchen) und Satay-Spießchen*

## Schlemmen für die Gesundheit

Weltmacht des 21. Jh., Stadt der Superlative und Essen der Merkwürdigkeiten. Der Scherz, dass man in Südchina alles isst, was vier Beine hat außer Tischen und alles, was im Wasser schwimmt außer U-Booten, sagt viel über das Schaffensspektrum chinesischer Köche aus. Shanghai ist zahmer, verglichen mit Europa jedoch kulinarische Barbarei, und seine Küche könnte für Siebeck, Rach & Co. neben Salaten und Schnitzeln endlich ein neues Betätigungsfeld sein. Einige Beispiele (weitere unter www.weird-food.com):

Zunge raus, Arm her, ein strenger Blick ins Auge: Wer im **Imperial Herbal** ein Abendessen bestellt, braucht erst einmal keine Speisekarte, sondern eine traditionelle Diagnose samt Pulsanalyse, Iris-Untersuchung und dem besagten Blick auf den Zungenbelag. Seit mehr als 20 Jahren serviert das Restaurant Gerichte nach den Regeln der traditionellen chinesischen Medizin. Damit die Gäste die richtige Auswahl passend zum Gesundheitszustand treffen, gibt es gratis eine Arztkonsultation dazu. Jeden Abend sitzt Dr. Foo daher in einer heimeligen Ecke des Restaurants vor dem chinesischen Arzneischrank und wirkt mit Kittel und Brille beruhigend vertrauenswürdig. Quasi die Mensch gewordene Devise: Schlemmen ist für gut die Gesundheit! Kein reuiger Gedanke soll den Gast bremsen, wenn er die Delikatessen auf den Teller schaufelt. Krokodilsuppe zum Beispiel, oder gebratene Ameisen. Zugegeben, auch zahmere Kreationen sind dabei, wie Eiweißomelett oder Hühnchensuppe. Besonders gut jedoch verkauft sich der Hirschpenis-Schnaps, weiß die Serviererin. Das gibt Kraft für die Feiertage, fügt sie mit einem süffisanten Lächeln hinzu. Passend zum Menü gibt sich auch die hochpreisige Einrichtung, die sicher von einem, sagen wir mal wohlwollend, sehr unkonventionellen Geist zusammengestellt wurde: Im Imperial Herbal räkelt sich das Publikum auf rosa und orangefarbenen Plüschhänden, die die Finger steif gen Himmel recken. Wäre das Licht ein wenig dunkler, die Musik ein wenig lauter, das Ensemble ließe sich sicher auch als „Chill-Club" verkaufen. Doch auch das ist irgendwie typisch Singapur: Der totale Stilbruch ist nicht einmal eine Bemerkung wert und scheint auch bei den älteren Gästen keine Berührungsängste hervorzurufen. Wenn das Essen schmeckt, tritt alles andere in den Hintergrund.

*Vor der Speiseauswahl wird der Puls gefühlt*

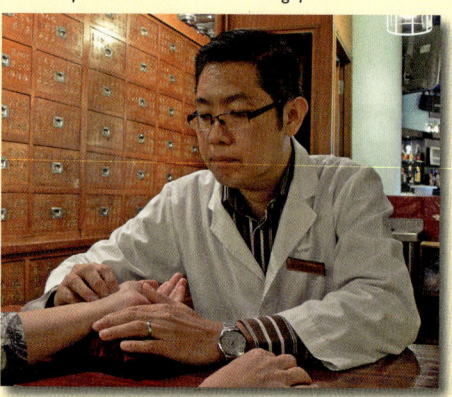

**Imperial Herbal**, *Vivo-City #03-08 Lobby G, 1 Harbour Front Walk, ☏ 63370491, www.imperialherbal.com.*

*Singapur bietet eine Fülle von traditionellen Gerichten der verschiedenen Ethnien*

(Reis) oder *Mee* (Nudeln) sind die Grundnahrungsmittel, dazu wird *Ikan* (Fisch), *Ayam* (Huhn), *Tauhu* (Tofu), *Sambal* (Chili) serviert – oft auch *Goreng* (gebraten) angeboten. **Nasi Goreng**, **Mee Goreng** oder **Ayam Goreng** und viele andere Hausmannsgerichte erklären sich somit von selbst. Am bekanntesten sind sicher die **Satay-Fleischspießchen** mit Erdnusssoße. Aber auch **Nasi Lemak**, der in Kokosmilch gegarte Reis mit Erdnuss und Anchovis, oder **Rendang**, ein Curry-Fleisch-Gericht, werden fast überall angeboten.

### ▶ Peranakan-Küche

Wollte man unbedingt doch noch eine einheimische Küche krönen, dann wäre es wohl die Peranakan-Küche: Viele der Straits-Chinesen haben einheimische, malaiische Frauen geheiratet. Als „Peranakans" prägten sie nicht nur die lokale Kultur, sondern kreierten auch eine neue kulinarische Stilrichtung, die chinesische Zutaten mit malaiischen Gewürzen kombiniert. Lange Zeit schien sich niemand besonders für diese Küche zu interessieren, in den letzten Jahren jedoch entstanden wieder vermehrt echte Peranakan-Restaurants. Typisch für diese Stilrichtung und vor allem überall erhältlich, sind die **Laksa-Gerichte**: Reisnudeln in einer Kokosmilch-Curry-Soße, meist mit Fisch, Ananas und Garnelenmus serviert. Genauso charakteristisch sind auch die Glasnudeln in leicht säuerlicher Soße, die **Mee Siam**. Wer die Peranakan-Küche probieren möchte, findet im Stadtteil Katong, dem alten Peranakan-Viertel, besonders viele kleine Restaurants dieser Richtung.

### 🍴 Preiskategorien der Restaurants

Die Angaben beziehen sich auf ein Gericht pro Person inklusive ein Getränk:

| | | | |
|---|---|---|---|
| $ | = | preiswert | max. 15 SGD |
| $$ | = | moderat | 15–40 SGD |
| $$$ | = | teuer | 40–100 SGD |
| $$$$ | = | sehr teuer | mind. 100 SGD |

## Fähren

ⓘ *siehe unter „Weiterreise", s. S. 89*

## Fahrrad fahren

Fahrradwege sind in Singapur selten und das Fahrrad gilt als Fortbewegungsmittel für arme Leute. Für den zweiradinteressierten Singapurer wie den Expat ist das Fahrrad so auch eher ein Sportgerät für den Wochenendausflug nach Pulau Ubin, in den East Coast Park oder nach Bukit Timah. Mit Ausnahme von Bukit Timah können auch hier jeweils Räder gemietet werden, die allerdings eher von einfacher Qualität sind. Auf Pulau Ubin sind Fahrräder mangels Alternative sogar das Standardverkehrsmittel.

Auch wenn Fahrräder im Straßenverkehr Singapurs eher selten sind und das Klima nicht unbedingt zu längeren Touren einlädt, ist es keinesfalls abwegig, sich per Fahrrad fortzubewegen, und um einiges sicherer als in anderen asiatischen Metropolen. Der Straßenverkehr ist auch nach deutschen Maßstäben sehr gelassen und regelkonform. Die halsbrecherischen Suizidmanöver chinesischer, thailändischer oder indischer Art sind hier eher selten, was natürlich auch an den drakonischen Strafen für Verkehrsvergehen liegt. Wie auch dem westlichen Autofahrer wird auch dem Radfahrer der Linksverkehr anfangs zu schaffen machen, vor allem in Chinatown, wo die meisten Straßen Einbahnstraßen sind und so die Gewöhnung an die andere Straßenseite zusätzlich erschwert wird. Diebstahl ist – aufgrund der geringen Anzahl an Fahrrädern – äußerst selten, die Benutzung eines guten Schlosses zum Abschließen des Rads ist dennoch anzuraten. Hierbei sollten Sie beachten, dass das Abstellen von Fahrrädern nicht überall erlaubt ist.

Mehr Informationen rund um das unmotorisierte Zweirad gibt es bei der **Singapore Amateur Cycling Association** (www.cycling.org.sg).

**Fahrradverleih** ist möglich bei:
**Wheelpower Rent-a-Bike**, 91 Bencoolen Street, Sunshine Plaza, Level 1, ☏ 62382388, tgl. 9.30–19 Uhr;
**Treknology Bikes 3**, 91 Tanglin Road, Tanglin Plaza, Level 1, ☏ 67327119;
24 Holland Grove Road, ☏ 64662673, www.treknology3.com, tgl. 11–19.30 Uhr;
Preise: rund 10 SGD bzw. 30–35 SGD/Tag

Wer eine längere Fahrradreise durch Asien plant und sein Equipment in Singapur zusammenstellen möchte, dem sei davon abgeraten. Bei Treknology Bikes (s. o.) gibt es zwar langstreckentaugliches Material und Ersatzteile zu kaufen, die Preise liegen jedoch auf europäischem Niveau, wenn nicht höher.

## Fernsehen

Neben den lokalen Sendern, von denen es einige gibt, wobei nur wenige wie **Channel 5** und **Channel NewsAsia** auf Englisch senden, hat man in der Regel eine breite Auswahl an amerikanischen, australischen, chinesischen und japanischen Sendern. **Deutsche Welle**

TV (www.dw-world.de), das im stündlichen Wechsel Nachrichten und Reportagen auf Deutsch und Englisch sendet, findet man in fast allen Hotels der Drei-Sterne-Kategorie aufwärts. Ebenso gehören **CNN**, **BBC World**, **Star World** und **TV5** (Französisch) zum Standard. Filme, meist auf Englisch mit chinesischen Untertiteln, gibt es sowohl als kostenlosen Service (HBO, Cinemax) als auch via Pay-by-View. Hier kostet ein Film meist um die 20 SGD und kann über die Fernbedienung angewählt werden. Wer ungern auf die aktuellen Fußballergebnisse sowie Live-Sport verzichten möchte, wird bei **ESPN** und **Star Sports** fündig.

### Flüge

Fast 70 Fluggesellschaften fliegen Singapur an, darunter natürlich auch die nationale Gesellschaft Singapore Airlines und der kleine Carrier Silk Airlines. In den letzten Jahren wird der Changi Airport auch zunehmend von asiatischen Billigfluglinien wie Jetstar Asia und Air Asia angeflogen, die so manch günstigen Anschlussflug zu innerasiatischen Destinationen wie Thailand, Kambodscha, Vietnam und China bieten.

Die wichtigsten **Fluglinien** für die Reise nach Singapur im Überblick:
**Lufthansa**, 390 Orchard Road, Palais Renaissance, Level 1, ☏ 68355933, www.lufthansa.de
**Singapore Airlines**, 209 Orchard Road, Paragon Building, Level 2, ☏ 62238888, www.singaporeair.de
**Thai Airways**, 100 Cecil Street, The Globe, ☏ 18002249977, www.thai-airways.de
**Qantas**, 15 Cairnhill Road, Cairnhill Plaza, Level 5, ☏ 65897000, www.qantas.com.au
**Cathay Pacific**, 10 Collyer Quay, Ocean Building, Level1, ☏ 65331333, www.cathaypacific.com
**Malaysian Airlines**, 190 Clemenceau Avenue, Singapore Shopping Centre, Level 2, ☏ 63366777, www.malaysiaairlines.com
**Garuda Indonesia**, 101 Thomson Road, United Square, Level 3, ☏ 62505666, www.garuda-indonesia.com
**KLM Royal Dutch Airlines**, 79 Anson Road, Level 6, ☏ 68232220, www.klm.com

**Billigfluglinien**:
**Air Asia**, ☏ 67339933, www.airasia.com
**Jetstar Asia**, ☏ 68222288, www.jetstarasia.com
**Tiger Airways**, ☏ 65384437, www.tigerairways.com

### Fotografieren

Singapur ist ein Paradies für Fotografen: scharfe Kontraste zwischen Tradition und Moderne, gutes Licht, fast stündlich wechselnde Wetterstimmungen und kaum Tabus. Einige Dinge sollte man aber auf jeden Fall beachten:

Auch wenn die Singapurer fotografierende Touristen gewohnt sind bzw. meist so beschäftigt sind, dass ihnen diese gar nicht auffallen, sollte man bei Nahaufnahmen von Personen, in Tempeln (vor allem in den indischen!) und bei religiösen Festen vor dem Abdrücken **um Erlaubnis fragen**. Selten, auch nicht bei so pittoresken Festen wie dem Thaipusam, wird das Einverständnis verwehrt werden.

Für die **digitale Fotografie** findet man alles, was zum Gelingen der Urlaubsfotos notwendig ist, zu einem guten Preis-Leistungs-Verhältnis. Vor allem Speicherkarten können hier um einiges günstiger als in Deutschland sein. Wer allerdings auf ein Schnäppchen bei Kameras und Zubehör hofft, wird enttäuscht werden. Zumeist haben deutsche Discounter und Online-Shops günstigere Preise, zudem muss eine im Ausland gekaufte Kamera bei Ankunft in Deutschland nachversteuert werden.

Bei der **Analog-Fotografie** empfiehlt sich aufgrund der intensiven Sonneneinstrahlung auf jeden Fall ein UV-Filter als Standard. Auch ein Polarisationsfilter verbessert die Qualität der Urlaubsfotos beträchtlich, verlängert allerdings die Belichtungszeiten. Filme, sowohl für Negative als auch Dias, sind in Singapur gut erhältlich, Zubehör ist sogar teils erheblich günstiger – zumindest lohnt der Vergleich. Preislich liegen Negativfilme ungefähr auf deutschem Niveau, Diafilme sind in Singapur sogar etwas teurer. Abzüge von Negativfilmen in leidlicher Qualität kann man in fast jedem Fotogeschäft machen lassen, Diafilme (E 6) können unter anderem bei **Standard Photo**, 656 MacPherson Road, ☏ 62829122, Mo–Fr 9–18 Uhr, entwickelt werden.

Gute Fotogeschäfte findet man vor allem entlang der North Bridge Road, so unter anderem:
**John 3:16 Photo Supplies**, 109 North Bridge Road, Funan the IT Mall, Level 3, ☏ 63371897 (vor allem Digitalkameras und Zubehör),
**Cathay Photo**, 111 North Bridge Road, Peninsula Plaza, Level 1, ☏ 63380451.

Aber auch in den Shopping Centres der Orchard Road und in Chinatown findet man ein gutes Sortiment an Kamerazubehör und Filmen. Gebrauchte Kameras und Zubehör gibt es bei The Camera Workshop, 3 Coleman Street, Peninsula Shopping Centre, Level 1, ☏ 63361956.

### Frauen allein unterwegs

Frauen haben in Singapur weniger zu befürchten als in Europa. Belästigungen sind extrem selten, die Straßen im Allgemeinen auch zu fortgeschrittener Stunde sicher – und vor allem sehr belebt! Busse, Straßenbahnen und Taxis sind auch abends uneingeschränkt zu empfehlen. Kurzum, Singapur ist ein sehr angenehmes Reiseziel für alleinreisende Frauen.

### Friseur

Keine Frage, es gibt wirklich viele gute Friseure in Singapur. Trotzdem sollte man, bevor der Meister zur Schere greift, einen diskreten Blick in den Laden werfen: Wird der Salon nur von einer einzigen Ethnie besucht? Ob der Kunde dünnes blondes oder eher drahtiges schwarzes Haar hat, macht durchaus einen Unterschied. Internationalen Etablissements dürfen Sie sich anvertrauen, kleine, ethnisch spezialisierte Läden hingegen sind mit Vorsicht zu genießen.

Chinesische Friseure mit wenigen Übungsmöglichkeiten an europäischem Haar tun sich erwartungsgemäß schwer, eine kräftige Naturkrause optisch ansprechend zu bändigen. Umgekehrt übrigens auch. Mit ein wenig Sinn für Abenteuer erhalten Sie alle üblichen Dienstleistungen für wenig Geld und dazu noch eine überaus zuvorkommende Behandlung.

### Geführte Touren

**DUCKtours / DUCK & HIPPO**, 3 Temasek Boulevard, Suntec City, Suntec Shopping Mall, ☏ 63386877, sales@ducktours.com.sg, www.ducktours.com.sg. Neben zahlreichen „konventionellen" Touren bietet Ducktours z. B. die **Amphibious Fun Tour**. Per Amphibienfahrzeug geht es durch den Colonial Core und die Marina, wo sich das Fahrzeug in ein Boot verwandelt und per „Seeweg" via Merlion. Alles in allem sehr kitschig, aber besonders für Familien ein wirklich nettes Erlebnis (Preis Erwachsene 33 SGD, Kinder 23 SGD). Die Touren starten zwischen 10 und 18 Uhr stündlich ab Suntec City, wo auch die Tickets erhältlich sind. Es gibt mehrere Ticketschalter in der Stadt.

**The Original Singapore Walks / Journeys Tours & Travel Services**, D'Centennial Building, 100 Lorong 23 Geylang, #07-01, ☏ 63251631, www.journeys.com.sg, fun@singaporewalks.com. An festgelegten Treffpunkten finden täglich verschiedene Spaziergänge statt, die Singapur hautnah und immer mit einer Spur Humor präsentieren.

- Mo 9.30–12 Uhr: „**Time of the Empire**" (Colonial District, Treffpunkt MRT Station City Hall, Exit B), Erwachsene 35 SGD, Kinder 15 SGD
- Di 9.30–12 Uhr: „**Red Clogs Down the Five-Foot-Way**" (Chinatown, Treffpunkt MRT Station Tanjong Pagar Exit B), Erwachsene 35 SGD, Kinder 15 SGD
- Mi 9.30–12 Uhr: „**Dhobis, Saris & a Spot of Curry**" (Little India, Treffpunkt MRT Station Little India Exit E), Erwachsene 35 SGD, Kinder 15 SGD
- Mi 14–17.30 Uhr: „**End of Empire – Singapore 1942**" (Little India, Treffpunkt MRT Station Little India Exit A), Erwachsene 48 SGD, Kinder 30 SGD
- Do 9.30–12 Uhr: „**Sultans of Spice**" (Arab Street, Treffpunkt MRT Station Bugis Exit B), Erwachsene 35 SGD, Kinder 15 SGD
- Do 18.30–21 Uhr: „**The Tipple Exchange**" (Boat Quay River Walk, Eingang Asian Civilisations Museum, Empress Place), Erwachsene 35 SGD, Kinder 15 SGD
- Fr. 18.30–20.30 Uhr: „**Secrets of the Red Lantern**" (Chinatown Nachtspaziergang, Treffpunkt MRT Station Chinatown Exit A), Erwachsene 35 SGD
- Sa 10–13 Uhr: „**Changi WWII – A Changi Museum War Trail**" (Pasir Ris MRT, Exit B), Erwachsene 55 SGD, Kinder 30 SGD (Reservierung erwünscht ☏ 63251631 oder 62142451, fun@singaporewalks.com).

Vorbuchungen sind nicht nötig (außer beim Changi Museum War Trail, s. o.); die Führungen finden auf Englisch statt.

**Chinatown Trishaw Tour**, Chinatown Trishaw Park, Albert Mall, Queen Street. Per Fahrradriksha geht es allein oder zu zweit (im Zweifelsfall lässt sich auch noch ein Kind unterbringen) durch Chinatown. Die Preise sind Verhandlungssache. Anbieter u. a. Trishaw Uncle, ☏ 6337 7111, www.trishawuncle.com.sg

## Geld

Die Landeswährung ist der **Singapur Dollar**. 1 SGD entspricht 100 Singapur Cents.
1 € = 1,62 SGD, 1 CHF = 1,32, 1 US-$ = 1,25 (Kurs Frühjahr 2013)
1 SGD = 0,62 €, 1 SGD = 0,76 CHF, 1 SGD = 0,80 US-$
Aktuelle Wechselkurse unter www.oanda.com

**Banken** sind normalerweise Mo–Fr 9.30–15, Sa 9.30–13 Uhr geöffnet, während **Wechselstuben** meist individuelle Öffnungszeiten haben, die sich nach den Geschäftszeiten der Einzelhändler richten. Außerhalb der Öffnungszeiten stehen zahlreiche **Geldautomaten (ATM)** zur Verfügung. Meist lässt sich auch per ec-Karte Geld abheben, vorausgesetzt das blaue Cirrus- oder Maestro-Zeichen ist neben den anderen Kreditkarten-Logos zu sehen. Wer in Deutschland ein Konto bei der Targobank hat, kann bei vielen ATMs kostenlos Geld abheben. In den großen Hotels besteht für die Gäste ebenfalls die Möglichkeit, Geld zu wechseln. Es lohnt sich aber, den Kurs zu vergleichen. Die in Europa üblichen Kreditkarten werden auch in Singapur akzeptiert, teils sogar in Taxis und Restaurants.

Die großen Firmen sind unter folgenden Nummern erreichbar:
**American Express**: 62998133
**Diners Card**: 62944222
**Master Card**: 65332888
**Visa Card**: +1-800-3451345 (Service Centre)

### Sperr-Notruf

Die einheitliche Rufnummer, um alle Kredit- und Bankkarten sperren lassen zu können, lautet von Singapur aus **001-49-116 116** oder **001-49-30 4050 4050**. Im Internet: **www.sperr-notruf.de**

Wer auf Nummer sicher gehen will, nimmt Reiseschecks (Travelers Cheques) in Euro mit, zum Beispiel von American Express oder Thomas Cook. Sie werden im Verlustfall ersetzt, vorausgesetzt man kann die Seriennummer der verlorenen Schecks nennen und die Kaufquittung vorzeigen.

Die Vertretungen der **Deutschen Bank** in Singapur sind:
Deutsche Bank AG, Asia Pacific Head Office, 5 Temasek Boulevard,
Suntec Tower Five, Level 11
Deutsche Bank AG, 6 Shenton Way, DBS Building Tower Two, Level 15,
64238001, 62254911

## Gesundheit

Das Gesundheitswesen Singapurs gehört zu den besten der Welt. Die Bezahlung erfolgt direkt nach der Behandlung in bar oder per Kreditkarte, nachts und am Wochenende sind die Tarife höher. Eine Auslandskrankenversicherung wird dringend empfohlen. Folgende Krankenhäuser bieten Notfallversorgung an:

**Singapore General Hospital**, Outram Road, ☏ 62223322, 📠 62249221, www.sgh.com.sg
**Tan Tock Seng Hospital**, 11 Jalan Tan Tock Seng, ☏ 62566011, 📠 62527282, www.ttsh.com.sg
**National University Hospital**, 5 Lower Kent Ridge Road, ☏ 67795555, Notfall Kinder ☏ 67722555, www.nuh.com.sg
**KK Women's and Children's Hospital**, 100 Bukit Timah Road, ☏ 62255554, www.kkh.com.sg
**Changi General Hospital**, 2 Simei Street, ☏ 67888833, 📠 67880933, www.cgh.com.sg
**Alexandra Hospital**, 378 Alexandra Road, ☏ 64722000, 📠 63793880, www.ah.com.sg
**Ang Mo Kio Community Hospital**, 17 Ang Mo Kio Ave, ☏ 64538033, 📠 64541729, www.amkh.com.sg

Meist lohnt es sich jedoch, zuerst im **Hotel** nachzufragen, da viele einen „Hausarzt" haben, der den Gästen 24 Stunden am Tag zur Verfügung steht.

Unter der **Notrufnummer** ☏ 995 erreicht man die Rettungswagen-Leitstelle.

Das **Trinkwasser** entspricht europäischem Standard und muss nicht abgekocht werden.

Das Risiko zu erkranken ist in Singapur ohnehin recht gering. Die Malaria ist hier längst ausgerottet, lediglich das ebenfalls von Mücken übertragene Dengue-Fieber tritt vereinzelt auf. Am wahrscheinlichsten ist eine ganz ordinäre Erkältung, die beim permanenten Wechsel zwischen klimatisierten Räumen und der tropischen Hitze entsteht. Auch Sonnenbrand und Kreislaufprobleme ob der ungewohnten Temperaturen sind eine Gefahr: Guter Sonnenschutz und viel Flüssigkeit helfen.

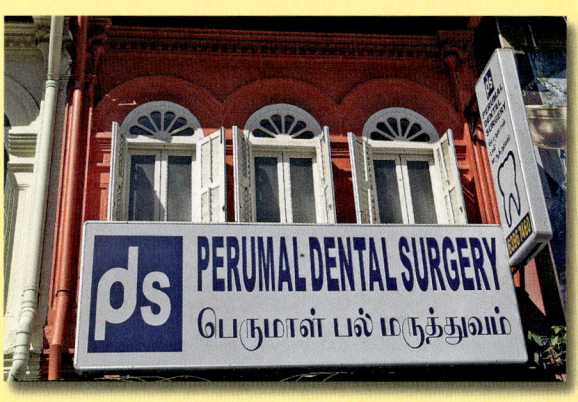

*Singapur verfügt über eines der besten Gesundheitssysteme der Welt*

## Golf

Golf ist in Asien noch mehr als in Europa ein Statussymbol. Allerdings sind die Gebühren in den Golfclubs (mit Ausnahme der Topanlagen) um einiges günstiger als in Deutschland. Einige der singapurischen Clubs lassen auch Nichtmitglieder spielen, zudem gibt es einige öffentliche Golfanlagen. Teils verlangen die Clubs das Equivalent der Platzreife, das sogenannte *Proficiency Certificate*. Eine gewisse Golferfahrung sollte man allemal bei den öffentlichen Anlagen mitbringen:

**Öffentliche Anlagen:**
**Executive Golf Course**, 7 Mandai Road Track, Upper Seletar Reservoir, ☏ 4532700, egcgolf@singanet.com.sg
**Royal Tanglin Golf Course**, 130E Harding Road/Minton Road, ☏ 96363380

**Golfclubs** (Handicap bzw. Platzreife erforderlich):
**Green Fairways**, 60 Fairways Drive, ☏ 64687233
**Transview Golf and Country Club**, Folkstone Road, ☏ 67738000

## Informationen

Das Singapore Tourism Board stellt gratis sehr gute und vielseitige Informationsbroschüren und Karten zur Verfügung. Es ist unter folgenden Adressen zu erreichen:

▶ **In Deutschland**
Singapore Tourism Board, Singapore Center,
Bleichstr. 45, 60313 Frankfurt
☏ 069-920 7700, 📠 069-920 73522
www.yoursingapore.com, www.your-singapore.de, stb_germany@stb.gov.sg

▶ **In Singapur**
Singapore Tourism Board, Tourism Court, Orchard Spring Lane 1, Singapore 247729
☏ 67366622, 📠 67369423, www.stb.com.sg
Tourist Information Hotline: ☏ 1800-736-2000 (Mo–Fr 9–18 Uhr)
- Arrival Halls/Transit Halls, Changi Airport Terminal 1 & 2, tgl. 6–2 Uhr
- Cairnhill und Orchard Road, ☏ 800-736-2000, tgl. 9.30–22.30 Uhr
- 177 River Valley Road, Liang Court Shopping Center, ☏ 63362888, tgl. 10.30–21.30 Uhr
- 3 Temasek Boulevard, Suntec City, ☏ 800-332-5066
- Arrival Hall, Singapore Cruise Centre, Harbour Front, 1 Maritime Square, rund um die Uhr geöffnet

## Internet

Singapur ist eine der modernsten Städte weltweit, wenn es um Internetzugang geht. Mobilität und Erreichbarkeit ist Trumpf in der Finanz- und Technologiemetropole. Im gesamten Stadtgebiet gibt es mehrere hundert Hotspots mit kostenlosem WLAN-Zugang. Leider ist die Netzabdeckung nicht ideal und die Registrierung aufwendig. Aktuelle Informationen zu dem Programm und der Registrierung gibt es unter www.ida.gov.sg/ sowie http://home.singtel.com/wirelesssg (Englisch).

Sollten Sie Ihr eigenes Notebook dabei haben, gestaltet sich der Internetzugang auch bis zur vollständigen Verwirklichung der WLAN-Pläne denkbar einfach. Fast alle Hotels vom Zwei-Sterne-Niveau aufwärts stellen einen kostenlosen ADSL-Internetzugang in den Zimmern zur Verfügung oder haben einen WLAN-Zugang. In vielen Backpacker Hostels gibt es freien Internetzugang an einigen Computern im Lobbybereich. In einigen McDonalds-Filialen kann man nicht nur die Zähne in einen Big Mac schlagen, sondern auch kostenfreien Internetzugang genießen, unter anderem in der Filiale im Changi Airport Terminal 2 und im East Coast Park, sozusagen Fast Food, Fast Internet.

### Internetcafés

Viele Cafés, einige öffentliche Gebäude und der Transitbereich des Changi-Flughafens bieten kostenlosen WLAN-Zugang. Da fast jeder interessierte Bewohner Singapurs seinen eigenen Computer und Internetzugang hat, ist die Zahl der Internetcafés in letzter Zeit rapide zurückgegangen. Die meisten verbliebenen Internetcafés befinden sich im Stadtzentrum, nur in Chinatown sucht man (fast) vergebens. Auch das Ausdrucken von Dateien ist hier möglich und zumeist wird ein gewisser Hard- und Software-Support geleistet. In den meisten Cafés werden zudem Snacks, Kaffee und Tee angeboten. In der Regel kostet eine Stunde Surfen 5 SGD.

Einige populäre Internetcafés:
**Book Café**, 20 Martin Road, Seng Kee Building, Level 1, ☏ 68875430, www.thebookcafe.com.sg
**Mega Cybernet**, 100 Eu Tong Sen Street, Pearl Centre, Level 4, tgl. 11–23.30 Uhr. Einziges Internetcafé Nähe Chinatown.
**Cyberstar ComCentre**, 15 Beach Road und 135 Jelan Besar, 24 Stunden geöffnet.
**Cyberbyte**, 200 Victoria Street, Parco Bugis Juction, Basement, ☏ 68373337.

### Internetlinks
- Das Singapur-Portal schlechthin: www.sg
- Seite des Fremdenverkehrsamts: www.yoursingapore.com und www.your-singapore.de
- Für Behinderte – Disabled People's Association of Singapore: www.dpa.org.sg
- Mount Faber und die Seilbahn: www.mountfaber.com.sg
- Der Nightlife Distrikt Clarke Quay: www.clarkequay.com.sg
- National Parks Board: www.nparks.gov.sg
- Restaurant Reviews: www.makansutra.com
- Noch mehr Restaurantkritiken: www.makantime.com
- Das benachbarte Johor Bahru: www.johortourism.com.my
- Changi Airport: www.changiairport.com
- Deutsche Botschaft Singapur: www.singapur.diplo.de
- Bus & Bahn: www.smrt.com.sg und www.sbstransit.com.sg
- Singapore Paranormal Investigators (Geister und andere Phänomene – skurril!): www.spi.com.sg
- Veranstaltungskalender: www.timeoutsingapore.com
- Ticketvorverkauf und Überblick über aktuelle Veranstaltungen: www.sistic.com.sg
- Überblick über Kunst- und Theaterszene: www.nac.gov.sg

## Karten

Stadtpläne und Karten des gesamten Stadtgebiets und der verschiedenen Viertel verteilt das Singapore Tourism Board gratis. Für den normalen Touristen sind sie sicher ausreichend. Wer länger bleibt oder nicht touristische Adressen sucht, ist mit einer der Roadmaps gut beraten. Der „Singapore Street Directory" von Periplus beispielsweise ist in jedem Buchladen erhältlich.

## Kinder

Singapur, eine geradezu ideale Kinder-Destination! Krankheiten sind dank der allgemeinen Hygiene nicht zu befürchten, an den Straßenständen wird einwandfreie Nahrung serviert, und sollte doch einmal der Ernstfall eintreten, glänzt Singapur mit guter medizinischer Versorgung. Und, wichtiger noch, Kinder gehören dazu, auch im Restaurant und im Hotel. Hier wird kein Gast schräg angeschaut, nur weil der dreijährige Sohn quengelt oder weit nach üblichen Bettzeiten noch unterwegs ist.

Wer mit Kleinkindern unterwegs ist, sollte einen Buggy mitnehmen (dank guten Straßenpflasters lässt er sich in Singapur problemlos schieben, ohne dass der Nachwuchs permanent mit den Zähnen klappert) und den Impfschutz überprüfen. Neben den in Deutschland üblichen Schutzimpfungen ist gerade für kleine Kinder die Hepatitis-A-Impfung sinnvoll.

*Singapur ist ein kinderfreundliches Reiseland*

Eine Mütze mit Nackenschutz und ein UV-Blocker gehören ebenfalls ins Gepäck: Die tropische Sonne brennt in Singapur fast senkrecht vom Himmel. Alles andere, wie Milchnahrung, Windeln oder kosmetische Produkte für Kinder gibt es an jeder Ecke.

Einen kleinen Wermutstropfen gibt es natürlich doch: Schon Kinder ab 3 Jahren müssen in den meisten Attraktionen Eintritt bezahlen, Gleiches gilt für die Verkehrsmittel.

Viele der touristischen Angebote sind schon für die Allerkleinsten interessant: DUCKtours zum Beispiel, die Wasser-Land-Tour im Amphibienfahrzeug, die Bootsfahrten auf dem Singapore River, ein Besuch des Nachtzoos und natürlich auch die zahlreichen bunten chinesischen und indischen Tempel. Auch Inselausflüge kommen bei kleinen Reisenden gut an: Schon die Überfahrt per Bumboat oder Fähre ist ein echtes Kinderabenteuer. Die tropische Insel Pulau Ubin beispielsweise lässt sich wunderbar per Fahrrad erkunden, und für Familien gibt es ausreichend Räder mit sicheren Kindersitzen und sogar Kinderräder. Ältere Kinder begeistern sich wahrscheinlich eher für die zahlreichen Museen, wie das Science Museum oder die Haw Par Villa.

### Kleidung

Heiße Temperaturen und hohe Luftfeuchtigkeit – da wundert es nicht, dass der allgemeine Dresscode in Singapur gepflegt lässig ist. Leichte Baumwollstoffe sind bei der feuchten Hitze angemessen. Wie viel Körper bedeckt sein sollte, wird von den verschiedenen Kulturen unterschiedlich beantwortet. Allzu knappe Hosen und Badekleidung in der Stadt sind nirgendwo angemessen und Sauberkeit ist ein Muss! Frauen, die eine Moschee besichtigen wollen, sollten sowohl Arme als auch Beine bedecken, Männer mit kurzen Hosen dürften ebenfalls Probleme am Eingang haben. Im indischen Umfeld wird bauchfrei bei Frauen durchaus toleriert, bloße Beine jedoch sind nicht angemessen. Am einfachsten gestaltet sich der Kontakt mit Chinesen: Auch die jungen Chinesinnen kleiden sich durchaus gewagt, sodass hier keine Tabus herrschen.

Der deutsche „Gammellook" stößt übrigens auf Verwunderung: Schmutzige oder zerrissene Kleidung erweckt einen schlechten Eindruck, und auch die etwas übertriebene Tropenausrüstung (die Tarnweste mit 300 Taschen und ähnliche „Spezialanfertigungen") wirken in Singapur eher lächerlich als professionell.

### Kulturelle Veranstaltungen

Singapur gibt sich große Mühe, dem Ruf einer langweiligen Metropole loszuwerden. So wurden diverse Festivals etabliert, die durchaus den Besuch lohnen.

▶ **Veranstaltungen**
Eine Übersicht über die wichtigsten Veranstaltungen:
**Singapore International Film Festival** (April/Mai), www.siff.sg
**Dumpling Festival** (Mai/Juni). Verkaufsbuden entlang der Albert Mall verkaufen verschieden geformte und gefüllte chinesischen Maultaschen zu Ehren des Dichters *Qu Yuan*.
**Singapore Arts Festival** (Mai/Juni). Tanz, Musik, Theater und Kunst. Nach einer Pause 2013 geht es 2014 mit neuem Konzept weiter.
**Dragon Boat Festival** (Juni/Juli). Ebenfalls in Erinnerung an *Qu Yuan* wird eine Wettfahrt mit Drachenbooten durch die Marina Bay veranstaltet (siehe unter „Feste").
**Singapore Food Festival** (Juli). Hier wird der Singapurer Nationalsport Essen auf die Spitze getrieben. Das ohnehin gute kulinarische Angebot des Stadtstaats wird von einfachen Hawker Centers bis hin zu Spitzenrestaurants noch einmal getoppt, Infos, Termine und Reservierung unter www.singaporefoodfestival.com.
**WOMAD** (August). Festival der Worldmusik im Fort Canning Park, www.womad.org
**Moon Cake Festival/Lantern Festival** (September). Zum chinesischen Midherbstfest, traditionell in der Familie und mit engen Freunden gefeiert, bieten einige Hundert Ver-

*Beim indischen Thaipusam-Fest*

kaufsstände in Chinatown eine erstaunliche Auswahl an süß oder salzig gefülltem sogenannten Mondkuchen. Theateraufführungen, Musikdarbietungen und eine Laternenprozession der Kinder begleiten das Festival (s. S. 41).
**Singapore Buskers Festival** (November). Akrobaten, Magier, Jongleure und andere Straßenkünstler zeigen ihr Können an der Orchard Road, dem Marina Square und entlang des Singapore River, www.singapore-buskers.com.
**Grand Prix** (September). Seit 2008 hat Singapur ein eigenes, spektakuläres Formel-1-Rennen, dessen Strecke in der Stadt verläuft. Rund um das Ereignis finden viele Konzerte und Partys statt.

> **Hinweis**
> **SISTIC**, ☏ 63485555, www.sistic.com.sg, hat ein Quasi-Monopol auf den Vorverkauf von Tickets für kulturelle Veranstaltungen aller Art. Die Internetseite ist eine gute Informationsquelle, welche Veranstaltungen gerade in Singapur laufen.

▶ **Off-Theater**
In den letzten Jahren hat sich eine lebhafte lokale Theaterszene etabliert. Teils traditionelle, teils experimentelle Theateraufführungen auch zu lokalen, singapurspezifischen Themen gibt es unter anderen auf folgenden Bühnen:
**W!ld Rice**, 27 Kerbau Road, ☏ 62922695, www.wildrice.com.sg. Im Jahr 2000 gegründete professionelle Theatercompany, die die Multi-Ethnizität Singapurs auf der Bühne in Theater, Musik und Tanz umsetzt.
**The Necessary Stage**, 278 Marine Parade Road, Marine Parade Community Building, Basement, ☏ 64408115, www.necessary.org. Non-Profit-Theater mit interessanten, meist auf Improvisation basierenden Eigenproduktionen.
**Singapore Repertory Theatre**, DBSARTS CENTRE, 20 Merbau Road, ☏ 67338166, www.srt.com.sg. Eine der renommiertesten englischsprachigen Theaterbühnen Asiens. Eigene Produktionen und Adaptionen westlicher Erfolgsstücke. Angeschlossen ist „The Young Co. & The Little Company" (Kinder- und Jugendtheater).
**Theatreworks**, 72–13 Mohamed Sultan Road, ☏ 67377213, www.theatreworks.org.sg. Fördert Singapurer Künstler und Autoren mit engagierten Eigenproduktionen.
**Toy Factory Ensemble**, 15A Smith Street, ☏ 62221526, www.toyfactory.com.sg. Eigenproduktionen Theater, Musik und Tanz, meist zweisprachig Mandarin/Englisch.

> **Kunst- und Theaterszene**
> *Einen guten Überblick über die Singapurer Kunst- und Theaterszene bekommt man zudem auf der Homepage des „National Art Council" www.nac.gov.sg.*

## Maßeinheiten

Dem britischen Erbe zum Trotz benutzt Singapur das metrische System. Einzig Bierflaschen sind zuweilen an die britischen Maßeinheiten angelehnt und kommen in Pint-Größe (gerundete 600 ml) auf den Tisch oder ins Regal.

## Nachtleben

Singapur haftet der Ruf an, eine langweilige Stadt zu sein. Während der Stadtstaat sich sicherlich nicht mit Bangkok, Hongkong oder Shanghai messen kann, heißt dies jedoch nicht, dass in Singapur um 20 Uhr die Bürgersteige gereinigt und hochgeklappt werden. Im Gegenteil, die Stadt hat eine lebhafte Nightlife- und Musikszene mit regelmäßigen Live-Konzerten, Jamsessions und kulturellen Veranstaltungen in Bars, Pubs und Musikclubs, vor allem entlang des Singapore River, der westlichen Orchard Road (Emerald Hill) sowie der Mohamed Sultan Road und in Tanjong Pagar. Während die Bars und Pubs am Clarke Quay und Emerald Hill eher ein gesetzteres Publikum anziehen, zielen die Clubs in der Mohamed Sultan Road und in Tanjong Pagar eher auf junge und hippe Gäste, in Tanjong Pagar trifft sich zudem die Schwulenszene. Auch in Chinatown hat sich in den letzten Jahren ebenfalls eine lebhafte Szene etabliert, vor allem entlang der – nomen est omen – Club Street.

Viele Clubs und Bars in Singapur haben ein relativ kurzes Verfallsdatum, es empfiehlt sich auf jeden Fall, sich nach der Ankunft noch einmal zu informieren, ob ein Establissement noch existiert. Eine Reihe von kostenlosen Publikationen informiert regelmäßig, meist wöchentlich, über die Nightlife-Szene. Empfehlenswert ist vor allem das „IS Magazine" (http://is.asia-city.com). „Juice" (www.juice.com.sg) informiert über die sich ständig wandelnde Clubszene Singapurs. Gewöhnlich sind diese Magazine in ausgesuchten Pubs, Cafés, in Hotellobbys und beim „Singapore Tourism Board" erhältlich.

Die strengen Drogengesetze sorgen dafür, dass das Nachtleben im Stadtstaat nicht zu ausufernd wird (siehe „Drogen"). Bei vielen Nachtclubs und Bars gibt es zudem eine Altersgrenze – nicht nach oben, sondern nach unten. Oft ist 21 die magische Grenze, ab der ein Club betreten werden darf. Ausweiskontrollen am Eingang sind auch für jugendliche Ausländer gang und gäbe.

Die genauen Adressen guter Ausgehmöglichkeiten finden Sie in den jeweiligen Stadtteilbeschreibungen.

## Notruf

Singapurs wichtigste Notrufnummern sind:

- **Polizei:** ☎ 999
- **Feuerwehr und Rettungswagen:** ☎ 995
- **Vergiftungszentrale:** ☎ 64239119

## Öffnungszeiten

Im Allgemeinen gelten folgende Öffnungszeiten:
**Büros**: Mo–Fr 9–17, Sa 9–13 Uhr
**Einzelhandel**: Mo–Sa 9–21 Uhr
**Banken**: Mo–Fr 10–15, Sa. 9.30–13 Uhr

## Post

Auch Singapurs Post ist äußerst effektiv und zudem außergewöhnlich günstig. Eine Luftpostkarte nach Europa kostet 0,50 SGD, ein Standard-Luftbrief (bis 20 g) gerade einmal 1,10 SGD. Briefe und Postkarten können auch an der Rezeption der meisten Hotels abgegeben werden. Päckchen nach Europa kann man sich auf dem Postamt packen und verschnüren lassen, und auch die Gebühren sind nicht allzu hoch.

An Sonn- und Feiertagen ist das **Singapore Post Centre** in der 10 Eunos Road, West Entrance Level 1, geöffnet. Zentral gelegen ist das Post Office in Chinatown: Chinatown Point, 133 New Bridge Road, Level 2. Informationen gibt es auch auf der ausführlichen Website der Singapore Post: www.singpost.com

## Rauchen

Wie es sich für einen sauberen Stadtstaat gehört, finden Raucher in Singapur keine idealen Bedingungen vor. Klimatisierte Restaurants sind generell rauchfrei. Andererseits kümmert sich in den kleinen Kaschemmen und Open Air Hawker Centers niemand darum, ob an den Tischen geraucht wird oder nicht. Wer vom Rauchen nicht ohnehin schon gesundheitliche Beschwerden hat, dürfte spätestens beim Anblick der Tabakpreise Herzflattern bekommen: Mit 11 SGD pro Päckchen übertreffen die singapurischen Zigaretten sogar jedes EU-Land (bis auf GB), weitere Erhöhungen sind zu erwarten.

## Reisezeit

Singapurs Wetter ist rund ums Jahr recht gleichmäßig: Die Stadt liegt schließlich fast auf dem Äquator und kennt daher keine Jahreszeiten. Lediglich der Monsun bringt ein wenig Abwechslung ins Wetter: Im November/Dezember ist es meist ein wenig kühler, mit Temperaturen zwischen 25 und 30 °C und etwas mehr Niederschlag, der aber ohnehin rund ums Jahr großzügig fällt. Überraschende Schauer gibt es immer wieder, lang anhaltende Schlechtwetterphasen sind jedoch selten.

## Shopping

Shopping ist in Singapur geradezu Volkssport, vor allem, wenn sich noch ein kleiner Rabatt herausschlagen lässt. Auch unter Transitreisenden ist Singapur als Einkaufsparadies bekannt. Kein Wunder, dass die Stadt mit vielen Einkaufszentren und zahlreichen Märkten

# Klimadaten

## Durchschnittliche Tagestemperatur in °C

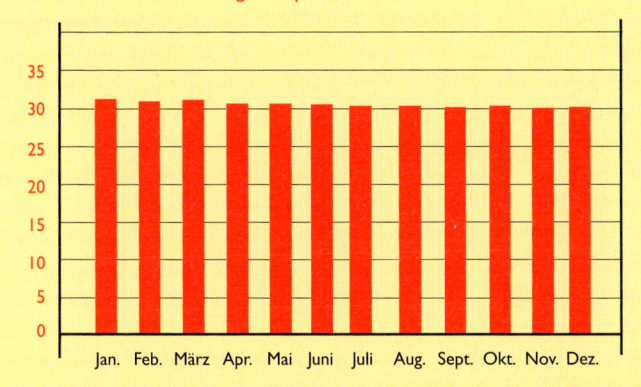

## Durchschnittliche Niederschläge in mm

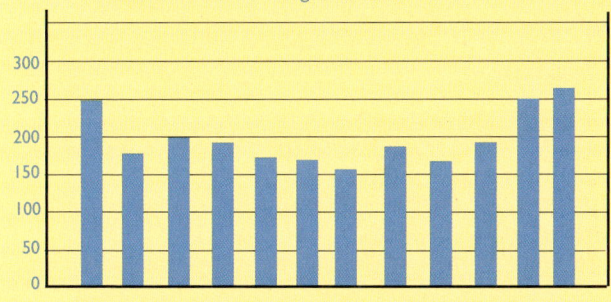

## Durchschnittliche Sonnenscheindauer pro Tag in h

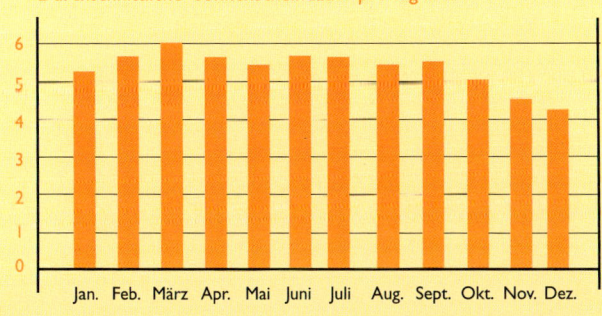

lockt. Hinweise zu den einzelnen Einkaufszentren finden Sie direkt in den jeweiligen Stadtteilbeschreibungen.

### ▶ Orchard Road
Vor allem die Orchard Road ist im Grunde genommen eine einzige Shoppinggalerie. In den zahlreichen Einkaufszentren finden sich allerdings vorrangig hochwertige Marken, deren Preise sich nicht signifikant von den europäischen unterscheiden. Einzige Ausnahme: Während des *Great Singapore Sale* von Ende Mai bis Ende Juli lassen sich auch in diesen Geschäften Rabatte von bis zu 70 % herausschlagen!

Genaue Infos und Zeiten gibt es auch im Web unter www.greatsingaporesale.com.sg. Wer viel Spaß am Bummeln hat, ist auf der Orchard genau richtig. Schnäppchenjäger sollten sich aber anderweitig umschauen. Zum Beispiel in den ethnischen Vierteln:

### ▶ Little India
Kleidung, Koffer und Taschen, indische Lebensmittel, Gewürze, Tees und natürlich Kunstwaren gibt es hier an jeder Ecke. Besonders empfehlenswert sind die kleinen Sari-Geschäfte: Opulente Stoffe, die in Europa nur in hochpreisigen Einrichtungshäusern teuer verkauft werden, sind in Little India für einen Bruchteil des Preises zu haben. Handeln ist hier Pflicht, wer den genannten Preis sofort zahlt, ist selbst Schuld. Auch wenn es nicht immer klappt, einen Versuch ist es allemal wert. In Little India liegt auch Singapurs 24-Stunden-Kaufhaus **Mustafa Centre** (Syed Alawi Road 145), in dem sich selbst mitten in der Nacht kostengünstig fast alles besorgen lässt, wonach der Reisende sich sehnt.

### ▶ Chinatown
Neben ethnisch angehauchter Kleidung, wie Schals, Hemden, Batiken und vielem mehr gibt es hier auch zahlreiche Schneider, die mit schnellem Service und Maßschneiderei locken. Geschirr, Stäbchen, chinesische Dekorationen und Kalligrafien sind hier genauso im Angebot wie Platzdeckchen und Kinderspielzeug. Die meisten Touristen werden ihre Chinatown-Shopping-Tour auf der Kreuzung Trengganu Street/Pagoda Street beginnen. Aus gutem Grund: Die dortigen Souvenir- und Kramläden sind völlig auf internationale Kundschaft eingestellt. Dennoch ist immer wieder ein Schnäppchen drin, und leidenschaftliches Handeln gehört dazu.

Richtig volksrepublikanisch-chinesisch ist **Yue Hwa Chinese Products** in der Eu Tong Street 70. Das mehrstöckige Kaufhaus bietet so ziemlich alles, was den Ausländer an traditionellen chinesischen Waren interes-

*Tees, Kräuter und vieles andere gibt es in den Drogerien und Apotheken*

sieren könnte. Etwas skurriler und hierzulande kaum bekannt sind die Geschäfte für „Totenbedarf" in der Sago Lane. Wer den Ahnen im Jenseits Gutes tun möchte, sendet ihnen per Feueropfer Präsente. Damit dies nicht allzu teuer wird, bieten Spezialgeschäfte allerhand Waren aus Papier: Von der Waschmaschine bis zum Auto ist hier alles zu kaufen, was den Aufenthalt im Jenseits angenehm gestalten kann.

Freunde der chinesischen Medizin finden in Singapur ebenfalls viele Einkaufsmöglichkeiten: Alle Arzneien sind hier gut überwacht und garantiert rein, wenn auch etwas teurer als in China. Dank der guten Englischkenntnisse gibt es in der Apotheke oft auch eine Beratung gratis dazu. Nicht zuletzt sind auch Kochutensilien und Gewürze ein schönes Mitbringsel.

*Eine große Auswahl an bunten Stoffen hat man beispielsweise in Little India oder auf der Arab Street*

### ▶ Arab Street
Bunte Stoffe in Hülle und Fülle, Seidenballen und allerhand Accessoires lassen das Herz jedes Hobbyschneiders höherschlagen. Wer sich nicht selbst an die Nähmaschine setzen will, lässt einfach nähen, Maß genommen wird vor Ort, meist dauert es nur 1–2 Tage, bis die neue Garderobe bereitliegt.

### ▶ Schuhe und Kleidung
Maßschneider gibt es in Chinatown, Arab Street, Bugis und Little India an jeder Ecke. Wer günstig von der Stange kauft, hat viel Auswahl, allerdings nur in den gängigen asiatischen Größen. Über Größe 42 wird es eng, im wahrsten Sinne des Wortes. Auch Schuhe über Größe 39 (Frauen) und 44 (Männer) sind schwer zu finden.

### ▶ Tauchausrüstung
Vergleichen lohnt sich, denn alles rund ums Tauchen kann in Singapur erheblich günstiger sein. Im Shopping Center Lucky Plaza auf der Orchard Road gibt es besonders viele Spezialgeschäfte für Tauchbedarf.

### ▶ Elektronik, Kameras und Computerwaren
Nicht alles ist billiger als in Europa, aber der Vergleich lohnt sich. Wichtig: Bestehen Sie beim Kauf auf einer internationalen Garantie. Teils verlangen die Händler dann einen höheren Preis, der oft aber Verhandlungssache ist. Genauso wichtig ist es, dass die Geräte auf 230 Volt ausgerichtet sind und idealerweise sogar einen westeuropäischen Stecker haben.

Lohnende Adressen für Elektronik und Computerwaren sind der Sim Lim Square, Sim Lim Tower, Mustafa Centre in Little India, die obere Orchard Road und die Funan IT Mall in der 109 North Bridge Road. Auch der Elektronikmarkt im Erdgeschoss des Liang Courts am Clarke Quay bietet eine große Auswahl.

### ▶ Märkte

Das wahrhaft asiatische Markttreiben gibt es in Singapur eher selten. Lediglich die Stände der New Bugis Street locken mit einem bunten Angebot an Kleidung, Accessoires, Musik und Souvenirs zu günstigen Preisen. Für Stöberer bietet sich der sonntägliche Flohmarkt am Clarke Quay an und der täglich stattfindende „Thieves Market" auf der Sungei Road.

### ▶ Copy-Waren

Selbst in Singapur gibt es die berühmten Copy-Waren: geknackte Software, teure Täschchen und Accessoires, Markenkleidung und natürlich auch Musik-CDs. Die Qualität lässt allerdings zu wünschen übrig. Und die Stadt geht streng gegen die Verkäufer vor, sodass es sich nicht unbedingt lohnt, hier zuzugreifen.

## Sicherheit

Singapur ist eine der sichersten Städte Asiens. Die üblichen Vorsichtsmaßnahmen, die man bei jeder Reise beachten sollte, gelten aber auch für Singapur. Taschendiebstähle sind selten, können aber vorkommen.

## Sport

Sinpapur liegt am Äquator, da ist es nicht verwunderlich, dass der Großteil der sportlichen Aktivität der Singapurer in der Halle und im Fitnessstudio stattfindet. Für den Aktivurlauber ist der Stadtstaat sicherlich nicht das ideale Ziel. Wander-, Rad- und Wassersportbegeisterte kommen in Singapur jedoch trotzdem auf ihre Kosten. Für kurze Wanderungen und Spaziergänge bieten sich vor allen der MacRitchie Reservoir Park, das Bukit Timah Nature Reserve und Sungei Buloh an. Ausgeschilderte Radstrecken gibt auf Pulau Ubin, Sentosa, im East Coast Park und in Bukit Timah. Letzteres bietet auch eine moderate Mountainbikestrecke.

Während auf Sentosa, Pulau Ubin und im East Coast Park Räder gemietet werden können, muss man, um sich auf den sieben Kilometer langen Rundkurs in Bukit Timah zu wagen, das eigene Zweirad mitbringen. Wer gerne schwimmt, surft oder segelt, findet dafür auch in Singapur Gelegenheit – die Möglichkeiten und der Erlebnisfaktor sind jedoch eher bescheiden.

## Sprache

ⓘ *siehe auch Kapitel „Die Sprachen Singapurs", S. 41*

Englisch ist eine der Amtssprachen Singapurs und wird auch fast überall gesprochen. Die meisten jüngeren Singapurer haben ihre komplette Erziehung in einer anglophonen Schule erhalten. Für Notfälle reicht es daher, ein deutsch-englisches Lexikon mitzunehmen.

## Stadtverkehr

Singapurs öffentliches Verkehrssystem ist eines der effektivsten der Welt – wenn nicht gerade ein Kaugummi in die Elektronik des Türöffnungssystems gerät. Laut Auskunft der Behörden ist das Kaugummiproblem inzwischen gelöst. Essen und Trinken ist in U-Bahn und Bussen jedoch immer noch bei hohen Strafen streng verboten – ein Verbot, das durchaus noch überwacht wird, auch wenn man zuweilen auch den einen oder anderen Einheimischen sieht, der in der MRT isst oder trinkt.

### ▶ U-Bahn MRT

Insgesamt gibt es **vier U-Bahnlinien** (**MRT**, *Übersicht in der hinteren Umschlagklappe*) in Singapur, die Ost-West-, die Nord-Ost-, die Nord-Süd-Linie sowie die Circle Line, bezeichnet durch die Abkürzungen „**EW**" (East West)", „**NE**" (North East)", „**NS** (North South)" und **CC** (CirCle), Kürzel, die jeweils auch vor dem Stationsnamen stehen, zusammen mit der jeweiligen Nummer der Station. Die entsprechenden Nummern werden von der jeweiligen Anfangs- bis zur Endstation durchgezählt.

Die MRT „Chinatown", die vierte Station auf der Nord-Ost-Strecke von „Harbour Front" nach „Pungol", trägt folglich die Bezeichnung NE 4. Im vorliegenden Reiseführer werden die Nummern der Stationen jeweils mitangegeben, um die Orientierung zu erleichtern. Von der Ost-West-Linie zweigt in Tanah Merah (EW 4) eine Seitenlinie (**CG** für Changi) ab, die zum Flughafen führt. Genau genommen ist die MRT eher eine S- als eine U-Bahn, unterirdisch verkehrt sie nur in der Innenstadt.

### ▶ Busse

Zusätzlich zur MRT verfügt Singapur über ein ausgezeichnetes und effektives **Bussystem**. Vor allem für Ausflüge jenseits der Innenstadt bieten sich die Busse an und sind zudem etwas günstiger als die MRT, wenn auch nicht die schnellste Art und Weise, vorwärtszukommen. In der Rushhour sind Busse entlang der Orchard Road dann auch eher zu meiden.

*Nahverkehrsbusse in Chinatown*

### ☞ Tipp

Sollten Sie planen, Singapur mit dem Bus zu entdecken, empfiehlt sich der Kauf des „**Singapore Bus Guide**", ein handliches Heftchen, das alle Buslinien, die Stationen und die Tarife auflistet und in vielen MRT-Stationen, Kiosken und in Buchläden erhältlich ist. Smartphone-Besitzer sind unterwegs mit der Gratis-App SMRTConnect gut bedient: Hier lassen sich alle MRTs, Busse und Abfahrtszeiten nachschlagen.

Die Orientierung beim Busfahren gestaltet sich einfach. Die Haltestellen sind zumeist nach Straßen, Plätzen oder wichtigen Gebäuden benannt. Der Zusatz „Opp" *(opposite)* bei einer

Haltestelle bedeutet dabei gegenüber und „Aft" *(after)* hinter der jeweiligen Sehenswürdigkeit. Wundern Sie sich bei Ihrer Busfahrt nicht, wenn der Busfahrer beim Passieren eines Tempels die Hände vom Steuer nimmt. Die zum sogenannten Nop zusammengelegten Hände garantieren auf metaphysischer Ebene eine sichere Fahrt.

Die Linien des **LRT** (Light Rapid Transit System) sind für Singapur-Besucher eher uninteressant und dienen vor allem als Zubringer zu den jeweiligen Housing Estates.

### ▶ Fahrkarten

So einfach sich das öffentliche Verkehrssystem Singapurs auch gibt, das **Fahrkartensystem** folgt seiner eigenen, nicht unbedingt komplizierten, aber für den Mitteleuropäer ungewohnten Logik. Sie zahlen nicht pauschal für eine Fahrtkarte, sondern gestaffelt nach Entfernung, bei Bussen auch nach Komfort (mit oder ohne Klimaanlage). An den Automaten in den MRT-Stationen, die sowohl Scheine als auch Hartgeld annehmen, wählen Sie Ihr Ziel und der entsprechende Betrag wird auf dem Display angezeigt. Nach Einwurf des passenden Betrags zuzüglich eines Pfandbetrags von 1 SGD erhalten Sie eine **Plastikkarte**, die als Ticket dient. Damit gehen Sie zur Zugangsschranke und führen die Karte über den Sensor neben dem Drehkeuz. Beim Verlassen der MRT an Ihrer Zielstation wiederholen Sie diese Prozedur. Den Pfandbetrag erhalten Sie bei Rückgabe der Plastikkarte innerhalb von 30 Tagen nach Kauf an jedem Ticketautomaten zurück. An **Bushaltestellen** gibt es keine Automaten, der der jeweiligen Entfernung entsprechende Fahrpreis wird direkt **beim Busfahrer** gezahlt. Hierbei muss man passend zahlen, Rückgeld gibt es nicht.

Sollten Sie vorhaben, viel Bus zu fahren und auch entlegenere Ziele wie das Sungei Buloh Wetland Reserve zu besuchen, empfiehlt sich der Kauf einer **EZ-Link-Karte** (Infos unter www.ezlink.com.sg). Hiermit erübrigt sich die lästige Suche nach Kleingeld beim Einsteigen. Der Fahrpreis, der außerdem ein wenig günstiger ist, wird automatisch von der Karte abgebucht. Vergessen Sie aber auf keinen Fall, beim Verlassen der Busse auszuchecken, sonst wird automatisch der Höchstbetrag auf der jeweiligen Buslinie abgebucht. Dazu führen Sie Ihre EZ-Link-Karte über die elektronischen Sensoren der an den Haltestangen der Türen angebrachten kleinen Kästen. Beim Kauf der 12 SGD teuren Karten entfallen 5 SGD auf die Kartengebühr. Anfangs sind die Karten also mit 7 SGD aufgeladen und können an jedem Automaten aufgefüllt werden. Die EZ-Link-Karte bekommen Sie zudem in den 7-Eleven-Läden (für 10 SGD mit 5 SGD Guthaben und 5 SGD Kartengebühr).

Alternativ können Sie am Flughafen und an den Transitlink Ticket Offices am Changi Airport und den Stationen Orchard, Chinatown, City Hall, Raffles Place, Ang Mo Kio, HarbourFront, Bugis und Lavender bei Vorlage Ihres Reisepasses auch einen **Singapore Pass** erwerben, der Touristen die unbegrenzte Benutzung aller Busse, MRTs und LRTs erlaubt und wie eine EZ-Link-Karte gehandhabt wird. Es gibt ihn in verschiedenen Ausführungen: 1 Tag (10 SGD), 2 Tage (16 SGD) und 3 Tage (20 SGD). In allen Fällen werden 10 SGD Kaution verlangt, die jedoch zurückerstattet werden, wenn man den Singapore Pass innerhalb von 5 Tagen (gezählt ab dem 1. Tag) nach Ende der Gültigkeit wieder zurückgibt.

Unter den folgenden Internetadressen finden Sie weitere wichtige **Informationen** zum öffentlichen Nahverkehr in Singapur, unter anderem auch Busfahrpläne:
www.transitlink.com.sg; www.smrt.com.sg;
www.thesingaporetouristpass.com.sg

## Steuerrückerstattung

Ausländische Besucher können sich die siebenprozentige **Mehrwertsteuer** (*Goods and Services Tax,* **GST**) zurückerstatten lassen. Das ist allerdings nur bei Ausreise mit dem Flugzeug, nicht aber bei Ausreisen auf dem Land- und Seeweg möglich.

Sollten Sie von dieser Rückerstattung Gebrauch machen wollen, hier ein paar Hinweise:
1. Kaufen Sie in einem Geschäft mit dem Logo „TAX FREE SHOPPING" Waren im Wert von mindestens 100 SGD.
2. Legen Sie dem Händler Ihren Reisepass vor, um einen ausgefüllten „Global Refund Cheque" zu erhalten.
3. Dieses Formular legen Sie am Zollschalter des Changi Airports im Terminal 1 oder 2 vor. Die Ware und den Kaufbeleg müssen Sie ebenfalls vorweisen.
4. Die Mehrwertsteuer-Rückerstattung erhalten Sie abzüglich einer geringen Gebühr entweder bar ausgezahlt, als Gutschrift auf Ihrem Kreditkartenkonto, in Form eines Bankschecks oder als Einkaufsgutschein für eines der Flughafengeschäfte.

## Strände

Auch wenn Singapur keine ausgewiesene Badedestination ist – einige erholsame Tage kann man auch hier am Strand verbringen. Besonders **Sentosa** glänzt mit feinem Sand (kein Wunder, wurde er doch künstlich herangeschafft) und einer vorbildlichen Infrastruktur. Den nahe gelegenen Containerhafen kann aber auch die beste Planung nicht verschwinden lassen, sodass die Wasserqualität nicht immer zufriedenstellend ist (die gelegentlichen schwarzen Ölflecken auf der Haut nach dem Bad lassen sich übrigens hervorragend mit der roten Seite eines Radiergummis entfernen).

Dank der guten Anbindung und des Freizeitangebots sind die Strände von Sentosa besonders bei jüngeren Singapurern sehr beliebt. Wer ohne musikalische Untermalung ganz unspektakulär eine ordentliche Sandburg bauen möchte, ist auf **St. John's** richtig. Abgeschieden sind die Strände der Insel **Pulau Ubin**. Sauber, aber nicht sehr breit, eignen sie sich für einen schönen Tag am Meer.

Weitere schöne, wenn auch eher unspektakuläre Bademöglichkeiten bieten die ebenfalls künstlich angelegten Strände von **Pasir Ris** und entlang der Küste des **East Coast Park**. Während man an Werktagen den Strand fast für sich alleine hat, gönnt sich hier an Wochenenden und Feiertagen halb Singapur eine Erfrischung.

## Strafen

Wer sich in Singapur wie am Ballermann aufführt, wird bald kein Geld mehr in der Urlaubskasse haben. Nicht umsonst werden in Singapur an vielen Straßenständen T-Shirts mit dem Aufdruck „Singapore is a fine city!" verkauft, die die Doppelbedeutung des englischen „fine" („fein", aber auch „Strafe") ironisch ausschlachten. Das weithin verbreitete Bild Singapurs als einer Stadt von Strafen verteilenden Kontroll-Enthusiasten ist jedoch übertrieben. Der Besucher wundert sich, wie viele der ansonsten staatstreuen Singapurer

Bürger bei Rot über die Straße gehen oder sich ihrer Zigarette auf der Straße entledigen. Und zuweilen beißt dann sogar ein singapurischer Jugendlicher in der MRT herzhaft in einen tropfenden Big Mac.

Auch in Singapur lauert nicht hinter jeder Ecke ein Polizist mit dem Strafzettelblock. Falls man dann aber dennoch einmal bei einer der vielen möglichen Übertretungen erwischt wird, kann es richtig teuer werden. Diese Aussicht reicht aus, dass sich die meisten Bürger der Stadt an die Vorschriften halten und somit Singapur nicht umsonst den Ruf der saubersten Stadt Asiens innehat.

Hier eine Liste der gängigsten Verbote mit den jeweiligen Strafen:
- **Abfall** auf die Straße werfen (1.000 SGD, Wiederholungsfall bis zu 2.000 SGD und Sozialarbeit)
- **Rauchen** in Bussen, Taxis, Aufzügen, Theatern, Kinos, offiziellen Gebäuden, Kaufhäusern und Restaurants, Discos, Nachtklubs und Bars mit Klimaanlage (bis zu 1.000 SGD)
- Bei **Rot über die Ampel** gehen (500 SGD, im Wiederholungsfall 2.000 SGD und bis zu sechs Monate Gefängnis)
- **Essen oder Trinken** in öffentlichen Verkehrsmitteln (500 SGD)

Seit kurzer Zeit ist der Import von Kaugummi wieder erlaubt und auch das Kauen derselben sollte straffrei ausgehen. Kleinere Mengen können gegen Vorlage des Ausweises in Apotheken gekauft werden. Auf das achtlose Wegwerfen steht jedoch weiterhin eine Strafe von 1.000 SGD!

### Telefonieren

Singapurs internationale **Telefonvorwahl** lautet +65.

Wer von Singapur aus nach Europa anrufen möchte, wählt zuerst die 001 und dann den **Ländercode** (Deutschland 49, Schweiz 41, Österreich 43). Die Null der Ortsvorwahl wird danach weggelassen. Ein Anruf nach Berlin etwa beginnt daher mit 001-49-30-......

Singapur verfügt über ein gut funktionierendes und modernes öffentliches Telefonnetz, **Telefonzellen** gibt es trotz hoher Handydichte an jeder Ecke. Meist funktionieren sie mit Telefonkarten und Münzen, teils aber auch mit Kreditkarte. Ortsgespräche kosten 10 Cent pro 2 Minuten, Telefonkarten sind in der Post und in Supermärkten wie 7-Eleven erhältlich.

**Mobiltelefone** aus Deutschland funktionieren meist auch in Singapur und wählen sich dort automatisch in das lokale Netz ein. Einzige Vorraussetzung: Es muss sich um ein GSM-Mobiltelefon handeln. Wer vor Ort viel telefonieren möchte, tut gut daran, sich einfach eine lokale, aufladbare Sim-Karte zu besorgen und damit das Handy zu bestücken. SingTel, Starhub und M1 bieten Sim-Karten ab 20 SGD, die in der Post und den 7-Eleven-Läden erhältlich sind. Achtung: Das Handy darf nicht an einen bestimmten Anbieter gebunden sein. Im Zweifelsfall vorher in Deutschland freischalten lassen!

Das Telefonbuch ist im Internet unter www.phonebook.com.sg zu finden.

## Tourveranstalter/Reisebüros

**Jetabout Holidays**, Cairnhill Road 15, Cairnhill Place (nahe Orchard Road), ☏ 67341818, 📠 62382809, www.jetaboutholidays.com, e_enquiries@jetaboutholidays.com. Flüge, Package-Touren in die umliegenden Länder und natürlich das gesamte übliche internationale Programm. Besonders interessant sind die Busausflüge nach Malaysia.
**JTB**, 77 Robinson Road, SIA Building, Central Business District, ☏ 62239800, www.jtb.com.sg, jtb@sg.jtbasia.com. Gehobene Leistungen für internationale Kunden, meist Japaner.
**Lion Tourist Services**, 22 Cavenagh Road, Hotel Grand Central, ☏ 67323103, www.liontourist.com.sg, liontourist@liontourist.com.sg. Eigentlich ein Limousinenservice, bietet Lion Tourist in dieser Filiale auch Package-Touren an.
**Timesworld Travel & Educational Tours**, 9 North Bridge Rd, ☏ 62960202, www.timesworld.com.sg, shtravel@starhub.net.sg. Günstige Touren und Tickets zum Beispiel nach Bintan, internationale Flüge.
**Star Holiday Mart**, 29/30 Duxton Road, ☏ 67359009, 📠 67379909, www.starmart.com.sg, general@starmart.com.sg. Großes Angebot an Singapur-Tagestouren und Südostasien-Packages. Die Ausflüge nach Malaysia sind teils als Tagestour buchbar.
**Easy Tickets**, 390 Victoria St, Level 1, ☏ 62914555, www.easytickets.com.sg, sumini@asiaeasy.tickets.net, Günstige Flugtickets.
**STA Travel**, 400 Orchard Road, Orchard Towers, Level 7, ☏ 67377188, www.statravel.com.sg, sales@statravel.com.sg. Das internationale Reisebüro mit Hunderten von Filialen weltweit richtet sich vor allem an Low-Budget-Reisende und Studenten.

## Trinkgeld

Trinkgeld ist in Singapur nicht unbedingt üblich und am Flughafen sogar verboten. In Taxis und Hotels sollten Sie deshalb darauf verzichten. Restaurants erheben stattdessen 10 % *Service Charge*. Falls Sie sich trotzdem unbedingt erkenntlich zeigen wollen, lassen Sie das Wechselgeld diskret auf dem Tisch liegen. Alles andere würde überheblich wirken.

## Trinkwasser

Singapurs Leitungswasser entspricht europäischen Standards und ist daher trinkbar.

## Unterkünfte

Drei- bis Fünf-Sterne-Hotels gibt es in Singapur quasi an jeder Ecke. Sie bieten viel Service und Komfort, liegen aber trotz des guten Preis-Leistungs-Verhältnisses meist jenseits des Budgets jüngerer Traveller. Bei den Unterkunftshinweisen sind daher nicht nur gehobene Unterkünfte aufgelistet, sondern auch „Backpacker" und Hostels sowie Jugendherbergen. Wie es sich für Singapur gehört, sind sie meist zweckmäßig eingerichtet und in der Regel sehr sauber.

## Allgemeine Reisetipps von A–Z

### 🛏 Hotelkategorien

Die in diesem Reiseführer verwendete Klassifizierung der Hotels orientiert sich am offiziellen Zimmerpreis und soll als Richtlinie dienen. Preisangaben für ein Standard-Doppelzimmer inklusive Frühstück (Stand 2011):

| | | | |
|---|---|---|---|
| $ | = | einfach | bis 70 SGD |
| $$ | = | Mittelklasse | 70–120 SGD |
| $$$ | = | gehobene Mittelklasse | 120–150 SGD |
| $$$$ | = | First Class | 150–300 SGD |
| $$$$$ | = | Deluxe | über 300 SGD |

### Vegetarier/Veganer

Vegetarier und sogar Veganer (die jegliche Nahrung tierischen Ursprungs ablehnen) finden in Singapur ausreichend kulinarische Adressen. Vor allem in Little India und anderen indischen Restaurants im gesamten Stadtgebiet treffen Vegetarier auf viel Verständnis. Aber auch etliche der buddhistischen Chinesen ernähren sich fleischlos, sodass die Speisekarte immer auch vegetarische Spezialitäten aufführt. In der Kategorie „Tofu-Speisen" sofort auf fleischlose Küche zu schließen, wäre allerdings falsch: Viele traditionelle Gerichte kombinieren Tofu und Hackfleisch, hier lohnt es sich also, nachzufragen.

### Veranstaltungskalender

Die aktuellen Veranstaltungskalender findet man im Netz unter www.yoursingapore.com und auf der Website des National Arts Council unter www.nac.gov.sg sowie in dem Magazin „Juice" (www.juice.com.sg).

### Versicherung

Es empfiehlt sich, bereits zu Hause eine Reisekrankenversicherung, eine Notfall- und eine Unfallversicherung abzuschließen. Die Reisekrankenversicherung deckt Behandlungskosten vor Ort, die Notfallversicherung einen eventuell medizinisch notwenigen Rücktransport nach Europa ab. Behandlungskosten müssen jedoch erst einmal vorgestreckt werden; die Rückerstattung erfolgt dann zu Hause.

### Visum

ⓘ *siehe auch unter „Einreise", S. 61*

Für deutsche, österreichische und Schweizer Staatsbürger ist für einen Aufenthalt von bis zu 30 Tagen kein Visum nötig. Der Reisepass muss bei Einreise noch sechs Monate gültig sein.

## Wäsche waschen/Reinigung

Im tropischen Klima Singapurs kommt man zuweilen doch ins Schwitzen und bei längerem Aufenthalt reicht eine Kofferfüllung sicherlich nicht aus. Die Möglichkeit, Kleidung über Nacht waschen oder reinigen zu lassen, gibt es in fast jedem Hotel. Günstiger fährt man mit einem der vielen Waschsalons, die es in jedem Einkaufszentrum gibt.

## Weiterreise

Von Singapur aus ist es nur noch ein Katzensprung zu anderen Destinationen Südostasiens. Selbst Tagesreisen ins nahe gelegene Malaysia sind möglich.

### ▶ Nach Malaysia
Die meisten Reisenden, die nach Malaysia weiterfahren, starten ihre weitere Reise in Johor Bahru. Viele Tickets sind hier um einiges günstiger als in Singapur. Ab „JB", so der Spitzname der Stadt, geht es per Bus, Zug oder Flug weiter nach Kuala Lumpur oder gleich bis nach Thailand oder Ostmalaysia. Fast jede westmalaiische Stadt ist ab JB per Bus zu erreichen.

### ▶ Nach Johor Bahru – per Bus
Der **Bus Nr. 170** ab Queen Street Terminal fährt direkt bis zum **Johor Bahru Larkin Bus Terminal** in nur 38 Minuten – theoretisch. De facto steigt man zuerst am singapurischen Grenzposten aus und dann noch einmal am malaiischen Posten, um die Grenzformalitäten zu erledigen. Danach geht es mit dem nächsten Bus, aber demselben Ticket weiter. Wer lediglich die Innenstadt Johor Bahrus besichtigen will, läuft von hier aus entlang der Jalan Tun Abdul Razak, die Innenstadt liegt dann linker Hand und nur wenige Gehminuten entfernt.

Andernfalls führt die **Nr. 170** bis zum **Busterminal Larkin**, an der Jalan Datin Halimah etwas weiter nördlich gelegen. Von hier aus fahren Busse zu quasi allen größeren Städten Westmalaysias. Kosten: 1,70 SGD, der Bus fährt täglich zwischen 5.30 und 24 Uhr in etwa zehnminütigen Abständen.

Alternativ bringt Sie auch der **Bus 160** ab Jurong East Station (hier Umsteigemöglichkeit zur MRT Jurong East) oder Kranji Station (Umsteigemöglichkeit zur MRT Kranji) via Checkpoint zum zentral gelegenen **Kotaraya II Terminal**. Der Bus verkehrt ebenfalls von 5.30 Uhr bis Mitternacht etwa im 12-Minuten-Rhythmus. Eine weitere Möglichkeit ist der Bus 950 ab Woodlands Regional Interchange, der ebenfalls im 12-Minuten-Takt fährt.

Der **Express Bus** verkehrt im Grunde genommen auf der gleichen Strecke; der Bus fährt ebenfalls ab Queen Street Station, hält jedoch nur an wenigen Haltestellen und kostet daher etwas mehr: Preis 2,40 SGD, er fährt zwischen 6.30 und 23 Uhr etwa alle 15 Minuten. Große Gepäckstücke müssen auf einem Sitz untergebracht werden, sodass ein zweites Ticket gelöst werden muss.

### ▶ Nach Johor Bahru – per Taxi
Normale singapurische Taxis dürfen nicht nach Malaysia fahren, selbiges gilt umgekehrt auch für malaiische Taxis nach Singapur. Die Ausnahme: Taxis mit Sonderlizenz und der Er-

laubnis Kotaraya anzufahren gibt es für ca. 45 SGD per Telefonorder beim Johor Taxi Service unter ☎ 62967054.

### ▶ Nach Melaka – per Bus
Wer den Umweg über Johor Bahru scheut, nimmt den Express Bus ab Singapore Express Bus Terminal nordöstlich von Little India (Lavender Street Ecke Kallang Bahru, zu erreichen beispielsweise mit Bus 13 ab Kallang MRT Station). Die Tickets, etwa von Transnational Express, kosten ca. 12 SGD (☎ 62947034).

### ▶ Nach Pulau Tioman – per Flugzeug
Ab Seletar Airport dauert der Flug mit Berjaya Air ungefähr 40 Minuten, Kosten etwa ab 300 SGD inklusive Steuern und Airport Tax. Alle Flüge sind auch im Internet buchbar unter www.berjaya-air.com oder bei Berjaya Air, ☎ 603-78468228, 📠 603-78465637.

### ▶ Nach Pulau Tioman – per Bus und Boot
Ab Singapore Express Bus Terminal geht es mit dem Express Bus nach Mersing, Dauer etwa 4 Stunden, zum Beispiel mit Transnational Express für 16,50 SGD. Abfahrt tgl. 9, 10 und 22 oder mit Five Stars Tours um 6.30 Uhr. Ab Mersing geht es weiter nach Tioman per Fähre, Dauer ca. 2–2,5 Stunden, Kosten ca. 30 RM einfach. Abfahrt 14 und 23.30 Uhr. Per Speedboot dauert die Reise nur 1–1,5 Stunden und kostet 35 RM einfach. Abfahrt ab Mersing 7.30, 9.30, 11.30, 13.30, 15, 16.30 und 17.30 Uhr.

Direkte Fähren fahren ab Tanah Merah Ferry Terminal in Singapur um 8.30 Uhr, Dauer 4–4,5 Stunden, Kosten 98 SGD einfach, 148 Hin- und Rückfahrt, buchbar über Penguin Ferry Services, ☎ 2714866, 📠 2733573, www.penguin.com.sg.

### ▶ Nach Kuala Lumpur – per Bus
Ab Singapore Express Bus Terminal fahren Busse tgl. um 8.30, 10, 12, 13.30, 15, 17, 20 und 23 Uhr. Dauer 6 Stunden, Kosten 15 SGD. Express Busse fahren ab Queen Street Bus Station um 9, 17 und 22 Uhr. Kosten ab 23 SGD.

Weitere Busangebote gibt es unter www.plusliner.com und www.aeroline.com.my.

### ▶ Nach Kuala Lumpur – per Zug
Eine weitere Alternative ist die Reise per Zug – sicher atmosphärisch die schönste und bequemste Alternative, wenn auch nicht die schnellste. Die Züge ab Singapur Bahnhof fahren tgl. um 8.20 Uhr (Ankunft 15.40 Uhr), 13 Uhr (Ankunft 20.20 Uhr) und 22.45 (Ankunft 7.08 Uhr morgens). Das günstigste Ticket ist ab 19 SGD zu haben, es gibt vier verschiedene Klassen, im Nachtzug sind auch Schlafwagen ab 38 SGD buchbar. Weitere aktuelle Informationen und Abfahrtszeiten gibt es unter www.ktmb.com.my.

Da die malaiischen Zollformalitäten bereits am Bahnhof erledigt werden, empfiehlt es sich, bereits eine halbe Stunde vor Abfahrt am Bahnhof einzutreffen. Kurz vor der Überfahrt nach Malaysia über den Causeway muss der Reisende samt Gepäck noch einmal den Zug verlassen, die Grenze passieren und dann wieder einsteigen.

### ▶ Nach Kuala Lumpur – per Flugzeug
Die schnellste, aber auch teuerste Variante, nach Kuala Lumpur zu gelangen, ist per Flug-

zeug. Singapore Airlines, Malaysian Airlines und Japan Airlines bieten zahlreiche Flüge ab Changi Airport an. Tickets sind ab 115 SGD zu haben.

### Bangkok/Ost-Malaysia ab Johor Bahru – per Flugzeug

Ab Senai Airport (www.senaiairport.com) fliegen die Fluggesellschaften Malaysia Airlines (www.malaysiaairlines.com.sg), Air Asia, Riau Airlines und Kartika Airlines unter anderem die Destinationen Penang, Kuala Lumpur, Jakarta, Surabaya, Batam, Denpasar, Bangkok, Phnom Penh, Rangoon, Taipei, Hongkong, Saigon, Ho Chi Min City an.

Mit Air Asia, einem lokalem Billigflieger, sind Flüge nach Bangkok beispielsweise schon ab 29 SGD zu haben. Theoretisch, denn – wie auch in Europa – variieren die Preise der „No Frills"-Airlines sehr stark. Zum Glück lassen sich diese Flüge aber per Internet unter www.airasia.com rechtzeitig buchen.

Zum Flughafen kommt man via Larkin Bus Terminal Johor Bahru (wie oben beschrieben) und dann weiter mit Causeway Link Bus 333, Maju Bus 207 oder GML Line G1 zum Senai International Airport. Die Busse fahren etwa alle 20 Minuten ab, der Preis ab Larkin beträgt 3,20 RM. Alternativ bietet Malaysian Airlines einen Shuttlebus ab Singapur an, der vor dem Copthorne Orchid Hotel auf der Dunearn Road startet, Kosten 12 SGD. Die Plätze müssen allerdings telefonisch bei Malaysian Airlines unter ☏ 6336 6777 reserviert werden.

### Zu den Riau-Inseln Bintan und Batam Island (Indonesien) – per Boot

#### Ab Tanah Merah Ferry Terminal nach Bintan, Bandar Bentan Telani:
**Resort Ferries** (www.brf.com.sg) legt um 9.10, 11.10, 14, 17 und 20 Uhr vom Tanah Merah Ferry Terminal (☏ 62769722) ab. Samstags und sonntags gibt es zusätzlich noch Fähren um 8.05 Uhr und 12.10 Uhr. Die Fahrt dauert ca. eine Stunde, Preis für Hin- und Rückfahrt: ab 56,40 SGD (Nebensaison) bzw. 67,40 SGD (Hochsaison). Der Check-in öffnet jeweils 90 Minuten vor Abfahrt, 30 Minuten vor Abfahrt schließt der Check-in-Schalter.

Ein weiterer Anbieter ist **Penguin Ferries**, ☏ 62714866, 🖷 62716469, www.penguin.com.sg.

Der Ferry Terminal ist mit dem Bus 35 ab Bedok MRT Station und Tanah Merah MRT Station erreichbar, die Fahrt dauert ca. 20 Minuten.

#### Ab Harbour Front nach Batam:
**Batam Fast Ferries** der Seaflyte Ferry Services Pte. Ltd fahren um 8, 9, 10, 11, 12, 14.20, 16.20, 18.30 und 20.30 nach Nongsapura, ☏ 65426310, tmreservations@batamfast.com, www.batamfast.com.

#### Ab Singapore Cruise Centre auf die Riau-Inseln:
Ab Singapore Cruise Centre (= Harbour Front Passenger Terminal, www.singaporecruise.com) sind die Inseln Tanjung Balai, Tanjung Batu, Bintan und Batam erreichbar. Zahlreiche Anbieter verkehren auf den Routen, sodass es sinnvoll ist, sich vor Ort über den aktuellen Fährplan zu erkundigen. Mindestens einmal pro Stunde werden die verschiede-

nen Ortschaften auf Bintan und Batam angefahren. Folgende Anbieter sind vor Ort vertreten:
**Batam Fast Ferries** (Sea Flyte Ferry Services Pte. Ltd.), ☎ 62702228, 🖨 62701113, www.batamfast.com
**Berlian Ferries Pte Ltd**, ☎ 65468830, 🖨 65468831, www.wavemaster.sg
**Bintan Resort Ferries**, ☎ 65424369, 🖨 65424372, www.brf.com.sg
**Indo Falcon Shipping & Travel Pte Ltd**, ☎ 62757393, 🖨 62782923, www.indofalcon.com.sg
**Penguin Ferry Services Pte Ltd**, ☎ 62714866, 🖨 62716469, www.penguin.com.sg
**Auto Batam Ferries & Tours Pte Ltd**, ☎ 62714866, 🖨 62759861

## Wellness

Wickeln, Kneten, Massieren und Akupressieren, nach chinesischer, balinesischer oder indischer Methode: Singapur bietet ein derart breites Angebot von Wellnessbehandlungen, dass es kaum möglich wäre, alle Anbieter aufzuzählen, von denen es mehr als 400 gibt.

Am einfachsten gestaltet sich der Weg zur Totalerholung für den Reisenden im Hotel: Viele große Hotels haben eine Wellness- oder Spa-Abteilung, die nicht nur den Gästen offensteht (siehe Adressen unten). Qualitativ über alle Zweifel erhaben, liegen diese aber leider oft auch jenseits des Budgets eines Normalreisenden. Erheblich günstiger sind die zahllosen kleinen Anbieter in Chinatown oder an der Orchard Road. Hier liegen die Tarife bei rund 70 SGD für eine Stunde Basisbehandlung.

*Spa-Anwendung zum Verwöhnen*

Die Gefahr, in einem halbseidenen Etablissement zu landen, ist übrigens gering: Sämtliche Massagestudios und Spas müssen in Singapur registriert werden. (Die schmuddeligen Pendants liegen in der Regel im Stadtviertel Geylang und wirken auf den „normalen" Wellness-Suchenden" ohnehin wenig attraktiv. Wenn „Health Centre" draufsteht, gilt es genauer hinzuschauen).

### ▶ Luxus-Spas in internationalen Hotels

**Amrita Spa**, Swissotel Merchant Court, 20 Merchant Road, ☏ 62391780 und 62391783, amrita.merchantcourt@swissotel.com, www.swissotel.com, tgl. 10–22 Uhr. Traditionelle Ayurvedische sowie moderne Behandlungen.

**Willow Stream Spa**, Swissotel The Stamford, 2 Stamford Road, ☏ 64315600, tgl. 7–22 Uhr. Großer Fitness-, Wellness- und Spa-Bereich mit großer Palette an Anwendungsmöglichkeiten.

**Raffles Spa**, Raffles Hotel, 1 Beach Road, ☏ 64121372, rafflesspa.singapore@raffles.com, www.raffles.com/singapore/spa/. Exklusive Anwendungen von *Jet Lag Spa Treatments* über Aromatherapie-Massagen bis *Shirodhara*.

**Estheva Spa**, 328 North Bridge Road, #01-30/31, Raffles Hotel Arcade, ☏ 63383318, spa@estheva.com, www.estheva.com, tgl. 10–22 Uhr. Spa und Wellnes mit einem sehr breiten Angebot.

**Spa Botanica**, im Sentosa Resort & Spa, 2 Bukit Manis Road, Sentosa, ☏ 63711288 und 63711318, www.spabotanica.sg, tgl. 10–22 Uhr, Eintritt 45 SGD zzgl. individuelle Preise für Anwendungen. Outdoor-Spa mitten in einem Park gelegen, mit verschiedenen Spa-Angeboten wie Massagen und besondere Packages.

**Retreat Spa and Thalasso Centre**, Changi Village Hotel, 1 Netheravon Road, ☏ 67380080, 🖨 67340083, bookings@theretreat.com.sg, www.theretreat.com.sg, Mo–Sa 10–21 Uhr, So 10–19 Uhr. Großzügige Anlage mit schönem Meerblick am Rande der Stadt für normale und Thalassotherapie-Anwendungen.

**Asian Spa Remedies**, Suntec City Mall, 3 Temasek Boulevard (Tower 4), #03-50/52/54, ☏ 62386890, www.rnspa.com.sg, Mo–Fr 11–19.30, Sa, So, feiertags 10–16 Uhr. Balinesische Massagen, traditionelle chinesische Anwendungen und ein Fußbad-Café: Während die Gäste sich bei Snacks und Getränken unterhalten, sorgen Whirlpool-Fußbäder unter dem Tisch für Entspannung.

### Zeitungen/Zeitschriften

Singapur ist nicht gerade das Mekka der Medien, bringt es aber immerhin auf 14 Tageszeitungen und ein gutes Dutzend Magazine in allen vier Landessprachen. Die englischsprachige „**The Straits Times**" (www.straitstimes.com) ist eine der besten Tageszeitungen Asiens und informiert sowohl über das Weltgeschehen als auch über regionale Belange. Weitere englischsprachige Publikationen sind „**Business Times**" (www.business-times.com) und das Boulevardblatt „**The New Paper**" (www.tnp.sg). Interessant für den Besucher sind zudem die **Programm-Magazine** wie das „IS Magazine" und „Juice" (siehe Nachtleben).

**Internationale Zeitungen und Magazine** finden Sie am Changi-Flughafen, einigen Kiosken entlang der Orchard Road und in den großen Buchläden wie Borders und Kinokuniya.

## Zeitzone

Singapur liegt in der Zeitzone GMT + 8 Stunden, also ist es normalerweise 7 Stunden später als in Deutschland. Da Singapur keine Sommerzeit hat, sind es, wenn in Deutschland die Uhren im Frühjahr bis Herbst eine Stunde vorgestellt werden, nur noch 6 Stunden Zeitunterschied.

## Zoll

Die übliche singapurische Strenge gilt auch beim Zoll. **Bargeld und Devisen** dürfen zwar unbegrenzt eingeführt werden, in puncto **Alkohol** zeigt sich der Zoll aber restriktiv: Reisende über 18 Jahren dürfen je einen Liter Wein, Bier und Hochprozentiges einführen, nicht jedoch bei der Einreise aus Malaysia. Für **Zigaretten** gibt es keinerlei Freimengen. Auf den Flügen nach Singapur werden daher meist auch keine Duty-free-Zigaretten im Flugzeug angeboten. Alkohol und Zigaretten mit dem Aufdruck „Singapore duty not paid" dürfen genauso wenig eingeführt werden wie Feuerzeuge in Pistolenform, Feuerwerkskörper, pornografische Publikationen, illegale Raubkopien, Kaugummi, Kautabak und natürlich illegale Drogen. Auch Objekte, die gegen das Artenschutzabkommen verstoßen, sind in Singapur illegal.

Wer zum Beispiel bei einem **Stopover** mit einer zollpflichtigen Menge von Waren ankommt, kann diese gegen Lagergebühren am Flughafen hinterlegen und beim Weiterflug wieder abholen.

Verschreibungspflichtige Medikamente, die nach singapurischem Gesetz als Drogen gelten könnten, verwahrt man am besten zusammen mit einem Brief des deutschen Arztes, der bestätigt, dass es sich um Medikamente für den persönlichen Bedarf handelt.

Bei Autofahrten nach Malaysia muss der Tank noch mindestens drei Viertel voll sein. Die Regierung will so verhindern, dass die Bürger des Stadtstaats zum Tanken nach Malaysia fahren, wo Benzin erheblich günstiger verkauft wird.

Alle weiteren Zolldetails sind auf der offiziellen Website www.customs.gov.sg zu finden oder bei

**Terminal Section Airports Branch Customs & Excise Department**, Singapore Changi Airport, ☏ 5459122 und 5427058

# Das kostet Sie der Aufenthalt in Singapur

– Stand Frühjahr 2013 –

Auf den folgenden Seiten finden Sie Preisbeispiele für Ihren Aufenthalt in Singapur, die Ihnen ein realistisches Bild der Kosten vermitteln sollen. Es handelt sich dabei immer um vereinfachte Angaben, quasi eine Richtschnur, von der es natürlich saisonale und regionale Abweichungen geben kann.

**Wechselkurs** (SDG = Singapur Dollar)
1 € = 1,62 SGD / 1 SGD = 0,62 €
1 CHF = 1,32 SGD / 1 SGD = 0,76 CHF
1 US-$ = 1,25 SGD / 1 SGD = 0,80 US-$
Aktuelle Wechselkurse unter www.oanda.com

## Transportmittel

### ▶ Anreise
Der reine Flug nach Singapur ist derzeit für rund 800–1000 Euro inklusive Steuern erhältlich. Wer Singapur als Stopover auf dem Weg nach Australien oder Südostasien einplant, hat meist keine zusätzlichen Kosten.

### ▶ Transfer Flughafen – Zentrum
per MRT – 2 SGD
per Taxi – 20–35 SGD
per Airport Shuttle Bus: Erwachsene 9 SGD, Kinder 6 SGD

### ▶ Taxi
Grundgebühr 2,80 SGD für den ersten Kilometer, jede weiteren 385 Meter 0,20 SGD, ab 10 km 0,20 SGD für 330 Meter, diverse Aufschläge etwa für Rushhour 35 Prozent, Nachtzuschlag ab 24 Uhr 50 Prozent sowie gestaffelt 10–20 Prozent ab 23.30 Uhr bis Mitternacht, Flughafenzuschlag Fr–So 17–24 Uhr 5 SGD, ansonsten 3 SGD. Gebühr für Vorausbuchung 2,50–5,20 SGD.

### ▶ Fahrradverleih
Pulau Ubin: 12–15 SGD/Tag, Stadtgebiet: 30 SGD/Tag

### ▶ Bus & MRT (U-Bahn)
Mit EZ-Link-Karte fahren Sie deutlich günstiger
Busse ohne Aircondition: 1–1,90 SGD (EZ-Link 0,68–1,71 SGD)
Busse mit Aircondition: 1,10–2,20 SGD (EZ-Link 0,73–1,96 SGD)
Express-Bus: 1,90–2,70 SGD (EZ-Link 1,33–2,56 SGD)
MRT: 1,10–2,40 SGD (EZ-Link 0,73–1,95 SGD)
SMRT Shuttle Service: Erwachsene 9 SGD, Kinder 6 SGD

### ▶ Seilbahn
Sentosa – Mount Faber, Hin- und Rückfahrt Erwachsene 29 SGD, Kinder 18 SGD

## Das kostet Sie der Aufenthalt in Singapur

▶ **Fähren**
Kusu Island: Hin- und Rückfahrt Erwachsene 9 SGD, Kinder 6 SGD
St. John's Island: Hin- und Rückfahrt Erwachsene 9 SGD, Kinder 6 SGD
Pulau Ubin: Bumboat 4 SGD Hin- und Rückfahrt

▶ **SIA-Hop-On-Bus**
Singapore Airlines Passagiere: 6 SGD, Kinder 3 SGD
Normalpreis: Erwachsene 12 SGD, Kinder 6 SGD

▶ **Singapore River Bootsfahrten**
40 Minuten – Erwachsene 18 SGD, Kinder 10 SGD
60 Minuten – Erwachsene 22 SGD, Kinder 12 SGD

▶ **Ausreise**
Derzeit ist die Flughafensteuer im Ticket enthalten.

### Aufenthalt

▶ **Museen**
Erwachsene 5–10 SGD, Kinder und Senioren zahlen meist die Hälfte.

▶ **Freizeitparks**
Die Preise liegen zwischen 10 und 20 SGD für Erwachsene, Kinder zahlen meist die Hälfte.

▶ **Unterkunft**
Bett im Schlafsaal: 15–25 SGD
Einfache Unterkünfte: 50–70 SGD
Mittelklassehotels: 70–120 SGD
Gehobene Hotels: 120–150 SGD
First-Class-Hotels: 150–300 SGD
Deluxe-Hotels: ab 300 SGD, teils aber erheblich mehr.

▶ **Essen und Trinken**
Eine einfache Mahlzeit inklusive Getränk kostet
im Hawker Center oder Food Court: 4–5 SGD;
im Mittelklasserestaurants: 15–40 SGD;
in gehobener Restauration: 40 SGD bis open end.

▶ **Zigaretten**
Etwa 11 SGD/Päckchen

▶ **Alkohol**
Bier 3,50–7 SGD (Supermarkt, 0,6 Liter), 3–20 SGD (Restaurant/Bar 0,5 Liter)
Wein ab 20 SGD (Supermarkt), ab 40 SGD (Restaurant)

▶ **Wellness**
Wellness-/Spa-Anwendung etwa 70–80 SGD pro Stunde

*Eine fantastische Aussicht gibt es im Wangz Hotel zum abendlichen Drink dazu*

### ▶ Telefonieren
Ortsgespräche kosten 10 Cent pro 3 Minuten
Ferngespräche nach Deutschland/Österreich/Schweiz: ab 0,39 SGD/Minute (mit der „Sing-Tel v019"-Karte), Angebote und Tarifinformationen unter www.singtel.com.

### ▶ Post
Die Luftpostkarte nach Europa kostet 0,50 SGD, ein Standard-Luftbrief (bis 20 g) 1,10 SGD.

### ▶ Internetcafés
1 Stunde surfen ca. 5 SGD

### ▶ Organisierte Touren
Singapore DUCKtours, per Amphibienfahrzeug durch die Stadt und über den Fluss, Erwachsene 33 SGD, Kinder 23 SGD, Kleinkinder unter 3 Jahren 2 SGD.
The Original Singapore Walks, thematische Spaziergänge durch diverse Stadtviertel, Erwachsene 35 SGD, Kinder 15 SGD,
Chinatown Trishaw Tour, Preise verhandelbar, ca. 10 SGD/45 Minuten

### ▶ Strafen
Abfall auf die Straße werfen – 1.000 SGD
Rauchen in öffentlichen Verkehrsmitteln – bis zu 1.000 SGD
Bei Rot über die Ampel – 500 SGD
Essen oder Trinken in öffentlichen Verkehrsmitteln – 500 SGD
Kaugummi wegwerfen – 1.000 SGD

# 4. SINGAPUR ENTDECKEN

# Tourenvorschläge

Auf den ersten Blick scheint Singapur sehr überschaubar und auch nicht besonders groß. Der Durchschnittsreisende verbringt daher nur zwei bis drei Tage in der Stadt, die sich geradezu ideal als Stopover-Destination zu eignen scheint. Für die wichtigsten Sehenswürdigkeiten mag dieser Zeitraum ausreichen. Wer die Stadt in allen ihren Facetten kennenlernen möchte, ist mit einer Woche aber besser bedient und wird sich ganz bestimmt nicht langweilen!

Wer in kurzer Zeit besonders viel von der Stadt sehen möchte, ist mit Taxis und U-Bahnen gut beraten, oder aber mit dem **SIA-Hop-On-Bus**, der quasi alle wichtigen Sehenswürdigkeiten ansteuert.

## Programmvorschlag für einen eintägigen Aufenthalt

- **Vormittags** – Little India: Serangoon Road, Sri Veramakaliamman Temple, Sri Srinavasa Tempel, weiter per pedes zur Arab Street: durch die Gassen von Kampong Glam, Sultan Mosque.

- **Nachmittags** – Chinatown: Southbridge Road, Sri Mariamman Tempel, Pagoda Street – Trengganu Street – Temple Street – Sago Lane – Trishaw Tour inklusive Thian Hock Keng Tempel – Abendessen im Lau Pa Sat Food Centre.

- Falls **Abendprogramm** gewünscht: Per MRT zur Orchard Road und dann per pedes über die Orchard Road wieder ins Zentrum.
  Oder: Bummel entlang Boat Quay und Clarke Quay.

## Programmvorschlag für einen zweitägigen Aufenthalt

### 1. Tag

- **Vormittags** – Little India: Serangoon Road, Sri Veramakaliamman Temple, Sri Srinavasa Tempel, weiter per pedes zur Arab Street: durch die Gassen von Kampong Glam, Sultan Mosque.

- **Nachmittags** – Afternoon Tea im Raffles Hotel, Colonial Core: rund um den Padang, Fahrt über den Singapore River, Besuch der Aussichtsplattform des Marina Bay Sands.

- **Nachtschwärmer** – Chijmes und Bugis Street in Central North.

**Singapur entdecken**

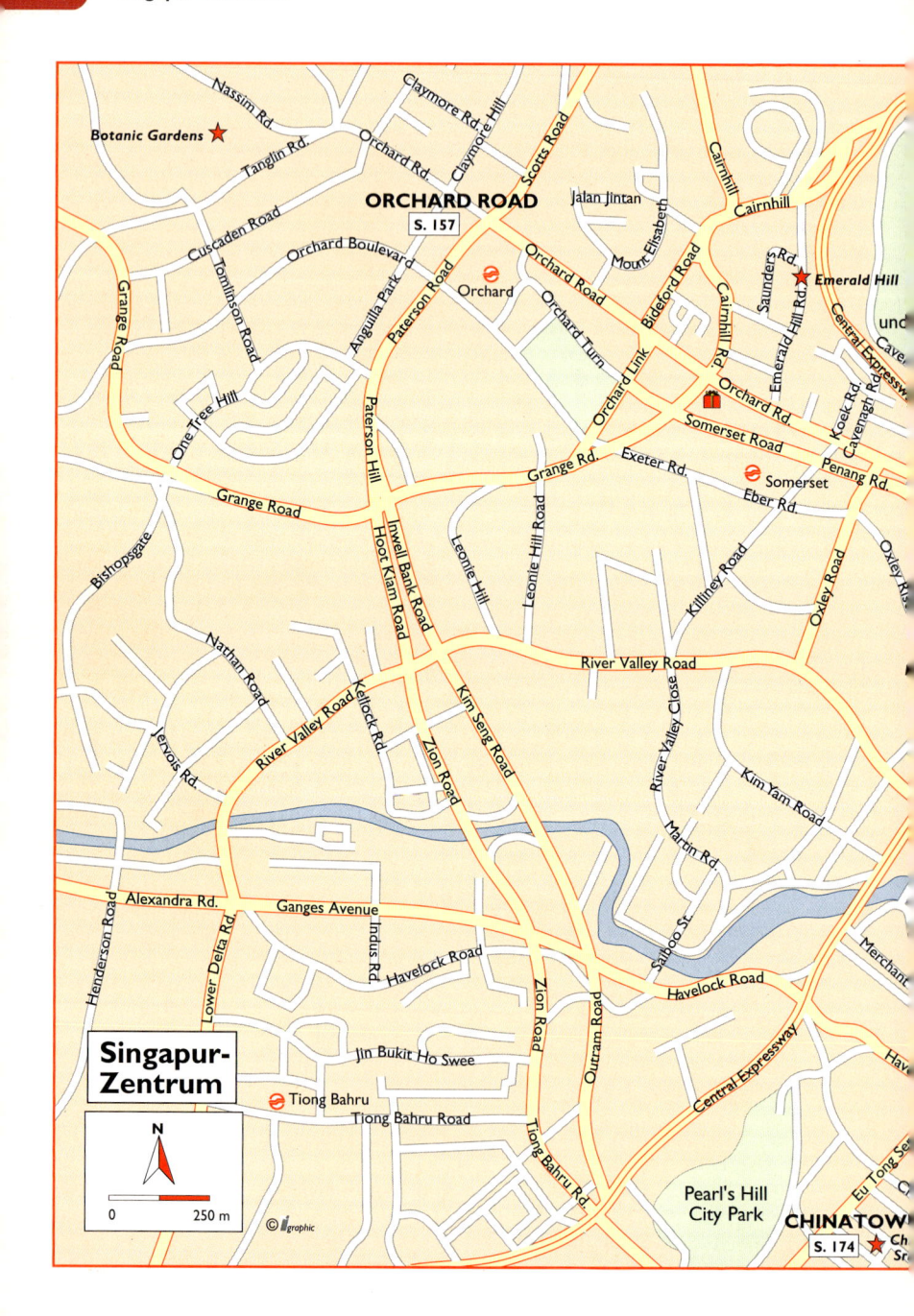

# Singapur-Zentrum

# Überblick 101

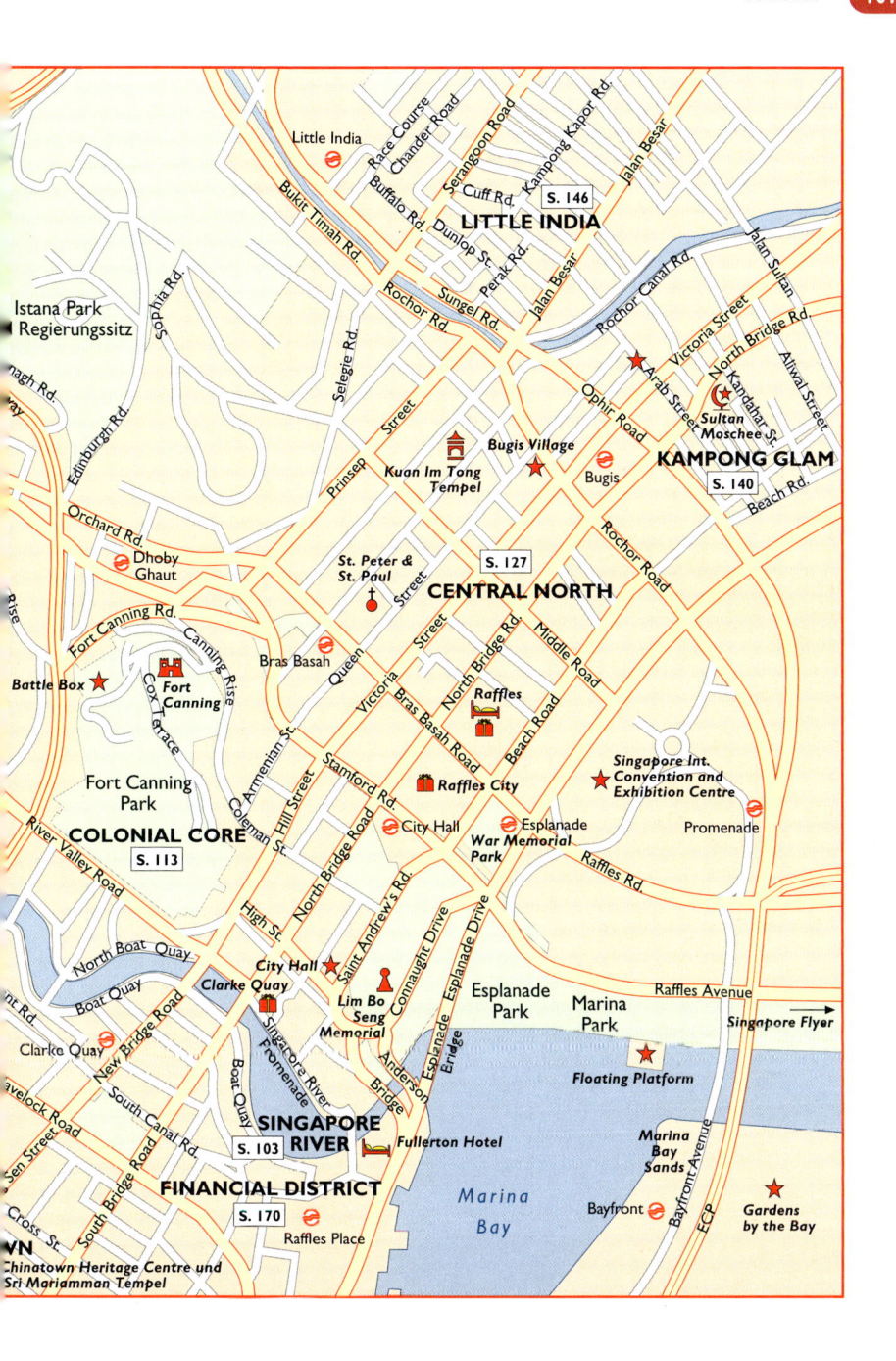

## 2. Tag

- **Vormittags** – Chinatown: Southbridge Road, Sri Mariamman Tempel, Pagoda Street, Trengganu Street, Temple Street, Sago Lane, Trishaw Tour inklusive Thian Hock Keng Tempel, Financial District: Lau Pa Sat Food Centre.

- **Nachmittags** – Per MRT zur Orchard Road und dann per pedes über die Orchard Road wieder ins Zentrum.

- **Abendprogramm** – Bummel entlang Boat Quay und Clarke Quay, Nachtschwärmer folgen dem Fluss weiter zum Robertson Quay und zur „Club-Straße" Mohammed Sultan Road.

# Zusätzliche Programme für längere Aufenthalte

## 1. Nachmittagsprogramm Pulau Ubin

- Mit dem Bus oder Taxi bis Changi – per Bumboat nach Pulau Ubin – Fahrrad mieten, kreuz und quer über die Insel

- Abends: Seafood auf Pulau Ubin oder im Changi Village

## 2. Halbtagsprogramm Katong und Geylang Serai

- Entlang der Route in Kapitel „Entlang der Küste nach Osten"
- Abendessen im East Coast Seafood Centre

## 3. Tagesprogramm Sentosa Island

- Ab Mount Faber per Seilbahn nach Sentosa, über den Dragon Trail zum Siloso Beach

- Erholung am Siloso Beach und dann so viele Attraktionen, wie Geist und Körper verkraften

## 4. Tagesprogramm Natur

- Morgens: Via Holland Village (idealer Stopp für Kaffee und Kuchen!) per Taxi nach Bukit Timah (Getränke nicht vergessen!), den kürzesten Rundweg zum „Gipfel"

- Per Taxi weiter zum MacRitchie Park, zu Fuß zum Tree Top Walk
- Mit Taxi oder Bus ins Sungei Buloh Wetland Reserve
- Abendprogramm: Night Safari im Zoo

# Entlang des Singapore River und an der Marina Bay

> **So kommt man hin**
>
> MRT Station City Hall (EW13/NS25) oder Clarke Quay (NE5), Marina South: Marina Bay NS27/CE2 und Bayfront CE1

Eine Bootsfahrt auf dem Singapore River gehört zu jedem Touristenprogramm; dies nicht nur ob der Sehenswürdigkeiten an seinen Ufern, sondern auch aus historischen Gründen: Von hier nahm der wirtschaftliche Aufschwung der Stadt seinen Anfang. Bereits vor der Ankunft der Briten lag am Südufer, dem heutigen Boat Quay, eine kleine Siedlung, während der Rest der Insel von Urwald bedeckt war. *Sir Stamford Raffles* hatte diese Gegend, ideal als Ankerplatz, im Stadtnutzungsplan für den Handel vorgesehen. Dort wo heute das Raffles Plaza ein wenig Freifläche bietet, wurde sogar ein ganzer Hügel abgetragen, dessen Landmassen ab 1823 das sumpfige Südufer des Singapore River verstärken und damit Platz für Lagerhäuser *(godowns)* und Werften schaffen sollten.

*Bootsfahrt über den Singapore River*

Mit dem Ende der Landgewinnungsarbeiten 1842 entwickelten sich Boat und Clarke Quay schnell zum Zentrum aller Handelsaktivitäten: Am **Boat Quay** wurden die Schiffe entladen und die Waren zwischengelagert, am **Clarke Quay** befanden sich die Lagerhäuser. Stahl, Kautschuk, Seide und Porzellan fanden so ihren Weg zum Käufer, aber auch Opium, Reis und Gewürze. Bis zur Mitte des 20. Jahrhunderts blieb der Singapore River ein lebhafter Handelsplatz, dessen Gewässer jedoch stark verschmutzt waren. Als sich in der Folgezeit die Aktivitäten immer mehr zu anderen Anlegestellen verlagerten, wie etwa dem modernen Containerhafen Tanjong Pagar, wurde dieses Problem immer deutlicher. 1983 schließlich startete die Regie-

*Eine Bootstour auf dem Singapore River gehört zur Stadterkundung dazu*

### Redaktionstipps

➤ Bootsfahrt auf dem **Singapore River** (S. 111)
➤ Die Hotellegende Asiens – das **Fullerton Hotel** (S. 103, 108)
➤ Das wichtigste Nightlife-Areal – **Boat Quay** (S. 109)

rung eine umfassende Kampagne zur Säuberung des Flusses und wies den verbliebenen Schiffen eine neue Anlegestelle in Pasir Panjang zu. Die folgenden Jahre blieb das Boat Quay ungenutzt. 1989 wurde es schließlich unter Denkmalschutz gestellt und in einen Nightlife-Distrikt verwandelt. Gut 200 Shophouses aus den 1920er- und 1930er-Jahren direkt am Ufer und in den Seitengassen wurden restauriert und bilden seitdem eine beliebte Nightlife-Meile mit Restaurants, Cafés, Diskotheken und Pubs. Das Clarke Quay folgte nur kurz darauf. Die ehemaligen Lagerhäuser beherbergen nun Gastronomie vom Feinsten und Singapurs lebhaftestes Nightlifeviertel. Die 2006 abgeschlossene Totalrenovierung des Clarke Quay trifft allerdings nicht jedermanns Geschmack: Überaus bunt gehalten, wurden nicht nur die Häuser mit einem lebhaften Anstrich versehen, sondern auch gigantische, farbige „Schirme" zwischen den Häusern errichtet, um direkte Sonneneinstrahlung zu verhindern.

## Spaziergang

### Fullerton Hotel

Am östlichen Rand des Boat Quay liegt das imposante **Fullerton Hotel (1)**. Wie auch das Raffles Hotel ist das Fullerton dabei, zu einer echten Hotellegende zu werden. Dabei ist es nur einige Jahre her, dass der Bau in ein Luxushotel umgestaltet wurde. Von 1829 bis 1873 stand hier das Fort Fullerton. Benannt nach Gouverneur *Robert Fullerton*, der Singapur von 1826 bis 1829 regierte, sollte es die Mündung des Singapore River verteidigen. Nachdem es abgerissen wurde, blieb das Grundstück ungenutzt. 1928 schließlich entstand hier das heutige Gebäude und wurde in den ersten Jahren als General Post Office genutzt, später auch als Börse. Es beherbergte die Handelskammer, dann den Singapore Club und schließlich die Inland Revenue Authority of Singapore. Der viktorianische Bau, an der Front mit Säulen verziert, wurde im Jahr 2000 zu einem beeindruckenden Luxushotel umgebaut und 2001 mit viel Pomp eröffnet. Egal, ob zum stilechten „Afternoon Tea" im geräumigen Atrium oder einfach nur um einen Blick auf die Goldfischbecken im Untergeschoss der Lobby zu werfen, es

*Das Wahrzeichen Singapurs – der Merlion*

*Entlang des Singapore River und an der Marina Bay*

lohnt sich, das Fullerton nicht nur von außen zu betrachten. Via Tunnel ist das Fullerton übrigens mit dem **One Fullerton (2)** verbunden. Das neue Gebäude mit Blick über die Marina Bay beherbergt diverse Restaurants, Pubs und Cafés.

## Merlion

Von hier aus sind es nur noch wenige Schritte bis zum **Merlion (3)**, dem Wahrzeichen Singapurs. Die 8,6 Meter große Statue, halb Löwe, halb Seejungfrau, wurde 1972 erschaffen und stand ursprünglich im Merlion Park, etwas nördlich von der heutigen Stelle. Die Konstruktion des Esplanade Drive schnitt den Merlion vom Meer ab und verwandelte die ursprünglich reizvolle Stelle in eine etwas abgelegene Ecke, sodass es zur äußeren Mündung des Singapore River verlagert wurde. Der Löwenkopf wurde nicht zufällig als Symbol Singapurs gewählt: Als ein Prinz des Sri-Vijaya-Reichs im 13. Jahrhundert das einstige Temasek besuchte, soll ihm ein mystisches Wesen in Form eines Löwen begegnet sein. Er ließ die Insel daraufhin in Singapura („Löwenstadt") umbenennen.

*Wahrzeichen Singapurs*

## Marina Bay Sands Hotel

Gegenüber dem Merlion liegt das künstliche aufgeschüttete Areal der **Marina South** *(siehe beiliegende Reisekarte E3)*. Hier steht seit Ende 2010 ein weiteres Wahrzeichen der Stadt: Das skurril anmutende **Marina Bay Sands Hotel (4)** mit

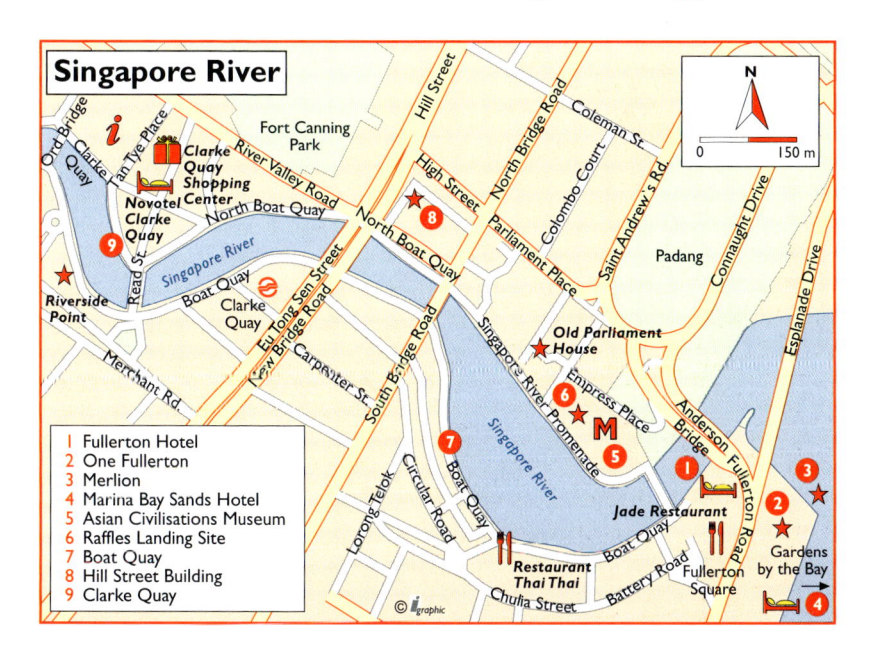

seinen rund 2.500 Zimmern wirkt auf den ersten Blick wie der Stein gewordene Beweis für interkosmische Kontakte: Wie ein frisch gelandetes Raumschiff ragt es auf drei als Pfeilern dienenden Hoteltürmen weit über Singapur hinaus. In den unteren Etagen logiert das **Sands Casino**, doch auch von oben verspricht es nicht minder überraschende Aussichten – zum Beispiel im **Infinity Pool**, der dem Schwimmer suggeriert, in den nächsten Sekunden den finalen Tauchgang zum 200 Meter tiefen Fall anzutreten. Auf dem Dach des Gebäudes befindet sich der 12.400 Quadratmeter große, öffentlich zugängliche **Sands Sky Park** samt Observation Deck. Von hier bietet sich ein grandioser Ausblick über die Stadt.
**Marina Bay Sands Hotel**, ☎ 66888868, www.marinabaysands.com, tgl. 10–22 Uhr, Eintritt 20 SGD, Kinder 14 SGD, Senioren 17 SGD (siehe Reisekarte D3/E3).

Wer gerne auf ausgedehnte und vor allem luxuriöse Shopping-Tour geht, ist im angeschlossenen Einkaufszentrum genau richtig. Alternativ kann man sein Geld auch im Casino verspielen. Um der Spielsucht einen Riegel vorzuschieben, müssen Einheimische übrigens 100 SGD Eintritt zahlen. Aber auch der kulturelle Aspekt kommt nicht zu kurz. Das **Musical Theater** zeigt lokale Produktionen internationaler Musicalhits wie „Tarzan" und das neu errichtete **ArtScience Museum** begeistet mit temporären Ausstellungen.
**ArtScience Museum**, ☎ 66888328, MuseumEnquiries@MarinaBaySands.com, tgl. 10–22 Uhr, Eintritt 30 SGD, Kinder 17 SGD (siehe Reisekarte D3/E3).

## Gardens by the Bay

Im Juni 2012 wurde der futuristische Tropenpark **Gardens by the Bay** auf der Marina South eröffnet. Auf 54 Hektar präsentiert die Stadt nicht nur zehn verschiedene Biotope, sondern mit 18 über 50 Meter hohen „Supertrees" auch eine völlig neue Vision von „Vertikalgärten". Auf den Beton-Stahlkonstruktionen wachsen tropische Kletterpflanzen und Farne, die zudem Regenwasser und Sonnenenergie speichern, die zur Stromversorgung des Parks genutzt wird – und für die atemberaubende Lichtshow der Supertrees nach Einbruch der Dunkelheit! Die beiden Glaskuppeln **Flower Dome** und **Cloud Forest** bilden das größte vollklimatisierte Gewächshaus der Welt und beherbergen rund 260.000 verschiedene Pflanzenarten. Auf dem OCBC-Walk lässt sich das Gelände aus 20 Metern Höhe entdecken.
**Gardens by the Bay**, www.gardensbythebay.org.sg, Bay South Outdoor Gardens: tgl. 5–2 Uhr, Gewächshäuser und OCBC Skyway tgl. 9–21 Uhr, Bay South Outdoor Gardens Eintritt frei, Flower Dome und Cloud Forest Erwachsene 28 SGD, Kinder 15 SGD, OCBC Skyway Erwachsene 5 SGD, Kinder 3 SGD (siehe Reisekarte E3).

„Vertikalgärten"

Weiterhin befindet sich am östlichen Ende der Marina South das neue **Singapore Cruise Terminal**. Noch ist das Areal nicht komplett erschlossen.

## Asian Civilisations Museum

Von hier aus geht es wieder zurück Richtung Singapore River. Egal ob man nun die erste Brücke nimmt, die **Anderson Bridge** aus dem Jahr 1910, oder erst auf der

*Entlang des Singapore River und an der Marina Bay*

nächsten, der **Cavenagh Bridge** von 1869 mit ihrem berühmten Schild „Für Kutschen verboten", den Fluss überquert. Man landet zwangsläufig am **Asian Civilisations Museum (5)**. Die Ausstellungen über die verschiedenen Kulturen Asiens mit den Bereichen China, Südostasien, Südasien und Islamisches Asien sind durchaus sehenswert, gerade weil die hier dargestellten Kulturen für den Stadtstaat allesamt prägend waren. Das Gebäude selbst wurde 1860 von Zwangsarbeitern erbaut und diente in den folgenden Jahrzehnten den verschiedenen „Offices" der kolonialen Bürokratie. Nachdem diverse Anbauten hinzugefügt wurden, war bald die gesamte koloniale Verwaltung hier angesiedelt. Anfang des 20. Jahrhunderts wurde es zu Ehren von Königin *Victoria* in Empress Place Building umbenannt und 2002 umfassend renoviert. Dem Besucher bietet sich eine sehr ansprechende Ausstellung über die diversen Kulturen Asiens und zugleich eine schöne Gelegenheit, Singapur historisch in einem größeren Kontext zu betrachten.

*Museum zu den Kulturen Asiens*

**Asian Civilisations Museum**, 1 Empress Place, ☏ 63327798, www.acm.org.sg, Mo 13–19 Uhr, Di–So 9–19 Uhr, Fr bis 21 Uhr, Eintritt Erwachsene 8 SGD, Kinder und Senioren 4 SGD. Führungen (Englisch) Mo 14 Uhr, Di–Fr 11 und 14 Uhr, Sa, So auch 15 Uhr.

## Boat Quay

Einige Schritte weiter liegt die **Raffles Landing Site (6)**, wo *Raffles* 1819 erstmals den Fuß auf singapurischen Boden setzte und die Insel in eine britische Kolonie verwandelte. Am gegenüberliegenden Ufer liegt das Nightlifeviertel **Boat Quay (7)** (siehe Infos S. 109), das sich aber auch tagsüber für einen netten Spaziergang eignet. Unterwegs auf der Uferstraße trifft man immer wieder auf lebensgroße Bronzeskulpturen: Die „**People of the River**" des Boat Quay stellen das Leben der frühen Bewohner Singapurs dar.

Folgt man dem Fluss, erscheint nach einigen Metern das **Hill Street Building (8)**. Das ehemalige Polizeipräsidium wird heute vom Ministry of Information, Communication and Arts (MICA) genutzt. Ähnlich wie auch beim Ausbau des Clarke Quay hat man sich hier für eine lebhafte Farbgestaltung entschieden.

## Clarke Quay

Dahinter schließt sich das **Clarke Quay (9)** an. Auch hier gilt: Nach Sonnenuntergang erwacht der Häuserkomplex. Viele der Restaurants und Cafés bieten

*„Badevergnügen":*
*Bronzeskulpturen am Boat Quay*

aber auch tagsüber Menüs an, sonntags findet hier ein gut besuchter Flohmarkt statt. Gegenüber, am anderen Ufer, liegt der **Riverside Point**: In der Kolonialzeit ein höchst verrufenes Viertel mit Opiumhöhlen und zweifelhafter Gastronomie. Heute sind auch hier nur noch „ehrenwerte" Restaurants zu finden.

## Robertson Quay

Im Anschluss an das Clarke Quay folgt am nördlichen Ufer das **Robertson Quay**. Viele seiner alten Lagerhäuser wurden umgebaut und beherbergen nun angesagte „Locations" der neuen Subkultur: Die Nachtclubs Zouk, DBL-O, Liquid Room zum Beispiel. Zusammen mit der parallel verlaufenden **Mohamed Sultan Road** bildet das Robertson Quay eines der wichtigsten Nightlifeareale.

## Reisepraktische Informationen

### Hinweis
**Stadtplan** siehe Seite 105.

### Unterkunft
**Novotel Clarke Quay $$$$**, 177A River Valley Road, ☏ 63383333, 🖷 63392854, reservations@novotelclarkequay.com.sg, www.novotelclarkequay.com.sg, 406 Zimmer. Mit der Aussicht über die Skyline der Stadt und dem angenehmen Gefühl, direkt am Puls des Nachtlebens zu wohnen (allerdings ohne davon auch nur einen Deut zu hören!), ist das Novotel geradezu ideal am Clarke Quay gelegen. Ansonsten zeichnet sich das Novotel vor allem durch große Kinderfreundlichkeit und ein exzellentes Frühstücksbuffet aus.

**The Fullerton Hotel $$$$$ (1)**, 1 Fullerton Square, ☏ 67338388, 🖷 67358388, info@fullertonhotel.com, www.fullertonhotel.com, 399 Zimmer. Nur wenige Jahre alt, hat das Fullerton jetzt schon das Zeug zum Luxusklassiker und kann in jeder Disziplin überzeugen: Design, Service, Küche ... sehr gelungen! Wenn das Budget reicht, gehört eine Nacht im Fullerton dazu. Von hier aus sind alle wichtigen Sehenswürdigkeiten zu Fuß zu erreichen.

**Marina Bay Sands Hotel $$$$$ (4)**, 10 Bayfront Avenue, ☏ 66888868, www.marinabaysands.com. 2.500 Zimmer. Der Komfort in den Zimmern hält sich in Grenzen, zumindest wenn man den versprochenen Fünf-Sterne-Luxus erwartet, der Blick ist jedoch atemberaubend. Deshalb sollte man bei der Buchung und dann noch einmal beim Einchecken auf „City View" bestehen: Dann liegt dem Gast die Skyline von Singapur zu Füßen. Es lohnt sich, nach Sonderangeboten zu schauen, dann kann eine Übernachtung inklusive Programm deutlich günstiger kommen.

### Restaurants
#### Boat Quay
**Brewerkz Restaurant & Microbrewery $$**, 30 Merchant Road, Riverside Point, ☏ 64387438, info@brewerkz.com.sg, www.brewerkz.com, Mo–Do, So und feiertags 12–24 Uhr, Fr, Sa 12–1 Uhr. 1997 gegründete Mikrobrauerei mit hausgebrautem süffigen Bier und herzhaftem Essen.

**Thai Thai $$**, 36 Boat Quay, ☏ 65342436, tgl. 11.30–14.30 und 17.30–22.30 Uhr, Fr, Sa bis 23.30 Uhr. Ausgezeichnetes Thai-Restaurant mit wahrlich königlicher Küche: Die Mutter des Besitzers hat einst für den thailändischen König Bomipol gekocht und ihre Kunst an den Sohn weitergegeben.

**Grand Shanghai $$–$$$**, 390 Havelock Road, King's Centre, Level 1, ☏ 68366866, www.grandshanghai.com, Di–Fr und So 12–14.30 und 18.30–22.30 Uhr, Sa nur 18.30–22.30 Uhr. Original Shanghai-Küche im Ambiente der wilden 1930er-Jahre – und lecker dazu! Eine chinesische Band samt Sängerin liefert abends die passende Untermalung.

**Jade Restaurant $$$**, 1 Fullerton Square, Fullerton Hotel, ☏ 68778188, jade@fullertonhotel.com, 11.30–15 und 18.30–23 Uhr. Wie es sich für ein Restaurant im luxuriösen Fullerton Hotel gehört: Spitzenköche kreieren klassische chinesische Gerichte in moderner Interpretation.

### Clarke Quay

*Die Restaurants am Clarke Quay befinden sich meist am Ufer des Singapore River, die meisten von ihnen in den Blocks A (Merchant Court) und C (Shophouse Row) des Clarke Quay. Die Website www.clarkequay.com.sg gibt einen Überblick und erleichtert die Orientierung.*

**Moghul Mahal Restaurant $$–$$$**, 177 A River Valley Road, Level 6, Novotel Clarke Quay, ☏ 63386907, tgl. 12–14.30 und 18.30–23 Uhr. Tandooris, Kebabs und Biryanis: nordindische Küche inklusive vieler vegetarischer Gerichte.

**Ras – The Essence of India $$$**, Clarke Quay (Block D), ☏ 68372800, www.ras.com.sg, Mo–Fr 12–14.30 und 18.30–23.30 Uhr, Sa, So 11.30–14.30 und 18.30–23.30 Uhr. Die Bar ist Mi–Sa bis 2 Uhr nachts geöffnet. Populäres und empfehlenswertes indisches Restaurant, vor allem nordindische Küche.

**Fish Tales $$$**, Clarke Quay (Block D), The Foundry, ☏ 68373251, tgl. 11.30–14.30 und 18–22.30 Uhr. Empfehlenswertes Meeresfrüchterestaurant, westliche Zubereitung mit asiatischem Touch.

**Quayside Seafood $$$**, Clarke Quay (Block A), ☏ 63382853 und 63380138, http://quaysidedining.com, So–Do 18–24 Uhr, Fr, Sa und feiertags 18–1 Uhr. Frische Meeresfrüchte und Fisch direkt am Singpore River. Reservierung empfohlen.

**The Tent $$$**, Clarke Quay (Block D), ☏ 63390200, www.palatevine.com.sg, tgl. 18.30–23 Uhr. „Dinieren wie die Nomaden" ist der Werbeslogan. Geboten wird ein Buffet mongolischer Art und Cocktails. Außergewöhnlich!

**Coriander Leaf $$$$**, Clarke Quay (Block 3A), Merchant Court, ☏ 67323354, info@corianderleaf.com, www.corianderleaf.com. Ausgezeichnete asiatische Küche. Fusion mit Schwerpunkt Zentralasien und Mittlerer Osten. Bietet auch Kochkurse an.

**IndoChine – Madame Butterfly $$$$**, Clarke Quay (Block 3 A), ☏ 65576266, judy.goh@indochine.com.sg, www.indochine.com.sg. Mo–Fr 12–14.15 und 18.30–23 Uhr, Sa nur 18.30–22.30 Uhr, Sonntag Ruhetag. Chinesische Küche und Fusion vom Feinsten in traditionellem Ambiente.

### Gardens by the Bay

**Supertree Dining**, Gardens by the Bay, www.supertreedining.com.sg. In der Spitze des Öko-Baums „Supertree Grove" bietet das Supertree Dining mit dem Peach Garden Noodle House, dem Hill Street Coffee Shop, der Canelé Patisserie und dem Casa Verde vier familienfreundliche Restaurants mit einer Rundum-Aussicht.

### Nightlife
### Boat Quay

Im Gegensatz zum gestylten Clarke Quay sind die Pubs und Bars am Boat Quay bodenständig, gemütlich und meist einen Tick günstiger.

**BQ Bar**, 39 Boat Quay, ☎ 65369722, www.bqbar.com, Mo, Di 11–1 Uhr, Mi–Fr 11–3 Uhr, Sa und vor Feiertagen 17–4 Uhr. Große Auswahl an Grillgerichten. Unprätentiös, aber gut.

**Bar 57**, 57B Boat Quay, ☎ 65325510, www.bar-57.com, Mo–Do 17–1 Uhr, Fr–So 17–3 Uhr. Klein, aber angesagt: Nicht zuletzt, weil die Happy Hour sich von Montag bis freitags abends erstreckt.

**The Juban Stand Bistro & Bar**, 62 Boat Quay, www.thejubanstand.com, ☎ 64388262, Mo–Fr 11.30–24 Uhr, Sa 4.30–24 Uhr. Winzige Stehbar in japanischem Stil und mit freundlicher Atmosphäre.

**Harry's**, 28 Boat Quay, ☎ 65383029, http://harrys.com.sg, So–Do 11–1 Uhr, Fr, Sa 11–2 Uhr. Einer der Pioniere des Singapurer Nachtlebens. Live-Musik, vor allem Jazz.

**Hideout**, 31B Circular Road, ☎ 65369445, So–Do 11–1 Uhr, Fr, Sa 11–2 Uhr. Originelle Bar und Galerie mit wechselnden DJs und Künstlern.

**Molly Malone's Irish Pub**, 42 Circular Road, ☎ 65362046, www.molly-malone.com, Mo–Fr 11–1.30 Uhr, Sa 11.30–2 Uhr, So 15–24 Uhr. Gemütliches Irish Pub, nicht mehr, aber auch nicht weniger.

**Centro 360**, One Fullerton, Di–So 22 Uhr bis open end. Hier lassen sich vor allem die Jungen und Schönen sehen. Der Dance Club gilt als Szene Venue.

### Clarke Quay

**Attica**, Clarke Quay (Block A), ☎ 63339973, www.attica.com.sg, So–Di 17–2 Uhr, Mi, Fr, Sa 17–4 Uhr, Do 17–3 Uhr. Einer der angesagtesten Clubs in Singapur, an Wochenenden oft überfüllt.

**Bar Cocoon @ The Forbidden City**, Clarke Quay (Block 3 A), ☎ 6557 6272, www.indochine.com.sg, So–Do 15–3 Uhr, Fr, Sa 15–6 Uhr. Hippe Cocktailbar, ab 23 Uhr Disco mit wechselnden DJs. Viel Holz, Glas und Stahl, etwas überteuert.

**Crazy Elephant**, Clarke Quay (Block E), ☎ 63377859, info@crazyelephant.com, www.crazyelephant.com, Mo–Do, So 17–2 Uhr, Fr, Sa und vor Feiertagen 17–3 Uhr. Gemütlicher Pub tgl. mit Live-Musik (Rock und Blues). Sonntag Jamsession.

**Attica und Attica Too**, 01-03 Clarke Quay, www.attica.com.sg, So–Di 17–2 Uhr, Do bis 3 Uhr, Mi, Fr, Sa bis 4 Uhr, Attica Too Fr und Sa 6 Uhr. House und Hip-Hop Club.

### Robertson Quay/Mohamed Sultan Road

#### Hinweis
**Stadtplan** siehe Seite 111.

**CU (1)**, 15 Mohamed Sultan Road, ☎ 68362529, Fr und So 18–3 Uhr, Sa 18–4 Uhr. Inspiriert durch den Hollywoodfilm „Coyote Ugly", tanzen die Bardamen hier auf der Theke – und die Männer bekommen Genickstarre.

**En Lounge (2)**, 207 River Valley Road, UE Square, ☎ 67326863, tgl. 19–3 Uhr. Etwas „älteres" Publikum als in den anderen Clubs in der Gegend.

**Malted Milk (3)**, Studio M Hotel, 3 Nanson Rd., ☎ 68088888, www.millenniumhotels.com, tgl. 18–24 Uhr. Gemütlicher Biergarten mit Grill und großer Bier-Auswahl.

**Zouk (4)**, 17 Jiak Kim Street, ☏ 67382988, www.zoukclub.com, Di–Sa 21–3 Uhr. Eigentlich drei Clubs und eine Weinbar unter einem Dach, präsentiert der Zouk Club DJs von internationalem Format, meist Techno, House und Drum 'n' Bass. Weit über die Grenzen Singapurs hinaus bekannt!
**Bar Bar Black Sheep (5)**, 86 Robertson Quay, ☏ 68369255, www.bbbs.com.sg, Mo–Fr 12–24, Sa/So 9.30–2 Uhr. Bar-Restaurant, thailändische und westindische Küche.

### Aktivitäten
**Singapore River Bootsfahrten**, Singapore River Cruises & Leisure Pte Ltd., ☏ 63366111, 🖷 63366112, enquiry@rivercruise.com.sg, www.rivercruise.com.sg.

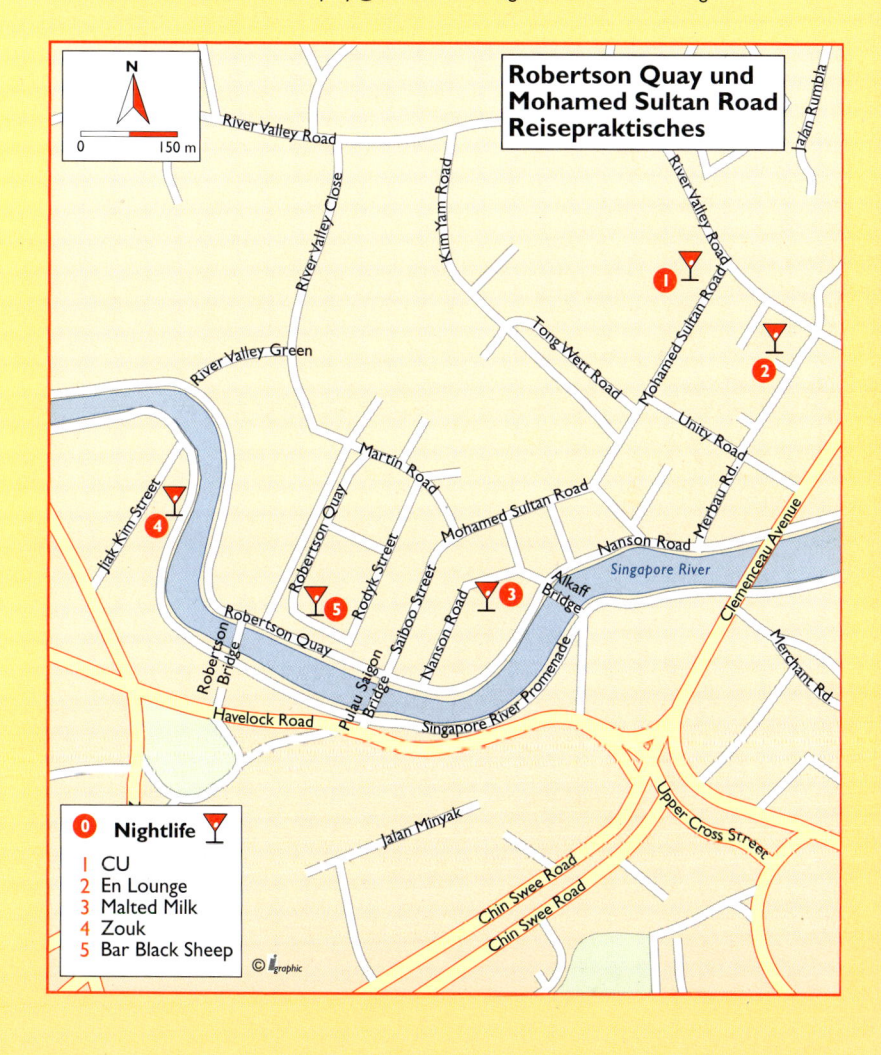

**Robertson Quay und Mohamed Sultan Road Reisepraktisches**

**Nightlife**
1 CU
2 En Lounge
3 Malted Milk
4 Zouk
5 Bar Black Sheep

**New River Experience:** *Dauer: 1 Stunde, Preise: Erwachsene 22 SGD, Kinder 12 SGD.*
**Singapore River Experience:** *Dauer 40 Minuten, Preise: Erwachsene 18 SGD, Kinder 10 SGD. Entlang des Flusses kann an folgenden Stellen spontan zugestiegen werden. Am Südufer: Merlion Park, Fullerton, Boat Quay, Riverside Point, Grand Copthorne Waterfront. Am Nordufer am Robertson Quay, Liang Court, Raffles Landing Site und Esplanade. Zum Teil verkehren die Boote auch als* **Wassertaxis** *zwischen den Anlegestellen. Der Streckenpreis variiert zwischen 4 SGD und 16 SGD (z. B. für die Strecke Robertson Quay – Marina Bay Sands).*

### Einkaufen

*Am Boat Quay und Clarke Quay locken zahlreiche „In"-Boutiquen, kleine Design- und allerhand Nippes-Läden.*
**LIFEbaby**, *252 North Bridge Road, Raffles City Shopping Centre, Level 3, ☎ 63383552, www.lifebaby.com, tgl. 10.30–21.30 Uhr. Auch ohne eigenen Nachwuchs ist dieser Baby- und Kleinkindausstatter einen Besuch wert. Die Kleider und Spielsachen im Asien-Design geben prima Mitbringsel ab, sind aber nicht ganz billig.*

### Märkte

**Flohmarkt**, *Clarke Quay, sonntags 10–18 Uhr. Für deutsche Flohmarktspezialisten vielleicht nicht unbedingt der beeindruckendste Markt, aber ein netter Spaziergang und die Gelegenheit, vielleicht noch einige Mitbringsel zu erstehen.*

### Wellness

**My Foot Reflexology**, *1 Kim Seng Promenade, Great World City, erstes Untergeschoss, ☎ 67386235, www.myfoot.com.sg, tgl. 11–19 Uhr. Fußmassage in peppiger Atmosphäre. Die Masseure sind größtenteils seh- oder hörbehindert. Ab 40 SGD/40 Minuten, Preise variabel.*

*Der illuminierte Tropenpark Gardens by the Bay mit seinen Supertrees*

# Der Colonial Core

> **So kommt man hin**
>
> MRT-Stationen: City Hall (EW 13/NS 25), Raffles Place (EW 14/NS 26) oder Clarke Quay (NE 5) und dann die Coleman Bridge überqueren

Nördlich des Singapore River, zwischen der Marina-Promenade im Osten und Fort Canning im Westen, liegt Singapurs historisches Zentrum.

Der Colonial Core, teils auch als „Heritage District" oder „Civic District" bezeichnet, war einst der Mittelpunkt der britischen Verwaltung Singapurs. Wohngebäude gibt es auch heute kaum, stattdessen reihen sich hier die restaurierten Paläste und Prunkbauten aneinander. Fast wären sie übrigens zu großen Teilen abgerissen worden, als der leitende Architekt des Public Works Department, *Frank Dorrington Ward*, Anfang der 1940er-Jahre ein neues Regierungsviertel plante. Mit dem Ausbruch des Zweiten Weltkriegs verschwanden diese Pläne jedoch in der Schublade und wurden nie wieder aufgegriffen.

*Einst britischer Verwaltungsdistrikt*

Das ganze Areal lässt sich bequem in zwei bis drei Stunden ausführlich erkunden, für den benachbarten Fort Canning Park sollte man ebenfalls einen halben Nachmittag veranschlagen.

## Spaziergang

Der Weg über die **Cavenagh Bridge (1)** von Süden ist die ideale Einstimmung auf die britische Atmosphäre. Das Empress Place Building beherbergt das **Asian Civilisations Museum (2)** (s. S. 106).

Wendet man sich an der Brücke nach rechts, trifft man auf den **Memorial Obelisk (3)**, auch Dalhousie Obelisk genannt. Er soll an den zweiten Besuch des Generalgouverneurs von Indien, *Marquis Dalhousie*, im Jahr 1850 erinnern.

Vom Obelisk aus links liegt die Parliament Street mit der **Victoria Theatre and Concert Hall (4)**. 1862 als Rathaus gedacht, wurde sie 1893 in ein Theater umgewandelt. 1905 fügte die Stadt den Uhrenturm und die Victoria Memorial Hall hinzu. Auch hier wacht eine *Raffles*-Statue über der Stadt, diese allerdings im Gegensatz zu ihrem weißen Gegenstück am Fluss aus solider Bronze.
**Victoria Theatre & Concert Hall**, *9 Empress Place*, ☏ 63388283 (Theater), 63386125 (Konzerte).

> **Redaktionstipps**
>
> ▶ Ein Besuch des **National Museum of Singapore** darf nicht fehlen – sehr sehenswert (S. 120)
> ▶ Geschichtslexikon aus Wachs – die **Battle Box** (S. 123)
> ▶ Stilvoll dinieren über der Stadt – im **Equinox Restaurant** (S. 124)
> ▶ Luxus total – bietet das **Swissôtel The Stamford** (S. 124)
> ▶ Opulent und kitschig – die **Indochine Bar Opiume** (S. 126)
> ▶ Alles rund um Computer – einkaufen in der **Funan IT Mall** (S. 126)

*Singapur entdecken*

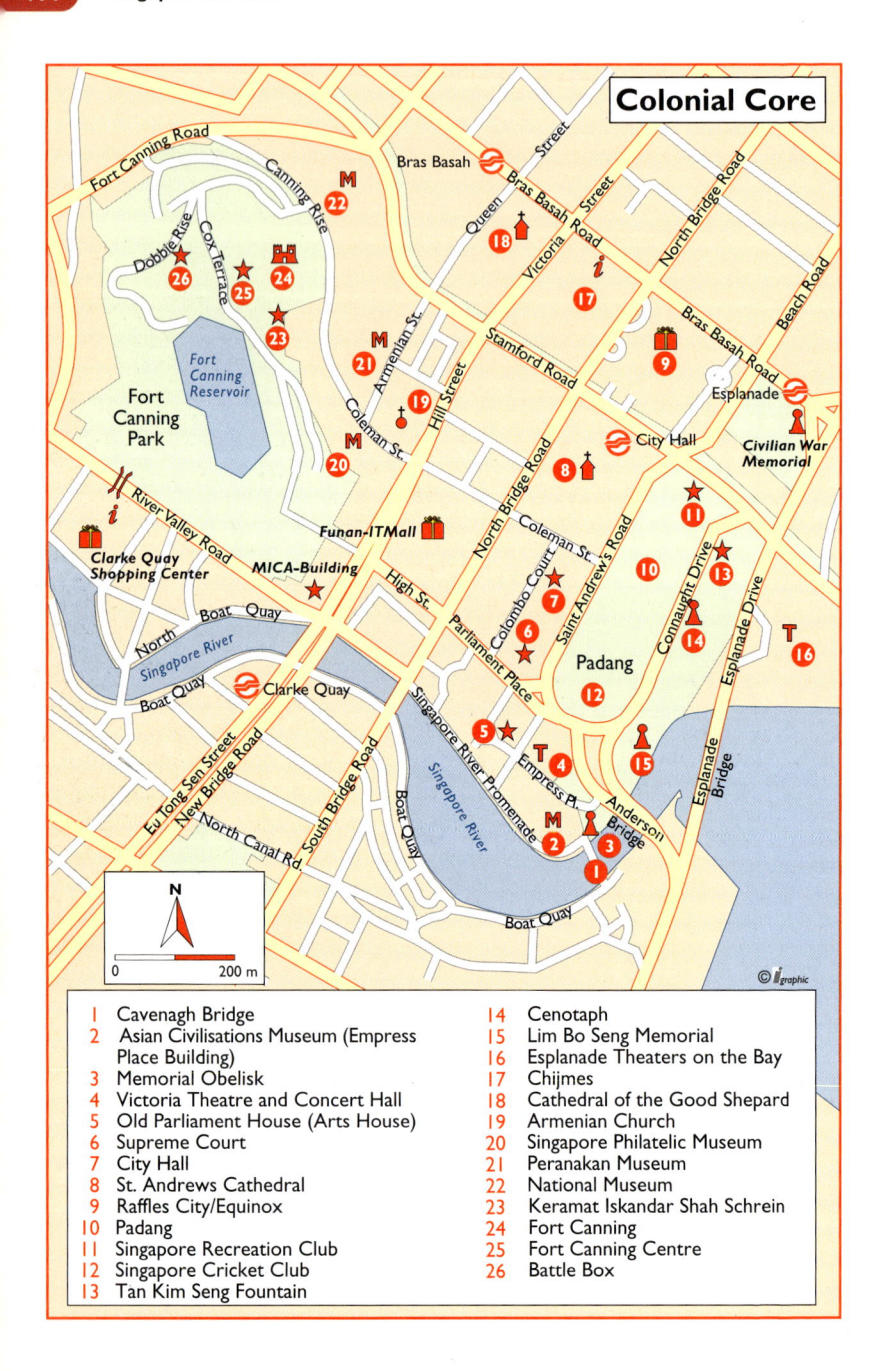

## Colonial Core

1. Cavenagh Bridge
2. Asian Civilisations Museum (Empress Place Building)
3. Memorial Obelisk
4. Victoria Theatre and Concert Hall
5. Old Parliament House (Arts House)
6. Supreme Court
7. City Hall
8. St. Andrews Cathedral
9. Raffles City/Equinox
10. Padang
11. Singapore Recreation Club
12. Singapore Cricket Club
13. Tan Kim Seng Fountain
14. Cenotaph
15. Lim Bo Seng Memorial
16. Esplanade Theaters on the Bay
17. Chijmes
18. Cathedral of the Good Shepard
19. Armenian Church
20. Singapore Philatelic Museum
21. Peranakan Museum
22. National Museum
23. Keramat Iskandar Shah Schrein
24. Fort Canning
25. Fort Canning Centre
26. Battle Box

## Old Parliament House (Arts House)

Gegenüber, auf der anderen Seite der Parliament Street, liegt das **Old Parliament House (Arts House) (5)**. 1826 für den schottischen Kaufmann *John Argyle Maxwell* erbaut, war es ursprünglich als Wohnhaus gedacht. Erst als das Gebäude bereits fertiggestellt war, fiel der Stadt auf, dass das Gelände laut Flächennutzungsplan nur für administrative Bauten genutzt werden durfte. Es wurde daher an die East India Company vermietet und diente zeitweise als Gerichtshof. Schnell zeigte sich aber, dass das Gebäude für den geplanten Zweck kaum geeignet war, da Richtersprüche und Zeugenaussagen im Lärm einer nahe gelegenen Werft untergingen. Doch erst im Jahr 1864 wurde der Grundstein für ein akustisch günstiger gelegenes Gebäude am Empress Place gelegt. 1954 zog die Verfassungsgebende Versammlung *(Legislative Assembly)* in das Gebäude. Von 1965 bis 1999 schließlich war das Old Parliament House, wie der Name schon andeutet, Sitz des Parlaments. Seit dieser Zeit – 1999 – befindet sich die Volksvertretung im New Parliament House. Das alte Gebäude wird nunmehr unter dem Namen **Arts House** als **Zentrum für Darstellende Künste** genutzt.

*Der einstige Sitz des Parlaments ist heute das Arts House*

Der kleine Bronzeelefant vor dem Gebäude ist übrigens ein Geschenk des siamesischen Königs *Chulalongkorn (Rama V.)*, das er anlässlich seines Besuchs 1871 mitbrachte – ein echtes Novum, denn nie zuvor hatte ein thailändischer König das Ausland besucht!

**The Arts House,** *1 Old Parliament Lane, www.theartshouse.com.sg, geöffnet je nach Veranstaltung.*

## Supreme Court

Das Gebäude mit der großen Kuppel weiter nördlich Ecke Hill Street ist der **Supreme Court (6)**, der ehemalige Oberste Gerichtshof. Er wurde 1939 als eines der letzten Gebäude im kolonialen Stil errichtet, und zwar auf dem Terrain des ehemaligen Grand Hôtel de l'Europe, einem Konkurrenten des Raffles Hotels, der 1932 bankrott ging. Die beeindruckenden Säulen und das Relief über dem Türsturz des Eingangs, der sogenannte Tympanon, wurden vom Mailänder Bildhauer *Cavalieri Rudolfo Nolli* geschaffen. Die zentrale Figur des Reliefs stellt Justitia dar, mit einer um

*Der ehemalige Supreme Court wird zusammen mit der City Hall nach ihrer Umgestaltung die National Art Gallery beherbergen*

Rettung flehenden verlorenen Seele zu ihrer Linken. Daneben stehen zwei Vertreter der Legislative, die das Gesetz repräsentieren. Rechts von Justitia verbeugt sich ein Mensch in Dankbarkeit, während der Mann mit Bulle für Reichtum und Wohlstand steht. Vor den korinthischen Säulen wirkt die moderne Erweiterung des Gebäudes, die „fliegende Untertasse" aus dem Jahr 2004 etwas befremdlich.

## City Hall

Daneben steht die neoklassizistische **City Hall (7)** von 1929, damals noch als *Municipal Building* bekannt, die mit ihren 18 Säulen an der Front einen fast griechischen Eindruck erweckt. Der darin untergebrachte *City Council* war für die Wasser-, Elektrizitäts- und Gasversorgung sowie die öffentliche Infrastruktur verantwortlich. In der City Hall wurde die japanische Kapitulation am 12. September 1945 unterschrieben, und 20 Jahre später, am 9. August 1965, die Unabhängigkeit Singapurs erklärt.

Die benachbarten Gebäude City Hall und Supreme Court werden zurzeit umgebaut zur neuen **National Art Gallery**. Die Eröffnung des neuen Museums, das auf einer Ausstellungsfläche von 60.000 Quadratmetern als Schwerpunkt südostasiatische Kunst des 19. und 20. Jahrhunderts beherbergen wird, ist für 2015 geplant.
**National Art Gallery**, http://nationalartgallery.sg.

## St. Andrew's Cathedral

*Englische Frühgotik*

Schräg dahinter liegt die **St. Andrew's Cathedral (8)** aus dem Jahr 1862, die wahrscheinlich nach dem Vorbild der Netley Abbey in Hampshire (England) geschaffen wurde. Es lohnt sich, das eindrucksvolle, im englischen frühgotischen Stil gehaltene Gebäude auch von innen zu besichtigen. Von indischen Strafgefangenen erbaut, besticht das anglikanische Gotteshaus durch drei Glasfenster, die *Sir Stamford Raffles*, *John Crawfurd* (Singapurs zweiter Statthalter) und dem Major-General *William Butterworth* (Gouverneur der Straits Settlements) gewidmet sind. Die St. Andrew's Cathedral ist übrigens nicht die erste Kirche an dieser Stelle. Ihre Vorgängerin wurde 1852 abgerissen, nachdem der Blitz eingeschlagen hatte.
**St. Andrew's Cathedral**, *Coleman Street*, 63376104, Mo–Sa 9–17, Mi ab 9.45, So 9–13.30 Uhr.

## Raffles City

Gegenüber ragen die Türme der **Raffles City (9)** in den Himmel: Der Entwurf stammt von *Ieoh Ming Pei*, dem chinesischstämmigen US-Architekten, der auch in Paris die Pyramide am Louvre und in Hongkong die Bank of China entworfen hat. Der topmoderne Komplex beinhaltet nicht nur (wie so oft in Singapur) ein Einkaufszentrum, sondern auch das **Swissôtel the Stamford**, das mit seinen 73 Stockwerken eine grandiose Aussicht über Singapur bietet. Da die oberen Stockwerke vom Nightlife-Komplex **Equinox** genutzt werden, bietet sich auch eine reale Chance, diese Aussicht bei Kaffee oder Cocktail zu genießen.

*Topmoderner Komplex*

## Padang und Esplanade-Park

Von hier aus kann man gut den **Padang (10)** umrunden. Das große freie Feld war der zeremonielle und sportliche Mittelpunkt Singapurs, und auch heute noch kann man hier Kricket-, Football- oder Rugby-Spiele beobachten. Am nördlichen Ende befindet sich der **Singapore Recreation Club (11)**, eine wahrlich koloniale Einrichtung. Im Jahr 1905 gegründet, richtete er sich vor allem an die asiatische Oberschicht. Frauen wurden übrigens erst ab 1956 zugelassen. Am anderen, zum Fluss gewandten Ende liegt der **Singapore Cricket Club (12)** aus dem Jahr 1852, das elitäre Pendant des Recreation Clubs. Bis zum Ende des Zweiten Weltkriegs stand er nur europäischen Mitgliedern offen. Generell ist dem allgemeinen Publikum der Zutritt verboten.

Wendet man sich hinter dem Recreation Club nach Süden, geht es über den Connaught Drive oder den Elisabeth Walk durch den Esplanade-Park wieder Richtung Fluss. Beide Straßen führen an einigen kleineren Sehenswürdigkeiten vorbei, wie etwa. dem Brunnen **Tan Kim Seng Fountain (13)**. Der reiche Bürger *Tan Kim Seng* hatte der Stadt eine große Summe für die Errichtung der singapurischen Wasserversorgung zur Verfügung gestellt. Zum Dank wurde ihm 1882 dieser Brunnen gewidmet. Angeblich soll der verspielte Barockbrunnen jedoch so teuer gewesen sein, dass von dem Spendengeld nicht mehr viel für den eigentlichen Zweck übrig blieb.

Der **Cenotaph (14)**, ein Denkmal zum Gedenken der Gefallenen des Ersten Weltkriegs, liegt nur wenige Meter weiter. Direkt daneben erhebt sich das **Lim Bo Seng Memorial (15)**, das an den gleichnamigen Widerstandskämpfer gegen die japanische Besatzung erinnert.

## Esplanade Theaters on the Bay

Von hier aus sind es nur noch einige Schritte zur Esplanade, wo die **Esplanade Theaters on the Bay (16)** in der Sonne glitzern. Sie wurden auf aufgeschüttetem Land gebaut und 2002 eröffnet. Dank ihrer stacheligen Hülle werden sie gerne auch als „Durian" verspottet. Das extravagante Äußere ist allerdings nicht nur eine Design-Marotte, sondern auch ein ausgeklügeltes System, die Sonneneinstrahlung ge-

*Ausgeklügelte Architektur*

*Singapurs Kulturzentrum Esplanade Theaters on the Bay*

ring zu halten, ohne die Luftzirkulation zu unterbinden. Eine derartig gigantische Anlage würde sich unter der tropischen Sonne sonst garantiert in einen Backofen verwandeln. Im Inneren verbergen sich ein Theater, eine Kunstgalerie, Konzerthallen und Studios, im vierten Stock befindet sich ein Dachgarten. Ganz passend zum künstlerischen Umfeld, treffen sich in der Unterführung nachmittags eine ganze Reihe von jugendlichen Gruppen, die sich im kühlen Untergrund diversen Modetänzen widmen.

## Civilian War Memorial

*Die „Stäbchen"*

Zahlreiche weitere Sehenswürdigkeiten liegen nördlich der Stamford Road: Weithin sichtbar ist das **Civilian War Memorial**. Die „Stäbchen", so der Spitzname, stellen die vier wichtigsten Bevölkerungsgruppen Singapurs dar und bestehen aus vier 67 Meter hohen Säulen, die im Jahr 1967 errichtet wurden. Im Inneren verbirgt sich eine Urne mit der Asche ziviler Opfer der japanischen Besatzung 1942–1945.

## Chijmes

*Gründung französischer Nonnen*

Das **Chijmes (17)** an der Bras Basah Road zwischen Victoria Street und North Bridge Road liegt ebenfalls nördlich der Stamford Road. Der holländisch anmutende Name steht in Wirklichkeit für die Abkürzung „Convent of the Holy Infant Jesus", das 1854 von französischen Nonnen aus Penang gegründet wurde. Das **Caldwell House** war 1852 von Reverend *Beurel* erworben worden, weitere Klostergebäude wurden von 1855 bis 1892 hinzugefügt. 1913 wurde das Schulgebäude errichtet und 1951 erweitert. Die Hintertür des Convents an der Ecke Victoria/Bras Basah Road war lange als „Gate of Hope" bekannt, da hier früher viele weibliche Säuglinge abgelegt wurden. Die Waisen erhielten hier zwar Unterkunft und Erziehung, wurden aber auch als billige Arbeitskräfte missbraucht. Nachdem die Schule 1983 umgezogen war, verfiel das Gebäude zusehends und wurde schließlich 1997 in das Entertainment Center Chijmes verwandelt, das seither mit Restaurants, Bars und gemütlichen Cafés lockt – ein echtes Muss für jeden Singapur-Besucher!

*Entertainment im Waisenhaus*

## Cathedral of the Good Shepard

Gegenüber dem Chijmes erhebt sich die **Cathedral of the Good Shepard (18)**. Von 1843 bis 1847 erbaut, wurde sie erst 1888 zur Kathedrale geweiht. Sie ist die älteste katholische Kirche Singapurs und wurde vom Architekten *Dennis McSwiney* im Renaissancestil entworfen.
**Cathedral of the Good Shepard**, *4 Queen Street,* ☏ *3372036, www.veritas.org.sg, Öffnungszeiten variieren.*

## Armenian Church

Richtet man sich von hier gen Fort Canning, bietet sich ein Besuch der **Armenian Church (19)** in der Coleman Street an. Das Holzgebäude wurde 1835 von der kleinen, aber wohlhabenden armenischen Gemeinde erbaut, der Kirchturm kam 1850 dazu. Auch heute noch wird sie von armenischen Spenden, teils sogar aus dem Ausland, finanziert.
**Armenian Church**, *60 Hill Street,* ☏ *63340141, tgl. 10–18 Uhr.*

*Armenische Diaspora*

## Singapore Philatelic Museum

Schräg gegenüber liegt das **Singapore Philatelic Museum (20)**. Neben einer allgemeinen Einführung in die Materie zeigt die Ausstellung die Hintergründe der Briefmarkenherstellung und natürlich allerhand Raritäten. Die Exponate im „Heritage Room" führen durch die Geschichte Singapurs. Nicht nur für Sammler interessant! Singapurs Geschichte und Kultur lassen sich ganz wunderbar anhand seiner Briefmarken-Entwicklung nachvollziehen.
**Singapore Philatelic Museum**, *23B Coleman Street,* ☏ *63373888, nhb_spm_adm @nhb.gov.sg, www.spm.org.sg, Mo 13–19 Uhr, Di–So 9–19 Uhr, Eintritt Erwachsene 6 SGD, Kinder 4 SGD.*

## Peranakan Museum

Nach einem kurzen Fußmarsch rechts die Armenian Street hinauf erreicht man das 2009 eröffnete **Peranakan Museum (21)**, das ein Teil des Asian Civilisations Museum ist. Das ehemalige Gebäude der Tao-Nan-Schule widmet sich ganz der Peranakan-Kultur, der chinesisch-malaiischen Mischkultur.

*Blick auf die Peranakan-Kultur*

*Damenbild: Historische Fotografie im Peranakan Museum (Peranakan Museum)*

**Peranakan Museum**, *39 Armenian Street, www.peranakanmuseum.sg, Mo 13–19 Uhr, Di–So 9–19 Uhr, Fr bis 21 Uhr. Eintritt 6 SGD, Fr ab 19 Uhr 3 SGD.*

## National Museum of Singapore

*Geschichte Singapurs*

Sehr sehenswert ist das **National Museum (22)** in der Stamford Road. Das ehemalige Singapore History Museum beherbergt eine umfassende Sammlung zur Geschichte des Stadtstaats, Ausstellungen zur Geschichte des „Street Food", zur Rolle der Frau im modernen Singapur, über den singapurischen Film sowie ein Café und Restaurants. Die Geschichte Singapurs wird ausführlich und sehr ansprechend dargestellt.
**National Museum of Singapore**, *93 Stamford Road, 63323659, www.nationalmuseum.sg, tgl. 10–18 Uhr (History Gallery) und 10–20 Uhr (Living Singapore Gallery), Eintritt Erwachsene 10 SGD, Kinder 5 SGD, Living Singapore Gallery Eintritt frei tgl. 18–20 Uhr, Führungen (in englischer Sprache): tgl. 11 und 14 Uhr. Sa und So auch 11.30 und 15.30 Uhr.*

## Fort Canning Park und die Battle Box

Gleich am Clarke Quay, wo die New Bridge Street über den Singapore River führt, ist der Südeingang des Fort Canning Park, Singapurs grüner Lunge direkt im Stadtzentrum. Eine Fußgängerbrücke führt vom Clarke Quay Shopping Center über die River Valley Road in den Park.

## MICA-Building

Auf dem Weg empfiehlt sich ein Abstecher in das **MICA-Building**, unverkennbar mit seinen bunten Fensterläden an der Ecke Hill Street und River Valley Road gelegen. Das MICA-Building wurde 1934 als Polizeistation errichtet. Nach zweijähriger Renovierung zog das Ministerium für Information, Kommunikation und Kunst (damals noch unter der Abkürzung MITA, seit 2006 mit dem Kürzel MICA bezeichnet) im Jahr 2000 in der Hill Street 12 ein. Neben dem Ministerium haben sich Galerien und Cafés in das architektonisch äußerst interessante Gebäude eingemietet. Das **ARTrium**, der glasüberdachte Innenhof, lädt zu einer Pause ein, bevor man den Anstieg zum Fort Canning Park angeht.
**MICA-Building**, *140 Hill Street,* ☏ *62707988.*

## Fort Canning Park

Während die knapp 19 Hektar große Parkanlage heute Spaziergänger, Jogger sowie Tai-Chi-Enthusiasten anlockt und bei klarem Wetter einen ausgezeichneten Rundblick auf Singapur bietet, war die zu präkolonialen Zeiten *Bukit Larangan* (Verbotener Hügel) genannte, knapp 50 Meter hohe Erhebung, wie der Name schon sagt, für Normalsterbliche tabu.

*Naherholung im Park*

Frühen malaiischen Quellen zufolge war der Hügel lange Zeit Sitz der malaiischen Herrscher der Insel, archäologische Funde bestätigen eine Besiedlung des Gebiets bereits im 14. Jahrhundert. Prinz *Parameswara* (auch unter seinem späteren Sultansnamen *Iskandar Shah* bekannt), zeitweiliger Herrscher des damaligen Reichs

*An den bunten Fensterläden zu erkennen: das MICA-Building*

*Muslimische Pilgerstätte*

Temasek, musste 1402 vor dem Ansturm der Siamesen nach Melaka fliehen. Der Legende nach ist *Iskandar Shah* am Nordhang des Parks begraben, der **Keremat Iskandar Shah Schrein (23)** erinnert an den verblichenen König und ist auch heute noch Pilgerziel der muslimischen Bevölkerung Singapurs.

Aus Respekt vor seiner Totenruhe war die Gegend bis zur Ankunft von *Sir Stamford Raffles* im Jahr 1819 off-limits für die malaiische Bevölkerung der Insel. Ungeachtet des Tabus ließ *Raffles* Teile des Bukit Larangan vom Dschungel befreien und baute seinen Bungalow auf dem Hügel. Auch die ihm nachfolgenden Gouverneure wählten den „Gouvernment Hill" zu ihrem Wohnsitz.

**Fort Canning Park**, *Haupteingang Hill Street (beim MICA-Building),* ☎ *63321200, Eintritt frei.*

## Fort Canning

1859 wurde mit dem **Fort Canning (24)** an Stelle des Gouverneurssitzes eine Militärfestung errichtet, die, mit Ausnahme der japanischen Besatzung von 1942 bis 1945, den britischen Kolonialherren als Stützpunkt diente. 1860 wurde schließlich mit dem Fort auch der Gouvernment Hill nach dem ersten britischen Vizekönig Indiens, *Charles John Canning*, benannt. Von dem Fort sind heute nur noch das Haupttor und einige Festungsmauern erhalten. Obwohl das singapurische Militär seit Mitte der 1960er- bis Anfang der 1990er-Jahre noch Präsenz zeigte, ist der Fort Canning Park heute ausschließlich zivilen Bedürfnissen zugedacht. Für den Besucher bietet der Park vor allem einen angenehmen Spaziergang entlang gut ausgeschilderter, breiter Wege.

*Beim morgendlichen Tai Chi im Fort Canning Park*

## Fort Canning Centre

*Archäologische Ausstellung*

Für den archäologisch Interessierten empfiehlt sich der Besuch der kleinen, aber feinen archäologischen Ausstellung im **Fort Canning Centre (25)**, die Fundstücke aus den 1980er-Jahren der Öffentlichkeit präsentiert und einen Überblick über die Frühgeschichte Singapurs gibt. Artefakte aus Porzellan, Glas und Ton weisen auf frühe malaiische Siedlungen auf dem Bukit Larangan hin. Weitere interessante Besichtigungspunkte sind der Spice Garden und die Raffles Terrace im Süden der Parkanlage, von der man einen ausgezeichneten Blick auf Singapur hat. Auch für das leibliche Wohl ist gesorgt. Mit dem „Legends Fort Canning" und „The Café" bieten zwei ausgezeichnete Restaurants auf dem Parkgelände lokale, italienische und kantonesische Küche.

## Geschichtslektion aus Wachs: die Battle Box

Sicherlich nicht jedermanns Geschmack, aber auf jeden Fall einen Besuch wert, ist die **Battle Box (26)**, der ehemalige Kommandostand der Briten im Zweiten Weltkrieg. Böse Zungen behaupten, das britische Militär wirke zuweilen wächsern. In der Battle Box kann man dem nur zustimmen. Der ehemalige Bunker des alliierten Kommandos im Zweiten Weltkrieg ist heute eine Mischung aus Wachsfiguren-Gruselkabinett und Militär-Disneyland, Geschichtsstunde und Geisterbahn. Während des japanischen Angriffs auf Singapur im Jahr 1942 hielten Lieutenant-General *Percival* und sein Kommandostab acht Tage in der Battle Box aus, bis die Lage aussichtslos war und die Briten am 15. Februar 1942 kapitulierten. Die Schlüsselszenen dieser acht Tage werden mit mechanisch beweglichen Wachsfiguren, angelehnt an die historischen Vorbilder, nachempfunden.

*Historische Szenen in Wachs*

Anhand der uniformierten Wachsfiguren erlebt der Besucher die wichtigsten Szenen dieser Zeitspanne, von der ersten Meldung des japanischen Angriffs durch den Funker bis zur finalen Besprechung des Kommandostabs, der nach hitziger Diskussion schließlich die Kapitulation beschließt. Die Fremdenführer, meist im fortgeschrittenen Alter, haben die Invasion der Japaner zuweilen selbst miterlebt und lassen an guten Tagen ihre eigenen Erlebnisse in die Führung einfließen. Historische Bilder und Plakate runden den leicht skurrilen und zuweilen die Trommelfelle (Kriegsgeräusche und Sirenen vom Band) strapazierenden Spaziergang ab. Wer Geschmack am Bunkerleben gefunden hat, kann die Besichtigung mit einem stilvollen Abendessen und Cocktails in der Battle Box verbinden (nur auf Vorbestellung).

**The Battle Box**, *51 Canning Rise, 63330510, www.hfcsingapore.com/aboutus_battlebox.html, tgl. 10–18 Uhr (letzter Einlass 17 Uhr), Eintritt Erwachsene 10 SGD, Kinder 5 SGD inklusive einer geführten Tour (Englisch).*

*Britisches Militär als Wachsfiguren in der Battle Box*

## Reisepraktische Informationen

### Hinweis
**Stadtplan** siehe Seite 125.

### Unterkunft
Low-Budget-Unterkünfte gibt es im Colonial District nicht. Wer günstig unterkommen möchte, fährt weiter nach Chinatown im Süden oder Central North im Norden.
**Peninsula Excelsior $$$ (1)**, 5 Coleman Street, ☎ 63372200, 🖷 63393847, pe.reserve@ythotels.com.sg, www.ythotels.com.sg, 600 Zimmer. Nicht zu verwechseln mit der Luxuskette Peninsula. Trotzdem: schöne Zimmer zu angemessenem Preis.
**Grand Park City Hall $$$$ (2)**, 10 Coleman Street, ☎ 63363456, 🖷 63399311, info.gpch@parkhotelgroup.com, www.parkhotelgroup.com, 326 Zimmer. Das Haus ist elegant und zugleich modern britisch eingerichtet. Es lockt mit einer schönen Schwimmlandschaft.
**Swissôtel The Stamford $$$$$ (3)**, 2 Stamford Road, ☎ 63388585, 🖷 63382862, singapore-stamford@swissotel.com, www.swissotel-thestamford.com, 1.261 Zimmer. Das gigantische Haus bietet Luxus total. Mehrere Restaurants wie das exquisite Equinox Restaurant (s. u.) und das ausgezeichnete JAAN Restaurant mit erlesener französischer Küche, Bars, zwei Außenpools und ein großer Wellness- und Fitnessbereich sind Teil des Komplexes.

### Restaurants
Wie überall im kulinariaversessenen Singapur gibt es auch im Colonial District einige Restaurants, von denen viele zu den großen Hotels gehören. Im Chijmes locken diverse Etablissements der gehobenen Klasse. Wer die breite Auswahl sucht, ist mit den benachbarten Vierteln Clarke Quay im Süden beziehungsweise Bugis im Norden gut bedient.
**Armenian Kopitiam $ (1)**, 34 Armenian Street, ☎ 63396575, 7–21 Uhr. Die Kette bietet typische Gerichte aus Singapur zu unschlagbaren Preisen. Romantische Atmosphäre darf man zwischen Resopal-Tischen und Neonlicht allerdings nicht erwarten.
**The Ganges $$ (2)**, Peninsula Plaza, 111 North Bridge Road, ☎ 63335844. Vegetarische indische Küche auf hohem Niveau, preislich aber weiterhin erschwinglich.
**Szechuan Court & Kitchen $$ (3)**, 2 Stamford Road, Swissôtel the Stamford, Level 3, ☎ 64316156, www.swissotel.com/hotels/singapore-stamford/dining/szechuan-court-kitchen/, tgl. 12–14.30 und 18.30–21.30 Uhr, Sa/So durchgehend. Scharfe chinesische Küche zu vernünftigen Preisen und vor authentischem Dekor.
**Equinox Restaurant $$$ (4)**, 2 Stamford Road, Swissôtel the Stamford, Raffles City, Reservierungen ☎ 68373322, reservations@equinoxcomplex.com, www.equinoxrestaurant.com.sg, tgl. 12–14.30 und 18.30–22.30 Uhr, Brunch und Teatime. Stilvoll eingerichtet, atemberaubende Aussicht aus dem 70. Stock und leckere Fusion-Küche. Einmalig!
**Lei Garden $$$ (5)**, 30 Victoria Street, Chijmes, ☎ 63393822, www.leigarden.hk/engl/location/singapore.asp, Mo–Sa 11.30–15 und 18–23 Uhr. Dim Sums, Seafood und viele andere kantonesische Klassiker: Das Essen in diesem Restaurant ist nicht gerade günstig, seinen Preis aber wirklich wert!
**True Blue Cuisine $$$ (6)**, 47–49 Armenian Street, ☎ 64400449, info@truebluecuisine.com, www.truebluecuisine.com, Di–So 11–14 und 18–22 Uhr. Geradewegs berühmt ist dieses Restaurant, dessen Peranakan-Küche zu den besten der Stadt zählt. Es liegt neben dem Peranakan Museum (siehe auch Seite 196).

**Reisepraktische Informationen: Colonial Core**

# Colonial Core
# Reisepraktisches

## 🔴 Nightlife  🍸   Einkaufen 🎁

1. Equinox Complex
2. The Substation
3. Indochine Bar Opiume
4. Funan IT Mall
5. Raffles City Shopping Mall
6. The Camera Workshop

## 🔴 Unterkunft

1. Peninsula Excelsior
2. Grand Park City Hall
3. Swissôtel The Stamford

## 🟡 Essen & Trinken

1. Armenian Kopitiam
2. The Ganges
3. Szechuan Court & Kitchen
4. Equinox Restaurant
5. Lei Garden
6. True Blue Cuisine
7. Food Junction
8. Makansutra Gluttons Bay

### 🍴 Food Courts

**Food Junction (7)**, Funan IT Mall, Untergeschoss, 109 North Bridge Road, /www.foodjunction.com.

**Makansutra Gluttons Bay (8)**, Esplanade Mall, Esplanade Theaters on the Bay, www.makansutra.com/eateries.html, tgl. 18–3 Uhr. Betrieben vom Food Guide Makansutra, ist dieser Freiluft-Food-Court sicher eine der besten Möglichkeiten, die lokalen Spezialitäten einmal komplett durchzuprobieren. Die Anbieter wurden von Makansutra handverlesen.

### 🍸 Nightlife

**Equinox Complex (1)**, Stamford, Swissôtel The Stamford, 2 Stamford Road, ☎ 68373322, 📠 68373222, www.experienceswissotelthestamford.com. Vom 69. bis zum 72. Stock bieten fünf Restaurants und Bars nicht nur einen atemberaubenden Blick über die Stadt, sondern auch angesagtes Nachtleben. Vor allem abends ein Muss!

**The Substation (2)**, 45 Armenian Street, ☎ 63377535, www.substation.org. Das einzige alternative und interdisziplinäre Künstlerzentrum Singapurs mit zahlreichen Ausstellungen und Performance-Aufführungen.

**Indochine Bar Opiume (3)**, Asian Civilisations Museum, 1 Empress Place, ☎ 63392876, So–Do 17–2 Uhr, Fr, Sa 17–3 Uhr. Asiatisch-opulent bis zur Kitschgrenze, gehört die Bar zu den meistprämierten Etablissements der Stadt.

### 🎁 Einkaufen

Wie auch die Hotels des Colonial District richten sich die Shopping Center und wenigen Geschäfte des Viertels eher an gut betuchte Kundschaft. Die rühmliche Ausnahme: die Funan IT Mall.

**Funan IT Mall (4)**, 109 North Bridge Road, www.funan.com.sg. Alles rund um Computer und andere Elektronikwaren. Eine der günstigsten Einkaufsmöglichkeiten für diese Waren. Gelangweilte Begleitpersonen ohne Computerinteresse finden hier auch mehrere Buchläden und Schreibwarenshops. Der gesamte 6. Stock gehört dem Fachgeschäft „Challenger", dessen Computerangebote sich bereits von Deutschland aus auf www.challenger.com.sg einsehen lassen.

**Raffles City Shopping Mall (5)**, 2 Stamford Road. Luxus und Edles – nichts für Schnäppchenjäger, aber ein stilvoller Einkaufsbummel für Reisende mit dem passenden Portemonnaie.

**The Camera Workshop (6)**, Peninsula Shopping Centre, Coleman Street, ☎ 63361956, www.thecameraworkshop.com. Sehr gute Kamera-Angebote und Beratung.

*Über die Cavenagh Bridge geht es in den Colonial District*

# Central North: Von der Bras Basah Road bis zum Rochor Canal

> **So kommt man hin**
>
> Mit der MRT: Station City Hall (EW13/NS25) für die südlichen Gebiete von Central North, Station Bugis (EW12) für die nördlichen Gebiete, Station Bras Basah CC2 für den Westen. Suntec City erreicht man über die MRT Stationen Esplanade CC3 und Promenade CC4. Zahlreiche Busstrecken verlaufen entlang der Victoria Road, z. B. Nummer 2, 7, 12, 32, 33, 51, 61, 63, 80, 130, 133, 145, 147, 190, 197, 851, 960, 980
> Suntec City: MRT Station City Hall oder Bus 36, 70#, 106, 107#, 133, 162#, 502, 518, 700A, 857, NR1, C2 bis Temasek Ave/Blvd

Religion und Kaufrausch liegen in Singapur oft nur einen kurzen Spaziergang auseinander: In den Straßenzügen zwischen Colonial Core im Süden und Little India bzw. Arab Street im Norden, trifft man nicht nur auf besonders viele Gotteshäuser, sondern auch die günstigsten Shopping-Möglichkeiten. Das Herzstück, die „Bugis Street", galt einst als Sündenmeile Singapurs, wo Transvestiten, Prostituierte, Seeleute und Touristen den Rotlicht-Lastern frönten. Kein Wunder, dass die auf Moral und Sauberkeit erpichte Regierung Mitte der 1980er-Jahre beschloss, Bugis ein für allemal zu „bereinigen". In einer großen Sanierungsaktion wurde die anrüchige Gegend quasi dem Erdboden gleichgemacht und in „sauber" neu erschaffen. Seither ist das Viertel garantiert jugendfrei und, ganz zu Recht, für Shopping-Exzesse bekannt. Der Name „Bugis" selbst geht übrigens auf das gleichnamige indonesische Seefahrervolk zurück. Schon zu *Raffles* Zeiten handelten die Bugis mit den Inselbewohnern und ließen sich in Singapur temporär nieder, sodass *Raffles* ihnen ein eigenes Siedlungsgebiet zuweisen ließ. Davon ist heute freilich nichts mehr zu spüren. Besonders abends eignet sich Central North gut für einen längeren Spaziergang, falls man sich mit einer Außenansicht der zahlreichen Kirchen und Museen begnugt.

> **Redaktionstipps**
>
> ➤ Ein Stück Missionarsgeschichte – die **Church of Saint Peter and Paul** (S. 131)
> ➤ Hier erfüllen sich Wünsche – im **Kuan Im Tong Tempel** (S. 132)
> ➤ Shopping-Extase – **New Bugis Street** und **Bugis Village** (S. 132, 139)
> ➤ Suiten im Kolonialstil – das **Raffles Hotel** (S. 127, 135)
> ➤ Einen Cocktail in der **Long Bar** des Raffles Hotels nehmen (S. 129)
> ➤ Food Center – **Sim Lim Square Food Court** (S. 137)

# Spaziergang

## Raffles Hotel

Vom Colonial Core aus kommend, bietet es sich an, den Spaziergang am weißen Prachtbau des **Raffles Hotel (1)** zu beginnen. Immer wieder mal wird das Fünf- *Preisgekrönt*

Sterne-Hotel zum besten Luxushotel Asiens gewählt oder mit weiteren Auszeichnungen bedacht. Der wahre Grund, warum tagtäglich ganze Touristenscharen staunend durch das Raffles schlendern, ist jedoch ein anderer: Angefangen vom indischen Portier samt Turban, der den Gästen schmissig die Autotür aufreißt, bis zu den schattigen Innenhöfen, versprüht das Hotel so viel britische Kolonialatmosphäre, dass auch Reisende im Khaki-Dress und Tropenhelm kaum auffallen würden.

Als die armenischen Gebrüder *Sarkie*, in deren Besitz sich bereits das Eastern & Oriental in Penang und das Strand Hotel in Rangoon befanden, das Raffles Hotel 1887 eröffneten, hatte es gerade einmal zehn Zimmer und lag direkt am Wasser. Dank zahlreicher Landgewinnungsprogramme muss man heute allerdings schon einen längeren Spaziergang absolvieren, um salzige Meeresluft zu schnuppern. Innerhalb der darauffolgenden Jahre wurden immer wieder kleine Anbauten hinzugefügt, bis schließlich 1899 das Hauptgebäude eröffnet wurde. Auch wenn das Raffles damals noch nicht das erste Haus am Platze war – diese Ehre gebührte dem Konkurrenten Hôtel de l'Europe – so durfte es sich trotzdem rühmen, als erstes Gebäude der Stadt die Gäste mit elektrischem Licht zu verwöhnen. Prominente Reisende wie *Charlie Chaplin*, *William Somerset Maugham*, *Joseph Conrad*, *Rudyard Kipling* oder *Hermann Hesse* gaben sich hier die Klinke in die Hand.

*Prominente Gäste*

Mit der japanischen Besatzung Singapurs im Zweiten Weltkrieg hatte diese glamouröse Zeit erst einmal ein Ende. Nach 1945 wurde im Raffles der reguläre Betrieb zwar wieder aufgenommen (mittlerweile ohne den Konkurrenten Hôtel de l'Europe, der bereits in den 1930er-Jahren bankrott gegangen war), ohne freilich an das Vorkriegsniveau anknüpfen zu können. Als das Hotel 1987 zum *National Monument* erklärt wurde, war es in bedauerlich schlechtem Zustand. Erst die umfassen-

*Britische Kolonialatmosphäre im Raffles Hotel*

den Renovierungsarbeiten von 1989 bis 1991 brachten die koloniale Grandeur wieder zum Vorschein: Für 160 Millionen SGD ließ man den Vorbau entfernen und das Hotel wieder in den Stil der frühen 1920er-Jahre versetzen. Auch die ebenfalls im kolonialen Stil gehaltene **Raffles Hotel Arcade** wurde hinzugefügt, sodass das wohlhabende Publikum (heute meist japanischer und amerikanischer Herkunft) nach Herzenslust für Umsatz sorgen kann. Zugegeben, eine Übernachtung in den luxuriösen Suiten passt nicht in jedes Budget, trotzdem lohnt es sich, hier zum Nachmittagstee oder -kaffee vorbeizuschauen. Die **Long Bar** des Hotels, in der einst der *Singapore Sling* kreiert wurde, ist heute allerdings eher der Einrichtung als der Atmosphäre wegen empfehlenswert: Abends bevölkern wahre Touristenhorden den Tresen, und die Cocktails werden aus Zeitgründen vorgemixt.

*Immer wieder zum besten Luxushotel Asiens gekürt: das Raffles Hotel*

*Legendäre Hotelbar*

## Singapore Art Museum

Vom Raffles aus sind es nur wenige Gehminuten zum **Singapore Art Museum (2)**. Die ehemalige Schule St. Joseph's Institution wurde 1867 auf dem Gelände der ersten katholischen Kapelle Singapurs errichtet, die beiden Seitenflügel stammen aus dem Jahr 1906. 1987 wurde die Schule verlegt und das Gebäude unter Denkmalschutz gestellt. Ab 1992 führte die Stadt umfassende Renovierungsarbeiten durch und eröffnete hier 1996 das **Kunstmuseum**, wobei die Kapelle in ein Auditorium umgewandelt wurde. Vor allem moderne und zeitgenössische Kunst singapurischer und südostasiatischer Künstler wird hier ausgestellt, die ständige Sammlung umfasst mittlerweile mehr als 7.000 Exponate.
**Singapore Art Museum**, 71 Bras Basah Road, ☏ 63323222, www.singaporeartmuseum.sg, tgl. 10–19 Uhr, Fr bis 21 Uhr, Führungen auf Englisch Mo 14 Uhr, Di–So 11 und 14 Uhr, Fr auch 19 Uhr, Sa, So zusätzlich 15.30 Uhr, Eintritt: Erwachsene 10 SGD, Kinder 5 SGD, Fr 18–21 Uhr Eintritt frei.

*Moderne und zeitgenössische Kunst*

## Maghain Aboth Synagoge

Biegt man hinter dem Singapore Art Museum rechts in die Waterloo Street ab, liegt links die zweistöckige **Maghain Aboth Synagoge (3)**, Südostasiens ältestes jüdisches Gotteshaus, das auf den ersten Blick wie ein Wohnhaus wirkt. 1878 wurde

130  *Singapur entdecken*

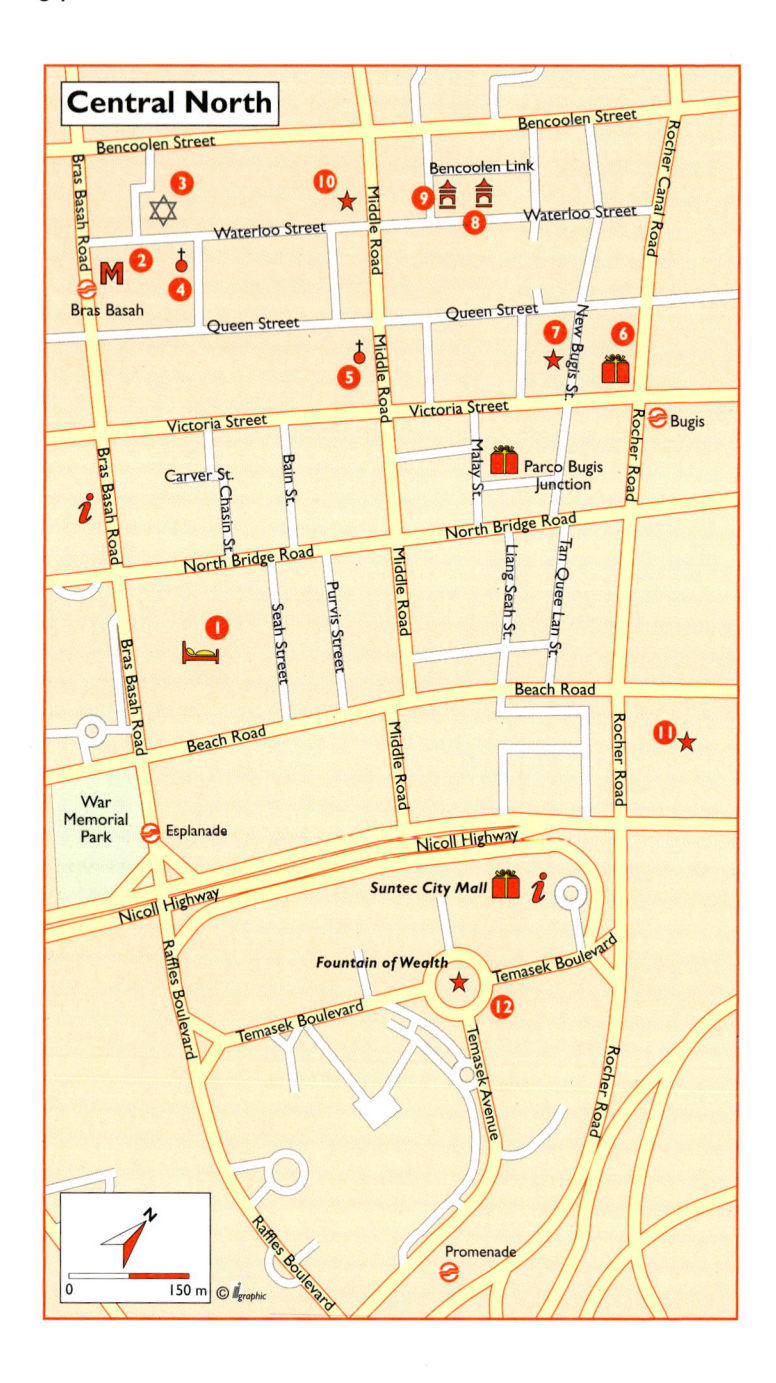

# Central North

Bencoolen Street
Bencoolen Street
Bras Basah Road
Rocher Canal Road
③
⑩
Bencoolen Link
⑨ ⑧
Waterloo Street
Waterloo Street
Ⓜ ②
④
Bras Basah
Queen Street
Queen Street
⑤
⑦ ⑥
New Bugis St.
Rocher Road
Victoria Street
Victoria Street
Ⓑ Bugis
Carver St.
Chasin St.
Bain St.
Malay St.
Parco Bugis Junction
*i*
North Bridge Road
North Bridge Road
Seah Street
Purvis Street
Middle Road
Liang Seah St.
Tan Quee Lan St.
①
Beach Road
Beach Road
⑪
War Memorial Park
Ⓔ Esplanade
Nicoll Highway
Nicoll Highway
Raffles Boulevard
Suntec City Mall  *i*
Fountain of Wealth
Temasek Boulevard
Temasek Boulevard
⑫
Temasek Avenue
Rocher Road
Raffles Boulevard
Ⓟ Promenade

N

0 — 150 m

*Central North: Von der Bras Basah Road bis zum Rochor Canal*

1 Raffles Hotel
2 Singapore Art Museum
3 Maghain Aboth Synagoge
4 Church of Saint Peter and Paul
5 Saint Joseph's Church
6 Bugis Village
7 New Bugis Street
8 Kuan Im Tong Tempel
9 Sri Krishnan Tempel
10 Sculpture Square
11 Parkview Square
12 Suntec City

es im viktorianischen Stil für die kleine, aber wohlhabende Gemeinde erbaut, die damals gerade einmal 300 Mitglieder umfasste. Meist handelte es sich um sephardische Juden aus dem Iran und Irak, die sich als Händler in Singapur niedergelassen hatten. Dank der Renovierungen im Jahr 2000 ist die Synagoge in gutem Zustand und wird noch immer aktiv genutzt.

*Älteste Synagoge Singapurs*

**Maghain Aboth Synagoge**, *24 Waterloo Street, ☎ 63372189, 🖷 63362127.*

## Church of Saint Peter and Paul

Gegenüber, ebenfalls in der Waterloo Street, liegt einer der Eingänge zur **Church of Saint Peter and Paul (4)**. Die Geschichte der Kirche ist eng mit der Geschichte des Katholizismus in Singapur und ihrer Mission verknüpft – unter anderem, weil hier zahlreiche europäische Missionare sprachlich und kulturell auf ihre späteren Aufgaben vorbereitet wurden. Ende der 1860er-Jahre begannen die Bauarbeiten für St. Peter and Paul, um der wachsenden Zahl katholischer Konvertiten indischer und chinesischer Herkunft eine angemessene Andachtsstätte zu bieten. Bereits Mitte der 1880er-Jahre ließ die Kirchenleitung Kirchturm und Presbyterium hinzufügen. Nur wenige Jahre später, 1888, wurde es wieder ein wenig leerer auf den Kirchenstühlen, da die indische Gemeinde in die Kirche **Our Lady of Lourdes** in der Ophir Road umzog. Fortan bediente Saint Peter and Paul ausschließlich chinesische Gruppen in diversen Dialekten. 1891–1892 wurde schließlich die Sakristei angebaut, während Empore und Portal noch einmal im Jahr 1910 erweitert wurden. 1970 erhielt die Kirche, die mittlerweile unter Leitung des Karmeliterordens steht, noch einmal eine Rundumerneuerung durch die Gemeindemitglieder. In den letzten Jahrzehnten ist die Zahl der Gottesdienstbesucher allerdings gesunken: Viele ehemalige Gemeindemitglieder nutzen nun lokale Kirchen in den Wohngebieten. 2003 stellte die Stadtregierung Saint Peter and Paul unter Denkmalschutz.

*Geschichte des Katholizismus in Singapur*

**Church of Saint Peter and Paul**, *225A Queen Street, ☎ 63372585, sts.peternpaul@pacific.net.sg, www.sppchurch.org.sg, www.catholic.org.sg, Kirche Mo–Fr 9–19 Uhr, Sa 9–17 Uhr, So 9–15 Uhr, Messen auf Englisch und Mandarin/Kantonesisch.*

## Saint Joseph's Church

Nicht minder imposant präsentiert sich auch die nahe gelegene **Saint Joseph's Church (5)** zwischen Queen Street und Victoria Street. Das weiße Gebäude im gotischen Stil entstand 1906 auf dem Gelände einer ehemaligen Kirche der portugiesischen Mission. Bis in die 1990er-Jahre blieb Saint Joseph in ihrem Besitz, wurde dann aber an die Erzdiözese Singapur übergeben.

**Saint Joseph's Church**, *143 Victoria Street, ☎ 63383167, www.stjoseph-bt.org.sg, www.catholic.org.sg, Kirche tgl. 9–22 Uhr geöffnet, Messen auf Englisch und Vietnamesisch.*

*Shopping-Extase – Bugis Village*

## Bugis

*Einstiger Rotlichtdistrikt*

Wendet man sich auf der Victoria Road nun nach Norden, erreicht man nach wenigen Minuten das eigentliche **Bugis**. Singapur-Veteranen erinnern sich vielleicht noch an die Zeit vor der großen Umgestaltung, als der Rotlichtdistrikt seinem Namen alle Ehre machte. Vor allem die Transvestiten von Bugis schafften es zu internationalem Ruhm. Dann nahm sich die Stadtregierung des Sündenpfuhls an. Mit der kompletten Umgestaltung des Viertels Mitte der 1980er-Jahre verwandelte sich Bugis in eine günstige Einkaufsmeile. Das Angebot reicht von modischen Accessoires, Technik und Kleidung bis zu Produkten kleiner, lokaler Design-Labels. Preislich sind **Bugis Village (6)** und **New Bugis Street (7)** sicher Singapurs beste (wenn nicht einzige) Möglichkeit, in Shopping-Extase zu verfallen und das singapurische Pendant zu den ostasiatischen Nachtmärkten – sogar die eine oder andere Fälschung hängt an den Regalen. Insgesamt konkurrieren hier mehr als 600 kleine Shops und Stände bis spät in die Nacht um den Käufer.

## Kuan Im Tong Tempel

Am westlichen Ende der New Bugis Street mündet die Straße in die Fußgängerzone der **Albert** und **Waterloo Street** mit seinen zwei sehenswerten Tempeln. Der chinesische **Kuan Im Tong Tempel (8)** in der Nummer 178 stammt aus dem Jahr 1884 und ist der Boddhisattva Guanyin gewidmet. Die beiden Figuren auf dem zentralen Altar stellen den Buddha Sakyamuni und den Prinzen Suddodhana dar. Wichtiger noch als die ansprechende Architektur ist hier die Atmosphäre: Der Tempel ist überaus gut besucht, erfüllen sich doch hier geäußerte Wünsche angeblich besonders oft. Meist handelt es sich einfach nur um „praktische" Fragen: Wahrsager beraten ihre Klientel direkt vor dem Tempel und bestimmen das günstigste Datum für wichtige Ereignisse wie Hochzeiten oder Begräbnisse. Wenn der dicke Buddha am Eingang einen geradezu abgegriffenen Eindruck macht, dann liegt es übrigens an den zahllosen Händen, die jeden Tag daran entlang fahren: Ihn zu berühren bringt Glück. So muss er regelmäßig neu lackiert werden.

*Glücksbringende Berührung*

**Kuan Im Tong Tempel**, 178 Waterloo Street, ☏ 63373965, tgl. 6–18 Uhr.

## Sri Krishnan Tempel

Gleich nebenan, in der Nummer 152, liegt der **Sri Krishnan Tempel (9)**. Hier werden vor allem Vishnu und seine Inkarnation Krishna verehrt. Dies übrigens nicht nur von indischen, sondern auch von chinesischen Besuchern, die nach dem Kuan Im Tong Tempel auch noch schnell hier hereinschauen. Der chinesische Pragmatismus siegt über alle Glaubensgrenzen: Es kann nie schaden, möglichst viele Götter auf seiner Seite zu haben, auch wenn sie aus dem indischen Pantheon stammen! Welchem Gott die indischen Besucher huldigen, lässt sich übrigens leicht an der Zeichnung auf der Stirn erkennen: Das „V" steht für Vishnu, die zwei senkrechten Streifen über der Nasenwurzel für Krishna.

**Sri Krishnan Tempel**, 152 Waterloo Street, ☏ 63377957, tgl. 6.30–12 und 17.30–21 Uhr.

## Sculpture Square

Einige Schritte weiter südlich des Tempels folgt der **Sculpture Square (10)**: Das Zentrum für zeitgenössische dreidimensionale Kunst in der ehemaligen Methodistenkirche „Baba Church" in der Middle Road 155 zeigt nicht nur wechselnde Ausstellungen asiatischer Künstler, sondern bietet auch Workshops und Kurse.

*Dreidimensionale Kunst*

**Sculpture Square Ltd**, 155 Middle Road, ☏ 63331055, ✎ 63331655, arts@sculpturesq.com.sg, www.sculpturesq.com.sg, Mo–Fr 11–18 Uhr, Sa, So 12–18 Uhr, feiertags geschl., Eintritt frei.

## Parkview Square

Wer sich von hier in Richtung Arab Street begibt, wendet sich auf der Middle Road gen Osten und biegt in die North Bridge Road nach Norden ein. Unterwegs trifft man dabei auf den **Parkview Square (11)** in der 600 North Bridge Road – besonders im Dunkeln ein beeindruckendes Gebäude. Düster und unheimlich ragt es mit 144 Metern über den freien Platz zwischen Rochor Road und Ophir Road. Im Inneren besticht das Gebäude durch opulente Gestaltung:

In der „**Divine Wine Society**" in der Lobby schwirren beflügelte Engel als Servicerinnen um die Tische, das Weinregal zieht sich bis auf 10 Meter Höhe hinauf. Verlangt der Gast nach einer der teuren Flaschen am oberen Ende, flattert einer der Engel (mit Hilfe eines Seils) nach oben. Alles in allem ist das Art-déco-Restaurant sehr skurril und absolut sehenswert. Theoretisch haben zwar nur Clubmitglieder

*Mit Engelsflügeln*

Zutritt, de facto werden elegant gekleidete Gäste aber nicht abgewiesen. Jeansträgern bleibt der kurze, beeindruckende Blick ins Atrium, bevor eines der himmlischen Wesen die ungebetenen Gäste freundlich, aber bestimmt des Ladens verweist. Die neogotische Granitfassade täuscht übrigens, denn Parkview Square wurde erst von 1999 bis 2002 erbaut und ist eines der teuersten Gebäude Singapurs.

## Suntec City

Von hier aus sind es nur wenige Taxi-Minuten bis zum südlichen Haupteingang der **Suntec City (12)**, der östlichen Verlängerung von North Central. Der nagelneue Komplex selbst ist wenig interessant: Die diversen Bürotürme sowie der Shopping- und Entertainment-Komplex (der größte der Stadt) wurden in den 1990er-Jahren erbaut. Im Untergeschoss des Einkaufszentrums befindet sich der derzeit größte **Brunnen** der Welt, zumindest wenn es um die Höhe der Fontäne geht: 30 Meter schießt das Wasser in die Höhe, wobei das gesamte Arrangement nach geomantischen Prinzipien gestaltet wurde: Der Brunnen symbolisiert eine nach oben geöffnete Hand mit einem goldenen Ring in der Handinnenfläche, auf der stetiger Reichtum sprudelt (so die Bedeutung des Elements Wasser). Wer den Brunnen im Uhrzeigersinn umrundet, kann sich eine Extra-Portion Glück und Qi-Energie sichern. Dreimal täglich wird daher das Wasser abgestellt. Frühaufsteher kommen besonders gut weg, denn zwischen 4 und 6 Uhr soll das Qi am stärksten fließen.

*Parkview Square*

*Sprudelnder Reichtum*

Auch wenn Suntec City keine wirkliche Attraktion ist, werden Besucher mit Kindern früher oder später trotzdem hier landen: Vor dem Eingang startet stündlich die „**Duck-Tour**": Die kombinierte Stadtrundfahrt per berädertem Amphibienfahrzeug aus dem Zweiten Weltkrieg führt entlang der wichtigsten Sehenswürdigkeiten des Colonial Core und wird dann auf dem Singapore River und durch den Hafen fortgesetzt.

## Singapore Flyer

*Riesenrad der Superlative*

Nur wenige Gehminuten südlich der Suntec City liegt weithin sichtbar das Riesenrad **Singapore Flyer**. 2008 wurde das mit 165 Metern Höhe derzeit größte Riesenrad der Welt eröffnet und bietet seither einen grandiosen Blick über die Stadt. Eine Umrundung dauert circa 30 Minuten *(siehe beiliegende Reisekarte E3)*.
**Singapore Flyer**, *30 Raffles Avenue,* ☎ *63333311, www.singaporeflyer.com, tgl. 8.30–22.30 Uhr, Tickets (30 Minuten) Erwachsene 33 SGD, Kinder 21 SGD.*

## Reisepraktische Informationen

### 👉 Hinweis
**Stadtplan** siehe Seite 136.

### 🛏 Unterkunft
**Tree Inn Lodge $ (1)**, 2 Tan Quee Lan Street, Level 2, Unit No. 02-01, ☏ 68845512, www.treeinlodge.com. Ökologische und günstige Backpacker-Unterkunft mit Schlafsaal, sehr sauber. Reisende, die Singapur mit dem Rad ansteuern, zahlen die Hälfte.
**South East Asia Hotel $ (2)**, 190 Waterloo Street, ☏ 63382394, 🖷 6338-3480, www.seahotel.com.sg, 51 Zimmer. Geräumige Zimmer, netter Service. Eines der ältesten Backpacker-Hotels der Stadt.
**Ibis Hotel $$$ (3)**, 170 Bencoolen Street, ☏ 65932888, www.accorhotels.com, 538 Zimmer. 2009 eröffnet und sehr modern eingerichtet – teils so günstig, dass selbst Backpacker Hostels im Vergleich schlecht abschneiden!
**Rendezvous Hotel $$$$ (4)**, 9 Bras Basah Road, ☏ 63360220, www.rendezvoushotels.com/singapore, 300 Zimmer. Die Zimmer sind verhältnismäßig groß und modern eingerichtet, freundlicher Service. Günstig gelegen für alle, die ihre Ausflüge gerne zu Fuß absolvieren möchten (gleich neben dem Singapore Art Museum gelegen).
**Naumi Hotel $$$$$ (5)**, 41 Seah Street, ☏ 64036000, www.naumihotel.com, 40 Zimmer. Luxus mit Stil ist das Motto – und das Hotel hält sich daran. Nur der Service ist ein wenig unterkühlt. Wird seit Anfang 2013 renoviert, die Neueröffnung ist für Mai 2013 geplant.
**Intercontinental $$$$$ (6)**, 80 Middle Road, ☏ 63387600, 🖷 63387366, www.ichotelsgroup.com, 409 Zimmer, 56 Suiten. Im Stil der Shophouses gehalten, bietet das Intercontinental stilvollen Luxus.
**Raffles Hotel $$$$$ (7)**, 1 Beach Road, ☏ 63371886, gebührenfrei ☏ 800-1-7233537, 🖷 63397650, singapore@raffles.com, www.raffleshotel.com, nur Suiten. Wenn es das Budget erlaubt, gehört eine Übernachtung im Raffles auf alle Fälle ins Programm. Die überaus großen (ca. 65–80 m²) Suiten im Kolonialstil führen direkt zurück ins 19. Jahrhundert – Luxus total!

### 🍴 Restaurants
**Kopitiam $ (1)**, Suntec City, Erdgeschoss, 5 Temasek Boulevard, 17.30 bis 22 Uhr. Typisch malaiisch-chinesische Küche im Fast-Food-Stil: einfach, aber lecker!
**Kwan Im Vegetarian Restaurant $-$$ (2)**, South East Asia Hotel (s. o.), 190 Waterloo Street, ☏ 63382394. Eine

*Legendäre Long Bar im Raffles Hotel*

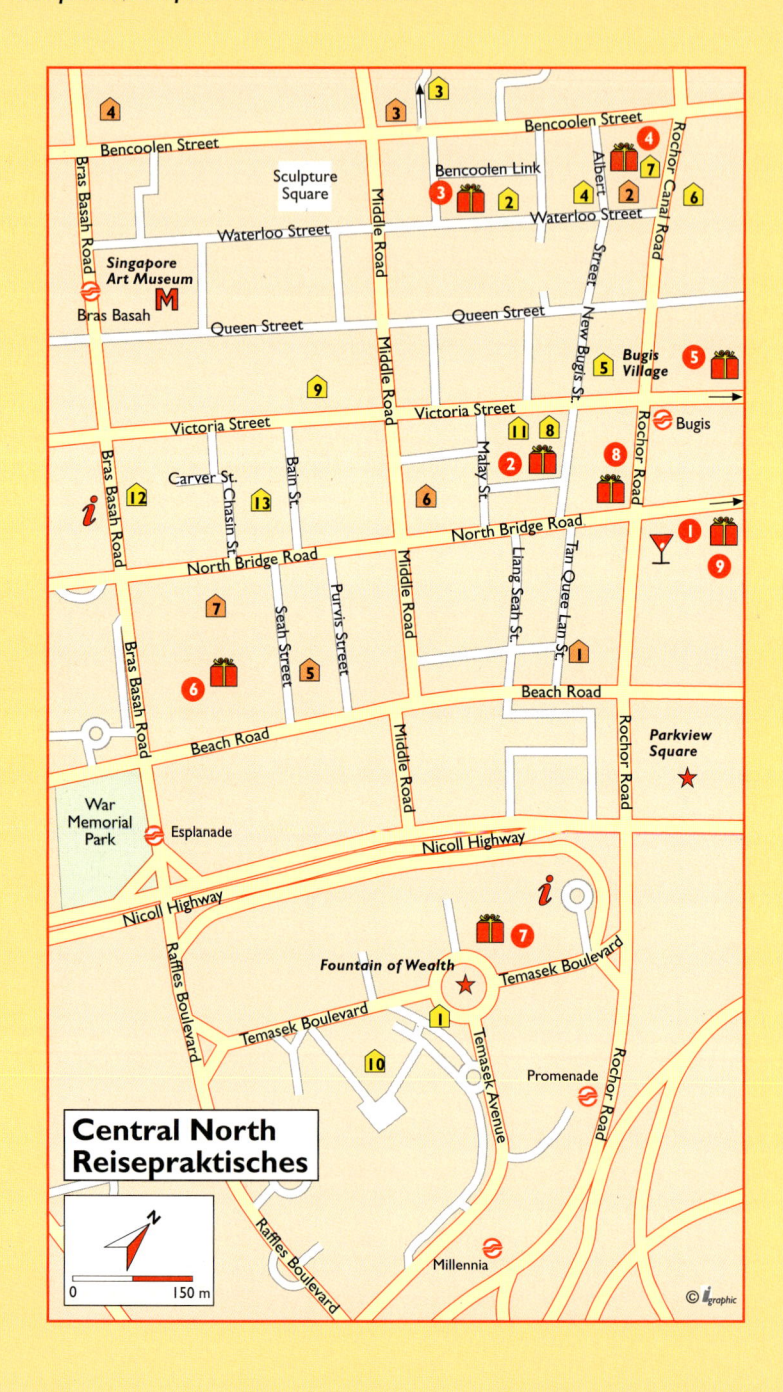

# 136 Reisepraktische Informationen: Central North

**Central North Reisepraktisches**

abwechslungsreiche vegetarische Küche mit chinesischem und thailändischem Schwerpunkt.
**Ananda Bhavan Restaurant $–$$ (3)**, 221 Selegie Road, ☏ 6297544 oder 62979522, www.anandabhavan.com, 5.30–21.30 Uhr. Original indische Küche zum kleinen Preis.
**Ajisen Restaurant $–$$ (11)**, 200 Victoria Street, Parco Bugis Junction, www.ajisen.com.sg, 12–22 Uhr. Frische Ramen-Nudeln wie in Japan.
**Tianjin Restaurant $–$$ (13)**, Bain Street, Bras Basah Complex, Level 1, ☏ 63397468, 11.30–15 und 17.30–22 Uhr. Typisch nordchinesische Küche: Nudelgerichte, Jiaozi-Teigtaschen und andere herzhafte Speisen.
**Golden Peony $$$ (10)**, 2 Temasek Boulevard, Level 3, Conrad Centennial Singapore, ☏ 64327482, 11.30–14.30 und 18.30–22.30 Uhr. Neben der üblichen Palette kantonesischer Spezialitäten überrascht der Küchenchef immer wieder mit ausgefallenen neuen Kreationen.

**Wah Lok Cantonese Restaurant $$$ (12)**, 76 Bras Basah Road, Carlton Hotel, ☏ 63118188, http://carltonhotel.sg/wahlok.html, 11.30–14.30 und 18.30–22.30 Uhr. Essen kann richtig Spaß machen, zeigen die Gäste. Traditionell kantonesisch, geht es hier sehr lebhaft zu.

### Nightlife  Einkaufen

1 Divine Wine Society
2 Parco Bugis Junction
3 Sin Chew Chinese Cultural Products Supermart
4 Sim Lim Square und Sim Lim Tower
5 Victoria Street Wholesale Centre
6 Raffles Hotel Arcade
7 Suntec City
8 New Bugis Street & Bugis Village
9 Sungei Road Flohmarkt

### Essen und Trinken

1 Kopitiam
2 Kwan Im Vegetarian Restaurant
3 Ananda Bhavan Restaurant
4 Albert Food Court
5 Bugis Village Food Court
6 Rochor Food Centre
7 Sim Lim Square Food Court
8 Food Junction
9 Victoria Street Food Centre
10 Golden Peony Restaurant
11 Ajisen Restaurant
12 Wah Lok Restaurant
13 Tianjin Restaurant

### Unterkunft

1 Tree Inn Lodge
2 South East Asia Hotel
3 Ibis Hotel
4 Rendezvous Hotel
5 Naumi Hotel
6 Intercontinental
7 Raffles Hotel

### Food Courts

**Albert Food Court (4)**, Ecke Albert Street und Waterloo Street.
**Bugis Village Food Court (5)**, New Bugis Street. Vor allem chinesische Küche, günstige Preise, ideal für einen Snack nach dem Einkaufen.
**Rochor Food Centre (6)**, Rochor Road, Rochor Centre.
**Sim Lim Square Food Court (7)**, Sim Lim Square, ☏ 6338 0180, Rochor Canal Ecke Prinsep Street und Albert Street.
**Food Junction (8)**, im Basement, Parco Bugis Junction Shopping Mall, Victoria Street 200, 11–22 Uhr.

*Satay-Spieße werden in den Food Courts immer angeboten*

**Victoria Street Food Centre (9)**, Victoria Street 143, neben Allson Hotel, teils rund um die Uhr geöffnet.

### Nightlife

Zahlreiche kleine Bars und Coffee Shops säumen die Straßen in Bugis. Auch wenn die wenigsten davon so sehr aus der Menge stechen, dass man sie empfehlen wollte, ist das Angebot insgesamt recht ansprechend.

**Divine Wine Society (1)**, 600 North Bridge Road, Parkview Square. Keine Bar wie alle anderen: Die über 10 Meter hohe Eingangshalle beherbergt eine der skurrilsten Locations in Singapur. „Ohne Anzug kein Zutritt", lautet die Firmenpolitik, die Angestellten schweben als Engel verkleidet herbei und die Weinsammlung ist eine der besten der Stadt. Als privater Club kann es sich das Parkview Square leisten, die Gäste sorgfältig auszusuchen. Zu Deutsch: Es kann durchaus passieren, dass man an der Tür abgewiesen wird.

### Einkaufen

**Parco Bugis Junction (2)**, 200 Victoria Street. Unübersehbar japanisch angehaucht, soll Bugis Junction vor allem ein jüngeres Publikum ansprechen. Das Shopping Center wurde rund um die renovierten Shophouses der Malay und Hylam Street errichtet und beherbergt neben dem Seiyu Warenhaus diverse kleinere Läden. Vor allem die minimalistische Boutique Muji im zweiten Stock ist zu empfehlen.

**Sin Chew Chinese Cultural Products Supermart (3)**, 192 Waterloo Street. Alles was der religiöse Chinese jemals im Leben gebrauchen könnte: Artikel zur Ahnenverehrung, Götterstatuen und Buddhas für alle Lebenslagen, immer hart an der Kitschgrenze und oft auch darüber hinaus.

**Sim Lim Square und Sim Lim Tower (4)**, 1 Rochor Canal Road, www.simlim square.com.sg. Diese beiden Shopping-Komplexe liegen am Rochor Canal, Ecke Prinsep Street und Albert Street gegenüber dem nordwestlichen Ende von Bugis. Was immer mit Strom läuft, im Sim Lim kann man es kaufen, wobei die Geschäfte im Sim Lim Square auf

Computerbedarf und im Sim Lim Tower auf Audio- und Video-Equipment spezialisiert sind. Wohl Singapurs günstigstes Shopping Center für Elektronik.
**Victoria Street Wholesale Centre (5)**, 321 Victoria Street gegenüber Landmark Hotel, ☎ 62960730, 🖷 62960310, www.victoriawholesale.com.sg. Chinesische Zutaten, Trockenfrüchte, Medizinalpflanzen, Soßen, kurzum alles, was der chinesische Koch jemals braucht und dem europäischen Hobbykoch als Mitbringsel gefällt. Auf der Internetseite sind alle Läden und ihr Angebot einsehbar.

*Singapur-Souvenirs und glücksbringende Winkekatzen*

**Raffles Hotel Arcade (6)**, 328 North Bridge Road, Eingang auch durch das Raffles Hotel möglich. Passend zur zahlungskräftigen Klientel des Hotels, bieten die mehr als 70 Shops der Raffles Arcade vor allem hochwertige Waren und Marken, wie etwa Juwelen bei Tiffany & Co. Sehr lohnend ist der **Buchladen** im Erdgeschoss: Die Auswahl an lesenswerten Büchern über die Geschichte und Kultur Singapurs ist hier besonders groß.

**Suntec City (7)**, Temasek Boulevard, ☎ 68252667, www.sunteccity.com.sg. Singapurs größte Shopping Mall, preislich im Mittelfeld angesiedelt. Der Brunnen „Fountain of Wealth" wird dreimal am Tag abgestellt, damit ihn die Besucher zu Fuß umrunden können: 9–11, 14.30–18, 19–19.45 Uhr.

### Märkte

**New Bugis Street & Bugis Village (8)**, Ecke Rochor Road und Victoria Street. Über 600 Stände mit Singapurs günstigster Kleidung und allem anderen, was den Touristen erfreut, ganz im Stil eines asiatischen Nachtmarkts. Bis Mitternacht geöffnet.

**Sungei Road Flohmarkt (9)**, zwischen Sungei Road, Weld Road und Kelantan Road. Der Flohmarkt, einst als „Thieves Market" bekannt, ist täglich bis zum Anbruch der Dunkelheit geöffnet.

*Nächtliches Shopping-Vergnügen: Bugis Night Market*

# Kampong Glam (Arab Street)

> **☞ So kommt man hin**
>
> MRT-Station: Bugis (EW12), den östlichen Teil erreicht man über die MRT Station Nicoll Highway CC5
> Busse SBS 2, 7, 12, 32, 33, 51, 61, 62, 63, 80, 130, 133, 145, 197

Die gegensätzliche Mischung aus arabischer Verhüllung, kulinarischer Üppigkeit und lebhaftem Shopping macht die kleinen Gassen zwischen Ophir Road, North Bridge Road und Beach Road zu einer Sehenswürdigkeit. Einst war dieses Gebiet im Stadtentwicklungsplan den muslimischen Händlern zugewiesen worden: Straßennamen wie Arab Street, Muscat Street, Kandahar Street und Bagdhad Street zeigen heute noch, woher die Bewohner einst stammten.

Aber auch malaiische und andere muslimische Bewohner zogen sich hierher zurück, in die Nähe ihrer Glaubensbrüder. Wohl auch deshalb ist das Viertel um die Arab

**Kampong Glam**

1. Sultan Moschee
2. Istana Kampong Glam (Malay Heritage Centre)
3. Gedong Kuning mit Restaurant Mamanda
4. Hajjah Fatima Moschee
5. Alsagoff Arabic School
6. Malabar Moschee
7. Old Malay Cemetery
8. Old Muslim Cemetery
9. Victoria Wholesale Center
10. Zam Zam Restaurant

## Kampong Glam (Arab Street)

Street auch als Kampong Glam bekannt: *Kampong* bedeutet auf Malaiisch schlicht Dorf, *Glam* leitet sich von den Gelam-Bäumen ab, deren Rinde die Malaien und Bugis zum Kalfatern der Boote nutzen. Besonders wenn bei Sonnenuntergang der Ruf der Muezzin durch die Gassen hallt und die Garküchen im Akkord brutzeln, kommt kein Zweifel auf: Hier herrscht noch immer orientalische Atmosphäre.

## Spaziergang

Wer per MRT anreist, beginnt seinen Rundgang wahrscheinlich am südlichen Ende Kampong Glams, an der Ophir Road, Ecke Beach Road. Entlang der Haji Lane geht es zur North Bridge Road und von hier aus wieder über die Arab Street zurück zur Beach Road. Im rechten Winkel zweigt auf halber Strecke die Bagdhad Street ab: Von hier aus lassen sich die kleinen Seitengassen wie Kandahar Street, Bussorah Street, Sultan Gate, Aliwal Street und Jalan Sultan entdecken.

### Redaktionstipps

▶ Die **Sultan Moschee** ist die schönste Moschee Singapurs (S. 142)
▶ Istana Kampong Glam mit dem kleinen Museum **Malay Heritage Centre** – Museum mit malaiischer Kunst (S. 143)
▶ Die Einkaufsmeile schlechthin – die **Arab Street** (S. 141)
▶ Modische Geschäfte und Independent-Plattenläden – die **Haji Lane** (S. 141)
▶ Preisgünstige Murtabak-Fladen im **Zam Zam** (S. 144)
▶ Topmodische Kleidung – im **House of Japan** (S. 145)

Schon die erste kleine Gasse, die **Haji Lane**, zeigt den Trend: Modische Geschäfte wie der Independent-Plattenladen StraitsRecords – von außen wie eine amerikansiche Fahne bemalt –, die Secondhand-Boutique House of Japan oder die Modedesigner vom White Room sind typisch für die Mischung aus Jung und Angesagt, die in den letzten Jahren immer mehr von Kampong Glam in Besitz nimmt. Parallel dazu verläuft die namensgebende **Arab Street**: Stoffe in wahrhaft orientalischer

*Modische Läden auf der Haji Lane*

*Stoffe aller Art gibt es etwa bei Narmai Fabrics in der Arab Street*

Pracht, Rattanwaren und alles, was der gläubige Muslim so braucht, werden hier angeboten.

## Sultan Moschee

*Goldener Blickfang*

Die wichtigste, weithin sichtbare Sehenswürdigkeit des Viertels liegt nur einen Katzensprung entfernt: Die **Sultan Moschee (1)** an der Muscat Street. Auch wenn sie nicht, wie oft behauptet, die größte Moschee Singapurs ist (dieser Platz gebührt der Assyakirin Moschee in der Yung An Road, die immerhin 6.000 Menschen Platz bietet), so darf sie doch sicher als eine der schönsten gelten. Im Vertrag mit dem Sultan *Hussein* hatte sich die East India Company verpflichtet, an der Residenz des Sultans eine Moschee bauen zu lassen, und so wurde hier bereits 1826 das erste muslimische Gotteshaus errichtet. Der heutige Bau entstand jedoch erst 1928. Der goldene Zwiebelturm ist weithin sichtbar, wer etwas näher herantritt, wird feststellen, dass die Ränder der Kuppel mit einer Einfassung aus Glasflaschenböden verziert sind. Finanziert wurde der Bau von der muslimischen Gemeinschaft, das indisch-arabische Mischdesign stammt allerdings aus der Feder des irischen (und christlichen!) Architekten *Denis Santry*.

**Sultan Moschee**, *3 Muscat Street, ☏ 62934405, tgl. 9–13 und 14–16, Fr 9–11.30 und 14.30–16 Uhr, Gebetszeiten bei Sonnenaufgang, 12.30, 16, 20.30 Uhr und bei Sonnenuntergang.*

Von hier aus geht es zur **Bussorah Street**: Rechts und links von Palmen gesäumt, bieten hier vor allem kleine Kramläden ihre Waren an. Während des Ramadan füllt

*Ein Blickfang ist die Sultan Moschee mit ihrem goldenen Zwiebelturm*

sich die Straße nächtens mit unzähligen Snack- und Spezialitätenständen. Ähnlich auch die parallel verlaufende **Kandahar Street,** wo einige besonders liebevoll restaurierte Shophouses stehen.

## Sultan Gate

Noch einen Straßenzug weiter nördlich, in der linken Hälfte der Sultan Gate, liegt die ehemalige Sultansresidenz. Der kleine „Palast" **Istana Kampong Glam (2)** wurde in den 1830er-Jahren erbaut und beherbergt seit 2004 das Museum **Malay Heritage Centre**, das erste Museum für malaiische Kunst und Geschichte Singapurs. Einst das Heim der Sultansfamilie, wurde die Istana bereits Ende des 19. Jahrhunderts nach einem Erbstreit dem singapurischen Staat zugesprochen. Doch erst gut 100 Jahre später mussten die Nachfahren die Residenz verlassen. Das verfallene Gebäude wurde umfassend erneuert und in das heutige Museum umgewandelt.
**Malay Heritage Centre**, Istana Kampong Glam, 85 Sultan Gate, www.malayheritage. org.sg, Di–So 10–18 Uhr, Eintritt 4 SGD.

*Museum für malaiische Kunst*

Direkt neben dem Eingang der Istana liegt die gelbe Villa **Gedong Kuning (3)**. Sie wurde in den 1920er-Jahren für den Bendahara, den ranghöchsten Beamten des Kampongs, erbaut. Heute lädt hier das malaiische Restaurant **Mamanda** zu typischen malaiischen Gerichten ein.

## Hajjah Fatimah Moschee und Alsagoff Arabic School

Einige Schritte nordwestlich, zwischen Beach Road und Minto Road, liegt eine der wenigen Moscheen, die einer Frau gewidmet ist: Die **Hajjah Fatimah Moschee (4)** wurde 1846 von der prominenten Geschäftsfrau *Hajjah Fatimah* in Auftrag gegeben. Auf dem Gelände befinden sich auch ein Friedhof sowie das Grab der Wohltäterin selbst.
**Hajjah Fatimah Moschee**, 4001 Beach Road, ☏ 62972774, tgl. 9–19 Uhr.

Von hier aus bietet es sich an, sich über die Jalan Sultan gen Westen zu wenden. Der Weg führt an der **Alsagoff Arabic School (5)** (Madrasah Alsagoff-Al-Arabiah) vorbei, der ersten muslimischen Schule Singapurs aus dem Jahr 1912.
**Alsagoff Arabic School**, 121 Jalan Sultan, keine Besichtigung.

## Malabar Moschee

Das Ziel ist die **Malabar Moschee (6)**. Das kleine, vollständig verkachelte Gotteshaus an der Ecke Jalan Sultan und Victoria Street wurde 1963 eingeweiht. Wie der Name schon andeutet, sind es vor allem muslimische Inder von der Malabar-Küste, die den Gottesdienst besuchen.

Von hier führt die Victoria Street an den Friedhöfen **Old Malay Cemetery (7)** und **Old Muslim Cemetery (8)** vorbei, beide sind in recht ärmlichen Zustand.

## Gewürze und Roti Prata

Als Abschluss der Arab Street Tour bietet sich das **Wholesale Center (9)** an der Ecke Victoria Street und Arab Street an: die letzte Gelegenheit, vor dem Verlassen Kampong Glams noch einige typische Gewürze oder Trockenfrüchte zu erstehen. Oder aber Sie laufen einen kleine Schlenker zurück zur North Bridge Road: In der Nummer 697 liegt das **Zam Zam Restaurant (10)**, eine wahre lokale Größe! Seit 1908 werden hier am laufenden Band *Roti Prata* und *Murtabak*-Fladen vor den Augen der Gäste gebraten.

## Reisepraktische Informationen

### Hinweis
**Stadtplan** siehe Seite 140.

### Unterkunft
**Parkroyal $$$$**, 7500 Beach Road, ☎ 65055666, 📠 6296360, www.parkroyalhotels.com/en/hotels/singapore/beach_road/parkroyal/index.html, 350 Zimmer. Geräumige Zimmer und eine Badeanlage in klassisch südostasiatischem Stil: zentrale Übernachtung mit Erholungscharakter.

### Cafés/Restaurants
**Zam Zam $ (10)**, 697 North Bridge Road. Das Arab-Street-Restaurant schlechthin! Preisgünstige Murtabak-Fladen und Roti Prata im gnadenlosen Licht der Neon-Beleuchtung.
**Bumbu Restaurant $–$$**, 44 Kandahar Street, ☎ 63928628, www.bumbu.com.sg, Di–So 11–15 und 18–22 Uhr. Von innen so schön wie von außen: thailändisch-indonesische Küche.
**Sabar Menanti Restaurant $–$$**, 48 Kandahar Street, ☎ 63966919, 📠 62935383. Restaurant für Nasi-Padang-Spezialitäten.
**Altazzag Egyptian Restaurant $–$$**, 24 Haji Lane, ☎ 62955024. Original ägyptische Küche: Für alle, die eine Pause von der asiatischen Küche machen möchten.
**Mamanda $$–$$$ (3)**, 73 Sultan Gate, am Eingang der Istana, ☎ 63966646, www.mamanda.com.sg, tgl. 10–22 Uhr. Authentische malaiische Küche, in einem eleganten Rahmen serviert.

*Hochbetrieb im Zam Zam*

### Food Courts
**Golden Mile Food Centre (6)**, 505 Beach Road. Etwas abseits der Touristenrouten nordöstlich von Kampong Glam gelegen, mit vielen Thai-Imbissen und Restaurants. Doch Vorsicht – hier wird authentisch und daher auch schon mal höllisch scharf gekocht!

*Bali Lane mit BluJaz Cafe*

### Nightlife

Ein exponiertes Ausgehviertel war Kampong Glam bis vor Kurzem nicht. Inzwischen gibt es vor allem um die Haji Lane ein ständig wachsendes Angebot an Kneipen und Bars.

**BluJaz Cafe**, 11 Bali Lane, ☏ 62923800, www.blujaz.net. Sehr angenehme Kneipe, günstiges Essen.

**Kaki 5**, 9 Haji Lane, ☏ 98201261, 63967095, www.kaki5.net, tgl. 18 Uhr bis open end. Interessante Mischung aus Musikbar und Galerie. Die etwas chaotische Website ist ebenfalls einen Besuch wert!

**Just Wine**, 23/24 Pahang St, ☏ 62971218, www.justwine.com.sg, Mo–Fr 15–24 Uhr, Sa 13–24 Uhr. Angenehme Weinbar mit angeschlossener Weinhandlung, zum Probieren und Mitnehmen. Zivile Preise.

### Einkaufen

**Straits Records**, 43 Haji Lane, ☏ 94311572. Kleiner Independent-Plattenladen.

**House of Japan**, 55 Haji Lane, ☏ 63966657. Secondhandkleidung aus Japan: Topmodische, jugendliche Kleidung im Edel-Gammel-Look.

**White Room**, 37 Haji Lane. Edelboutique, vor allem japanische Marken und einige lokale Designer.

**Grandfather's Collections**, 42 Bussorah Street, ☏ 62994530. Sammlerstücke, Bücher, Spielwaren und Kitsch aus der Zeit der Großeltern.

**The Attic**, 26 Bussorah Street, ☏ 98422024. Interessanter Kramladen, Fr–So 14.30–18 Uhr, andere Termine auf Anfrage.

**Melor's Curios**, 39 Bussorah Street, ☏ 62923934, tgl. 9–18 Uhr. Kunstgegenstände und viele schöne Mitbringsel, alles liebevoll ausgesucht.

**Little Shophouse**, 43 Bussorah Street, ☏ 62952328. Peranakan-Kleidung und Accessoires.

**Narmai Fabrics**, 53 Arab Street, ☏ 62944149. Stoffe aller Art und eine freundliche Beratung!

*Stoffgeschäft in der Arab Street*

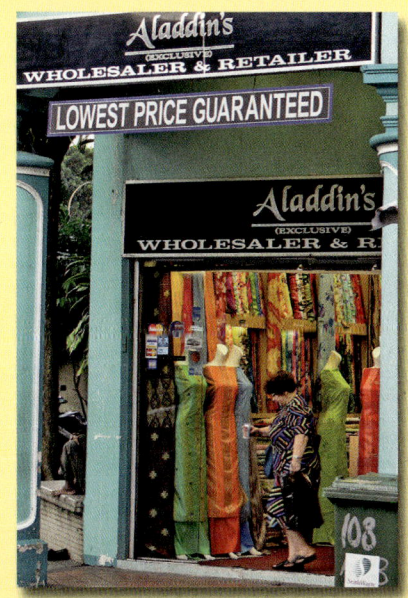

# Little India

> **So kommt man hin**
>
> MRT Station Little India (NE7) im Südwesten des Viertels, Ausgang C Bukit Timah Road oder MRT Station Farrer Park (NE 8) an der Race Course Road
> Busse SBS 23, 64, 65, 7, 103,106, 107 und 111, 125, 130, 131, 142, 147, 151, 154, 857

Kein Ort eignet sich besser, alle Vorurteile über Singapur mit einem Schlag über Bord zu werfen: Von steriler Atmosphäre oder übertriebenem Ordnungssinn ist in Little India wenig zu spüren, dafür aber eine ordentliche Portion der quirligen Atmosphäre einer wahrhaft orientalischen Stadt. Indien eben, in Reinkultur, wenn auch ohne heilige Kühe und Bettler.

*Eintauchen in eine andere Welt: Little India*

Anders als die anderen Stadtteile Singapurs entstand Little India nicht nach den Vorgaben des Stadtgründers *Sir Stamford Raffles*: Ursprünglich waren den indischen Immigranten Gebiete rund um die Chulia Street im Zentrum der Siedlung zugewiesen worden. Viehwirtschaft war dort freilich kaum möglich, sodass sich viele Inder lieber an den Rand der Stadt zurückzogen und an der Serangoon Road niederließen. Sie war eine der ersten Straßen der kleinen Kolonie und wurde bereits 1828 aus dem Dschungel geschlagen. Hier gab es ausreichend Weideland und Wasser – daher übrigens auch der Name, der auf den malaiischen Ausdruck „Ranggon" für Marabu-Storch zurückgehen soll, einen typischen Vogel der Feuchtgebiete.

*Ehemals dörflicher Charakter*

Weiteren, bedeutenden Zuwachs erhielt die indische Enklave, als wenige Jahre später der Rochor-Kanal angelegt wurde. Nun zog es eine ganze Reihe indischer Wäscher *(Dhobies)* in das Viertel, die sich hier wieder in ihrem traditionellen Beruf verdingten. Den dörflichen Charakter legte Little India spätestens zu Beginn des 20. Jahrhunderts ab. Als 1936 die Viehwirtschaft an der Serangoon Road schließlich verboten wurde, war das Areal längst Teil des Stadtgebiets geworden.

Heute ist Little India nicht nur Heimat vieler Exil-Inder aller Regionen, sondern auch das günstigste Rückzugsgebiet für **Backpacker**: Die meisten Low-Budget-Herbergen befinden sich in der Nähe der Kreuzung von Perak Road und Dunlop Street. Doch nicht nur Backpacker werden auf der Suche nach einer geeigneten

Unterkunft fündig: Im mittleren Segment haben sich in den letzten Jahren vor allem in der Dickson Road einige empfehlenswerte Boutiquehotels angesiedelt. Und auch in puncto **Shopping** ist Little India einen Besuch wert. Mehr noch als anderswo in der Stadt werden hier echte Schnäppchen geboten.

Um das charmante Chaos Little Indias zu erfahren, bietet sich ein Besuch am frühen Abend an. Die gesamte indische Bevölkerung Singapurs scheint dann zu den Beats der Bollywood-Musik durch die Straßen zu flanieren: Rund um die Tempel, aber auch entlang der Marktstände der Syed Alwi Street ist bei Sonnenuntergang ganz besonders viel los.

Alleinreisende Frauen werden erstaunt feststellen, dass praktisch ausschließlich junge Männer unterwegs sind. Es empfiehlt sich daher, sich an den indischen Vorstellungen von korrekter Kleidung zu orientieren und sich vielleicht eher für eine lange Hose als einen gewagten Minirock zu entscheiden, zumal der Zutritt zu den Tempeln in freizügigem Outfit nicht möglich ist. Gefährlich ist Little India sicher nicht, trotzdem gilt tendenziell eher der indische Dresscode, etwas bedeckter als in Chinatown also.

Entgegen der Darstellung vieler Reiseführer endet Little India übrigens nicht an der Rowell Road, sondern zieht sich im Norden bis hinter die Kitchener Road. In diesem Gebiet rund um die Syed Alwi Road wohnen mehrheitlich muslimische Inder.

> **Redaktionstipps**
>
> ▶ Sich durch das **Viertel treiben lassen** – die zahlreichen Hawker Center und Shops bieten eine schöne Möglichkeit, das Leben im Viertel zu erleben
> ▶ Die Welt der hinduistischen Götter – der **Sri Veeramakaliamman Tempel** (S. 150)
> ▶ Vegetarisch essen im **Raj Vegetarian Restaurant** (S. 154)
> ▶ Unterkunft: Rund um die Dunlop Street befinden sich eine ganze Reihe sauberer und preislich unschlagbarer **Backpacker Hostels**, in der Dickson Road gibt es zudem das **Boutiquehotel Wanderlust** (S. 154, 156)

# Spaziergang

## Tekka Market

Gleich neben der MRT-Bahn-Station „Little India" liegt der **Tekka Market (1)**, auch Kandang Kerbau (Büffelpferch) genannt. Einst in einem prächtigen Gebäude aus dem Jahr 1915 untergebracht, wurde 1981 an derselben Stelle ein neuer Komplex errichtet. In älteren Reiseführern findet sich noch der Name *Zhujiao Market*, ein forciertes „Aufpolieren" des Namens ins Hochchinesische, das aufgrund mangelnder Akzeptanz wieder fallen gelassen wurde: Die ursprüngliche Bedeutung des Wortes „Tekka" (Bambus) deutet noch darauf hin, dass noch vor wenigen Jahrzehnten die Ufer des Rochor-Kanals mit Bambus bewachsen waren. Frische Lebensmittel, zahlreiche Hawker Shops und viele kleine traditionelle Geschäfte bieten Gelegenheit zum Stöbern, während die gegenüberliegende **Tekka Mall (2)** eher das moderne Singapur repräsentiert. Von hier aus geht es über die Serangoon Road in das Herz Little Indias.

*Markthalle und Shopping Mall*

**148** Singapur entdecken

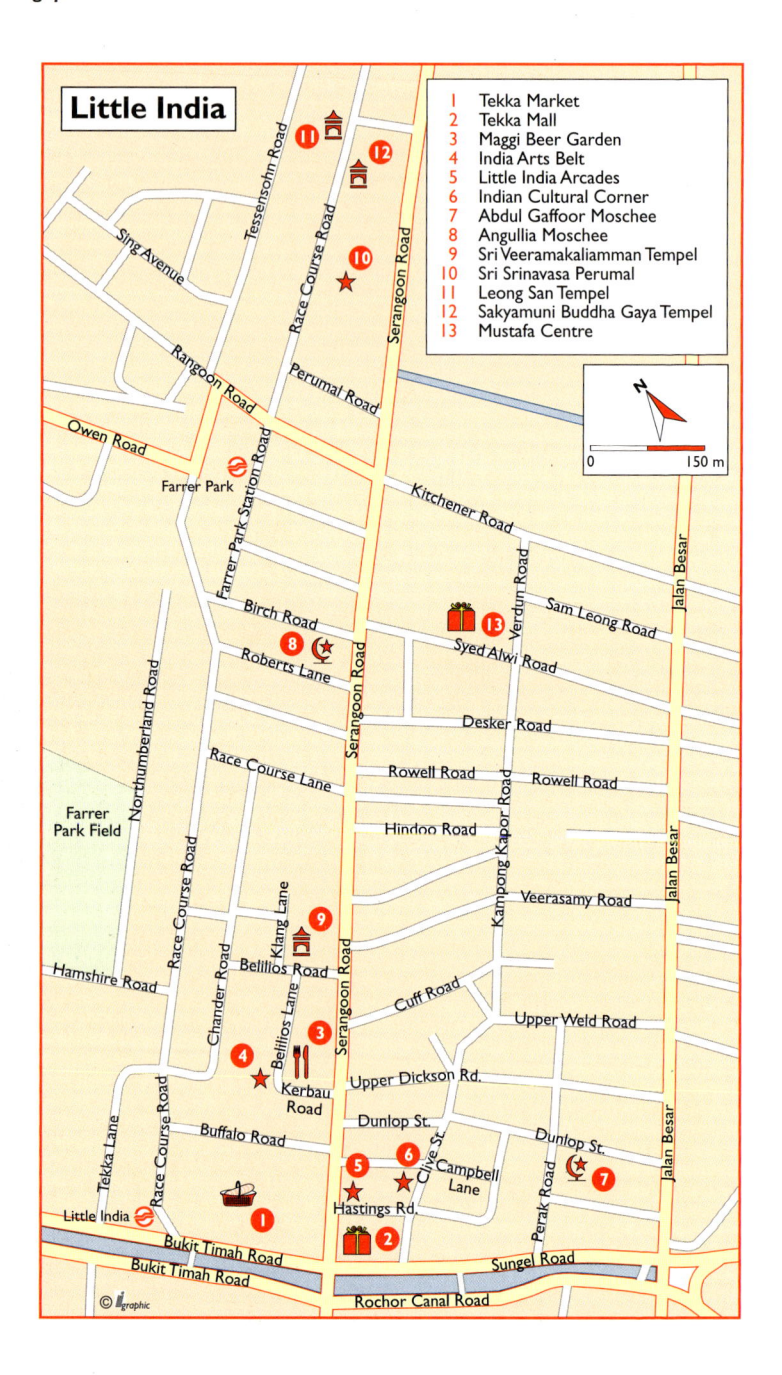

## Little India

1. Tekka Market
2. Tekka Mall
3. Maggi Beer Garden
4. India Arts Belt
5. Little India Arcades
6. Indian Cultural Corner
7. Abdul Gaffoor Moschee
8. Angullia Moschee
9. Sri Veeramakaliamman Tempel
10. Sri Srinivasa Perumal
11. Leong San Tempel
12. Sakyamuni Buddha Gaya Tempel
13. Mustafa Centre

## Maggi Beer Garden und India Arts Belt

Gleich gegenüber zweigt die Kerbau Road ab. Am **Maggi Beer Garden (3)** vorbei, der zwar seinen legendären öffentlichen kleinen Schwarz-Weiß-Fernseher nun durch einen Flatscreen ersetzt hat, mit den wackeligen Tischen am Straßenrand aber immer noch geradezu dörflich wirkt, geht es hier zur **Race Course Road,** der kulinarischen Meile des Viertels, und zur **Kerbau Road**, wo sich im **India Arts Belt (4)** eine kleine „Künstlerkolonie" niedergelassen hat.

## Little India Arcades

Wenige Schritte weiter, am südlichen Ende der Serangoon Road zwischen Campbell Lane und Dunlop Street, liegen die **Little India Arcades (5)**. Der Komplex ehemaliger Shophouses beherbergt eine ganze Reihe traditioneller Geschäfte. Zum Beispiel den Bangles-Händler Jayaram Trading, der die indischen Armreifen zu Tausenden anbietet, einen Süßwarenladen (die Gelegenheit, die Gulam-Jamun-Käsebällchen zu probieren!), einen Ayurveda-Laden mit traditioneller Medizin, den Sari-Laden Handlooms und den Juwelier Gokulam Jewels & Crafts.

*Traditionelle Läden*

Im benachbarten **Indian Cultural Corner (6)** informiert die Stadt über diverse Aspekte der indischen Kultur, ein Angebot speziell für Touristen.
**Little India Arcades**, Seragoon Road/Ecke Campbell Lane. Jede Menge kleiner Läden mit typisch indischen Waren, vom Sari bis zu Bangles-Armreifen.

## Dunlop Street

Für's Erste jedoch bleiben die meisten Besucher auf der Serangoon Road. Wenige Schritte weiter geht rechter Hand die **Dunlop Street** ab. Neben zahlreichen anderen Lebensmittel- und Textilgeschäften ist vor allem der **Gewürzladen Thandapani Co.** in der Nr. 124 einen Besuch wert. Gegenüber, in der Hausnummer 131, verkauft das **Royal Music Centre** indischen Pop. Weitere empfehlenswerte Adressen sind **Jamal Kazura Aromatics** in der Nr. 137 (Duftöle und Parfum) und **Haniffa Textiles** in Nr. 104 und Nr. 133.

## Abdul Gaffoor Moschee

Auf dem Weg zurück zur Serangoon Road lohnt ein Stopp in der **Abdul Gaffoor Moschee (7)** in

*Shopping in Little India*

der Dunlop Street 41. Wie auch in Indien selbst, leben unter den zahlenmäßig dominierenden Tamilen Singapurs zahlreiche Muslime. Besucher sind willkommen, dezente Kleidung ist aber ein Muss! Bereits 1881 ließ der Scheich *Abdul Gaffoor bin Shaik Hyder* hier eine hölzerne Moschee errichten, die aber 1907 durch das heutige Gebäude ersetzt wurde. Sie gilt als typische Mischung aus südindischer und islamischer Architektur.
**Abdul Gaffoor Moschee**, *41 Dunlop Street.*

## Angullia Moschee

Ein weiteres, wenn auch erheblich schlichteres islamisches Gotteshaus befindet sich an der Serangoon Road. Die **Angullia Moschee (8)** wurde 1898 auf dem Land der wohlhabenden *Angullia*-Familie erbaut. Die Nachfahren dieser Händler aus Gujurati kümmern sich übrigens auch heute noch um die Moschee.
**Angullia Moschee**, *265 Serangoon Road.*

## Sri Veeramakaliamman Tempel

Wer lieber in die Welt der hinduistischen Götter eintauchen will, sollte sich abends auf den Weg nach Little India machen: Die Puja, der hinduistische Gottesdienst, findet um 18 und um 19.30 Uhr statt. Zum Beispiel im **Sri Veeramakaliamman Tempel (9)** in der Serangoon Road. Er ist der Göttin Kali (Shivas Frau in der Zerstörungsphase) geweiht. Sie steht für den Kampf gegen das Böse, gegen eine fremde Macht, aber auch für Zerstörung allgemein. Der Tempel wurde 1855 von bengalischen Arbeitern erbaut und 1908 erweitert. 1983 wurde der Tempel das letzte Mal umfassend renoviert. Wer die Eingangshalle durch das von grünen Pferden gesäumte Tor betritt, wird feststellen, dass die Gläubigen die Tempelhalle mehrmals gegen den Uhrzeigersinn umrunden.

Im Inneren finden sich der Hauptschrein der Schwarzen Kali sowie die Schreine ihres Sohns Murugam, dessen Geburtstag mit dem **Thaipusam Festival** begangen wird, und Ganeshas, des Elefantengotts, Schutzgottheit der Händler und Kaufleute. Murugam verhilft zu Erfolg bei allen Unternehmungen, während Ganesha die Hindernisse auf dem persönlichen Lebensweg wegräumt. Mit einem kurzen Klingelzeichen aus den Türglocken machen die Besucher

*Thaipusam Festival – Fest der Selbstreinigung*

die Götter auf ihre Wünsche aufmerksam.
**Sri Veeramakaliamman Tempel**, *141 Serangoon Road, www.sriveeramakaliamman.com, tgl. 8–12.30 und 16–20 Uhr.*

## Sri Srinavasa Perumal Tempel

Eine weitere Möglichkeit, in die hinduistische Religion reinzuschnuppern, bietet der **Sri Srinavasa Perumal Tempel (10)** einige

*Detail am Sri Veeramakaliamman Tempel*

Fußminuten weiter die Serangoon Road hinauf. Er liegt in der Nr. 397 und ist Lord Perumal (hierzulande bekannt als Vishnu), dem Bewahrer des Universums und Gott der Gnade, gewidmet. 1855 als Schrein erbaut, wurde er in den 1960er-Jahren abgerissen und zum heutigen Tempel erweitert. Der 20 Meter hohe, sechsstufige Gopuram wurde 1975 erbaut und stellt Vishnu-Geschichten dar. Am linken Rand der Haupthalle, dem Mandapam mit dem Hauptheiligtum, finden sich einige Nebenheiligtümer, darunter auch ein Schrein des Ganesha. Gleich rechts vom Eingang liegt der Hanumam-Schrein, hier wird dem Gott der Affen gehuldigt. Die beeindruckende **Thaipusam-Prozession** startet alljährlich am Sri Srinavasa Perumal Tempel.
**Sri Srinavasa Perumal Tempel**, *397 Serangoon Road, tgl. 6.30–12 und 18–21 Uhr.*

## Leong San Tempel

Fast nebenan, in einer kleinen Seitengasse gegenüber der Beatty Road, liegt der buddhistische **Leong San Tempel (11)** (wörtlich übersetzt Drachenberg-Tempel). Er stammt aus dem Jahr 1917 und ist der Guanyin geweiht, der barmherzigen Boddhisattva.
**Leong San Tempel**, *371 Race Course Road, tgl. 6–18 Uhr.*

## Sakyamuni Buddha Gaya Tempel

Gleich nebenan liegt der **Sakyamuni Buddha Gaya Tempel (12)**, der „Tempel der tausend Lichter", der 1927 von einem thailändischen Mönch gegründet wurde. Links des Eingangs befindet sich eine Replik des Buddha-Fußabdrucks von Adam's Peak in Sri Lanka. Die 15 Meter hohe Buddha-Statue in Inneren bringt stolze 300 Tonnen auf die Waage. Des Weiteren wird hier der Bodhisattva Guanyin sowie ihren indischen Kollegen Brahma und Ganesha gehuldigt – ein wahrlich typisches Beispiel singapurischer religiöser Verquickungen. Hinter der Buddha-Statue geht es

*Replik von Adam's Peak*

weiter zum „Glücksrad", das für 50 Cent dem persönlichen Schicksal auf die Sprünge hilft. **Wichtig**: *Männer drehen rechts herum, Frauen nach links.*
**Sakyamuni Buddha Gaya Tempel**, *366 Race Course Road, tgl. 8–16.45 Uhr.*

## Mustafa Centre

Von diesem Tempel aus geht es einige Schritte zurück zur Syed Alwi Road: Nach den religiösen Highlights lockt ein Besuch im **Mustafa Centre (13)** in der Nummer 145. Das dreistöckige, etwas abgeblätterte Einkaufszentrum ist 24 Stunden am Tag geöffnet und rund um die Uhr gepackt voll: Die indische Version eines Shopping-Komplexes bietet praktisch alles, was der Mensch mehr oder weniger dringend braucht, und dies zu unschlagbar günstigen Preisen. Nach den polierten Designertempeln der Orchard Road beweist das Mustafa Centre, dass es auch beim Einkaufen recht quirlig zugehen kann.

*Indisches Einkaufszentrum*

**Mustafa Centre**, *145 Syed Alwi Road, www.mustafa.com.sg. Indisches Kaufhaus, rund um die Uhr geöffnet.*

Nicht zuletzt ist auch die parallel im Süden liegende Upper Dickson Road einen Besuch wert, schon allein weil hier, an der Ecke zur Serangoon Road, mit etwas Glück die mittlerweile legendäre **Wahrsagerin** anzutreffen ist: Mithilfe eines Papageis liest sie hier seit etlichen Jahren die Zukunft.

### Reisepraktische Informationen

**Hinweis**
**Stadtplan** *siehe Seite 153.*

**Unterkunft**
*Auf der Suche nach einer möglichst günstigen Unterkunft ist Little India sicher die beste Adresse. Rund um die Dunlop Street befindet sich eine ganze Reihe sauberer und preislich unschlagbarer Backpacker Hostels. In der Dickson Road haben sich zudem stilvolle Boutiquehotels (siehe dazu auch S. 155) angesiedelt*
**The Inn Crowd $ (1)**, *73 Dunlop Street, ☏ 62969169, ☐ 63966694, reservations @the-inncrowd.com, www.the-inncrowd.com. Schlafsaal und Doppelzimmer. Günstig und sehr familiär, das Hostel ist stolz auf die jugendliche Spaßatmosphäre.*
**Fernloft Hostel (2)**, *257 Jalan Besar, ☏ 62976495 oder 82281223, ☐ 62976495. Hostel mit Doppel- und Mehrbettzimmern. Sauberer Standard und freundliches, hilfsbereites Team.*
**Parkroyal $$$–$$$$ (3)**, *181 Kitchener Road, ☏ 64283000, ☐ 62972827, reserve. prskt@parkroyalhotels.com, www.parkroyalhotels.com, 527 Zimmer. Direkt hinter dem Mustafa Centre gelegen, internationaler Standard und sicher die beste Unterkunft in Little India.*
**Wanderlust $$$–$$$$ (4)**, *2 Dickson Road, ☏ 63963322, reservations@wanderlusthotel.com, http://wanderlusthotel.com. Eines der originellsten und besten Boutiquehotels in Singapur. Jedes Stockwerk wurde nach einem Thema von bekannten Künstlern gestaltet. Die Zimmer sind individuell und komfortabel. Siehe auch S. 156.*

# Reisepraktische Informationen: Little India

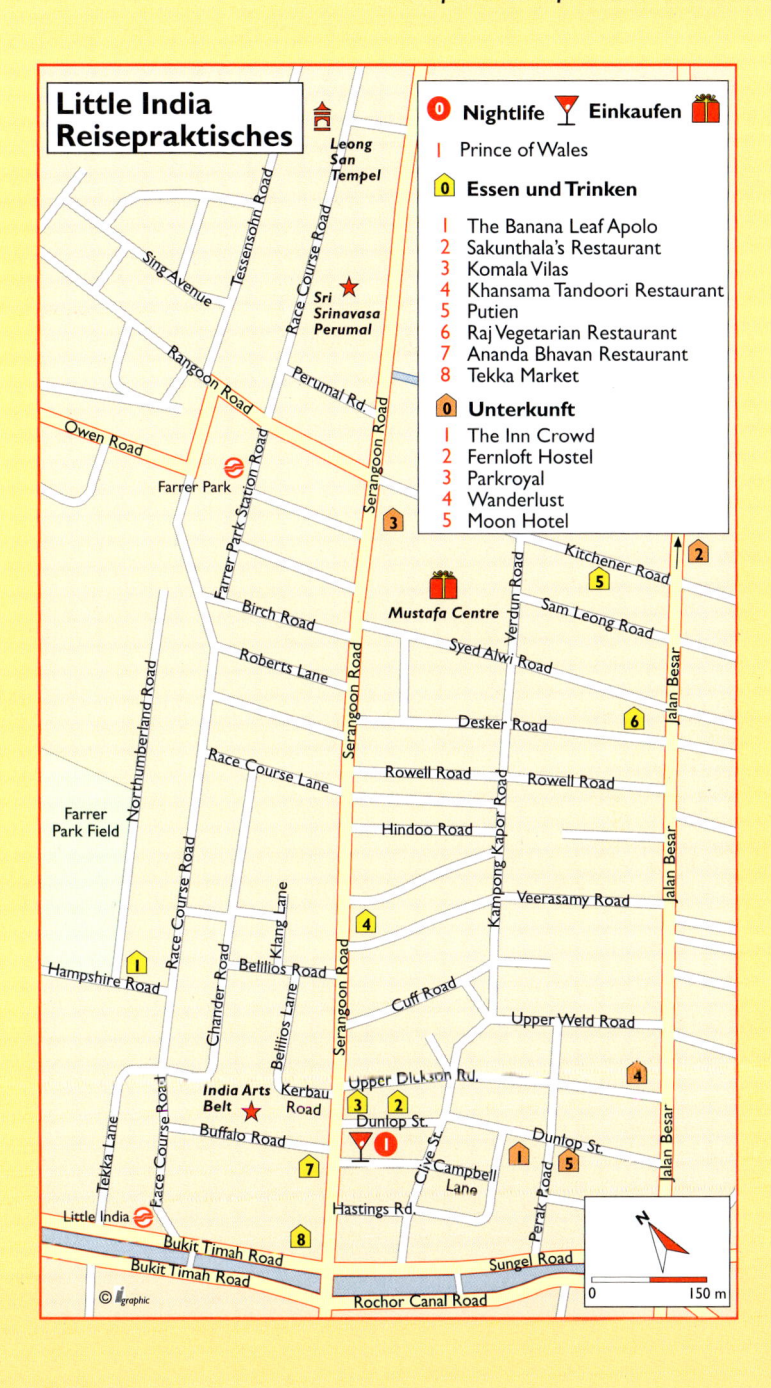

## Little India Reisepraktisches

🔴 **Nightlife**   🍸 **Einkaufen** 🎁

1 Prince of Wales

🟡 **Essen und Trinken**

1. The Banana Leaf Apolo
2. Sakunthala's Restaurant
3. Komala Vilas
4. Khansama Tandoori Restaurant
5. Putien
6. Raj Vegetarian Restaurant
7. Ananda Bhavan Restaurant
8. Tekka Market

🟠 **Unterkunft**

1. The Inn Crowd
2. Fernloft Hostel
3. Parkroyal
4. Wanderlust
5. Moon Hotel

0 — 150 m

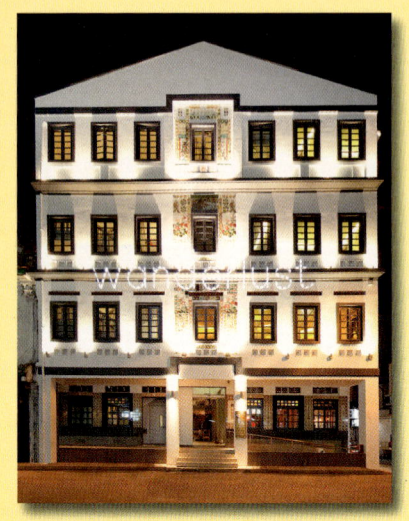

**Moon Hotel, $$$–$$$$ (5)**, 23 Dickson Road, ☏ 68276666, reservations@moon.com.sg, www.moon.com.sg. Etwas prätentiös in der Einrichtung und auch der Service könnte besser sein. Dennoch ein gutes Hotel, das aus dem Gros der Bettenburgen hervorsticht.

*Boutiquehotel mit Charme: das Wanderlust*

### Restaurants
**Sakunthala's Restaurant $ (2)**, 151 Dunlop Street, tgl. 11–23 Uhr. Ausgezeichnete südindische Küche zu angemessenen Preisen.
**Komala Vilas $ (3)**, 76–78 Serangoon Road, ☏ 62943294, http://komalavilas.com.sg, tgl. 7–22.30 Uhr. Günstig und gut, südindische vegetarische Küche.
**Khansama Tandoori Restaurant $–$$ (4)**, 166 Serangoon Road, ☏ 62990300, www.khansama.net. Gute nordindische Küche und Tandoori-Spezialitäten.
**The Banana Leaf Apolo $$ (1)**, 54 Race Course Road, ☏ 62938682, www.thebananaleafapolo.com, tgl. 10.30–22.30 Uhr. Nord- und südindische Küche, auf dem Bananenblatt serviert, gibt es in diesem bekannten indischen Restaurant.
**Putien $$$ (5)**, 127 Kitchener Road, ☏ 62956358, www.putien.com, 11.30–15 und 17.30–22 Uhr. Ausgezeichnetes chinesisches Restaurant mit Schwerpunkt auf Meeresfrüchten; etwas unterkühltes Ambiente.

#### Vegetarisch
*Neben den folgenden rein vegetarischen Restaurants bieten aber auch „normale" indische Etablissements immer eine große Auswahl an fleischlosen Speisen an.*
**Raj Vegetarian Restaurant $ (6)**, 76 Syed Alwi Road, ☏ 62971716, www.rajrestaurant.com.sg, So–Do 11–23 Uhr, Fr, Sa 11–23.30 Uhr. Sehr beliebtes vegetarisches Restaurant, Gerichte aus ganz Indien. Reservierung empfohlen.
**Ananda Bhavan Restaurant $–$$ (7)**, 1 Buffalo Road, ☏ 62979522, www.anandabhavan.com, 7.30–22 Uhr. Südindische vegetarische Küche. Das Menü ist online einsehbar, alle Menüs können auch außer Haus bestellt werden.

### Food Courts
**Tekka Market (8)**, Ecke Serangoon Road/Bukit Timah Road.

### Nightlife
*Um die Backpacker Hostels in der Dunlop Street gibt es einige simple Cafés, ansonsten ist in Little India des Abends zwar auf der Straße eine Menge los, nichts aber, was im weitesten Sinne als Nightlife zu bezeichnen wäre. Bei den meisten Massagesalons ist Vorsicht geboten: Die Damen können zwar auch massieren, aber das eigentliche Geschäft wird mit anderen Dienstleistungen gemacht.*
**Prince of Wales (1)**, 191 Dunlop Street, ☏ 62990130, tgl. 9–1 Uhr. Australische Eckkneipe, regelmäßig Live-Musik, meist Rock, zuweilen auch Unplugged-Konzerte.

## Raus aus der Bettenburg!

„Unsere Firma war die erste, die sich an ein Boutiquehotel in Singapur wagte!", erzählt *Wahidah Masturi*, die für das Marketing des „Wanderlust" in Little India zuständig ist und auch das „Hotel 1929" und das „New Majestic" in Chinatown betreut. Ihre Kollegin *Velda Mah* hätte da sicherlich gewisse Einwände, und würde das „Scarlet" als den Trendsetter anführen. Einigen können sie sich beide, dass „Scarlet" und „Hotel 1929" die ersten beiden Versuche waren, ein wenig Stil in die ansonsten steril saubere Hotelszene im Stadtstaat zu bringen.

Lange Zeit war Singapur nicht mehr als ein eiliger Stopover, und vor allem eine Businessdestination. Mit dem durchaus erfolgreichen Bemühen der Regierung, dem Stadtstaat ein interessanteres Image zu geben, hat sich auch die Hotelszene verändert.

*Balcony Room im Wangz Hotel*

Das **Wangz Hotel** hat sich vor allem auf Geschäftsleute spezialisiert, die den Fünf-Sterne-Einheitsbrei satt haben. Understatement ist Thema des Hotels, es ist nüchtern mit gezielt eingesetzten Farbklecksen eingerichtet, ohne steril oder kalt zu wirken. Das Lobbyrestaurant „Nectar" sowie die „Halo Rooftop Lounge" ziehen auch Nicht-Hotelgäste an.
**Wangz Hotel $$$**, 231 Outram Road, ☏ 65951388, inquiry@wangzhotel.com, www.wangzhotel.com, 41 Zimmer.

Alles andere als nüchtern präsentiert sich das **Scarlet**. Schon auf der Internetseite hat man das Gefühl, in ein virtuelles samtenes Plüschsofa zu fallen. „Wir versuchen, dem Gast ein Gefühl der Geborgenheit zu bieten. Zugleich sollen die Sinne angeregt werden," erzählt *Velda Mah*. Untergebracht in einem an den Hang gebauten historischen Shophouse, nutzt das „Scarlet" die außergewöhnliche Architektur, um ein stilvolles Labyrinth aus individuell eingerichteten Zimmern zu kreieren. Das **Naumi Liora** ist ein günstiges Hotel, das in einem der historischen Gebäude in Chinatown untergebracht ist. Es ist ein wenig nüchterner als das „Scarlet" gehalten. Warme und erdige Farbtöne dominieren die Innenausstattung.
**The Scarlet $$$$**, 33 Erskine Road, ☏ 65113333, reservations@thescarlethotel.com, www.thescarlethotel.com, 80 Zimmer.
**Naumi Liora $$**, 55 Keong Saik Road, ☏ 69229000 oder 64036000, liora.aide@naumihotels.com, www.naumiliora.com, 79 Zimmer.

Der große Konkurrent **Hotel 1929** liegt direkt gegenüber auf der anderen Straßenseite und wirkt wie der Gegenentwurf zum historischen Ambiente des „Saff". Die Kühle der Inneneinrichtung färbt leider auch ein wenig auf den Service ab. Die Zimmer jedoch, wenn man

*New Majestic Hotel: Samsui Suite*

nicht gerade die Dachkammern ohne Fenster erwischt, sind minimalistisch, aber mit sehr viel Geschmack eingerichtet und vor allem lichtdurchflutet.

Auf ähnlichen Wegen bewegt sich das **New Majestic**, das bewusst mit den Erwartungen der Gäste spielt und sich, bei ansonsten superben Zimmern, eine rohe Lobbydecke mit herabhängenden Rohren als Stilelement leistet. Im so pikiert auf Sauberkeit bedachtem Singapur fast ein Eklat!

**Hotel 1929 $$**, 50 Keong Saik Road, ☏ 63471929, reservations@hotel 1929.com, www.hotel1929.com, 32 Zimmer.
**New Majestic Hotel $$$**, 31 Bukit Pasoh Road, ☏ 65114700, reservation@newmajestichotel.com, www.newmajestichotel.com, 30 Zimmer.

Während Chinatown inzwischen ein gutes Dutzend Boutiquehotels sein Eigen nennt, kommt Little India gerade erst auf den Geschmack. Trendsetter ist hier das **Wanderlust**, das eine gelungene Mischung aus Hotel und Kunstinstallation ist. Jede der vier Etagen der ehemaligen Schule aus den 1920er-Jahren ist einem Thema gewidmet und wurde von verschiedenen lokalen und internationalen Künstlern gestaltet. So entführen etwa die *Whimsical Rooms* („Skurrile Zimmer") im obersten Stockwerk den Gast in eine eigene Welt.

**Wanderlust $$$–$$$$**, 2 Dickson Road, ☏ 63963322, reservations@wanderlusthotel.com, http://wanderlusthotel.com, 29 Zimmer.

*Kunst zum Schauen und Wohnen: Lobby im Wanderlust*

# Rund um die Orchard Road

> **So kommt man hin**
>
> Orchard Road: MRT Station Orchard (NS22) (westliches Ende), MRT Somerset (NS23) (mittlerer Abschnitt), MRT Station Dhoby Ghaut (NE6/NS24) (östliches Ende)
> Sowohl der SIA-Hop-On-Bus als auch die Rundfahrtsroute des „CityBuzz" C1 (grüne Linie) führen an der Orchard Road entlang.
> Botanischer Garten: Anfahrt per Bus Via Holland Road SBS Transit 7, 105, 123, 174. SMRT 75, 77, 106, oder Via Bukit Timah Road SBS Transit 66, 151, 153, 154, SMRT 67, 171

Sie gilt als gigantischer Konsumtempel und wird als ultimative Shopping-Adresse gefeiert. In der Tat hat sich Singapur in der Orchard Road selbst ein Denkmal gesetzt, das den wirtschaftlichen Triumph des kleinen Stadtstaats deutlich demonstriert. Mit ihren überdimensionierten Einkaufszentren und der bunten Nachtbeleuchtung lohnt die Orchard allemal einen frühabendlichen Bummel. Trotzdem – preislich ist die Prachtstraße kaum lohnend. Mit ein wenig Glück lässt sich zwar auch hier ein Schnäppchen ergattern, doch in der Regel dürften Europäer sich beim Griff zum Portemonnaie sofort wie zu Hause fühlen. Glanz und Glamour wollen bezahlt sein, auch in Singapur. Die wirklich spannenden Ecken rund um die Orchard dagegen finden sich oft in den Seitengassen: Die restaurierten Shophouses von Emerald Hill beispielsweise oder der Regierungspalast Istana und nicht zuletzt der beeindruckende Botanische Garten.

*Ultimative Shopping-Adresse*

Historisch gesehen ist die Kommerzialisierung der Orchard Road übrigens recht jung. Die Straße wurde zwar schon in den 1830er-Jahren angelegt, führte damals aber noch durch Muskatnuss- und Pfeffer-Pflanzungen und galt aufgrund der vielen Tiger als gefährliche Ecke. Später überwogen die Obstplantagen – *Orchards* auf Englisch – und so wurde die Straße schließlich nach den sie umgebenden Feldern benannt. Bis in die 1970er-Jahre blieb sie eine eher abgelegene, wenn auch wohlhabende Adresse. Diverse britische Villen standen auf den Hügeln rechts und links der Orchard Road, aber auch Friedhöfe, wie der chinesische Friedhof (heute das Terrain des Ngee Ann Shopping Center), der sumatrische Friedhof (heute das Gelände des Grand Central Hotel) und der jüdische Friedhof (heute die MRT Station Dhoby Ghaut).

Dass die Orchard Road heute fester Bestandteil fast aller touristischen Routen ist, hat auch praktische Gründe: Ein großer Teil der auf Touristen spezialisierten Vier-Sterne-Hotels Singapurs liegt hier, und so ergibt sich der abendliche Spaziergang über die Prachtstraße ganz von selbst.

> **Redaktionstipps**
>
> ▶ Die Türgötter schützen vor bösen Geistern – das **Hilton Hotel** (S. 158)
> ▶ Die wunderschöne Wohngegend von **Emerald Hill** erkunden (S. 160)
> ▶ Ein Besuch im **Botanischen Garten** (S. 164)
> ▶ Das Nachtleben Singapurs bietet viele Möglichkeiten, z. B. das **Rouge** (S. 167)
> ▶ Singapurs neue Bohème-Adresse: **Dempsey Hill** (S. 158)
> ▶ Essen: klein, aber fein: das **Ueno Japanese Restaurant** (S. 166)

*Singapur entdecken*

*Dempsey – neue Kunst- und Schlemmeradresse*

Seit Ende 2009 bietet sich jedoch auch an der Orchard Road die Möglichkeit, dem Glitter-Konsum den Rücken zu kehren: Das ehemalige Militärgelände von **Dempsey Hill** am nördlichen Ende der Einkaufsstraße zeigt Singapur von der alternativen Seite: Verwitterte Bungalows, lautes Grillenzirpen, viel wucherndes Tropengrün. Tagsüber. Abends jedoch erwachen die ehemaligen Militärbaracken am nördlichen Ende der Orchard Road schlagartig zum Leben. Über hundert Restaurants, Cafés, Bars und Kramläden locken nach Dempsey, Singapurs neueste Kunst- und Schlemmeradresse. Über hundert Restaurants, Cafés, Bars und Kramläden haben sich mittlerweile am Dempsey Hill niedergelassen. Zwischen Antiquitäten, tropischer Vegetation und innovativer Gastronomie trifft sich mittlerweile die Bohème der Stadt. Eine Übersicht des Areals mit allen gastronomischen Angeboten gibt es unter www.dempseyhill.com.

## Spaziergang

### Hilton Hotel

Für viele beginnt der Bummel am westlichen Ende, das sich durch eine ganze Reihe gehobener Hotels auszeichnet. Das **Hilton Hotel (1)** mit der Hausnummer 581 zeigt dabei deutlich, dass auch im hochmodernen Singapur alte Traditionen Bestand

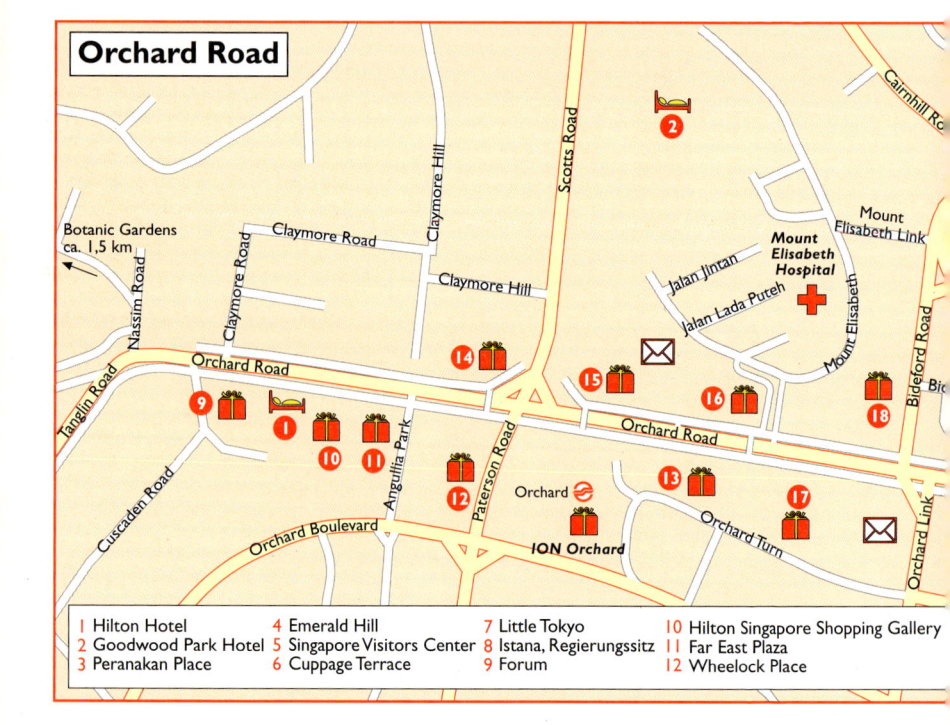

| | | | |
|---|---|---|---|
| 1 Hilton Hotel | 4 Emerald Hill | 7 Little Tokyo | 10 Hilton Singapore Shopping Gallery |
| 2 Goodwood Park Hotel | 5 Singapore Visitors Center | 8 Istana, Regierungssitz | 11 Far East Plaza |
| 3 Peranakan Place | 6 Cuppage Terrace | 9 Forum | 12 Wheelock Place |

haben: Böse Geister haben hier keine Chance, wachen doch die überlebensgroßen **Türgötter** Qin Shubao (auch als Qin Qiong bekannt) und Weichi Jingde über dem Eingang des Hotels. Die beiden Figuren wurden 1975 in Auftrag gegeben und standen einst in der Lobby. 1981 wurden die beiden 2,7 Meter großen Wächter jedoch aus ästhetischen Gründen auf die Straße verbannt, wo sie seither ihrer Berufung nachgehen. Deren Vorbilder standen während der Tang-Dynastie als Generäle im Dienste des Kaisers *Taizong* (599–649). Der Legende nach sollen sie vor der Kammer des Kaisers Wache gehalten haben, als dieser einst von Albträumen geplagt wurde. Mit Erfolg, kein böser Geist traute sich mehr über die Schwelle des Schlafgemachs, und so konnte der Kaiser wieder ungestört nächtigen. Von den Fähigkeiten der beiden überzeugt, ließ *Taizong* daraufhin Abbildungen der Wächter an der Tür befestigen. Schnell verbreitete sich dieser Brauch auch im Volk – was für den Kaiser gut war, konnte schließlich für das gemeine Volk nicht falsch sein.

*Von Türgöttern bewacht*

## Goodwood Park Hotel

Wenige Gehminuten vom Hilton gen Stadtmitte entfernt beginnt das quirlige Herzstück der Orchard Road. Vor dem Bummel entlang der Shopping Malls lohnt es sich allerdings noch, einen kleinen Abstecher in die Scotts Road zu machen: Auf der rechten Seite, etwas hinter den Bäumen verborgen, liegt das **Goodwood Park**

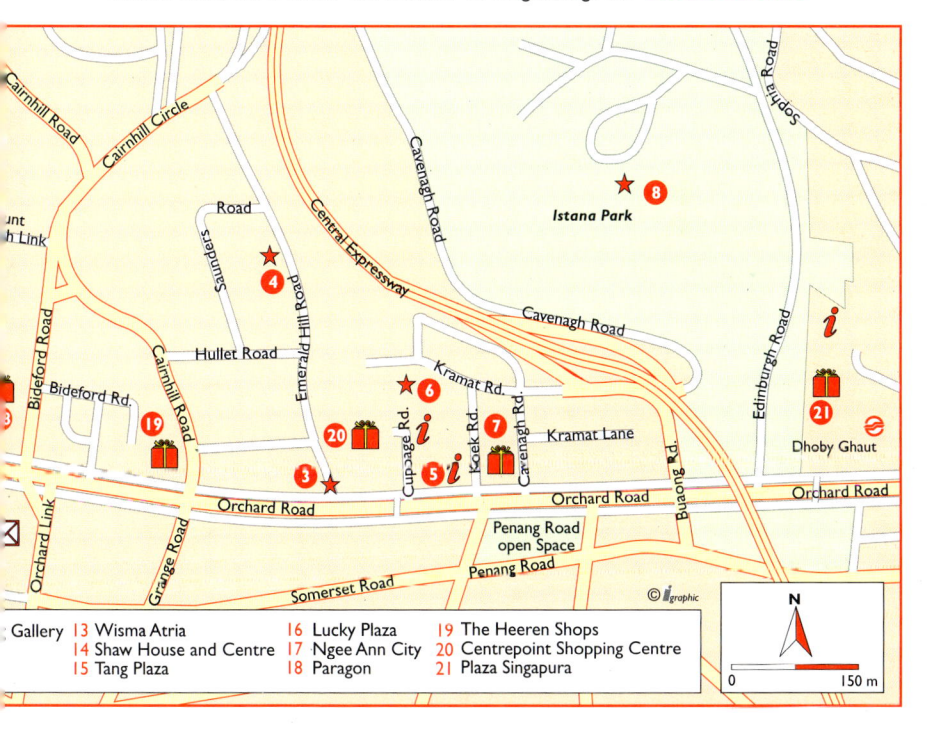

| Gallery | 13 Wisma Atria | 16 Lucky Plaza | 19 The Heeren Shops |
| | 14 Shaw House and Centre | 17 Ngee Ann City | 20 Centrepoint Shopping Centre |
| | 15 Tang Plaza | 18 Paragon | 21 Plaza Singapura |

*Denkmalgeschützte Häuser am Emerald Hill*

**Hotel (2)**. 1900 erbaut, traf sich hier einst unübersehbar der deutsche *Teutonia Club* – erinnert doch das Gebäude eindeutig an ein rheinisches Schlösschen. 1914 wurde der Club geschlossen und das Gebäude konfisziert, schließlich waren aus den Deutschen über Nacht Kriegsgegner geworden. 1918 ersteigerte die *Manasseh*-Familie das kleine Schlösschen und verwandelte es in das Entertainment Center „Goodwood Hall". 1929 wurde es letztlich zu dem gehobenen Hotel, das es auch heute noch ist – unterbrochen durch die japanische Besatzung 1942–1945, in der das Goodwood als Hauptquartier der japanischen Armee diente. Seit 1945 ist es wieder eines der besten Hotels der Stadt, dessen Liste prominenter Besucher sich wie ein bunter Mix aus allen Kultursparten liest: Von *John Wayne, Mohammed Ali, Shirley MacLaine, Eartha Kitt, Jackie Chan* bis zur niederländischen Königin *Beatrix* haben hier schon einige Celebrities eingecheckt. Besonders empfehlenswert (auch für weniger prominente Besucher) ist der nachmittägliche „Nonya High Tea", englische Teetradition mit singapurischem Gebäck.

*„Nonya High Tea"*

Zurück an der Kreuzung Orchard Road und Scotts Road empfiehlt sich von hier aus ein gut ein- bis zweistündiger Bummel entlang der zahlreichen Shopping Center (siehe Seite 162) bis zum Stadtzentrum. Planen Sie nicht zu wenig Zeit ein, viele der Kaufhäuser locken mit Straßenaktionen, Veranstaltungen oder Gewinnspielen auf dem breiten Gehsteig.

## Peranakan Place

Nach etwa halber Strecke liegt links an der Ecke zur Emerald Hill Road der **Peranakan Place (3)**. Der kleine, von einigen Büschen und Kübelpflanzen abgetrennte Platz mit liebevoll restaurierten Shophouses erweist sich vor allem abends als angesagte Adresse, deren zahlreiche Bars und Restaurants mit viel Ambiente locken.

*Hübscher Platz*

## Emerald Hill

Folgt man der kleinen Straße, die sich von hier gen Norden zieht, gelangt man zu den denkmalgeschützten Shophäusern von **Emerald Hill (4)**. Noch zu Beginn des 19. Jahrhunderts war dieses Gebiet Teil einer Muskatnussplantage des Engländers

*William Cuppage.* Der Postbeamte und spätere Postdirektor pachtete das Gelände ab 1837 für seine recht beachtliche Pflanzung (sie bestand aus 1.250 Bäumen!). Obwohl die Plantage selbst schon in den 1860er-Jahren unrentabel war und wieder aufgegeben wurde, lebte *Cuppage* hier bis zu seinem Tod 1872. Sein Sohn *Edwin Koek* erweiterte das Anwesen. 1901 wurde schließlich die Emerald Hill Road gebaut und das Gelände parzelliert. Die meisten Grundstücke entlang der Straße gingen an reiche Chinesen und Peranakans. Zwischen 1901 und 1925 entstanden zahlreiche luxuriöse Shophouses mit üppigen Verzierungen und geradezu kitschiger Farbgebung.

Dieses Relikt „chinesischen Barocks" ist heute eine überaus teure Wohngegend, und da die Häuser schon 1981 unter Denkmalschutz gestellt wurden, stört kaum ein modernes Gebäude die Harmonie der Straße. Viele der Shophouses wurden für ihre geschmackvolle Restaurierung ausgezeichnet. Darunter auch die Hausnummer 6, dessen „Pinto Pagar", die typische Dreiviertel-Tür der Peranakan, besonders reich verziert ist. Die beiden chinesischen Zeichen über der Tür bedeuten übrigens „ein Meer von Glück". Auch die opulente grün-weiße Nummer 41, Nummer 45 mit dem chinesisch geschwungenen Tor und Nummer 74 mit den fein gearbeiteten Fensterrahmen sind bemerkenswert. An der Fassade der Nummer 94 lassen sich die europäischen Einflüsse besonders gut wiedererkennen – im Kontrast mit den typisch chinesischen, grünen Dachziegeln und Pinto-Pagar-Türen.

*Verzierte Dreiviertel-Tür: Pinto Pagar*

*Dreiviertel-Tür der Peranakan*

## Cairnhill Road

Wer nach Emerald Hill noch mehr Shophouses in alter Grandeur besichtigen möchte, ist in der benachbarten **Cairnhill Road** richtig. Auch hier wurden die meisten Häuser unter Denkmalschutz gestellt.

Wenige Schritte weiter, auf der Mitte der Orchard Road, Ecke Cairnhill Road, liegt linker Hand übrigens ein großes **Singapore Visitors Center (5)**, dessen ausnehmend breites Spektrum aktueller Informationsmaterialien komplett gratis ist.

*Infocenter*

Biegt man einige Meter weiter links ab, gelangt man zur **Cuppage Terrace (6)**, deren Shophouses fast alle zu Restaurants umgewandelt wurden – eine gute Gelegenheit für einen kleinen Zwischenstopp.

## Die wichtigsten Shopping Center

Die Liste der Boutiquen liest sich wie ein „Who is Who" der Modebranche: Egal ob Chanel im Ngee Ann City, Emporio Armani im Forum oder Louis Vuitton, Cartier, Bulgari in der Hilton Shopping Gallery – sie sind für wohlhabende Shopping-Touristen der umliegenden asiatischen Länder sicher ein Anziehungspunkt, für europäische Reisende wahrscheinlich von geringerem Interesse. Trotzdem sind manche der Shopping Center durchaus einen Blick wert. Zu den bedeutendsten zählen:

**Forum (9)**: Für Eltern eine gute Adresse. Hier gibt es vor allem Kinderkleidung und Spielsachen verkauft. Aber auch Emporio Armani und Max Mara sind hier ansässig. http://forumtheshoppingmall.com.sg.

**Hilton Singapore Shopping Gallery (10)**: Ganz wie es sich für ein Luxushotel gehört, lockt die Shopping Gallery des Hotels mit großen Namen wie Louis Vuitton, Cartier, Bulgari, Donna Karan und Dolce & Gabbana. http://hiltonshoppinggallery.com.

**Far East Plaza (11)**: Gilt als eine der günstigeren Adressen der Orchard Road. 1982 eröffnet, befinden sich hier seither zahlreiche mittelpreisige Boutiquen und Essstände. Neben günstiger Jugendmode findet man hier vor allem einheimische Designer für den knappen Geldbeutel. www.fareast-plaza.com.

**Wheelock Place (12)**: Eine bibliophile Adresse: Der konische Glaskegel ist unter anderem die Heimat des weitläufigen Buchladens **Borders**. Wer allzu großes Heimweh nach Deutschland bekommt, kann sich im Birkenstock-Shop in der 3. Etage umsehen. Überblick: www.wheelockproperties.com.sg.

**Wisma Atria (13)**: Das blaue Gebäude ist direkt von der MRT-Station Orchard Road zugänglich und beherbergt neben dem japanischen Kaufhaus Isetan unter anderem einen gigantischen Food Court im 4. Stock. www.wismaonline.com.

**Shaw House and Centre (14)**: Neben einem weiteren japanischen Isetan-Kaufhaus findet sich hier im 5. und 6. Stock der Kinokomplex **Lido 8 Cineplex**.

**Tang Plaza (15)**: An der Ecke Scotts Road und Orchard Road gelegen, ist Tang Plaza eines der wenigen singapurischen Kaufhäuser. Dieser Shopping-Komplex – der allererste! – wurde bereits 1932 eröffnet und 1958 bedeutend erweitert.

**Lucky Plaza (16)**: Der philippinische Treffpunkt schlechthin! Mit einem breiten Angebot an philippinischen Waren hat sich der Lucky Plaza zum Freizeittreff der philippinischen Kindermädchen und Hausangestellten entwickelt – vor allem sonntags, wenn die meisten von ihnen frei haben. Taucher finden hier übrigens auch ein breites Angebot an Tauchutensilien. www.luckyplaza.com.sg.

**Ngee Ann City (17)**: Im Jahr 1993 eröffnet, ist dies seither das größte Einkaufszentrum der Orchard Road, und eines der teuersten. Louis Vuitton und Chanel haben hier beispielsweise ein Zuhause gefunden. Bibliophile und all die, denen unterwegs die Reiselektüre knapp geworden ist, sollten einen Blick in den fünften Stock des japanischen Kaufhauses Takashimaya werfen: Der 12.000 m² große Buchladen **Books Kinokuniya** ist angeblich der größte Südostasiens. Im Erdgeschoss befindet sich ein großer und günstiger Food Court. www.ngeeanncity.com.sg.

**Paragon (18)**: Boutiquen, vor allem hochpreisige Marken wie Gucci, Prada, Valentino, Ralph Lauren, Burberry, Alfred Dunhill, Kenzo sowie Ermenegildo

*ION Orchard: Multimediales Shopping-Erlebnis*

Zegna und Restaurants, bunt gemischt. Dazu gibt es einen britischen Marks & Spencer. http://paragon.sg.
**The Heeren Shops (19)**: Hippe Kleidung und ein HMV-Musikladen ziehen vor allem jüngere Kundschaft an. www.heeren.com.sg.
**Centrepoint Shopping Centre (20)**: Neben Robinsons und Marks & Spencer gibt es hier eine Reihe von Boutiquen. www.fraserscentrepointmalls.com.
**Plaza Singapura (21)**. 1974 wurde diese Mall, direkt an der Istana gelegen, als eine der ersten eröffnet. Neben dem Kinokomplex **Golden Village Cineplex** findet sich hier auch ein Supermarkt der französischen Kette **Carrefour**. www.plazasingapura.com.sg.
**ION Orchard**. 2009 eröffnete dieser neue Mega-Shopping-Komplex in ultramodernem Design. Das Einkaufszentrum bietet auf acht Ebenen und insgesamt 66.000 m² alles, was das Shopping-Herz begehrt. Lokale und internationale Spezialitäten in der Food Hall sorgen für willkommene Pausengelegenheiten. 2 Orchard Turn, www.ionorchard.com.

## Little Tokyo

Einen Block weiter östlich von Cuppage Terrace lockt **Little Tokyo (7)**: Es sind die vielen japanischen Etablissements, die der Gegend um die Shopping Center Cuppage Plaza, Orchard Plaza und Le Meridien Shopping Centre diesen Namen gaben. Vor allem japanische Expats frequentieren die vielen Restaurants, Karaoke-Bars und Kneipen. In dieser Nippon-Enklave kann es vorkommen, dass der Gast mit einer ausschließlich japanischen Speisekarte kämpfen muss – und dafür mit authentischen Genüssen belohnt wird.

*Japanische Expats*

## Istana

*Regierungssitz Singapurs*

Am östlichen Ende der Orchard Road schließlich liegt die **Istana (8)**, der Regierungssitz Singapurs. Bis zur Unabhängigkeit Singapurs 1959 war die Anlage als „Government House" bekannt. Von 1867 bis 1869 wurde sie von indischen Strafgefangenen errichtet. Aufgrund diverser Änderungen war das Budget des Architekten Major *McNair* schon nach kurzer Zeit völlig aufgebraucht. Beinahe wären die Bauarbeiten eingestellt worden, hätte nicht der Duke von Edinburgh, der zweite Sohn Queen *Victorias*, seinen Besuch angekündigt. Zähneknirschend wurden *McNair* weitere Summen zur Verfügung gestellt, um einen angemessenen Rahmen für den hohen Besuch zu schaffen.

Normalerweise ist die Istana nicht zugänglich. Zu Chinesisch-Neujahr, Deepavali, Hari Raya Puasa, am Tag der Arbeit und am Nationalfeiertag wird der Palast jedoch für das allgemeine Publikum geöffnet. Wer den Regierungssitz zu diesen Terminen besichtigen will, sollte einen gültigen Pass dabei haben. Allgemein zugänglich ist das Spektakel der **Wachablösung**, das jeden ersten Sonntag im Monat um 18 Uhr stattfindet.

**Istana** *(Office of the President of the Republic of Singapore, Palast des Präsidenten), Istana Park, Orchard Road,* ☎ *67375522, www.istana.gov.sg.*

## Botanischer Garten

Vorausgesetzt, man hat die Orchard Road von Ost nach West durchschritten, bietet sich nach dem Gewusel und Gewirr der Einkaufsstraße ein Besuch des Botanischen Gartens an: Kurz nachdem die Orchard Road zur Tanglin Road wird, geht rechts die Nassim Road ab. Von hier sind es noch ca. 1,5 km bis zum Park, etwas ansteigend. Dort wo diese auf die Cluny Road stößt, liegt der Haupteingang des Parks. Die 54 Hektar große Anlage zählt zu den schönsten Gärten Asiens, und der Eintritt ist zudem noch kostenlos. Kurz nach *Raffles* Landung 1822 wurde bereits der erste Botanische Garten nahe Fort Canning eingerichtet, wenige Jahre später aber wieder geschlossen. 1859 gründete die *Agri-Horticultural Society* den Garten an der aktuellen Stelle. Erst 1874 wurde er schließlich für die Öffentlichkeit freigegeben.

*Kindern die Natur nahebringen, wie hier im Eco Garden*

Heute lockt der Park nicht nur mit einem vier Hektar großen Stück Regenwald (besonders empfehlenswert, falls Sie keinen Besuch im Bukit Timah Naturpark planen), sondern auch mit diversen Seen, einem beeindruckenden Orchideengarten und **Burkill Hall**, der ehemaligen Residenz des Gartendirektors aus dem Jahr 1866, im Westen des Parks. Frühaufsteher und Zeitverschiebungsgeplagte finden hier schon ab 5 Uhr früh Abwechslung: In der Morgendämmerung gehen zahlreiche Besucher ihren täglichen Tai-Chi- und Qigong-Übungen nach.

*Schöne Parkanlage*

**Singapore Botanic Gardens**, *1 Cluny Road (siehe beiliegende Reisekarte A1/B1), ☏ 64717361 und 64717138, 🖶 64737983, www.sbg.org.sg, Eingänge Minden Gate, Burkill Gate, Nassim Gate, Cluny Park Gate und Bukit Timah, tgl. 5–24 Uhr, Eintritt frei. Mit Ausnahme des National Orchid Garden, 8.30–19 Uhr, Eintritt Erwachsene 5 SGD, Kinder frei. Anfahrt MRT Station Eco Botanic Garden (CC19) oder per Bus Via Holland Road, SBS Transit 7, 105, 123, 174, SMRT 75, 77, 106.*

## Ein Mann verändert Asien: „Rubber Ridleys" Visionen

Der Name *Henry Nicholas Ridley* ist mit dem Botanischen Garten aufs Engste verbunden. Er fungierte nicht nur von 1888 bis 1928 als Direktor der Anlage, sondern veränderte von hier aus auch den Lauf der Weltgeschichte.

1877 erhielt der Direktor der Londoner Kew Gardens, *Sir Ridley*, einige Samen des brasilianischen Kautschukbaums *Hevea brasiliensis (Euphorbiaceae)*, der bis dato nur in den Wäldern Brasiliens wuchs. Sein Harz, auch als Latex bekannt, stellte die einzige Möglichkeit dar, Gummi herzustellen.

Als *Ridley* 1888 den Botanischen Garten von Singapur übernahm, brachte er die Samen mit und experimentierte fortan mit dem Kautschuk-Anbau. Besonders wichtig waren ihm praktikable Möglichkeiten, das Harz (Latex) zu ernten, ohne dem Baum Schaden zuzufügen. Überzeugt von den wirtschaftlichen Möglichkeiten des Kautschuk-Anbaus, lag *Ridley* den malaiischen Plantagenbesitzern mit seinen Anbauplänen (erst einmal vergeblich) in den Ohren: Kein einziger wollte es riskieren, auf die neue „Frucht" zu setzen. Schnell handelte er sich die Spitznamen „Rubber-Ridley" und „Mad Ripley" ein. Erst 1898 gelang es ihm, den chinesisch-malaiischen Pflanzer *Tan Chan Yoy* zu überreden, von der Kaffeepflanze zum Gummibaum zu wechseln. Wenige Jahre später brachte *Henry Ford* die ersten „Massen-Autos" auf den Markt, die Kautschuk-Preise stiegen, und für Malaysia brach eine Zeit des wirtschaftlichen Booms an – ganz wie *Ridley* vorhergesagt hatte. 1910 waren bereits eine halbe Million Hektar der Fläche Malaysias mit Gummibäumen bedeckt. Auch ohne eigene Anbaufläche geriet Singapur in den Sog des Latexbooms: Von hier aus wurden die enormen Mengen für den Weltmarkt verschifft, was dem Hafen Singapur letztlich zum internationalen Durchbruch verhalf. Noch heute ist Kautschuk eines der Hauptanbau-Produkte Malaysias.

Als *Ridley* 1956 im biblischen Alter von 101 Jahren starb, hatte er, fast im Alleingang, die Welt entschieden verändert.

## Reisepraktische Informationen

☞ **Hinweis**
**Stadtplan** siehe Seite 168.

🛏 **Unterkunft**
**Hangout@Mt.Emily $ (1)**, 10A Upper Wilkie Road, ☏ 64385588, 📠 63396008, enquiries@hangouthotels.com, www.hangouthotels.com, Doppelzimmer und Mehrbett-Schlafsaal. Modern und ohne Schnickschnack, dafür aber extrem sauber und gut durchdacht. In Laufnähe zur Dhoby Ghaut MRT Station gelegen.
**Lloyd's Inn $ (2)**, 2 Lloyd Road, ☏ 67377309, 📠 67377847, mail@lloydinn.com, www.lloydinn.com, 34 Zimmer. Familiäre, günstige Unterkunft in einem Villenviertel südlich der Orchard Road – besonders für Budget-Reisende mit Sinn für Atmosphäre. Etwa 10 Minuten Fußweg bis zur MRT-Station.
**The Metropolitan YMCA $$ (3)**, 60 Stevens Road, ☏ 68398333, 📠 62355528, rooms@mymca.org.sg, www.mymca.org.sg, 98 Zimmer und 27 voll ausgestattete Apartments. Gut 15 Minuten nördlich der Kreuzung Orchard und Scotts Road, aber eine der günstigsten Alternativen an der Orchard. Shuttle Service zur Orchard verfügbar. Dach-Pool, Cyber-Café und Fitnesscenter vorhanden.
**Garden Hotel $$$ (4)**, 14 Balmoral Road, ☏ 62353344, 📠 62359730, 216 Zimmer. Etwas nördlich des Zentrums gelegen.
**Shangri-La Hotel $$$$ (5)**, 22 Orange Grove Road, ☏ 67373644, 📠 67373257, sls@shangri-la.com, www.shangri-la.com, 750 Zimmer und Suiten. Luxus total für alle, die das passende Portemonnaie mitbringen. Freundlicher Service, stilvolle Einrichtung und idealer Ausgangsort für preislich gehobene Shoppinggänge auf der Orchard Road.
**Goodwood Park Hotel $$$$$ (6)**, 22 Scotts Road, ☏ 67377411, 📠 67328558, www.goodwoodparkhotel.com, 233 Zimmer und Suiten. Klassischer Luxus in kolonialem Ambiente für alle, die den Einheitsstil großer Ketten nicht mögen.

🍴 **Restaurants**
**Snack World $–$$ (1)**, 5 Koek Road, Cuppage Plaza, Level 1, ☏ 67326931, tgl. 10–24 Uhr. Asiatische Küche in einfacher Atmosphäre, darunter auch Gerichte mit Krokodil- und Straußenfleisch.
**Sushi Ondo $–$$ (2)**, 100 Orchard Road, Le Meridien Shopping Centre, Level 1, ☏ 67380343. Sushi am laufenden Band – wortwörtlich.
**Izakaya Nijumaru $$ (3)**, 5 Koek Road, Cuppage Plaza, Level 2, Stand 10–12, ☏ 62356693, Mo–Sa 12–14.30 und 18–23 Uhr, So nur 18–23 Uhr. Typisch japanisch und besonders bei japanischen Expats beliebt. Günstige Mittagsmenüs.
**Ueno Japanese Restaurant $$ (4)**, 5 Koek Road, Cuppage Plaza, im ersten Untergeschoss, Stand 24–25, ☏ 67330296, Mo–Sa 18–23.30 Uhr, So geschl. Klein aber fein: Japanische Küche jenseits von Sushi und Sashimi. Vorsicht, die Speisekarte ist auf Japanisch.
**Ahodori Japanese Restaurant $$ (5)**, 5 Koek Road, Cuppage Plaza, Level 1, Stand 01–02, ☏ 67372221, Mo–Sa 18–23.30 Uhr, So geschl. Japanische Grillspezialitäten.
**The Rice Table $$ (6)**, 360 Orchard Road, International Building, Level 2, ☏ 68353783, www.ricetable.com.sg, tgl. 12–15 und 18–21.15 Uhr. Schräg gegenüber dem Hilton Hotel gelegen. Indonesische Reistafel und andere indonesische Spezialitäten. Hier wird, einmalig in Singapur, die authentische „Dutch Rijsttafel" serviert.

**Maharajah $$ (7)**, 39 Cuppage Road, ☏ 6732633 1, www.maharajah.com.sg, tgl. 11–23 Uhr. Nordindische Küche, dazu ein großer Gartenbereich mit 120 Plätzen.
**Cross Straits Restaurant $$ (8)**, 35–37 Cuppage Terrace, Cuppage Road, ☏ 67352779. Asiatische Fusion-Küche.
**Feathers & Fins $$ (9)**, 100 Orchard Road, Le Meridien Shopping Centre, Great Treat, ☏ 62380508. Gesunde, westliche Küche mit Geflügel und Fisch.

**Vegetarisch**
**Grand Court Vegetarian Restaurant $–$$ (10)**, Orchard Shopping Centre, Level 5. Vegetarische Bioküche, teilweise als Buffet.

### 🍴 Food Courts
**Food Republic (11)**, Wisma Atria Shopping Centre, Level 4, Orchard Road, ☏ 67379881.
**Lucky Plaza Food Court (12)**, Lucky Plaza, Untergeschoss, 304 Orchard Road.
**Food Village (13)**, Ngee Ann Shopping Centre, Untergeschoss, 391 Orchard Road.
**China Square Food Centre (14)**, Orchard Road, gegenüber Far East Square. Fünf Stockwerke chinesischer Spezialitäten, im dritten Stock vor allem Teehäuser, die auch Dim Sum servieren.
**Hawker Centre (15)**, Koek Road Ecke Orchard Road. Open Air Food Court mit internationalem Angebot.

### 🍸 Nightlife
**Emerald Hill/Peranakan Place**
**Ice Cold Beer (1)**, 8 Emerald Hill, ☏ 67359929, So–Do 17–2 Uhr, Fr, Sa und vor Feiertagen 17–3 Uhr. Der Name ist Programm: Bier kommt eiskalt auf den Tisch. Dazu spielen Pop-Oldies und Rockmusik.
**No. 5 Emerald Hill Cocktail Bar (2)**, 5 Emerald Hill, ☏ 67320818, Mo–Do 12–2 Uhr, Fr, Sa 12–3 Uhr, So 17–2 Uhr. Pub im europäischen Stil mit einer eindrucksvollen Auswahl an klassischen Cocktails, mit und ohne Alkohol. Schöner Freiluftbereich.
**Que Pasa (3)**, 7 Emerald Hill Road, ☏ 62356626, http://qp.emerald-hill.com, Mo–Do 13.30–2 Uhr, Fr, Sa 13.30–3 Uhr, So 17.30–2 Uhr. Angenehme Wein- und Tapas-Bar. Jeden letzten Sonntag im Monat Weinproben.

Entlang des **Perakan Place** wurden sechs **Shophouses** originalgetreu restauriert und in Bars und Restaurants umgebaut:
**Acid Bar (4)**, 180 Orchard Road, Peranakan Place, ☏ 67388828, www.peranakan place.com, So–Do 17–2 Uhr, Fr, Sa 17–3 Uhr. Anregende Bar. Die Inneneinrichtung lehnt sich an die originale Peranakan-Architektur an. Regelmäßig Live-Musik.
**Alley Bar (5)**, 2 Emerald Hill Road, ☏ 67326966, www.peranakanplace.com, So–Do 17–2 Uhr, Fr, Sa 17–3 Uhr. Stilvolle, einer Gasse nachempfundene Bar (daher der Name).
**Rouge (6)**, 180 Orchard Road, Peranakan Place Complex, ☏ 67381000, Mi–Sa 19–2 Uhr. Wie es der Name schon sagt, die Farbe Rot gibt in der mit Plüsch und Samt ausgestattenden Bar den Ton an. Gelegentlich Live-Musik und Modeshows. Täglich wechselnde Themenabende.

Das angeschlossene **Outdoors Café & Bar** hat folgende Öffnungszeiten: Mo–Do 11–2 Uhr, Fr, Sa 11–3 Uhr. Mediterran anmutende Bistro-Bar, die sich rühmt, den besten Singapore Sling zu mixen.

### Entlang der Orchard Road

**Anywhere Music Pub (7)**, Tanglin Shopping Centre, 19 Tanglin Road, ☏ 67348233, So–Do 18–2 Uhr, Fr, Sa 18–3 Uhr. Eines der ältesten Musikpubs der Stadt, tgl. Live-Musik (Rock- und Pop-Cover).

**Brix (8)**, Grand Hyatt Hotel, 10 Scotts Road, Basement One, ☏ 64167292, So–Do 19–3 Uhr, Fr, Sa 19–4 Uhr. Ausgesuchte Getränkekarte mit Schwerpunkt Wein und Single Malt. Live-Musik mit internationalen Gastmusikern, meist Jazz, Funk, R&B und Soul.

**Chinablack (9)**, Pacific Plaza Penthouse, 9 Scotts Road, 12. Stock, ☏ 67347677, Mi–Sa 20–3 Uhr. Unprätentiöser Club mit einer musikalischen Bandbreite von Oldies bis House.

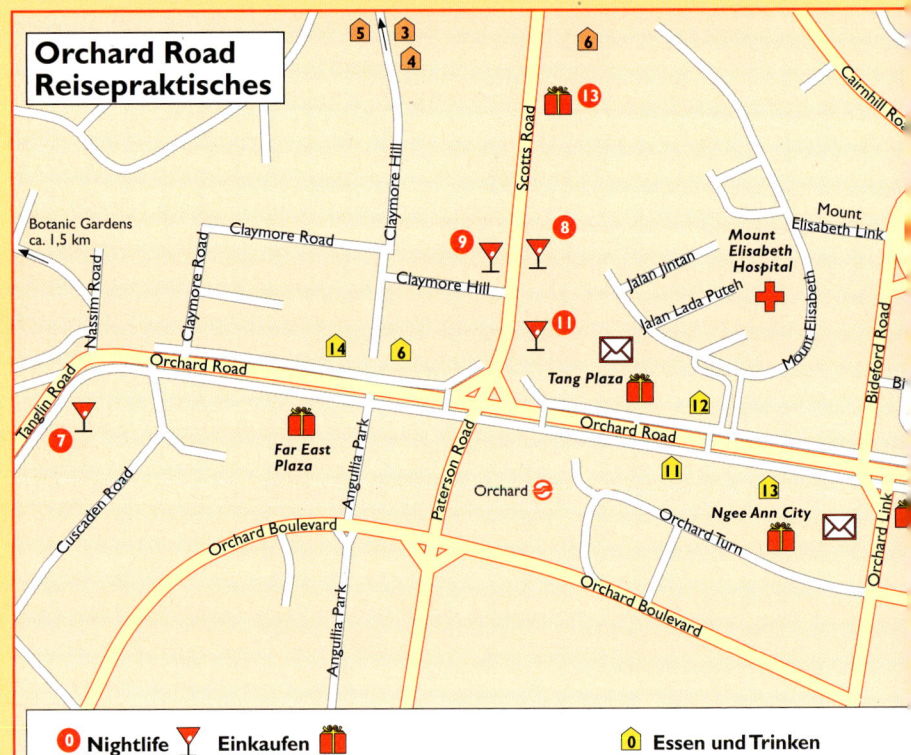

## Orchard Road Reisepraktisches

**Nightlife**
1. Ice Cold Beer
2. No. 5 Emerald Hill Cocktail Bar
3. Que Pasa
4. Acid Bar
5. Alley Bar
6. Rouge
7. Anywhere Music Pub
8. Brix, Grand Hyatt Hotel
9. Chinablack
10. Dubliners
11. Bar None
12. Chokri
13. Simply Toys

**Einkaufen**

**Essen und Trinken**
1. Snack World
2. Sushi Ondo
3. Izakaya Nijumaru
4. Ueno Japanese Restaurant
5. Ahodori Japanese Restaurant
6. The Rice Table
7. Maharajah

*Reisepraktische Informationen: Rund um die Orchard Road*

**Dubliners (10)**, 165 Penang Road, ☎ 67352220, So–Do 11.30–1 Uhr, Fr, Sa 11.30–2 Uhr. Irish Pub mit gutem Service, freundlichem Ambiente und zudem einer schönen Veranda.

## Clubs

**Bar None (11)**, Singapore Marriott Hotel, 320 Orchard Road, ☎ 62228117, www.stjamespowerstation.com, So–Do 19–3 Uhr, Fr, Sa 19–4, Happy Hour 16–21 Uhr. Besonders bei Expats beliebt. DJ und Mainstream, Live-Musik, hin und wieder tritt ein Comedian auf. Das offizielle „Age Limit" für den Zutritt ist 25 Jahre (Männer) und 20 Jahre (Frauen), was de facto aber meist nicht kontrolliert wird.

8 Cross Straits Restaurant
9 Feathers & Fins
10 Grand Court Vegetarian Restaurant
11 Food Republic
12 Lucky Plaza Food Court
13 Food Village
14 China Square Food Centre
15 Hawker Centre

**Unterkunft**

1 Hangout@Mt.Emily
2 Lloyd's Inn
3 The Metropolitan YMCA
4 Garden Hotel
5 Shangri-La Hotel
6 Goodwood Park Hotel

# Der Financial District

> **So kommt man hin**
>
> MRT Station Raffles Place (EW14/NS26)

Das moderne, klimatisierte, finanzkräftige Singapur, kurzum, die Verkörperung aller Klischees dieses Stadtstaats, findet sich im Financial District, auch **Central Business District** (CBD) genannt, wieder: Steile Hochhausschluchten, verglaste Fronten, Chrom und architektonische Superlative bestimmen das Bild.

Zwischen Boat Quay, Clifford Pier und Cecil Street wird das singapurische Wirtschaftswunder erarbeitet. Junge Menschen in Anzug und mit Aktenkoffer, aufstrebende Führungskräfte und zahllose Büroangestellte eilen hier durch die Straßen. Auch wenn diese Gegend nicht mit ausnehmend vielen Sehenswürdigkeiten locken kann, lohnt sich dennoch der etwa einstündige Spaziergang vom Singapore River bis zum südlichen Ende des Financial District. Singapur besteht eben doch nicht nur aus Chinatown und Little India, sondern ist eine moderne Großstadt, die sich problemlos mit dem Westen messen kann – und es tut, hier im CBD. Wer einen Blick nach oben wirft, wird übrigens feststellen, dass die derzeit höchsten Gebäude OUB Centre, UOB Plaza und Republic Plaza alle gleich hoch zu sein scheinen. In der Tat liegt die Höhenbegrenzung bei 280 Metern, um den Flugverkehr nicht zu gefährden.

## Redaktionstipps

▶ Das **moderne Singapur** – Spaziergang durch den Finanzdistrikt
▶ Architektonische Besonderheit – der **Clifford Pier** (S. 170)
▶ Singapurs schönster Food Court – **Lau Pa Sat Food Court** (S. 173)

# Spaziergang

## Bank of China

Die meisten Besucher werden sich vom Südufer des Singapore River aus in den Hochhausdschungel stürzen. Gleich hinter dem Boat Quay, in der Battery Road Ecke Flint Street, liegt das Gebäude der **Bank of China (1)**. Mit 18 Stockwerken war das Gebäude zu seiner Bauzeit 1953–1954 ein echter Trendsetter. Zum einen gehörte es zu den höchsten Gebäuden der Stadt, zum anderen war es das erste zentralklimatisierte Bürogebäude der Insel. Auf der modernen Fassade finden sich zahlreiche chinesische Verzierungen.

## Clifford Pier

Wendet man sich von hier aus über das Collyer Quay wieder Richtung Süden, liegt links der **Clifford Pier (2)**. 1931–1933 wurde er erbaut und entwickelte sich schnell zur wichtigsten Landestelle für Einwanderer. Die Konstruktion wirkt besonders beeindruckend, da kein einziger Pfosten die Bögen stützt. Der luftige Bau mit Art-déco-Fassade bietet auch bei drückender Hitze ein angenehmes Klima. Migrantenströme sind hier heute nicht mehr zu sehen, wer sich ein privates Ausflugsboot für einen Inselbesuch mieten möchte, ist hier aber richtig.

## Raffles Place

Etwas westlich des Clifford Pier liegt der **Raffles Place (3)**. Vom Platz aus, der einst direkt am Wasser lag, konnten die Händler ihre Schiffe am Collyer Quay im Auge behalten. Von den ursprünglichen Gebäuden sind heute keine mehr erhalten, dafür ragt eines der drei höchsten Gebäude Singapurs, das **OUB Centre**, 280 Meter in die Höhe. Als es 1986 fertiggestellt wurde, war es das höchste Gebäude Asiens.

*Dem Meer abgerungen*

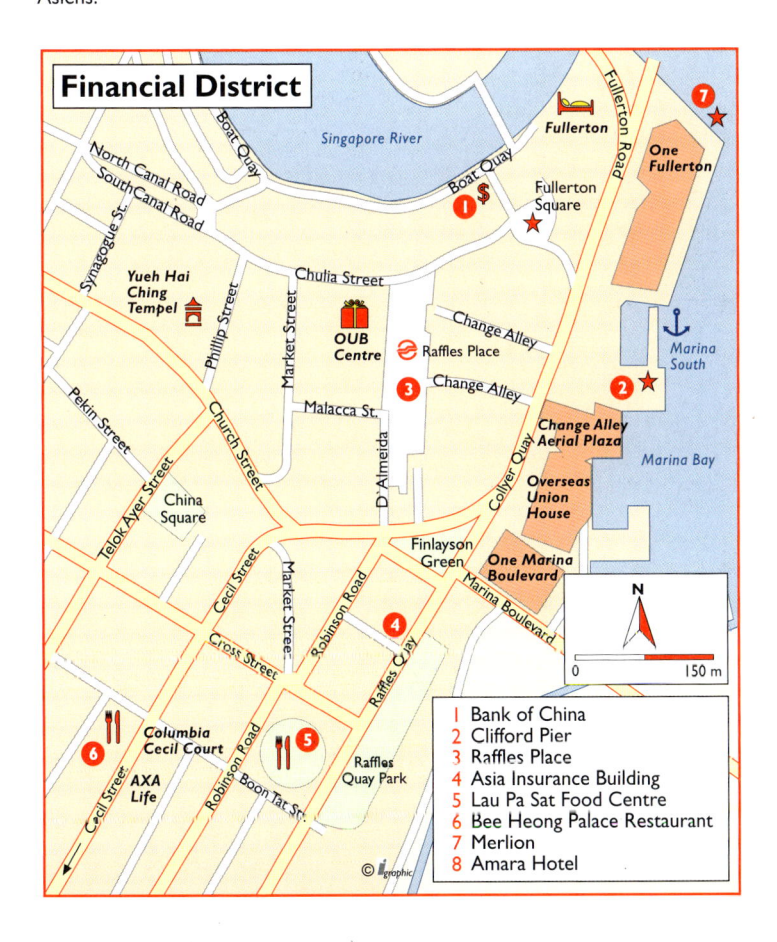

**Financial District**

1 Bank of China
2 Clifford Pier
3 Raffles Place
4 Asia Insurance Building
5 Lau Pa Sat Food Centre
6 Bee Heong Palace Restaurant
7 Merlion
8 Amara Hotel

*Blick vom Boat Quay auf den Financial District*

Vom Raffles Place aus zieht sich die Hauptarterie **Robinson Road** nach Süden. Die Straße wurde 1879 auf dem im Landgewinnungsprojekt von Telok Ayer gewonnenen Terrain errichtet und nach dem Gouverneur der Straits Settlements *Sir William Robinson* (Regierungszeit 1877–1879) benannt.

## Raffles Quay

Gleich am Anfang liegt die **Finlayson Green**, eine Verbindungsstraße zum Raffles Quay, mit dem **Asia Insurance Building (4)**: Dieser Versuch des Architekten *Keng Siang Ng*, einen lokalen, modernen Stil zu entwickeln, war zum Ende der Bauzeit in den 1950er-Jahren das höchste Gebäude der Stadt. Besonders hervorstechend sind dabei das hohe Eckürmchen und die hervorstehenden Deckenplatten, die die direkte Sonneneinstrahlung in die Büros verringern sollen. Einige wenige Gehminuten weiter südlich erreicht man das **Lau Pa Sat Food Centre (5)**. Es liegt an der Kreuzung mit der Boon Tat Street, die bis 1946 als Japan Street bekannt war, nach dem Ende der japanischen Besatzung aber umbenannt wurde. Der neue Namensgeber war *Ong Boon Tat*, ein singapurischer Geschäftsmann, Municipal Commissioner und Besitzer des New Word Amusement Parks. Der ehemalige Fischmarkt Lau Pa Sat ist heute eine absolut empfehlenswerte Adresse für alle Gourmets: Im Schatten des viktorianischen, achteckigen Eisenbaus lässt sich mittags wie abends hervorragend speisen.

*Gute Adresse für Gourmets*

Biegt man am Lau Pa Sat nach Westen ab, führt die **Boon Tat Street** direkt ins benachbarte Chinatown.

## Reisepraktische Informationen

### Hinweis
**Stadtplan** siehe Seite 171.

### Unterkunft
Im Financial District sind die Hotels aller Preisklassen eher dünn gesät. Wer eine Unterkunft sucht, ist im benachbarten Chinatown besser bedient.
**Amara Hotel $$$$ (8)**, 165 Tanjong Pagar Road, ☏ 68792555, 🖷 62243910, singapore@amarahotels.com, http://singapore.amarahotels.com, 388 Zimmer. Das Hotel ist im minimalistisch-balinesischen Stil gehalten und strahlt dezenten Luxus aus. Für alle, die gerne modern wohnen.

### Restaurants
**Bee Heong Palace Restaurant $$ (6)**, 140 Cecil Street, PIL Building, ☏ 62229074, 11–15 und 18–22 Uhr. Traditionelle Hokkien-Küche im Familienbetrieb, lebendige Atmosphäre.

### Food Court
**Lau Pa Sat Food Centre (5)**, zwischen Cross Street, Raffles Quay und Robinson Road. Sicher Singapurs architektonisch schönster Food Court. Nach Einbruch der Dunkelheit werden auch in den umliegenden Straßen Saté-Stände aufgebaut. Der Food Court ist und um die Uhr geöffnet.

*Essensstände in viktorianischer Eisenkonstruktion: Lau Pa Sat Food Centre*

# Chinatown

> **So kommt man hin**

MRT Chinatown (NE4)

Kaum eine Volksgruppe hat Singapur so geprägt wie die Chinesen. Von *Lee Kuan Yew* über *Goh Tok Chong* bis hin zu *Lee Hsien Loong* wird der Stadtstaat seit der Unabhängigkeit von chinesischen Premierministern regiert, und Chinesisch (in den jeweiligen Dialekten) ist neben Englisch die am häufigsten gesprochene Sprache in Singapur. Kein Wunder, dass viele Europäer Singapur als chinesische Stadt wahrnehmen.

Während der Stadtstaat sein multikulturelles Image pflegt, ist Chinatown definitiv das Viertel, in dem das chinesische Erbe der Stadt am deutlichsten wird. Bereits im Jahr 1822 bemerkte *Sir Stamford Raffles* weitsichtig, dass wohl auf lange Sicht die Chinesen die größte und dominanteste Volksgruppe in Singapur werden würden. Dementsprechend teilte er den Chinesen das größte, wenn auch nicht unbedingt beste Siedlungsgebiet südlich des Singapore River zu. Weiterhin wurden, auf Geheiß *Raffles*, die chinesischen Siedler nach Herkunft unterschieden: Hokkiens wohnten in der Havelock Road, Telok Ayer Street und China Street, alle Chinesen, die Teochew sprachen, wurden an der Circular Road, River Valley Road, Boat Quay und an der South Bridge Road angesiedelt. Die Kantonesen fanden in der Kreta Ayer, Upper Cross Street, New Bridge Road und den südlichen Teilen der South Bridge Road ihre neue Heimat.

> **Redaktionstipps**
>
> ▶ Eine Reise in die Vergangenheit: ein Besuch des **Chinatown Heritage Centre** (S. 178)
> ▶ Traditionelle chinesische Apotheke: **Eu Yan Sang Clinic** (S. 181)
> ▶ Größte hinduistische Anlage Singapurs – der **Sri Mariamman Tempel** (S. 180)
> ▶ Der älteste chinesische Tempel: der **Thian Hock Keng Tempel** (S. 183)
> ▶ Samt und Seide – ein wahres Schmuckstück als Unterkunft mit entsprechendem Preis: **The Scarlet** (S. 187)
> ▶ Authentische südostasiatische Küche im **IndoChine** (S. 188)

Schon bald regierten die zusammenfassend *Gongsi* genannten Gilden, Clan-Gemeinschaften und Handelsgesellschaften die auf Malaiisch *Kreta Ayer* und auf Mandarin *Niuche Shui* genannte Gegend, was in beiden Sprachen, „Ochsenkarren mit Wasser" bedeutet – eine Anspielung an die frühe Trinkwasserversorgung. Die Grenzen zwischen den legalen Vereinigungen und den Triaden waren mehr oder weniger fließend. Mafiöse Strukturen hatten beide, fungierten aber immer auch als karitative Organisation, gesellschaftliche Vertretung und Unterdrücker in einem. Auf der einen Seite standen Drogenhandel und Prostitution, die bald schon in Chinatown florierten. Auf der anderen fanden die zu Hunderttausenden nach Singapur strömenden Chinesen in den Gilden und Triaden auch eine erste Anlaufstation und, bei entsprechender Bereitschaft, sich auf die Strukturen einzulassen, auch ein Auskommen.

*Gilden und Triaden*

Ende des 19. Jahrhunderts galt Chinatown als der Sündenpfuhl der Stadt, die Lebens- und Arbeitsbedingungen waren jenseits der Grenze des Erträglichen. Daran

*South Bridge Road in Chinatown*

änderte sich trotz staatlicher Versuche, die Kriminalität zu bekämpfen und die Prostitution einzudämmen, recht wenig. Selbst die Errichtung des „Chinese Protectorate" 1877, einer Behörde, die den Kampf gegen die Mafia aufnahm und es den chinesischen Bewohnern erleichtern sollte, Kriminalität und Prostitution den Rücken zu kehren, konnte an diesem Zustand kaum etwas ändern.

Noch in den frühen 1960er-Jahren war Chinatown alles andere als das pittoreske Viertel, als das es sich heute präsentiert. Die Lebensbedingungen waren nicht viel besser als Anfang des 20. Jahrhunderts, die Häuser heruntergekommen und die Kriminalitätsrate hoch. Zu dieser Zeit diskutierte man in Singapur ernsthaft, große Teile von Chinatown abzureißen und durch Sozialwohnungen zu ersetzen.

Glücklicherweise entschied man sich dafür, zweigleisig zu fahren. Teile von Chinatown wurden abgerissen und durch Sozialwohnungen ersetzt, viele Bewohner zogen in die Housing Estates am Stadtrand, und die verbliebene historische Bausubstanz wurde sukzessive restauriert – ein Prozess, der sich über mehrere Jahrzehnte hinzog und bis heute nicht abgeschlossen ist. Entlang der **Ann Siang Hill Road** findet man auch heute noch einige wenige nicht restaurierte Gebäude. Es ist allerdings nur eine Frage der Zeit, bis auch diese Häuser in pastellfarbenem Glanz erstrahlen und ein Boutiquehotel oder eine schicke Galerie beherbergen werden.

*Verbliebene historische Bausubstanz*

Chinatown ist „in" – als Shopping District, als Ausgehviertel und vor allem als touristische Attraktion. Als Herzstück der Stadt lockt es jedes Jahr Millionen von Besuchern an. Kein Wunder, dass das Viertel weiterhin besonders herausgeputzt wird. Der ehemalige Sündenpfuhl und soziale Brennpunkt zeigt sich heute dem Besucher von der bunt bemalten Schokoladenseite. Ein Spaziergang durch Chinatown ist auch immer ein Spaziergang durch die unterschiedlichen Regionen Chinas. Die exakten

# Chinatown

1. MRT-Station Chinatown
2. People's Park Complex
3. Majestic Theatre
4. Yue Hwa Chinese Products
5. Chinatown Heritage Centre
6. Chinatown Arts Belt
7. Chinatown Complex
8. Jamae Moschee
9. Sri Mariamman Tempel

10  Eu Yan Sang Clinic
11  Thye On Ginseng Medical Hall
12  Ann Siang Hill
13  Amoy Street Food Centre
14  Al Abrar Moschee
15  Thian Hock Keng Tempel
16  Nagore Durgha Schrein
17  Far East Square
18  Tempel der Buddhazahn-Reliquie

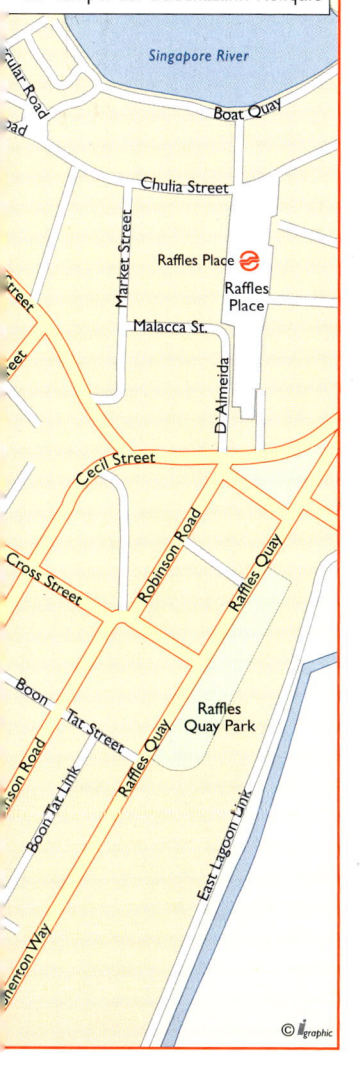

ethnischen Zuordnungen der einzelnen Straßen sind längst aufgeweicht, kulinarisch findet man vor allem abends immer noch sämtliche Regionalküchen und Spezialitäten vom chinesischen Festland.

## Spaziergang

Einen Spaziergang durch Chinatown beginnt man idealerweise an der gleichnamigen **MRT-Station (NE4) (1)**. Schon beim Herauffahren aus der Metro fällt der Blick auf die pastellfarbenen Fassaden der restaurierten Shophouses. Direkt an der MRT beginnt die **Pagoda Street**, das touristische Herzstück Chinatowns. Ihren Namen verdankt die Straße dem Gopuram (Torturm, der den Zugang zum Tempel gewährt) des **Sri Mariamman Tempels** an ihrer Südseite, architektonisch zwar nicht unbedingt eine Pagode, aber für das chinesische Auge wohl ähnlich genug.

*Im Herzen Chinatowns*

Bis Anfang des 20. Jahrhunderts war die Pagoda Street berühmt-berüchtigt für ihre Opiumhöhlen und die vielen ärmlichen Kuli-Unterkünfte. Dreht man sich noch einmal in Richtung MRT-Station um, erblickt man jenseits der parallel verlaufenden New Bridge Road und Eu Tong Sen Street den riesigen **People's Park Complex (2)**, beim Bau im Jahr 1970 eines der ersten Einkaufszentren Singapurs. Daneben stehen noch zwei Relikte aus der Zeit, als sich die historische Bebauung Chinatowns noch jenseits der beiden Straßen erstreckte.

Weiter südlich liegt das **Majestic Theatre (3)**, das seit seiner Eröffnung 1927 legendär für seine Aufführungen kantonesischer Opern war und heute als Shopping Center genutzt wird. Das daneben gelegene Gebäude aus dem frühen 20. Jahrhundert beherbergt das Traditionshaus **Yue Hwa Chinese Products (4)**, das seit mehr als vier Jahrzehnten importierte Produkte vom chinesischen Festland verkauft und durchaus einen kleinen Einkaufsbummel wert ist (s. S. 189).
**Yue Hwa Chinese Products**, *70 Eu Tong Sen Street*, www.yuehwa.com.sg, So–Fr 11–21 Uhr, Sa 11–22 Uhr.

## Chinatown Heritage Centre

Zur ersten Orientierung in Chinatown empfiehlt sich der Besuch des **Chinatown Heritage Centre (5)**, nach etwa 200 Metern linker Hand auf der Pagoda Street. Der Eintritt kostete bis 2008 noch 8,80 SGD und es wurde gleich darauf hingewiesen, dass hier Traditionen aufrecht erhalten werden. Die Zahl Acht steht für Reichtum, und so kommt der Eintrittspreis einem guten Wunsch gleich: Mögen Sie reich werden! Mit der Erhöhung auf 10 SGD bricht man zwar mit der Tradition, wird aber dafür auf klassische Weise reicher! Das Heritage Centre führt dann in die Zeiten, als Singapur, und vor allen Dingen Chinatown, alles andere als wohlhabend waren. Im Zentrum der Ausstellung im ersten Stock steht eine Einführung in die einzelnen Herkunftsprovinzen der chinesischen Bevölkerung Singapurs, deren lokal zuordenbare Familiennamen, Sitten und Dialekte. Die zweite Etage ist den Lebensbedingungen und der Geschichte Chinatowns gewidmet. Auf der dritten Ebene und auf dem Weg zurück zum Eingang gewinnt der Besucher schließlich anhand von lebensgroßen Modellen einen Eindruck von den typischen Sweatshops, den beengten Werkstätten des Viertels und von den nicht minder bescheidenen Wohnverhältnissen, die sich erst mit den groß angelegten Umsiedlungen Ende der 1960er-Jahre langsam verbesserten. Die didaktisch ausgezeichnet aufgemachte Ausstellung lohnt durchaus einen längeren Besuch, eine Stunde sollte man wenigstens einplanen. Fotografieren und filmen ist allerdings im Heritage Centre verboten. Wer schon einmal einen Blick auf die Exponate werfen möchte, dem sei die ausführliche Internetseite des Museums empfohlen.

*Ausflug in die Vergangenheit*

**Chinatown Heritage Centre**, 48 Pagoda Street, ☏ 63252878, 🖷 63252879, www.chinatownheritagecentre.com.sg, tgl. 9–20 Uhr, letzter Einlass um 19 Uhr. Eintritt Erwachsene 10 SGD, Kinder 6 SGD. Am chinesischen Neujahrstag geschl.

Wieder zurück auf der **Pagoda Street**, wird es einem, mit den frischen Eindrücken der Ausstellung im Gedächtnis, bewusst, wie sehr sich das Leben in Chinatown in den letzten Jahren verändert hat. Die Pagoda Street ist die **Souvenirmeile** Chinatowns. Dementsprechend bunt geht es in den vielen kleinen Läden und Ständen zu, wo China-Nippes von der Qigong-Kugel bis zum Seidenkimono im grellbunten Angebot sind. Handeln ist hier absolut obligatorisch und sollte, wie überall in Asien, mit Durchsetzungsvermögen und Respekt für das Gegenüber betrieben werden.

## Trengganu und Smith Street

Bevor Sie weiter in Richtung South Bridge Road laufen, empfiehlt sich ein Abstecher in Richtung Süden, entlang der Trengganu Street zur Smith Street. Beide Straßen beherbergen heute einen lebhaften **Nachtmarkt**, der schon in den späten Nachmittagsstunden seine Tische und Woks aufbaut, und eine Reihe von ausgezeichneten **Restaurants**. Von kaiserlicher Peking-Küche über die süßsaure Kost Shanghais bis hin zur feurigen Küche Sichuans hat man hier die Qual der Wahl. Zwischendrin steht dann auch noch ein Deutscher und verkauft Würstchen. Singapurs erste **Würstchenbude** befindet sich in der Trengganu Street und ist beliebter Fotostopp asiatischer Besucher. Anfang des 20. Jahrhunderts ging es in der Smith Street weniger beschaulich zu. 25 Bordelle buhlten noch 1901 um Kundschaft, und auch

*Kulinarische Vielfalt*

entlang der Trengganu Street stand Amüsement im Vordergrund, wenn sich auch die Sünden zumeist auf kulinarische Annehmlichkeiten beschränkten. Benannt ist die Smith Street nach *Sir Cecil Clementi Smith*, der von 1887 bis 1893 Gouverneur der Straits Settlements war.

Entlang der beiden Straßen zieht sich heute auch der **Chinatown Arts Belt (6)**. 1998 erwarb der National Arts Council die oberen Etagen von acht Gebäuden in der Smith Street und zwei Gebäude in der Trengganu Street und baute diese zum Kunstzentrum aus. Seitdem beherbergen diese Räume Künstlergruppen, die sich der kantonesischen Oper, Pekingoper, Oper im Teochew-Dialekt, Musik, Theater, Kalligraphie und Literatur widmen. Dazu gehören der **Chinese Theatre Circle** und das Theater **Toy Factory Productions**. Bereits um die Wende zum 20. Jahrhundert war die Gegend bekannt für seine Theater, in denen bis in die 1920er-Jahre vor allem chinesische Opern gespielt wurden, allen voran das Lai Chun Yuen Theater.

*Kunst und Theater*

**Toy Factory Productions**, *15A Smith Street, www.toyfactory.com.sg, Öffnungszeiten je nach Aufführung.*

Folgt man der Trengganu Street in Richtung Süden, erreicht man den **Chinatown Complex (7)**, der mit seinem Lebensmittelmarkt, einem kleinen Food Court und seinen Souvenirläden einen Abstecher lohnt.

## Sago Lane und Sago Street

In der nach Süden abzweigenden **Sago Lane**, benannt nach den Sago-Fabriken, die früher hier standen, findet an Wochenenden ein kleiner Flohmarkt statt. Zwischen Sago Lane und **Sago Street** hat die traditionelle Architektur hohen Housing Estates weichen müssen, jenen Sozialwohnungen, die ab den 1960er-Jahren die Lebensverhältnisse in Chinatown entscheidend verbesserten. Dass gerade hier die meisten Häuser abgerissen wurden, mag auch daran liegen, dass in diesem Bereich die traditionellen „Sterbehäuser" lagen – keine besonders glückverheißende Umgebung also und auf dem chinesischen Wohnungsmarkt bestimmt kein Renner. Verschiedene Shops für Opfergaben und „Totenbedarf", also der Fachhandel für Opfergaben aus Papier, sind in der Sago Lane noch zu finden.

## Jamae Moschee

Zurück auf der Pagoda Street muss man sich, je näher man der South Bridge Road kommt, durch die immer enger werdenden Souvenir-

*Jamae Moschee*

stände zwängen. Die vierspurige South Bridge Road ist die wichtigste Ost-West-Verbindung Chinatowns und ein guter Orientierungspunkt, wenn man in den kleinen Gassen des Viertels den Überblick verloren haben sollte. Betritt man die Straße, so steht linker Hand die **Jamae Moschee (8)**, gut erkennbar durch ihre zwei türkisfarbenen Minarettürme, die den Eingang flankieren. Erbaut 1826 von den Chulias, muslimischen Händlern und Geldwechslern aus dem Süden Indiens, war sie eines der ersten muslimischen Gotteshäuser Singapurs. Anfangs stand hier nur ein unscheinbares Backsteingebäude, von 1830 bis 1835 wurde dann die Moschee in der heutigen Form erbaut. Das Gebäude ist ein typisch singapurischer Stilmix aus indischen, englischen, malaiischen und chinesischen Elementen.

**Jamae Moschee**, *218 South Bridge Road, tgl., Öffnungszeiten variieren, Eintritt frei.*

## Sri Mariamman Tempel

*Farbenfroher Stilmix*

Einige Meter weiter westlich grüßt bereits der Gopuram des **Sri Mariamman Tempels (9)**. Zwischen all den chinesischen Shophouses wirkt der Tempel, immerhin die größte hinduistische Anlage der Stadt, ein wenig deplaziert. In der Farbenfrohheit des Gopuram kommt er den pastellfarbenen Nachbarn schon näher, und auch die vorwiegend chinesische Bevölkerung Chinatowns hat den Tempel als den ihren angenommen. Nicht selten sieht man auch chinesische Gläubige, die den hinduistischen Göttern ihre Aufwartung machen. Bus- und Taxifahrer aller Konfessionen legen die Hände zum Nop, der Grußgeste, zusammen, wenn sie den Sri Mariamman Tempel passieren. Die Götter scheinen ihren Segen zu geben, denn gemeinhin endet die kollektive Freihändigkeit am Steuer auf der sehr stark befahrenen South Bridge Road nicht im unfallbedingten Verkehrschaos.

*Der Sri Mariamman Tempel ist die größte hinduistische Anlage Singapurs*

Erbaut wurde der Sri Mariamman Tempel, zuerst als einfacher Holzbau, 1827. Im Jahr 1843 wurde dieser durch ein solideres Bauwerk ersetzt. Die Handwerker und Bildhauer wurden dazu extra aus Indien eingeschifft, einige davon nicht freiwillig: Sie waren Strafgefangene. Seit dem 19. Jahrhundert wurde der Tempel mehrmals umgestaltet und restauriert. Der heutige Bau ist jedoch an die Struktur von 1862 angelehnt.

Gewidmet ist der Tempel der namensgebenden Göttin Mariamman, der man die Fähigkeit nachsagt, Krankheiten zu kurieren. In ihrer südindischen Heimat wird sie zudem als regenspendende Gottheit verehrt. Neben dem der Mariamman geweihten zentralen Sanktum beinhalten die Seitengebäude des Tempels weitere kleine Räume, die verschiedenen Gottheiten gewidmet sind. Unter ihnen ist der elefantengesichtige Ganesha, der Überbrücker aller Hindernisse, im hinteren linken Teil des Tempels, dem die Gebete vor Beginn einer jeden Zeremonie gelten.

Am Eingang des Tempels müssen die Schuhe ausgezogen werden (!) und der Zutritt zum zentralen Sanktum ist für Nichthindus verboten. Der Eintritt auf das Tempelgelände ist frei, Fotografieren und Filmen kostet jedoch einen kleinen Obolus. Vor allem der Gopuram mit seinen bunten Darstellungen des indischen Pantheon, allen voran das Dreigestirn Brahma, Vishnu und Shiva, ist ein beliebtes Fotomotiv, bevorzugt vor dem Hintergrund der spiegelverglasten Hochhaustürme des Financial Districts.

Apropos Schuhe ausziehen: Im Herbst eines jeden Jahres (Oktober/November) ist der Tempel Schauplatz des **Thimithi-Festes**. Gläubige Hindus laufen dann über ein drei Meter langes Bett aus glühenden Kohlen. Die Sandgrube, auf der dieses Spektakel stattfindet, liegt einige Meter links vom Sanktum.
**Sri Mariamman Tempel**, *244 South Bridge Road,* 62234064, *tgl. 5–22 Uhr, Eintritt frei, Fotografier-/Filmerlaubnis 3/6 SGD.*

## Eu Yan Sang Clinic und Thye On Ginseng Medical Hall

Nach dem Besuch des Sri Mariamman Tempels empfiehlt es sich, noch ein wenig auf der South Bridge Road zu verweilen. Etwa 200 Meter vom Sri Mariamman Tempel entfernt in Richtung Westen, auf der gegenüberliegen Straßenseite, liegt mit der **Eu Yan Sang Clinic (10)** eine der letzten verbliebenen traditionellen Apotheken Chinatowns, die nach einer kürzlich erfolgten Renovierung vielleicht nicht mehr dem Klischee einer chinesischen Apotheke entspricht, durchaus aber noch einen Besuch lohnt. Trotz der vielen westlichen Medikamente, die inzwischen in der Auslage feilgeboten werden, liegt der Schwerpunkt hier immer noch auf traditioneller chinesischer Medizin. Für eine kleine Gebühr kann man sich eine medizinische Diagnose stellen lassen und bekommt anschließend ein entsprechendes Rezept ausgestellt, das dann aus chinesischen Heilkräutern zusammengestellt wird.

*Medizinische Diagnose gegen Gebühr*

Die Ursprünge der Eu Yan Sang Clinic reichen bis ins späte 19. Jahrhundert zurück, als der Arzt *Eu Kwong Pai* seine kantonesische Heimat verließ und in Malaysia chinesische Bergarbeiter mit einer traditionellen chinesischen Kräutermischung von

ihrer Opiumabhängigkeit kurierte. 1879 eröffnete er die erste Apotheke in Malaysia und nannte sie *Eu Yan Sang*, wörtlich „Eu (sein Familienname) kümmert sich um die Menschen". Sein ältester Sohn *Eu Tong Sen* erweiterte das Geschäft und gründete Filialen in China, Hongkong und Singapur.
**Eu Yan Sang Clinic**, *269 A South Bridge Road, www.euyansang.com, Mo–Fr 9–18 Uhr, Sa 9–13 Uhr.*

Wer auf den Geschmack gekommen ist, findet direkt gegenüber mit der **Thye On Ginseng Medical Hall (11)** eine weitere, nicht ganz so renommierte, aber in Design und Einrichtung um einiges authentischere chinesische Apotheke.
**Thye On Ginseng Medical Hall**, *264 A South Bridge Road, Mo–Fr 9–18 Uhr, Sa 9–13 Uhr.*

## Ann Siang Hill

Verlässt man die South Bridge Road in Richtung Süden, steht man am Fuße des **Ann Siang Hill (12)**. Benannt nach seinem jeweiligen Besitzer, wechselte der Name des Hügels von Scott's Hill (nach *Charles Scott*, einem Plantagenbesitzer, der hier Nelken und Muskat anbaute), in Gemmil Hill (nach dem Kaufmann *John Gemmil*), bis der wohlhabende Sägemüller *Chia Ann Siang* in der zweiten Hälfte des 19. Jahrhunderts das Areal erstand und ihm seinen heutigen Namen gab. Vor Kurzem hat das National Parks Board den Ang Siang Hill in einen kleinen Erholungspark mit Pavillons umgewandelt, in dem ein kleiner Naturlehrpfad mit Muskat- und Nelkenpflanzungen angelegt ist der und mit einigen Parkbänken ausgestattet wurde – eine kleine grüne Lunge im ansonsten dicht bebauten Chinatown. Den Ann Siang Hill Park erreicht man von der South Bridge Road am besten über die Ann Siang Hill Road und die Club Street.

*Grüne Fleckchen*

## Amoy Street

Zu Hochzeiten der chinesischen Gilden standen in der Club Street viele der Clubhäuser der chinesischen Vereinigungen, heute ist die Straße bekannt für ihre angesagten Clubs und Restaurants. Von der Club Street zweigt eine kleine, gleichnamige Sackgasse ab, die direkt in den Park führt. Von der Parkhöhe, immerhin die höchste Erhebung in Chinatown,

*Ann Siang Hill*

hat man einen ausgezeichneten Blick auf die Skyline des Financial District und auf die Dächer des Thian Hock Keng Tempels. Direkt am südlichen Ausgang des Parks liegt mit dem **Amoy Street Food Centre (13)** einer der besten Food Courts der Stadt.

Gestärkt kann man sich nun auf die **Telok Ayer Street** begeben, wo mit der Al Abrar Moschee, dem Nagore Durgha Schrein und vor allem dem Thian Hock Keng Tempel weitere Besichtigungs-Highlights warten. Die Telok Ayer Street, wörtlich „Wasserbucht-Straße", führte, wie der Name es schon andeutet, noch im 19. Jahrhundert direkt am Meeresufer entlang, bevor extensive Landgewinnung das Stadtgebiet um mehr als einen Kilometer in Richtung Süden erweiterte.

## Al Abrar Moschee

Die **Al Abrar Moschee (14)**, etwa 200 Meter vom Amoy Street Food Centre entfernt auf der linken Straßenseite, wurde 1827 als einfache Hütte gebaut, ehe diese in den 1850er-Jahren durch ein festes Gebäude ersetzt wurde. Trotz intensiver Restaurierungsarbeiten in den 1980er-Jahren präsentiert sich die sehr schlicht gehaltene Moschee auch heute noch annähernd im Originalzustand.

## Thian Hock Keng Tempel

Einige Meter weiter auf der gleichen Straßenseite erreicht man den **Thian Hock Keng Tempel (15)**. Zwischen 1839 und 1842 erbaut, ist er der älteste chinesische Tempel Singapurs und der wichtigste Tempel der Hokkiener Gemeinde. Bereits im Jahr 1822 stand hier ein unscheinbares Gebetshaus, das der Göttin Mazu, der Schutzheiligen der Seefahrer gewidmet war. Hier bedankten sich frisch angekommene Immigranten aus der Provinz Fujian für die sichere Überfahrt. Der bis heute erhaltene Tempelbau aus dem 19. Jahrhundert

*Im Thian Hock Keng Tempel*

wurde mit Privatgeldern und Spenden finanziert, die Baumaterialien und einige der Reliquien wurden aus China importiert. Der Tempel ist auch Geburtsort der Hokkien Huiguan, einer der größten und einflussreichsten chinesischen Clan-Gesellschaften Singapurs, die sich vor allem durch ihre Anstrengungen im Bildungswesen Chinatowns hervorgetan hat und in deren Besitz der Tempel bis heute ist. 1973 wurde das Gebäude zum National Monument erklärt, und im Jahr 1975 sowie zwischen 1998 und 2000 umfassend restauriert.

*Im chinesischen Pantheon*

Der Haupteingang wird flankiert von in die Flügeltüren eingelassenen Wächterfiguren, die den Tempel vor bösen Geistern schützen sollen. Im Zentrum der Haupthalle steht eine lebensgroße **Figur der Mazu**, flankiert durch **Guandi**, den Gott des Krieges, und **Baosheng Dadi**, den „Bewahrer des Lebens", dem große medizinische Fähigkeiten zugeschrieben werden. Im Inneren des Tempels dominieren die Farben Rot und Gold, die Glück und Reichtum verheißen. Räucherspiralen erfüllen die Tempelanlage mit dem Duft von Sandelholz. Die Seitenhallen des Tempels beherbergen kleine Schreine, die jeweils einer bestimmten Gottheit gewidmet sind. Wie so oft in chinesischen Tempeln geht die spirituelle Tour-de-Force quer durch alle Religionen. Daoistische Gottheiten findet man hier ebenso wie die buddhistische „Göttin der Barmherzigkeit" Guanyin und, im konfuzianischen Idealstaat Singapur unvermeidlich, den großen Weisen Konfuzius höchstpersönlich. Wer sich für chinesische Mythologie interessiert, kann die Geschichten und Herkunft der einzelnen Charaktere jeweils auf englischen Informationstafeln nachlesen.
**Thian Hock Keng Temple**, *158 Telok Ayer Street, ☏ 64234616, tgl. 7.30–17.30 Uhr, Eintritt frei.*

## Nagore Durgha Schrein

Der **Nagore Durgha Schrein (16)**, einige Meter östlich des Thian Hock Keng Tempels, verblasst ein wenig vor dem Glanz des großen Nachbarn. Ende der 1830er-Jahre wurde der Tempel in Erinnerung an einen heiligen Mann der Chulia, der die Kunde des indischen Islam nach Singapur brachte, gebaut. Obwohl das Gebäude seit 1974 ein Nationaldenkmal ist, wurde es über Jahrzehnte lang vernachlässigt und Anfang der 1990er-Jahre aus baupolizeilichen Gründen geschlossen. 2007 bis 2009 wurde der Schrein mit großem Aufwand restauriert und erstrahlt seitdem in neuem Glanz.
**Nagore Durgha Schrein**, *140 Telok Ayer Street, ☏ 62568188, Eintritt frei.*

Folgt man der Telok Ayer Street in Richtung Osten, geht Chinatown langsam in den Financial District über. Sollten Sie während Ihres Spaziergangs Hunger bekommen haben, so gibt es an der Kreuzung zur Cross Street, im **Far East Square (17)**, eine exquisite Auswahl an guten Restaurants zu allerdings keinesfalls moderaten Preisen. Gute 500 Meter weiter in Richtung Osten erreichen Sie über die Chulia Street dann die MRT-Station **Raffles Place** (EW 14/NS 26) (s. S. 172).

Etwas weniger touristisch, aber dennoch äußerst sehenswert sind die Viertel entlang der **Tanjong Pagar** und der **Keong Saik Road**. Entlang der beiden Straßen und rund um den **Dunxton Hill** kann man auf Entdeckungstour gehen und so manches architektonische Kleinod finden. Viele der stilvollen und dabei erstaunlich günstigen Hotels und Guesthouses des Viertels liegen in der **Keong Saik Road**, unter anderem das **Hotel 1929** und **The Saff Hotel**. Die Tanjong Pagar erwacht vor allem abends zum Leben, wenn sich in den gestylten Bars die Schwulenszene trifft.

*Tempel der Buddhazahn-Reliquie*

## Tempel der Buddhazahn-Reliquie

Zwischen Kreta Ayer Road, Banda Street und Sago Street steht der riesige **Tempel der Buddhazahn-Reliquie (18)**. Baubeginn des 58 Millionen SGD teuren Projekts war im Frühjahr 2005, die farbenfrohe Eröffnung erfolgte im Mai 2007. Der etwas zu funktional anmutende Tempel beherbergt ein interessantes Museum, in dem buddhistische Reliquien gezeigt werden.

*Buddhistische Reliquien*

**Buddha Tooth Relic Temple and Museum**, 288 A South Bridge Road, ☏ 62200220, museum@btrts.org.sg, www. btrts.org.sg, tgl. 9–18 Uhr, Eintritt frei.

## Reisepraktische Informationen

### Hinweis
**Stadtplan** siehe Seite 186.

### Unterkunft
*Vor allem im Mittelklasse- und im Budgetsegment gibt es in Chinatown eine ausgezeichnete Auswahl von guten, meist Boutiquehotels.*

**Naumi Liora $$ (1)**, 55 Keong Saik Road, ☏ 69229000 oder 64036000, liora.aide@naumihotels.com, www.naumiliora.com, 79 Zimmer. Das Hotel hat nach Renovierung und Besitzerwechsel an Luxus und Farbe zugelegt. Einziger Nachteil des ansonsten sehr zu empfehlenden Hotels: Einige der günstigeren Zimmer haben kein Fenster. Siehe auch S. 155.

**Hotel 1929 $$ (2)**, 50 Keong Saik Road, ☏ 63471929, reservations@hotel1929.com, www.hotel1929.com, 32 Zimmer. Minimalistisch luxuriöses Designhotel mit etwas unterkühltem Service. Das Restaurant im Erdgeschoss ist ausgezeichnet. Die Zimmer im Dachgeschoss sind weniger zu empfehlen. Siehe auch S. 156.

# Chinatown Reisepraktisches

**Reisepraktische Informationen: Chinatown**

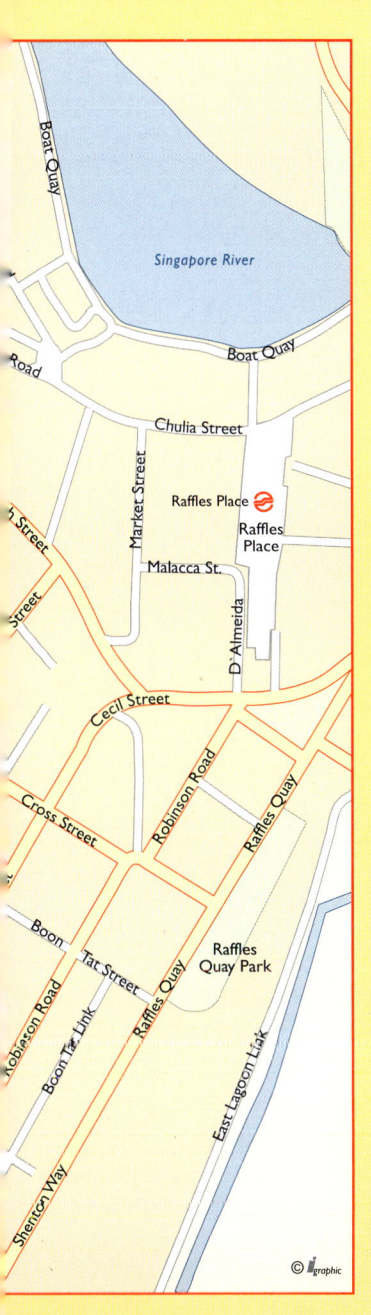

### 🍸 Nightlife
1. Bar Sá Vanh
2. Backstage Bar
3. JJ Mahoney's
4. Tantric
5. Lluvia
6. Tong Heritage Bar

### 🎁 Einkaufen
7. Chinatown Night Market
8. Chinatown Complex
9. China Point
10. Eu Yan Sang Clinic
11. Tong Heng Pastries
12. Yue Hwa Chinese Products

### Essen und Trinken
1. Niu Chen Shui Sichuan Restaurant
2. Tak Po
3. Lan Zhou La Mian
4. Dadong Restaurant
5. IndoChine
6. Senso Ristorante & Bar
7. Amoy Street Food Centre
8. Chinatown Food Street

### Unterkunft
1. Naumi Liora
2. Hotel 1929
3. The Inn at Temple Street
4. Santa Grand Hotel Chinatown
5. The Scarlet

**The Inn at Temple Street $$ (3),** 36 Temple Street, theinn@singnet.com.sg, www.theinn.com.sg. Zwischen Opulenz und Zweckmäßigkeit changierendes Boutiquehotel im Zentrum von Chinatown. Das Hotel wurde in fünf traditionellen Shophouses eingerichtet.

**Santa Grand Hotel Chinatown $$–$$$ (4)**, 20 Trengganu Street, ☎ 62385455, reservation@santa.com.sg, www.santagrandhotels.com, 41 Zimmer. Zentraler geht es nicht – was aber auch das Manko des Hotels ist. Mitten im pulsierenden Herz von Chinatown gelegen, ist das ansonsten nett eingerichtete Santa Grand nicht wirklich eine ruhige Option.

**The Scarlet $$$ (5)**, 33 Erskine Road, ☎ 65113333, reservations@thescarlethotel.com, www.thescarlethotel.com, 80 Zimmer. Viel roter Samt, Stil und Design machen dieses Boutiquehotel zu einem Schmuckstück, das allerdings seinen Preis hat. Siehe auch S. 155.

### 🍴 Restaurants
**Niu Chen Shui Sichuan Restaurant $ (1)**, 199 New Bridge Road, ☎ 62252578. Gemütlich ist es nicht in dem Straßenrestaurant gleich an der New Bridge Road. Aber das Essen ist ausgezeichnet und die Bedienung aufmerksam. Wer ein gutes, aber unprätentiöses Restaurant sucht, ist hier richtig.

*Essen in der verbotenen Stadt: IndoChine*

**Tak Po $ (2)**, 42 Smith Street, ☎ 6226 3683. Keine kulinarischen Highlights, aber eine große und gute Auswahl von Dim Sum bietet dieses äußerste beliebte Restaurant am Westende der Smith Street.

**Lan Zhou La Mian $ (3)**, 19 Smith Street, ☎ 6327 1286, tgl. 17–23 Uhr. Handgezogene Nudeln in kräftiger Brühe. Nordchinesische Spezialitäten.

**Dadong Restaurant $$ (4)**, 39 Smith Street, ☎ 6221 3822, Mo–Fr 11–22.45 Uhr, Sa 9–22.45 Uhr. Traditionelles chinesisches Restaurant mit Spezialitäten vom chinesischen Festland. Service und Qualität sind im Restaurant deutlich besser als auf den Außenplätzen!

**IndoChine $$$ (5)**, 47–49 Club Street, ☎ 63230503, www.indochine.com.sg, Mo–Fr 12–15 und 18.30–23 Uhr, Sa 18.30–23 Uhr, So geschl. Authentische südostasiatische Küche und Fusion-Gerichte im stilisierten Ethno-Ambiente.

**Senso Ristorante & Bar $$$$ (6)**, 21 Club Street, ☎ 62243534, www.senso.sg, tgl. 18–22.30 Uhr, Mo–Fr auch 12–14.30 Uhr, So 11.30–15.30 Uhr Brunch. Edles italienisches Restaurant mit schönem Innenhof. Empfehlenswert.

### Food Courts/Hawker Centre

**Amoy Street Food Centre (7)**, Amoy Street. Eine kulinarische Reise durch Chinas Regionen – günstig und lecker.

**Chinatown Food Street (8)**, Smith Street zwischen Trengganu Street und South Bridge Road, www.chinatown.org.sg/english/food_street.htm. Etwas touristisch, aber immer noch empfehlenswert, um gut und günstig zu essen. Interessant sind auch die kleinen Restaurants hinter den Ständen.

### Nightlife

Das Nachtleben in Chinatown konzentriert sich vor allem auf die **Club Street** und die **Duxton Road**. Hier findet man vor allem viele kleine Bars und schicke Restaurants. **In der Tanjong Pagar Road** und ihrer Umgebung trifft sich die Schwulenszene.

**Bar Sá Vanh (1)**, 47–49 Club Street, ☎ 63230145, Mo–Do 17–2 Uhr, Fr, Sa 17–3 Uhr. Durchgestylte Bar mit Wasserfall im Erdgeschoss des Restaurants IndoChine (s. o. unter Restaurants.).

**Backstage Bar (2)**, 13A Trengganu Street, ☎ 62271712, www.backstagebar.moonfruit.com, So–Fr 19–1, Sa 19–2 Uhr. Gay oder Strait: eine der angesagtesten Bars in Singapur, gemütlich und mit moderaten Preisen.

**JJ Mahoney's (3)**, 58 Duxton Road, ☎ 62256225, So–Do 17–1 Uhr, Fr, Sa 17–2 Uhr. Live-Musik, Karaoke und 50 Sorten Bier. Unprätentiös, ideal für das Feierabendbier.

**Tantric (4)**, 78 Neil Road, ☏ 64239232, www.backstagebar.moonfruit.com, So–Fr 20–3 Uhr, Sa 20–4 Uhr. Beliebter Szenetreff, über den sich allerdings die Geister scheiden. „Stilvoll und sexy" meinen die einen, „teuer und unfreundlich" die anderen. Auf jeden Fall einen Besuch wert, um sich selbst ein Urteil zu bilden.

**Lluvia (5)**, 145 Telok Ayer Street, ☏ 91092592, contact@lluvia.com.sg, www.lluvia.com.sg. Mo–Do 8–2 Uhr, Fr/Sa 8–4 Uhr. Schwulen- und lesbenfreundliche Karaoke-Bar direkt gegenüber dem Thiam Hock Keng Temple. Verschiedene Events.

**Tong Heritage Bar (6)**, 50 Eu Tong Sen Street (Eingang auf der New Market Road), ☏ 65326006, Mo–Mi 18–1 Uhr, Do–Sa 18–3 Uhr. Stilvolle, in der mehr als 120 Jahre alten Tong Chai Medical Hall untergebrachte Cocktailbar mit schönem Innenhof.

**Pagoda Street:** Auf einer kleinen Bühne auf dem **Chinatown Night Market (7)** in der Pagoda Street gibt es an Wochenenden regelmäßig Live-Musik. Keine hohe Kunst, aber unterhaltsam.

### 🎁 Einkaufen

**Chinatown Complex (8)**, 335 Smith Street. Eher zum Schauen und Entdecken als zum Kaufen. Im Basement verbirgt sich einer der interessantesten Wet Markets Singapurs. In den Obergeschossen befinden sich Souvenir-, Ramsch- und Antiquitätenläden.

**China Point (9)**, 133 New Bridge Road. Souvenirs und Waren des täglichen Bedarfs können hier günstig erstanden werden.

**Eu Yan Sang Clinic (10)**, 269 South Bridge Road, ☏ 62253211, customersvc@euyansang.com, www.euyansang.com.sg, Mo–Sa 9–17.30 Uhr. Traditionelle chinesische Apotheke mit zahlreichen Produkten. Hier lohnt auch im gesunden Zustand ein Besuch.

**Tong Heng Pastries (11)**, 285 South Bridge Road, ☏ 62233649, www.chinatownology.com/tong_heng.html. Traditionell-chinesische Konditorei deren Geschichte bis in die 1930er-Jahre zurückreicht. Für Liebhaber von Kuchen, Torten, und Keksen.

*Einkaufstrubel auf der Pagoda Street*

**Yue Hwa Chinese Products (12)**, 70 Eu Tong Sen Street, ☏ 65384222, info@yuehwa.com.sg, www.yuehwa.com.sg, So–Fr 11–21, Sa 11–22 Uhr. Traditionshaus mit riesiger Auswahl an Produkten vom chinesischen Festland, von Tee über Seide bis hin zu Medikamenten.

# 5. AUSSERHALB DES ZENTRUMS

# Entlang der Küste nach Osten

> **So kommt man hin**
>
> **Geylang Serai**: Paya Lebar MRT Station (EW8), Bus Linie 2, 7, 21, 24, 26, 28, 30, 51, 61, 67, 154, 155 bis Sims Avenue/Katong Complex oder Joo Chiat Complex ab Eu Tong Sen Street in Chinatown oder Victoria Road.
> **Joo Chiat**: Bus 32 ab Bedok Interchange (EW5) bis East Coast Road/The Holy Family Church, Bus 13 bis Still Road/Lorong J Telok Kurau, Bus 16 und 33 bis Joo Chiat Road.
> **East Coast Park**: 401 bis East Coast Park Service Road (So und feiertags), Bus 16, 155, 196 bis Marine Crescent oder Marine Terrace, Bus 16, 31, 36, 55, 76, 135, 155, 196, 197 und 853 bis Marine Parade Road. An Werktagen ist die Anfahrt mit dem Taxi eine empfehlenswerte Alternative.

Singapur sei „Asien aus der Retorte", wird der Stadt oft vorgeworfen. In den östlichen Stadtvierteln bietet sich die Gelegenheit, dieses Vorurteil auszumerzen. Mehr noch als Kampong Glam sind **Geylang**, **Geylang Serai** und **Katong** die wahren malaiischen Viertel:

Nachdem die Briten 1840 die Bootssiedlungen der Malaien im Mündungsgebiet des Singapore River aufgelöst hatten, zogen viele von ihnen an den östlichen Rand der Stadt. Im Laufe der nächsten Jahrzehnte erhielt Geylang zudem Zulauf aus Kampong Glam, das den dortigen Bevölkerungsanstieg nicht verkraftete. Das Leben und das Bauland in Kampong Glam waren teuer geworden und so siedelten viele Malaien in Geylang und Katong. Auch Peranakan-Chinesen zogen vorzugsweise in diese Gegend, ein Umstand, der sich auch heute noch an den Peranakan-Restaurants zeigt.

> **Redaktionstipps**
>
> ▶ Ein Nachbarschaftstempel mit viel Atmosphäre – der **Kuan Im Tng Tempel** (S. 194)
> ▶ Entspannen, Flanieren, Joggen und Schlemmen – der **East Coast Park** (S. 192)
> ▶ Echtes Backpacker – das **Betel Box Hostel** (S. 197)
> ▶ Typische **Peranakan-Snacks** gibt es an jeder Ecke des Viertels

Der Ausdruck *Geylang* stammt wahrscheinlich vom malaiischen Wort „kilang" ab, das sich mit „Mühle" oder „Fabrik" übersetzen lässt. Anderen Quellen zufolge sind es die „Orang Gallang", räuberische Völker, die als Piraten vor allem an der Küste siedelten und dem Viertel den Namen gaben. *Serai* bedeutet jedenfalls Zitronengras – dieses wurde hier lange angebaut.

Interessanterweise ist Geylang auch der einzige Stadtteil, in dem sich Schmuddel-Etablissements des horizontalen Gewerbes auf Anhieb ausmachen lassen. In den kleinen Seitengassen der westlichen Geylang Road sind die abzweigenden, geraden Lorong bis Nummer 24 fest in der Hand des Rotlichtmilieus. Die Hotels dieser Gegend sind daher nicht gerade ein Treffpunkt katholischer Pfadfinder. Wer dem Rotlichtmilieu entkommen will, begibt sich ein wenig weiter östlich in Richtung Geylang Serai und Katong.

*Hotels sind hier nicht zu empfehlen*

Die schönsten Straßen des Ostens liegen im Süden Katongs: *Chew Joo Chiat*, ein wohlhabender Chinese und „King of Katong", besaß hier eine große Kokosnussplantage, die er jedoch in den 1920er-Jahren dem singapurischen Staat überließ. Zur Erinnerung an diese großzügige Geste wurde die Straße, die einst durch die Plantage führte, in **Joo Chiat Road** umbenannt. Die Grundstücke rechts und links dieser Straße wurden an reiche Peranakans und Eurasier verkauft. Mittelständische Chinesen zogen nach, und so wurde aus der Plantage eine Wohngegend. Die Häuser an der Joo Chiat Road und Koon Seng Road – mehr als 700! – stehen heute zu großen Teilen unter Denkmalschutz.

Trotz ihres touristischen Wertes sind Geylang und Katong noch immer authentische Stadtviertel, die vor allem wegen ihrer günstigen Unterkünfte, Peranakan-Restaurants und der vielen Shophouses bekannt sind. Die Unterscheidung ist übrigens nicht immer einfach: Die Stadtviertel Geylang, Geylang Serai und Katong sind zwar theoretisch getrennte Einheiten – verschiedenen Quellen zufolge bezieht sich der Ausdruck Geylang eher auf die Region nördlich der Geylang Road und Changi Road beziehungsweise östlich der Tanjong Katong Road, während mit Katong das Gebiet südlich der Geylang Road gemeint ist und Geylang Serai nur die unmittelbare Nachbarschaft des ehemaligen Malay Village bezeichnet. In manchen Broschüren und Stadtführern werden diese Ortbezeichnungen allerdings synonym verwendet. Joo Chiat ist jedenfalls ein Teil Katongs, auch wenn sich die Grenzen nicht genau festlegen lassen.

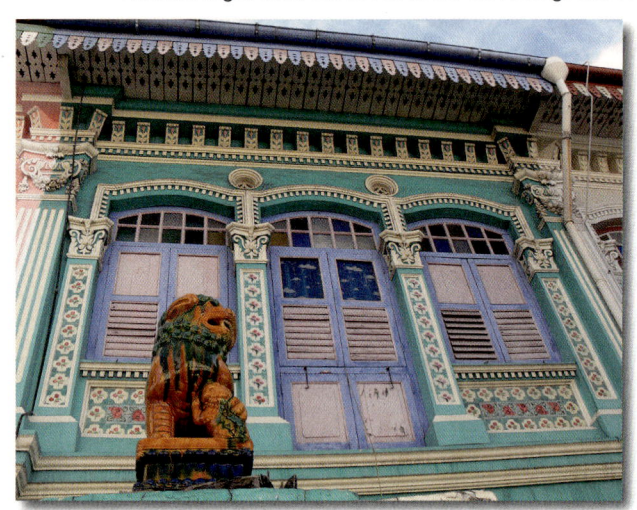

*Prächtige Farben sind typisch für die Peranakan-Häuser von Katong*

*Beliebter Freizeitort*

Etwas weiter südlich lockt der **East Coast Park**. Entspannen, Flanieren, Joggen und Schlemmen – das bringt den 151 Hektar großen East Coast Park auf den Punkt. Im Jahr 1970 auf einem dem Meer abgerungenen Landstrich eröffnet, entwickelte sich der Park schon bald zum beliebtesten Freizeitort Singapurs. Idealerweise lässt sich der ganze Tag hier verbringen – was viele Singapurer an Wochenenden auch zuweilen machen. Die schmalen, aber feinen Strände an dem 20 Kilometer langen Meeresufer laden zum Baden, Sonnen und zum Picknick ein. 12 Kilometer Radweg und 15 Kilometer ausgewiesene Joggingstrecke sowie etliche Fitnesseinrichtungen lassen auch die körperliche Betätigung nicht zu kurz kommen.

Von über 80 Grillständen und unzähligen Restaurants steigt einem dabei der Duft von frischen Meeresfrüchten in die Nase – Zeit also, noch ein paar Pfunde abzustrampeln, bevor man dann am Abend die berühmte Black-Pepper-Crab an der Uferpromenade genießt, zum Beispiel im East Coast Seafood Centre. Fahrräder und Inliner können auf dem Parkgelände geliehen werden.
**East Coast Park**, *20 km entlang des East Coast Parkway.*

# Spaziergang

Von der MRT Station Paya Lebar über die Sims Avenue kommend, trifft man zuerst auf das **ehemalige Geylang Serai Malay Village**. Das Museumsdorf, das ein typisches Kampong-Dorf der 1950er-Jahre darstellte, musste einem neuen Bauprojekt weichen. Unter dem Namen **Wisma Geylang Serai (1)** entsteht auf dem Gelände ein weitläufer Komplex, der neben öffentlichen und sozialen Einrichtungen für die Bevölkerung, Geschäften und Restaurants ebenso Einrichtungen beherbergen wird, die sich der Tradition und Kultur des Viertels widmen. So wird es u. a. eine **Malay Heritage Gallery** geben. Die Fertigstellung des Komplexes ist für 2017 geplant.
**Wisma Geylang Serai**, *39 Geylang Serai, Informationen über das Projekt unter www.mnd.gov.sg/makingofWGS.*

Lebendig geht es auf dem gegenüberliegenden **Geylang Serai New Market (2)** zu. In den Jahren 2011/2012 komplett renoviert, wurde das Gebäude im Kampong-Stil der malaiischen Dörfer ausgestaltet. Im Erdgeschoss befindet sich der Lebensmittelmarkt, im ersten Stock lockt ein Food Court.

*Kampong-Stil*

Gleich nebenan liegt der kleine chinesische **Leong Nam Temple**. Von hier aus geht es über die **Joo Chiat Road** nach Süden: Hier haben ganz besonders viele Shophouses aus der Vorkriegszeit überdauert. Farbenfroh bemalt, sind sie typisch für die Peranakan-Häuser Singapurs. Wer die Straße mit allen Seitenstraßen und Sehenswürdigkeiten erlaufen möchte, sollte mindestens einen Nachmittag einplanen, da das Areal recht weitläufig ist.

Gleich zu Beginn der Joo Chiat Road liegt der **Joo Chiat Komplex (3)**. Das Einkaufszentrum ist zwar nicht gerade architektonisch sehenswert, aber eine günstige Einkaufsgelegenheit und vor allem eine gute Adresse für Stoffe und malaiische Lebensmittel.

Schlendert man weiter die Straße nach Süden, erscheint rechter Hand die **Masjid Khalid (4)**, eine recht unscheinbare Moschee aus dem Jahr 1917, die nicht besichtigt werden kann. Seit dieser Zeit wurde sie mehrfach umgebaut, dient aber nach wie vor den Muslimen der Nachbarschaft als Andachtsstätte. Ihr bescheidenes Äußeres täuscht allerdings: Die Gebetshalle fasst bis zu 2.500 Gläubige.

Wenige Meter weiter, bei der Hausnummer 135, zweigt links die Straße mit dem irreführenden Namen **Joo Chiat Place** ab.

## Geylang/Katong

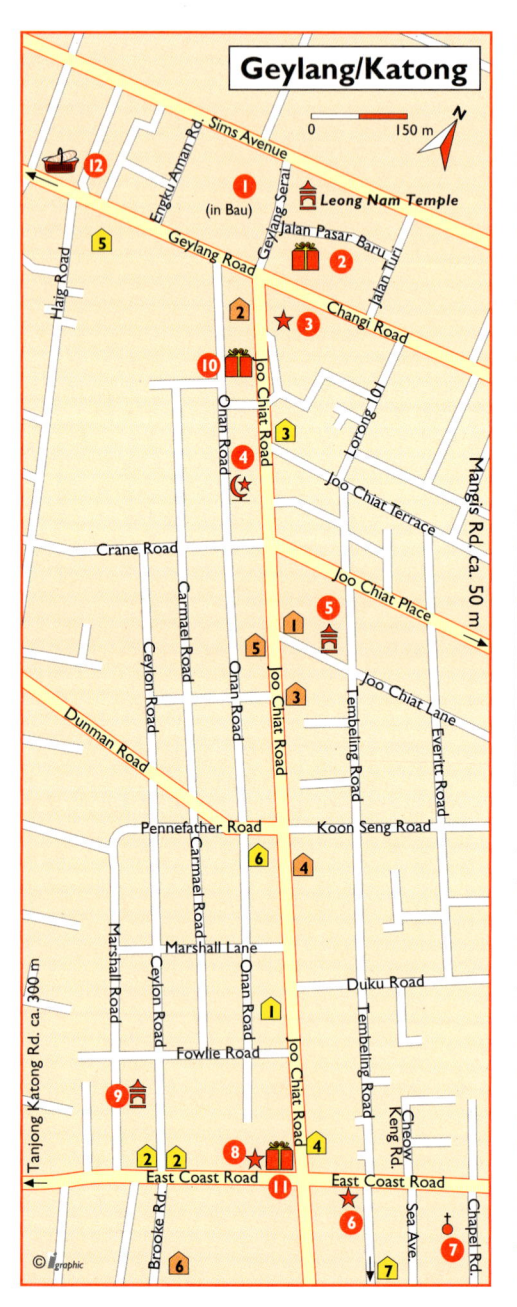

### Sehenswürdigkeit/Einkaufen

1. Wisma Geylang Serai
2. Geylang Serai New Market
3. Joo Chiat Komplex
4. Masjid Khalid
5. Kuan Im Tng Tempel
6. Reihenhäuser um die East Coast Road 150
7. Church of the Holy Family
8. Katong Bakery
9. Sri Senpaga Vinayagar Kalamandapam Tempel
10. Guan Huat Lee
11. Rumah Bebe
12. Stadium Cove Flea Market

### Unterkunft

1. Hotel 81 Sakura
2. Hotel 81 Classic
3. The Fragrance Hotel
4. Venue Hotel
5. Betel Box Hostel
6. Grand Mercure Roxy Hotel

### Essen & Trinken

1. Canton Wok
2. Nonya Laksa Stände
3. The Beef House
4. Casa Bom Vento
5. Haig Road Food Centre
6. Dunman Road Food Centre
7. Long Beach Seafood

Wer sich besonders für die Architektur der Gegend interessiert, folgt dem Joo Chiat Place bis zur **Mangis Road**, biegt rechts ab und kehrt über die **Joo Chiat Lane** wieder zurück zur Joo Chiat Road. Während des Spaziergangs lohnt es sich, den Kopf immer wieder mal zu heben: Besonders die Giebel sind oft opulent verziert. Kurz vor der Kreuzung Joo Chiat Road, Tembeling Road und Joo Chiat Lane (es ist beeindruckend, wie oft der ehemalige Besitzer des Areals für Straßen Pate stand!) liegt der **Kuan Im Tng Tempel (5)** aus dem Jahr 1919. Er ist, wie so viele andere chinesische

Tempel in Singapur, der buddhistischen Boddhisattva Guanyin und Konfuzius gleichzeitig gewidmet. Ein architektonisches Wunder ist die Anlage nicht, aber ein schönes Beispiel für einen gut besuchten Nachbarschaftstempel mit viel Atmosphäre.
**Kuan Im Tng Temple**, *62 Tembeling Road, www.kuanimtng.org.sg, meist bis Sonnenuntergang geöffnet.*

Weiter auf der Joo Chiat Road sind die restaurierten Häuser zwischen Hausnummer 229 und 241 besonders sehenswert – eine wahre Farbenorgie in Pastell. Gleiches gilt für die Seitenstraße **Koon Seng Road** und deren Seitenstraße **Everitt Road**. Hier stehen einige besonders prächtige Peranakan-Häuser, der kleine Umweg lohnt sich!

*Restaurierte Peranakan-Häuser*

Am Ende der Joo Chiat Road, einige Minuten Fußweg weiter, stößt man auf die **East Coast Road**. Wie der Name andeutet, lag sie einst am Wasser, bis zahlreiche Landgewinnungsprogramme in den 1960er-Jahren für Zuwachs sorgten. Manchen Häusern der East Coast Road ist dies heute noch anzusehen: Sie wurden zum Schutz vor den Gezeiten auf einer Art Podest erbaut. Eine kleine, aber feine private Sammlung von Peranakan-Kunst und Kleidung beherbergt das **Katong Antique House**.
**Katong Antique House**, *208 East Coast Road, ☏ 63458544. Öffnungszeiten telefonisch anfragen.*

Die restaurierten **Reihenhäuser um die East Coast Road 150 (6)** sind ein gutes Beispiel dafür. Eine recht seltsame Erscheinung ist die **Church of the Holy Family (7)** an der Ecke East Coast Road und Chapel Road. Das Gebäude aus dem

*Mit buntem Anstrich: die Reihenhäuschen an der East Coast Road*

Jahr 1932 ist für eine katholische Kirche erstaunlich schlicht und modern gehalten. **Church of the Holy Family**, *Chapel Road 6, www.holyfamily.org.sg.*

Zurück nach Westen gelangt man, am knallroten Shophouse der **Katong Bakery (8)** vorbei, zu der kleinen Parallelstraße Ceylon Road. Wenige Meter weiter steht der **Sri Senpaga Vinayagar Kalamandapam Tempel (9)**. Er ist unter anderem dem Elefantengott Lord Vinayagar (auch als Ganesha bekannt) gewidmet und gilt als einer der ältesten indischen Tempel der Stadt. Die vier Granitsäulen der Haupthalle zeigen jeweils acht Erscheinungsformen des Elefantengottes. Bereits 1875 wurde der Tempel von einem ceylonesischen Tamilen errichtet und vor Kurzem restauriert. Von außen gibt er sich übrigens recht schlicht, zumindest im Vergleich zu anderen indischen Tempeln, die mit Farbe und Bombast nicht geizen. Die Malereien und Statuen im Inneren sind jedoch gewohnt bunt. Die Konstruktion des Dachs ist übrigens recht ungewöhnlich: Von der Haupthalle aus können die Gläubigen durch Öffnungen den Gopuram sehen.
**Sri Senpaga Vinayagar Kalamandapam Tempel,** *19 Ceylon Road, Ecke Fowlie Road, Öffnungszeiten variieren.*

Touristen mit sportlichen Ambitionen wählen für den Rückweg die etwas längere Strecke über die westliche Parallelstraße **Tanjong Katong Road**, mit einem kleinen Abstecher in die westliche Mountbatten Road. Auch hier trifft man auf viele Peranakan-Häuser im Originalzustand.

*Einer der ältesten indischen Tempel*

## Im Reich der Peranakan

Erst seit wenigen Jahren besinnt man sich in Singapur wieder der einzigartigen Mischkultur aus chinesisch-malaiischen Elementen der britischen Straits-Settlements. „Lecker" ist der erste Gedanke, der dem Touristen angesichts der Peranakan-Kreationen durchs Gehirn schießt: Cremiges Rosa, Zitronengelb, salatgrüne Flächen, Zuckerguss-kitschige Verzierungen und kleine weiße Baiser-Häubchen lassen dem Betrachter schier das Wasser im Munde zusammenlaufen. Und das sind nur die Hausfassaden. Überall im Katong-Viertel von Singapur stehen die appetitlichen Shophouses im Hochzeitstorten-Stil: Jedes einzigartig, mit Liebe restauriert. Vor allem reiche Peranakan siedelten hier zu Beginn des 19. Jahrhunderts und stellten mit üppiger Ausstattung ihren Reichtum zu Schau. Heute ist Katong eine ruhige Wohngegend. Nur ein wenig bunter und verspielter, mit traditionellen Peranakan-Imbissen und Kramläden.

Der wahre Weg zur **Peranakan-Küche** führt jedoch wieder zurück ins Zentrum Singapurs, ins **True Blue Cuisine** (www.truebluecuisine.com) gleich neben dem Peranakan-Museum. Hier kocht der Küchenchef *Benjamin Seck* täglich nach den Regeln seiner Vorfahren (siehe Seite 124). In Europa nahezu unbekannt, hat die Peranakan-Küche übrigens in Singapur und Malaysia einen ausnehmend guten Ruf – denn die Mischung hat es in sich: Chinesische Zutaten mit scharfen malaiischen Gewürzen, die noch die Tropenhitze Singapurs mühelos in den Schatten stellt.

## Reisepraktische Informationen

👉 **Hinweis**
**Stadtplan** siehe Seite 194.

🛏 **Unterkunft**
Geylang Serai, Katong und Joo Chiat sind klassische Übernachtungsviertel für alle, die mit sehr knappem Budget reisen und keinen Anschluss an die Party- oder Backpacker-Szene suchen. Vor allem die Hotel 81-Kette ist dabei eine saubere Alternative.
Bei Hotels in den geraden Lorongs bis Nummer 24 lohnt es sich allerdings, genauer hinzusehen, da sie im Rotlichtviertel liegen und daher naturgemäß nicht unbedingt Klosterbrüder anziehen.
**Betel Box Hostel $ (5)**, 200 Joo Chiat Road, ☎ 62477340, info@betelbox.com, www.betelbox.com, Doppelzimmer und Schlafsaal. Fitnesscenter und Internet gratis, Zimmer mit Air Condition. Einer der wenigen echten „Backpacker" im Osten. Sehr gemütlich und freundlich!
**Hotel 81 Sakura $–$$ (1)**, 181 Joo Chiat Road, ☎ 62478181, sa-res@hotel81.com.sg, www.hotel81.com.sg, 75 Zimmer. Das hübsche Eckhaus ist in japanischem Stil eingerichtet.
**Hotel 81 Classic $–$$ (2)**, 12 Joo Chiat Road, ☎ 6346 8181, cl-res@hotel81.com.sg, www.hotel81.com.sg, 81 Zimmer. Das Hotel ist besonders verkehrsgünstig an der Geylang Road gelegen.
**The Fragrance Hotel $–$$ (3)**, 219 Joo Chiat Road, ☎ 63449888, www.fragrancehotel.com, 82 Zimmer. Sauber, einfach und ohne jeden Schnickschnack mit recht kleinen Zimmern.
**Venue Hotel $$ (4)**, 305 Joo Chiat Road, ☎ 63463131, contact@venuehotel.sg, www.venuehotel.sg. Schöne Umgebung, Boutiquehotel mit komfortablen Zimmern in modern-elegantem Design. Vier Zimmerkategorien.
**Grand Mercure Roxy Hotel $$$ (6)**, 50 East Coast Road, Roxy Square, ☎ 63448000, 📠 63448010, www.accorhotels.com. Sicher die komfortabelste Alternative in Katong.

🍴 **Restaurants**
Viele der kleinen Restaurants und Garküchen haben nicht einmal einen Namen, geschweige denn einen Eintrag in irgendwelchen kulinarischen Führern. Wer durch Geylang Serai oder Katong schlendert, findet an jeder Ecke die Gelegenheit, typische Peranakan-Snacks zu probieren.
**Nonya Laksa Stände $ (2)**, East Coast Road, Ecke

*An jeder Ecke lockt Katong mit kleinen Restaurants*

Ceylon Road. Die lokale Spezialität: sind hier Nudeln mit Meeresfrüchten in einer Kokossoße.

**The Beef House $–$$ (3)**, 97 Joo Chiat Road, Di–So 11–21 Uhr. Das kleine Restaurant bietet jede Menge lokale Rindfleischspezialitäten.

**Canton Wok $$ (1)**, 382 Joo Chiat Road, ☏ 62856919, 11.30–14.30 und 17.30–22.30 Uhr. Wie der Name schon sagt: kantonesische Küche, aber auf allerbestem Niveau. Der Besitzer und Koch des Restaurants ist nicht umsonst Mitglied der französischen Vereinigung Les Amis D'Escoffier.

**Casa Bom Vento $$ (5)**, 467 Joo Chiat Road, ☏ 63487786, Di–So 11.30–15 Uhr und 18–22 Uhr. Allerfeinste Peranakan-Küche. Um auch muslimische Kunden zufriedenzustellen, wird kein Schweinefleisch verwendet und auch Alkohol steht nicht auf der Speisekarte.

**Long Beach Seafood $$$ (8)**, 1018 East Coast Parkway, ☏ 64458833, www.longbeachseafood.com.sg, tgl. 11–15 und 17–0.15 Uhr, vor Sonn- und Feiertagen bis 1.15 Uhr. Traditionsrestaurant im East Coast Park direkt an der Küste. Spezialität Pfeffer- und Chili-Krabben.

### Food Courts

**Geylang Serai Market Food Court**, Kreuzung Geylang Serai und Jalan Pasar Baru, im 1. Stock des Geylang Serai New Market.

**Haig Road Food Centre (6)**, 14 Haig Road.

**Dunman Road Food Centre (7)**, Ecke Dunman Road und Pennefather Road westlich der Joo Chiat Road.

### Nightlife

Nightlife gibt es in Geylang zuhauf, wenn auch eher von der anrüchigen Sorte. Die Lorong-Gassen mit gerader Nummer gehören zum Rotlichtbezirk, die gegenüberliegenden Lorongs mit ungeraden Nummern sind meist prostitutionsfrei.

### Einkaufen

**Geylang Serai New Market (2)**, Kreuzung Geylang Serai und Jalan Pasar Baru. Lebensmittel im Erdgeschoss, Food Court im 1. Stock.

**Guan Huat Lee (10)**, 56 Joo Chiat Road, ☏ 3441929, Mo–Sa 9–18 Uhr. Holzwaren und handgemachte Küchenutensilien, wie hölzerne Backformen und Holzschlappen.

**Rumah Bebe (11)** (Ex Tay Buan Guan Shop), 113 East Coast Road, ☏ 62478781, www.rumahbebe.com, Di–So 9.30–18.30 Uhr. Das Fachgeschäft für Peranakan-Artefakte und Kleidung ist fast schon ein Museum.

### Märkte

**Stadium Cove Flea Market (12)**, Stadium Cove, am Kallang River, Sa 16–24 Uhr, So 11–23 Uhr. Gleich am westlichen Rand von Geylang, an der MRT Station Kallang gelegen, lockt der Flohmarkt am Wochenende Schnäppchenjäger aus der ganzen Stadt an.

# Changi und der Osten

Fast jeder Singapur-Besucher kommt einmal, die meisten sogar zweimal, nach Changi, was weniger mit der besonderen Anziehungskraft dieses Teils von Singapur zu tun hat, als vielmehr mit dem Fakt, dass seit Ende 1981 der Singapurer Flughafen in Changi liegt und daher das Viertel oft das erste und das letzte ist, was der Besucher von dem Stadtstaat sieht. Wie auch der Airport wurden große Teile von Changi durch Landgewinnung dem Meer abgerungen. Es ist daher nicht verwunderlich, dass der Osten einige der schönsten Strände Singapurs sein Eigen nennt, die im Zuge der Neugestaltung des Viertels künstlich angelegt wurden. Vor allem an Wochenenden ist Changi ein beliebtes Ausflugsziel und die Strände im Pasir Ris Park sind ebenso voll wie die Meeresfrüchte-Restaurants im Changi Village. Wo die einen das Leben genießen, ist für die anderen dasselbe deutlich eingeschränkt: Mit dem Changi Prison besitzt das Viertel auch das größte Gefängnis Singapurs, das mit seinen verschiedenen Abteilungen mehrere Busstationen in Anspruch nimmt.

### Redaktionstipps

▶ Eine Reise in die dunkle Vergangenheit – das **Changi Prison Museum** (S. 199)
▶ Meeresfrüchte-Essen im **Changi Beach Park** (S. 201)
▶ Eldorado für Kinder – der **Pasir Ris Park** (S. 201)
▶ Erste Adresse im Singapurer Osten – **Changi Village Hotel** (S. 202)

## Changi Prison Museum

### So kommt man hin

Mit der MRT bis Station Tanah Merah (EW4), dann Bus 2 bis Busstopp B 09

Ursprünglich auf dem Gelände des Changi Prison gelegen, wurde das **Changi Prison Museum (1)** im Jahr 2001 in einem neuen, größeren Gebäude außerhalb des Gefängnisareals untergebracht. Das Museum behandelt eine der dunkelsten Stun-

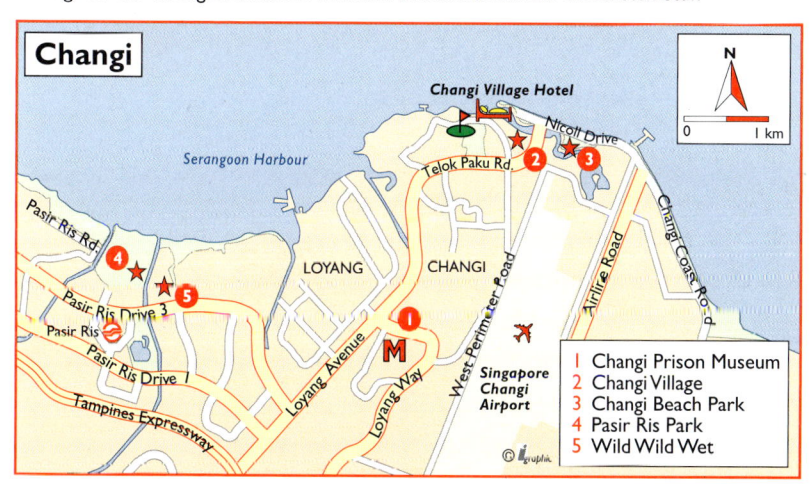

1 Changi Prison Museum
2 Changi Village
3 Changi Beach Park
4 Pasir Ris Park
5 Wild Wild Wet

*Am Hafen von Changi, am Wochenende beliebtes Ausflugsziel*

den der recht jungen Singapurer Geschichte und erinnert an die 3.000 Zivilisten und knapp 50.000 alliierten Kriegsgefangenen, die während der japanischen Besatzung von 1942 bis 1945 unter menschenunwürdigen Bedingungen im Changi Prison interniert waren. Das Museum stellt Relikte, Bücher und Bilder aus der Internierungszeit aus und erinnert mit Multimedia-Installationen an die Schrecken dieser drei Jahre. Hunger, Erniedrigung, Entbehrung und Todesangst begleiteten die Tage der Insassen des japanischen Internierungscamps, die dennoch versuchten, ein Stück Menschenwürde zu bewahren. Eine Replik einer zu Kriegszeiten gebauten, hölzernen Kapelle, in der an Sonntagen auch heute noch Gottesdienste abgehalten werden, gilt als Monument des Glaubens in schwierigen Zeiten.

*Mahnmal einer dunklen Epoche*

Der australische Romanautor *James Clavell*, der im Zweiten Weltkrieg in Singapur als Soldat stationiert war, hat in seinem Roman „King Rat" (Rattenkönig) seine eigenen Erfahrungen in Changi verarbeitet. „King Rat" ist ein Roman, der eindringlich die Zeiten der japanischen Besatzung beschreibt und eine gute Leseempfehlung für den Singapur-Aufenthalt ist. Das didaktisch ausgezeichnet strukturierte Museum gibt dem geschichtsinteressierten Besucher einen guten Überblick über die Kriegsjahre und die japanische Besatzung Singapurs. Ein Besuch dieses Museums ist aber sicherlich nichts für zartbesaitete Naturen.

**Changi Prison Museum,** *1000 Upper Changi Road North,* ☏ *62142451, changimuseum@singnet.com.sg, www.changimuseum.sg, tgl. 9.30–17 Uhr, Eintritt frei. Audioführungen und 45-minütige Führungen (engl.) Erwachsene 8 SGD, Kinder 4 SGD.*

# Changi Village und Changi Beach Park

### So kommt man hin

Mit der MRT bis Station Tanah Merah (EW4), dann Bus 2 oder 29 bis Station Changi Village (Endstation). Alternativ Bus 2 ab MRT Chinatown (NE4).

Es ist eine lange Busfahrt entlang der Unterabteilungen des Changi Prison, bis man **Changi Village (2)** erreicht. Zu viel sollten Sie sich nicht erwarten von der kleinen Enklave im äußersten Osten Singapurs. Für einen geruhsamen Spaziergang am Meer im **Changi Beach Park (3)** mit anschließendem Meeresfrüchte-Essen in einem der sowohl günstigen als auch guten Freiluftrestaurants in Changi Village lohnt sich die Reise jedoch auf jeden Fall. Auch wenn man sich ein Dorf vielleicht anders vorstellt, hat das vorwiegend aus modernen Gebäuden bestehende Changi Village dennoch eine geruhsame, wenn nicht dörfliche Atmosphäre, vor allem an Werktagen, wenn sich kaum jemand auf den weiten Weg aus der Innenstadt macht.

*Strand und Meeresfrüchte*

Anders sieht es an den Wochenenden aus, wenn Changi nicht nur ein äußerst beliebtes Ausflugsziel wird, sondern sich auch ob seiner berühmt-berüchtigten, lebhaften Barszene zum Nightlifeviertel wandelt. Idealerweise verbindet man den Besuch von Changi Village mit einem Abstecher nach Pulau Ubin, das nur eine knappe Viertelstunde Bootsfahrt entfernt liegt. Nach einem entspannten Tag auf der Insel und einem opulenten Mahl können Sie sich dann im Changi Village ins Nachtleben stürzen.

## Pasir Ris Park

### So kommt man hin

Mit der MRT bis Station Pasir Ris (EW1).

Vor allem, wenn Sie mit Kindern unterwegs sind, lohnt der Weg zum **Pasir Ris Park (4)**, der zumal mit der Ost-West-Linie der MRT optimal zu erreichen ist. Der Park ist eine Mischung aus Vergnügungspark, Strandpromenade und Naturschutzgebiet und hat so der ganzen Familie etwas zu bieten. Für Kinder lockt ein Abenteuerspaziergang, Angler schätzen den Park für die ausgezeichneten Angelmöglichkeiten, Naturliebhaber finden einen mehrere Kilometer langen **Naturpfad** durch einen fünf Hektar großen Mangrovensumpf vor und Feinschmecker können sich im **Fisherman's Village** an frischem Fisch und Meeresfrüchten laben. Wer sich gerne sportlich betätigt, kann Fahrräder und Inliner mieten oder sich ins Seekanu setzen.
**Pasir Ris Park**, *3 Pasir Ris Drive, beleuchtet von 7 bis 19 Uhr, Eintritt frei. Schwimmen, Fahrrad fahren, Seekanu fahren und Schlemmen auf 71 Hektar Fläche.*
**NTUC Lifestyle World-Downtown East**, *1 Pasir Ris Close, ☏ 65819115. Riesiges Areal mit Themenparks, Einkaufszentren, Bars und Restaurants.*

*Natur und Vergnügen für Jung und Alt*

Eine besondere Attraktion für Kinder ist das **Wild Wild Wet (5)**, 800 Meter Fußweg beziehungsweise einige wenige Stationen mit dem Bus 354 oder dem Shuttle Bus von der MRT Station Pasir Ris und dem Pasir Ris Park entfernt. Das Wild Wild Wet bietet eine Wassererlebniswelt mit mehreren Wasserrutschen, Wellenbad, Wasserspielen, Wildwasserfahrten, Whirlpool und mehreren Schwimmbecken, die Kinder jeden Alters sicherlich begeistern werden. Allerdings beschränkt sich das kulinarische Angebot auf Pizza Hut und Kentucky Fried Chicken. Für ein stilvolleres Mahl empfiehlt sich folglich der kurze Spaziergang zurück zum Pasir Ris Park.

**Wild Wild Wet,** ☏ 65819135, feedback@leisurequest.com.sg, www.wildwildwet.com, werktags außer Di 13–19, Sa, So und feiertags 10–19 Uhr, Eintritt Erwachsene 19 SGD, Kinder bis 12 Jahre 14 SGD.

## Reisepraktische Informationen

### Hinweis
**Stadtplan** siehe Seite 199.

### Unterkunft
**Changi Village Hotel $$$$**, 1 Netheravon Road, ☏ 6379711, www.stayfareast.com/en/hotels/changi-village-hotel.aspx, 380 Zimmer. In der Nähe des Changi Golf Course gelegen, ist dieses Hotel die erste Adresse im Singapurer Osten. Schöne Lage inmitten einer üppigen Gartenanlage. Es bietet sich, vor allem vom Swimmingpool auf der Dachterrasse aus, ein fantastischer Blick über das Meer.

### Restaurants
Im Changi Village und im Pasir Ris Park gibt es einige einfache Seafood-Restaurants, die günstig und empfehlenswert sind (s. unter Hawker Shops/Food Courts).
**Sri Sujana Muslim Food $**, Changi Village Road, Changi Market und Hawker Centre, Block 2, tgl. außer Mo und Di 6.30–24 Uhr. Einfache, aber ausgezeichnete muslimische Garküche, Spezialität Nasi Lemak.
**Charlie's Corner $–$$**, Changi Village Road, Changi Market und Hawker Centre, Block 2, Di–So 11.30–14.30 und 18–23.30 Uhr, Sa nur abends, Mo und jeden vierten So im Monat Ruhetag. Kultrestaurant, Pub-/Straßenrestaurant-Atmosphäre und einfaches, aber gutes westliches Essen mit mexikanischem Einschlag.
**Bao Bao Vegetarian Food $$**, New Upper Changi Road Block 58, ☏ 62204344. Vegetarisches China-Restaurant, einfach, aber sehr gut.
**Porta Pasta $$–$$$**, 971 Upper Changi Road North, Changi Gardens, ☏ 65453108, Mo–Fr 11.30–14 und 18.30–21.15 Uhr, Sa nur abends. Hausgemachtes italienisches Essen in dazu passender Atmosphäre.

### Hawker Shops/Food Courts
**Changi Village Market** und **Hawker Centre**, Changi Village. Eines der besten Hawker Centre in Singapur, vor allem malaiische Spezialitäten wie Nasi Lemak (in Kokosmilch gekochter Reis mit würzigen Zutaten, traditionelles malaiisches Frühstück) und Meeresfrüchte in allen Variationen.

### Nightlife
Das Changi Village bietet eine Auswahl an einfachen Bars und Pubs, die aber nicht unbedingt die weite Fahrt vom Stadtzentrum lohnen. Auf dem Areal des Changi Village treffen sich abends zudem die Transvestiten der Stadt.

### Einkaufen
**Changi Village (2)**, Changi Village Road, ☏ 6788837.
**Tampines Mall**, 4 Tampines Central, ☏ 67888370. Größtes Einkaufszentrum in der Singapurer Vorstadt, direkt an der MRT-Station Tampines (EW2) gelegen.

# Der Westen Singapurs

Singapurs Westen ist eine äußerst heterogene Gegend: Prunkvolle Villen, gesittete Nachbarschaften und neue Industrieviertel wechseln sich auf engem Raum ab. Holland Village und das Edelviertel am Naturreservat Bukit Timah beispielsweise gehören zu den teuersten Wohngegenden der Stadt. Wer es bis hierher geschafft hat, muss höchstens noch die Steuerfahndung fürchten, dürfte sonst aber über viel gesellschaftlichen Einfluss verfügen. Jurong hingegen, eine ehemalige Region von Kautschukplantagen, ist eher industriell geprägt. Für den Touristen, vor allem in Begleitung von Kindern, sind hier vor allem die zahlreichen Themenparks von Interesse. Liebhaber von Keramik und Porzellan werden im **Ming Village** fündig und Technikbegeisterte sollten für das **Singapore Science Centre** mindestens einen halben Tag einplanen.

### Redaktionstipps

▶ Wunderbare Gartenarchitektur – der **Chinese Garden** und der **Japanese Garden** (S. 205)
▶ Ein Parforceritt durch die Welt der Technik – **Singapore Science Centre** (S. 207)
▶ Glaubens- und Mythenwelt in der **Haw Par Villa** (S. 208)
▶ Dschungelfeeling in der Großstadt – das **Bukit Timah Nature Reserve** (S. 211)
▶ **VivoCity** am Maritime Square – größte Shopping Mall (S. 217)
▶ Essen ist Medizin – köstlich umgesetzt im **Imperial Herbal** (S. 217)
▶ Singapurs sprichwörtlich unterkühlteste Bar: die **Eski Bar** (S. 216)

## Southern Ridges

### So kommt man hin

MRT Station Harbour Front oder die Buslinien 10, 30, 57, 61, 65, 80, 93, 97, 100, 131, 143, 145, 166, 188, 408, 409, 855, 963 *(siehe Reisekarte B4/A4)*

Vom Mount Faber aus, dem Startpunkt der Seilbahn nach Sentosa, über den Telok Blangah Hill Park zum Kent Ridge Park erstreckt sich ein zehn Kilometer langer, hügeliger Grüngürtel gen Westen, der durch zahlreiche Wanderwege erschlossen wurde. Brücken und Pfade verbinden die einzelnen Parks zu einem Spaziergang, der mindestens 2,5 Stunden in Anspruch nimmt. Wer zwischendrin pausiert, braucht realistischerweise um die 4 Stunden.

*Wandern über Brücken und Pfade*

Besonders sehenswert ist der **Marang Trail** ab Exit D der Harbour Front MRT Station. Er führt auf 800 Metern bis auf den Mount Faber. Von hier aus geht es auf dem **Faber Walk** einen Kilometer durch den **Mount Faber Park**. Die Verbindung zum Telok Blangah Hill Park führt über die Henderson Waves. Die 36 Meter hohe verwegene Holzkonstruktion ist nicht nur die höchste Fußgängerbrücke Singapurs, sondern bietet auch einen guten Blick über die Stadt. Die weitere Strecke führt über den ein Kilometer langen **Hilltop Walk** und den 1,3 Kilometer langen **Forest Walk**. Mit ein wenig Glück trifft man auf diesem Abschnitt auf Affen. Weiter geht es auf 1,3 Kilometern durch den **Hort Park**. Auf dem 23 Hektar großen Gelände sind 20 thematische Gärten zu finden. Der **Canopy Walk** schafft schließlich die Verbindung zum **Kent Ridge Park**: Der Holzweg in den Baumkronen mag nicht der spektakulärste Asiens sein, für alle, die noch nie einen Canopy Walk ausprobiert haben, ist er aber allemal sehenswert. Für die meisten Touristen endet der

Weg hier. Wer Zeit und Muße mitbringt, kann jedoch noch weitere 4,5 Kilometer bis nach Clementi Woods wandern.
**Southern Ridges**, *www.nparks.gov.sg, frei zugänglich*

# Holland Village

> **So kommt man hin**
>
> MRT Station Holland Village (CC21) oder drei Stationen ab MRT Station Buona Vista (EW 21) mit Bus 200 oder mit den Bussen 7, 48, 61, 75, 77, 106, 165 bis Holland Road oder Holland Ave.

**Holland Village (1)** wurde in den späten 1930er-Jahren als Militärdorf der Briten errichtet und blieb es (mit Unterbrechung durch die japanische Besatzung 1942–1945) bis in die 1970er-Jahre. Sämtliche Einrichtungen und Restaurants, Bars und

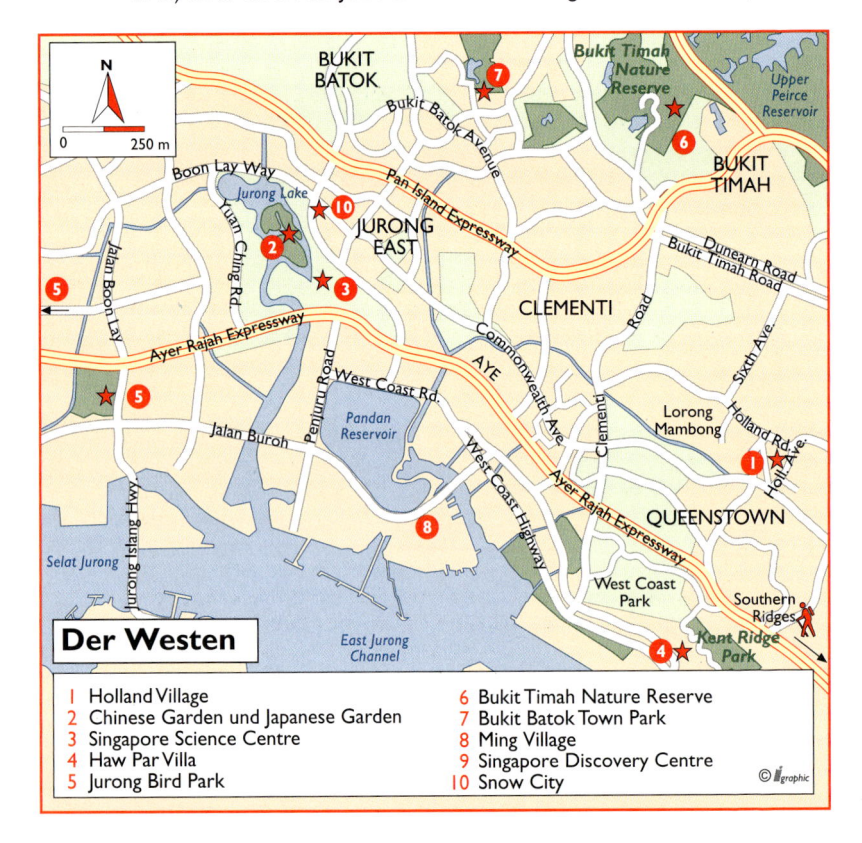

**Der Westen**

1 Holland Village
2 Chinese Garden und Japanese Garden
3 Singapore Science Centre
4 Haw Par Villa
5 Jurong Bird Park
6 Bukit Timah Nature Reserve
7 Bukit Batok Town Park
8 Ming Village
9 Singapore Discovery Centre
10 Snow City

Geschäfte zielten auf die britischen Soldaten der benachbarten Pasir Panjang Base und ihre Familien ab. Aber auch heute zieht es vor allem Expats in diese britische Enklave, deren Flair eher an Europa als an Asien erinnert. Holland Village gilt als „Bohème", soweit man diesen Begriff in Singapur überhaupt verwenden kann. Vielleicht gibt sich gerade deshalb die Gemeinschaft der Bewohner von Holland Village als besonders eng und familiär.

*Britische Enklave*

Tagsüber lohnt der Besuch der **Holland Avenue** mit ihren Boutiquen und kleinen Läden, abends sind es vor allem die Pubs und Restaurants der **Lorong Mambong** und **Jalan Merah Saga**, die auch nicht ansässige Besucher anziehen. Aber auch mittags treffen sich hier vor allem Expats zum Business Lunch. Ganz uneuropäisch und für singapurische Verhältnisse fast schon angenehm chaotisch geht es hingegen im **Holland Village Foodcenter** am Lorong Mambong und im **Holland Village Food Court** an der Kreuzung Lorong Mambong und Lorong Liput zu, wo man günstiges und gutes lokales Essen bekommt und ein lebhafter Obstmarkt vitaminreichen Nachtisch bereithält.

Niederländische Atmosphäre sollten Sie in Holland Village jedoch nicht erwarten. Die Windmühle auf dem Eckhaus an der Lorong Liput entstand anlässlich der Eröffnung des **Windmill Food Court**. Andere Quellen sagen, sie gehöre zum Holland V Shopping Mall und war also nicht namensgebend. Stattdessen stand der ehemalige Anwohner und Architekt *Hugh Holland* Pate.

# Chinese Garden und Japanese Garden

> **So kommt man hin**
>
> 5 Minuten Fußweg von der MRT Station Chinese Garden (EW 25) oder Bus 180, 335, 154

Große Naturschutzgebiete und Parks nach westlichem Muster bestimmen das grüne Stadtbild Singapurs. Obwohl die Stadt ihr chinesisches Erbe hochhält, suchte man lange Zeit vergeblich einen chinesischen Landschaftsgarten in dem Stadtstaat. Dies änderte sich im Jahr 1975, als der taiwanische Architekt *Yu Yuen-chen* die schlicht **Chinese Garden (2)** genannte Anlage nach dem Vorbild der chinesischen Kaisergärten entwarf.

Vor allem der Sommerpalast in Peking stand Pate für die weitläufige Anlage, deutlich sind aber auch die Einflüsse der südchinesischen Privatgärten des Yangzi Deltas. Bereits von der fünf Minuten Fußweg entfernten gleichnamigen MRT-Station sieht man die auf einem kleinen Hügel gelegene siebenstöckige **Ru Yun Pagode**, deren Vorbild in der südchinesischen Stadt Nanjing steht, und die dem Besucher den Weg weist.

Wenn man den Park durch den Osteingang betritt und die Pagode rechter Hand umläuft, so erreicht man in der Mitte der Anlage deren Herzstück: Ein **Bonsai-**

*Der Bonsai-Garten ist Teil des Chinesischen Gartens*

**Garten**, der, angelehnt an die weltberühmte Gartenbaukunst der Stadt Suzhou, ein Stück klassisches China nach Singapur holt.

Zwischen geschwungenen Mauern, Mondtoren und bizarr geformten Steinen werden mehr als tausend Bonsai-Bäume ausgestellt. Der mit dem Bonsai-Garten verbundene **Garten des Überflusses** *(Garden of Abundance)* ist ein Muster chinesischer Gartenarchitektur und bildet die reale Welt mit ihren Bergen, Flüssen und Pflanzen kunstvoll als Mikrokosmos ab. Ein paar Schritte weiter in Richtung Westausgang befinden sich einige der kaiserlich-chinesischen Architektur nachempfundenen Bauten, in denen unter anderem ein Schildkrötenzoo, ein Teehaus und ein Spezialitätenrestaurant untergebracht sind. Letzteres befindet sich in einem Steinschiff nach dem Vorbild des Marmorboots im Pekinger Sommerpalast.

*Die Welt als Mikrokosmos*

Der vom Chinese Garden über eine 65 Meter lange Brücke über den Jurong Lake zu erreichende **Japanese Garden (2)** wurde 2006 erweitert und restauriert. Ursprünglich 1973 als grüne Oase im Zen-Style gebaut, ist die immerhin knapp 13 Hektar große Anlage ungleich minimalistischer als ihr chinesischer Nachbar. Mit Marmorplatten markierte Pfade sollen das Schritttempo des Besuchers verlangsamen und die Gedanken anregen. Auf kleinen Inseln im See, über den geschwungene Marmorbrücken herführen, die mit dem Parkgelände verbunden sind, steht ein traditionelles japanisches Landhaus, und ein Pavillon lädt zum Verweilen ein. Weitaus weniger frequentiert als der Chinesische Garten bietet der Japanese Garden eher die Möglichkeit zur Meditation als zur Besichtigung und ist eine wunderbar ruhige Oase.

Richtig angenommen wurden jedoch beide Gärten weder von Touristen noch von den von Parks und Resorts verwöhnten Singapurern. Dies mag auch daran liegen, dass die Gartenanlagen in Reiseführern oft als „langweilig" bezeichnet werden und den relativ neuen Strukturen der historische Reiz abgeht. Vor allem als Familienausflug, aber auch für den an der asiatischen Gartenarchitektur interessierten Besucher lohnt sich ein ein- bis zweistündiger Spaziergang durch die Gärten auf jeden Fall. Nur an Wochenenden, vor allem aber an glückverheißenden Tagen wie dem 9.9., ein Datum, das im chinesischen Mondkalender Ewigkeit verheißt, kann es dann zuweilen doch voll werden, wenn sich jungvermählte Paare im Chinese Garden zum Fototermin treffen.

*Beliebt an glückverheißenden Tagen*

**Chinese Garden & Japanese Garden**, ☏ 62613632, 1 Chinese Garden Road, im Jurong-See nahe der Yuan Ching Road gelegen, tgl. 7–22 Uhr, Eintritt frei, Eintritt Bonsai-Garten 9–18 Uhr, Erwachsene 3 SGD, Kinder 2 SGD, Eintritt Schildkrötenzoo/-Museum Erwachsene 5 SGD, Kinder 3 SGD.

## Singapore Science Centre

### So kommt man hin

MRT bis zur Station Jurong East (EW24/NS1) dann 600 Meter Fußweg oder Bus 66 oder 335

Am Jurong Lake nahe des Chinese Garden gelegen, bietet das **Singapore Science Centre (3)** einen Parforceritt durch die Welt der Technik. Mit über 850 interaktiven Exponaten führt das mehrfach ausgezeichnete Science Centre Jung und Alt in die Wunder von Wissenschaft und Technik ein. Auch wenn der didaktische Anspruch wie überall in Singapur im Vordergrund steht, lässt spätestens das **Omni-Theatre** vergessen, dass man sich in einem Museum befindet. Das fünfstöckige Gebäude wartet mit einer gigantischen Leinwand von 23 Metern Durchmesser auf und nimmt den Besucher unter anderem mit auf eine virtuelle 15-minütige Tour durch wissenschaftliche Phänomene, die dank ausgefeilter Technik optisch und körperlich erfahrbar sind.

**Singapore Science Centre**, Science Centre Road 15, ☏ 64252500, www.science.edu.sg, Di–So und feiertags 10–18 Uhr, Omnimax 10–20 Uhr, Eintritt Erwachsene 12 SGD, Kinder 8 SGD, Anfahrt: MRT Jurong East, Busse 66, 178, 198, 335.

*Technik zum Anfassen im Singapore Science Centre*

*Ein ungehöriges Laster: das Kartenspiel*

# Haw Par Villa

### So kommt man hin

MRT Station Haw Par Villa (CC25) oder SBS Bus 200 ab Buona Vista MRT Station (EW21), SBS Bus 10, 30, SMRT Bus 188 ab World Trade Centre, SBS Bus 143 von der Orchard Road oder SBS Bus 51 ab Chinatown.

„Disneyland mit Todesstrafe" ist eine der satirischen Bezeichnungen, die Singapur in den letzten Jahren angedichtet wurden. Mit der **Haw Par Villa (4)** leistet sich die Stadt ein Disneyland im Disneyland und liefert zugleich die plastische Illustration nach, wie man sich die Höllenqualen vorzustellen hat, sollte man gegen den konfuzianistischen Verhaltenskodex verstoßen. Es ist schwer zu sagen, ob die Haw Par Villa die relativ lange Anreise mit MRT und Bus lohnt – einen halben Tag sollte man für die Besichtigung inklusive Anfahrt einplanen.

*Chinesisches Disneyland*

Mit einer gewissen Kitschtoleranz und Interesse an der chinesischen Glaubens- und Mythenwelt kann die Haw Par Villa jedoch für den Besucher durchaus ein spannender Ausflug werden. Von der MRT-Station Buona Vista fährt der Bus 200 durch Singapurs selten besuchten Südwesten – und gewährt einige Ausblicke auf die Wohnblocks des städtischen Wohnungsbauprogramms in Queenstown. Zwischen Lagerhallen und Fabrikgebäuden taucht schließlich reichlich unverhofft das auch „Tiger Balm Garden" genannte Areal auf, das auf die Brüder *Aw Boon Haw* und *Aw Boon Par* zurückgeht, deren kombinierte Vornamen auch die heute gebräuchliche Bezeichnung des Parks ergeben. Die Brüder *Aw* wurden durch das Allheilmittel „Tigerbalsam" weltberühmt und vor allem steinreich. Die 1937 gebaute, damals eine Million US-$ teure Anlage war ein Geschenk *Boon Haws* an seinen Bruder, der allerdings nur wenige Jahre, bis zur japanischen Invasion 1942, hier lebte. Nachdem die Villa im Zweiten Weltkrieg zerstört wurde und sein Bruder 1944 im Exil gestorben war, ließ *Aw Boon Haw* die Anlage in den Folgejahren wieder aufbauen und machte das Areal für die Öffentlichkeit zugänglich. Der als Philanthrop in die Annalen eingegangene *Boon Haw* sah den Park nicht nur als grüne Freizeitanlage für gestresste Städter, sondern ebenso als „Lehrpfad" der chinesischen Kultur.

So errichtete er ein Panoptikum chinesischer Mythen und Legenden in Form von bunt bemalten Figuren, von Konfuzius über die acht Unsterblichen bis hin zu Szenen aus dem Geschichtsepos „Die Reise in den Westen". Durch ein großes chinesisches Ehrentor betritt man die Parkanlage und wird sofort mit großen Wegweisern in Richtung Hölle gelotst. Der Eintritt in den Park mag kostenlos sein, die Hölle kostet jedoch extra, ist mit einem Singapur-Dollar jedoch ein erschwingliches Vergnügen. Vor dem Eingang prunkt eine Replik des berühmten Wagens der Tigerbalmbrüder, ein Oldtimer mit Tigerkopf, dessen Autonummer 8989 für Reichtum (die Acht) und Ewigkeit (die Neun) steht.

Ende der 1990er-Jahre fuhr eine kleine Eisenbahn durch die „Zehn Gerichtssäle der Hölle", heute muss man zu Fuß durch das Fegefeuer gehen. Wer Horror-Persiflagen mag und eine gewisse Affinität zur chinesischen Kultur mitbringt, wird auch an diesen Höllendarstellungen Gefallen finden. Bunt und plastisch geht es zu in der Hölle, und so kann sich der Besucher an einer expliziten Darstellung der postmortalen Folter erfreuen. Je nach Sünde und Schwere derselben wird der Verblichene vor das zuständige Gericht gebracht – und zu der korrespondierenden Strafe verurteilt. Nur im ersten und im letzten Gerichtshof treffen sich alle Sünder. Im ersten erfolgt eine Vorauswahl nach Vergehen, im letzten wird über die nächste Reinkarnation entschieden.

*Plastische Höllendarstellungen*

Hat man die Hölle hinter sich gebracht, gestaltet sich der Rest des Besuchs dann weniger angsterregend – wenn auch nicht weniger plastisch. Folgt man den Treppen bergauf an einer großen Figur des Buddhas Amitabha vorbei, so erreicht man nacheinander die figürlichen Darstellungen einer Gruppe von Sumo-Ringern, des glatzköp-

*Hanfsack – die Reinkarnation des Buddhas der Zukunft wacht über der Anlage*

*Die tagaktiven Warane leben im Bukit Timah Nature Reserve*

figen chinesischen Unsterblichen *Shouxing*, des lachenden „Dickbauchbuddhas" *Maitraiya* und der berühmten Legende „Die Reise in den Westen".

Diese erzählt, wie der Mönch *Xuanzang* im 7. Jahrhundert mit Hilfe seiner übersinnlichen Gefährten buddhistische Schriften von Indien nach China brachte. Ein Appell an die Staatsbürgerpflicht sind die pädagogischen Szenen der „Tugenden und Laster" im hinteren Teil der Anlage, die in der Ästhetik der 1920er-Jahre die konfuzianischen Ideale wie Kindespietät, Enthaltsamkeit und Fleiß propagieren und zeigen, was dem lasterhaften Bürger auch diesseits der Hölle so alles widerfahren kann.

Da die Haw Par Villa in den letzten Jahren massiv an Besucherschwund litt, versucht die Singapurer Tourismusbehörde seit einigen Jahren, die Attraktion der Anlage zu erhöhen. Viele der Figuren wurden 2006 generalüberholt und eine kleine Ausstellung der wertvollen Jadesammlung der Aw-Familie im sogenannten **Jade-Haus** (*Jade House*), wenige Schritte vom Haupteingang entfernt, eröffnet.
**Haw Par Villa**, *262 Pasir Panjang Road, tgl. 9–19 Uhr, Eintritt frei, Eintritt Hölle 1 SGD.*

# Jurong Bird Park

## So kommt man hin

Per MRT bis zur Station Boon Lay (EW27), weiter mit dem SBS Bus 194 oder 251 bis Jurong Bird Park

Über 5.000 Vögel aus 380 Spezies flattern im **Jurong Bird Park (5)** durch die Volieren des 20 Hektar großen Parks. Gut 600 davon lassen sich hautnah im „*African Waterfall Aviary*" bestaunen, einem gigantischen Freifluggehege.

Wer die Vögel in realistischer Umgebung bestaunen möchte, sollte auch im **South East Asian Birds Aviary** vorbeischauen, vorzugsweise gegen Mittag, wenn das (fast echte) tropische Gewitter inszeniert wird.
**Jurong Bird Park**, *2 Jurong Hill, ☏ 62650022, www.birdpark.com.sg, Mo–Fr 8.30–18 Uhr, Sa, So 8.30–18 Uhr, Eintritt Erwachsene 18 SGD, Kinder 12 SGD, inkl. Monorail-Fahrt Erwachsene 23 SGD, Kinder 15 SGD.*

# Bukit Timah Nature Reserve

### 👉 So kommt man hin

Mit der MRT bis Newton (NS21), weiter mit dem Bus 65, 170 oder 171 bis zur Station Upper Bukit Timah Road oder bis MRT Choa Chu Kang (NS4) und weiter mit dem Bus 67. Ab Holland Village per Bus 75 zu erreichen.

Dichte Vegetation, dröhnende Dschungelgeräusche, Zikaden, lärmende Affenhorden und hin und wieder sogar beeindruckend große Warane machen das **Bukit Timah Nature Reserve (6)** zu einem wahren Tropenerlebnis. Das Besondere daran: Der 164 Hektar große Naturpark liegt mitten in Singapur, umgeben von Ausfallstraßen und Autobahnen, edlen Wohnvierteln und Einkaufszentren. Und trotzdem: Schon fünf Wegminuten hinter dem Eingang erinnert nichts mehr an die Großstadt, könnte der Dschungelpfad genauso gut in Zentralmalaysia liegen.

*Das letzte zusammenhängende Dschungelgebiet Singapurs*

Angeblich finden sich allein im Bukit Timah Areal mehr verschiedene Pflanzenspezies als in ganz Nordamerika! Das letzte zusammenhängende Dschungelgebiet Singapurs rund um den gleichnamigen und höchsten Gipfel der Stadt gehört unbedingt in jeden Reiseverlauf, drei Stunden sollte man allemal veranschlagen. Gut, mit 163 Metern ist Bukit Timah kein imposanter Gipfel – wer ihn bei tropischen Temperaturen erklimmt, wird sich trotzdem wundern, wie hoch er erscheinen kann.

Der gesamte Park ist gut erschlossen: Deutliche und gut ausgeschilderte Pfade ziehen sich durch den Wald. Der Versuchung, eine Abkürzung zu nehmen, sollte man allerdings widerstehen: Teils ist das Gelände sehr abschüssig, und nicht zuletzt lauert im Gestrüpp auch allerhand Getier, dem der Tourist nicht unbedingt hautnah begegnen möchte. Neben den naturgemäß tropisch-beeindruckenden Insekten und Spinnen, trifft man im Reservat auch häufig auf Makaken (bitte nicht füttern!), Warane, Lemuren, Spitzhörnchen und sogar hin und wieder auf Ameisenfresser.

Wörtlich übersetzt bedeutet der Name

*Zahlreiche Makaken sind im Naturreservat heimisch*

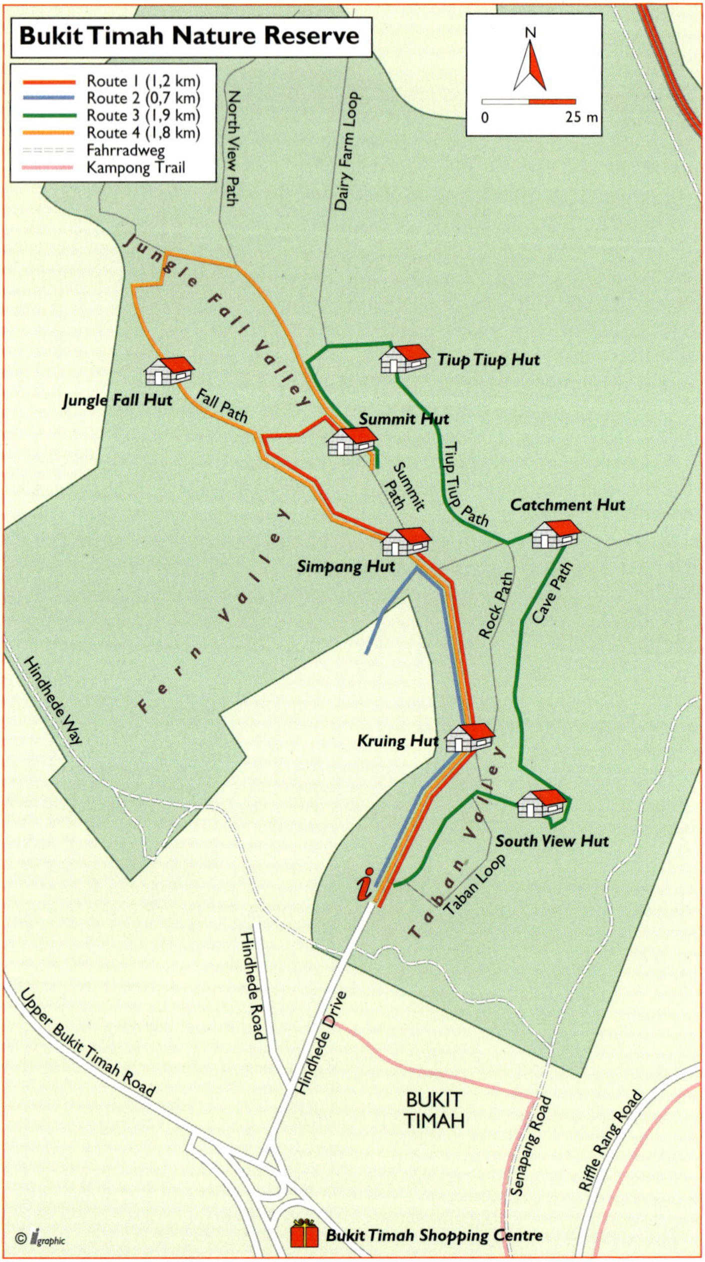
Bukit Timah Nature Reserve
Route 1 (1,2 km)
Route 2 (0,7 km)
Route 3 (1,9 km)
Route 4 (1,8 km)
Fahrradweg
Kampong Trail
N
0
25 m
North View Path
Dairy Farm Loop
Jungle Fall Valley
Tiup Tiup Hut
Jungle Fall Hut
Fall Path
Summit Hut
Summit Path
Tiup Tiup Path
Catchment Hut
Fern Valley
Simpang Hut
Rock Path
Cave Path
Hindhede Way
Kruing Hut
South View Hut
Taban Valley
Taban Loop
Hindhede Road
Hindhede Drive
Upper Bukit Timah Road
BUKIT TIMAH
Senapang Road
Riffle Rang Road
Bukit Timah Shopping Centre
© igraphic

Bukit Timah übrigens Zinnhügel, entstand aber wahrscheinlich durch eine Verballhornung des ursprünglichen Ausdrucks Bukit Temak, also dem Hügel der Temak-Bäume. 1843 wurde die erste Straße zum Gipfel in den Urwald geschlagen, denn die Luft hier galt als gesünder als in den sumpfigen Niederungen. Bereits 1883 wurde Bukit Timah dann als Naturreservat ausgewiesen, was 1942 die japanischen Truppen natürlich nicht davon abhielt, just von hier aus Singapur anzugreifen und schließlich in einer aufreibenden Schlacht zu erobern.

*Die Affen nicht füttern!*

**Bukit Timah Nature Park**, *Information (Visitors Center),* ☎ *1800-4685736, tgl. 8.30–18 Uhr.*

## Wanderwege im Naturreservat

**Route 1 (rot)**
Dauer ca. 45 Minuten
Schwierigkeitsgrad leicht

**Route 2 (blau)**
Dauer ca. 35 Minuten
Schwierigkeitsgrad leicht

**Route 3 (grün)**
Dauer ca. 90 Minuten
Schwierigkeitsgrad mittelschwer

**Route 4 (orange)**
Dauer ca. 2 Stunden
Schwierigkeitsgrad schwer

**Kampong Trail (rosa)**
Dauer ca. 90 Minuten
Schwierigkeitsgrad leicht

**Mountain Biking Trail**
Länge 6 km
Schwierigkeitsgrad mittelschwer

**Kostenlose geführte Touren**
Jeden ersten Sonntag im Monat werden ehrenamtlich geführte Touren durch das Naturreservat angeboten. Treffpunkt ist das Visitor Information Center am Eingang, die Tour beginnt punktlich um 16 Uhr und dauert etwa eine Stunde. Weitere Informationen gibt es unter ☎ 65545127, für Gruppen unter zehn Teilnehmern sind keine Vorausbuchungen nötig.

## Bukit Batok Town Park

> **So kommt man hin**
>
> Mit der MRT bis Bukit Gombak (NS3), dann 200 m Fußweg.

Hat man die üppige tropische Vegetation des Bukit Timah Nature Reserve erlebt, wird man von Bukit Batok eher enttäuscht sein. Nicht dass der 42 Hektar große **Bukit Batok Town Park (7)** ohne Reiz wäre, aber er ist, wie der Name es schon sagt, nicht viel mehr als ein von Parkanlagen umsäumter, grüner Hügel, der vor allem als Naherholungspark für die umliegenden Häuserblocks des sozialen Wohnungsbaus gedacht ist. Der Name Bukit Batok bedeutet aus dem Malaiischen übersetzt „Hustender Hügel", eine Referenz an die Sprengungen in den Steinbrüchen, die hier über mehrere Jahrzehnte von 1950 an unterhalten wurden. Erst im Jahr 1988 erhielt das Areal seine heutige Gestalt. Einen gewissen Charme entfaltet die Anlage rund um den „Little Guilin"-Lake, einen Baggersee, dem eine gewisse Ähnlichkeit mit der südchinesischen Karstlandschaft zugeschrieben wird.
**Bukit Batok Town Park**, *5 Bukit Batok East Ave, Eintritt frei.*

## Ming Village

> **So kommt man hin**
>
> MRT bis Clementi (EW23), dann Bus 78

*Blau-weißes Porzellan*

Eine Mischung aus Verkaufsausstellung und Themenpark, ist das **Ming Village (8)** ein Muss für Liebhaber der chinesischen Porzellankunst. Das „Dorf" im Stil der Ming-Dynastie besteht aus einem Museum, das in die Geschichte der chinesischen Porzellanherstellung einführt, und mehreren Workshops sowie einem guten Dutzend Geschäften, die moderne Keramik im traditionellen Blau-Weiß-Design der Ming-Dynastie feilbieten. Wer schon immer die Replik einer historischen Ming-Vase im Wohnzimmer haben wollte, kann hier das eine oder andere kostbare Stück erstehen. Beim Anblick der Preise versteht man, warum Porzellan oft auch das „Weiße Gold" genannt wird.
**Ming Village**, *32 Pandan Road, ☎ 62657711, tgl. 9–17.30 Uhr. Eintritt frei.*

## Singapore Discovery Centre

*Technik und Geschichte*

Zugegeben, ausgewiesene Regentage gibt es in Singapur eher selten. Sollte es doch einmal dazu kommen, ist das **Singapore Discovery Centre (9)** eine mögliche Adresse, sich den Tag zu vertreiben. Neben verschiedenen interaktiven geschichtlichen und technologischen Ausstellungen werden hier hin und wieder auch 3-D-Filme gezeigt. Für den westlichen Besucher befremdlich ist die starke Präsenz des singapurischen Militärs, dem hier geradezu gehuldigt wird.

**Singapore Discovery Centre**, 510 Upper Jurong Road, ☎ 67926188, www.sdc.com.sg, Di–So 9–18 Uhr, Erwachsene 10 SGD, Kinder 6 SGD, Anfahrt: MRT Boon Lay, Bus 193.

# Snow City

> **So kommt man hin**
>
> MRT bis Jurong East (EW24/NS1), Busse 66, 178, 198, 335.

In einer Stadt ohne ausgeprägte Jahreszeiten verwundert es wenig, dass sie sich neben einer auf den Gefrierpunkt heruntergekühlten Bar auch eine künstliche, überdachte Winterlandschaft leistet. Die **Snow City (10)**, nicht weit vom Singapore Science Centre entfernt, mag für schneekundige europäische Kinder und deren Eltern nicht die Hauptattraktion Singapurs sein. Der einheimische Nachwuchs hat aber einen Heidenspaß: Das Indoor Snow Centre bietet bei minus 5 C° die Gelegenheit zum Skifahren, Snowboarden und natürlich auch die Möglichkeit, den einen oder anderen Schneeball zu werfen.

*Hallenski*

**Snow City**, 21 Jurong Town Hall Road Snow City Building, ☎ 6337 1511, www.snowcity.com.sg, tgl. 9.45–17.15 Uhr, Eintritt 1 Std. 15 SGD, 2 Std. 28 SGD.

## Reisepraktische Informationen

### Unterkunft

Im Westen und Südwesten Singapurs dominieren die Housing Estates, empfehlenswerte Hotels sind hier kaum zu finden.

**M Hotel Singapore $$$**, 81 Anson Road, ☎ 62241133, reservations@m-hotel.com, www.m-hotel.com, 413 Zimmer. Gutes Businesshotel, funktional ohne viel Schnörkel.

**Wangz Hotel $$$**, 231 Outram Road, ☎ 65951388, inquiry@wangzhotel.com, www.wangzhotel.com, 41 Zimmer. Genau genommen könnte das Wangz Hotel auch in der Chinatown Sektion stehen. Zu Fuß sind es gerade einmal zehn Minuten bis zur New Bridge Road. Unaufdringlich stylisch, mit gutem Service und einem exzellenten Restaurant, ist das Hotel eine ausgezeichnete Adresse. Siehe auch S. 155.

### Restaurants

Fast alle Restaurants finden sich mehr oder weniger in der Nähe des Holland Village, insbesondere in den Straßen Lorong Mambong, Lorong Liput und im Holland Road Shopping Centre.

**Holland Village**

Jede Menge internationale Restaurants auf der Lorong Liput, Lorong Mambong und Jalan Merah Saga, einige Beispiele:

**Samy's Curry Restaurant $-$$**, Singapore Service Club, 25 Demsey Road, ☎ 64745618, www.samyscurry.com, tgl. 11–15 und 18–22 Uhr. Ausgezeichnetes indisches Restaurant im gleichen Gebäude wie Dianas Bar. Allerdings etwas weitab vom Schuss.

**Al Dente $$**, 22 Lorong Mambong, ☎ 64684688. Gutes italienisches Restaurant mit Terrasse. Vor allem zur Mittagszeit beliebter Expat-Treffpunkt.

**Baden Restaurant & Pub $$**, 42 Lorong Mambong, ☏ 64638127, So–Do 12–0.30 Uhr, Fr 15–1.30 Uhr, Sa 15–2.30 Uhr. Wer deutsche und vor allem süddeutsche Küche vermisst, ist hier goldrichtig. Deftige Speisen und Bier im Landgaststätten-Ambiente. Holz bestimmt die Einrichtung.
**Café 211 $$**, Holland Road Shopping Centre, 211 Holland Avenue, ☏ 64626194. Relaxen auf der Dachterrasse mit Blick auf Holland Village.
**Katong Laksa $$**, 29B Lorong Liput, ☏ 64649303. Singapurische Küche mit Schwerpunkt auf malaiischer Kost. Spezialität ist das namensgebende Katong Laksa, eine schwere, auf Kokosnusssoße basierende Nudelsuppe mit Meeresfrüchten.
**Sushi Tei Holland Village $$**, 20 Lorong Mambong, ☏ 64632310, tgl. 11.30–22 Uhr, www.sushitei.com.sg. Restaurant der Sushi-Tei-Kette, ausgezeichnetes Sushi und andere japanische Speisen.
**El Papio $$$**, 34 Lorong Mambong ☏ 64681520. Gutes mexikanisches Restaurant mit authentischer Küche.
**Prima Tower $$$**, 201 Keppel Road, ☏ 62728822, 11–14.30 und 18.30–22.30 Uhr. Essen mit Ausblick: Das Drehrestaurant serviert klassische kantonesische Küche, den Blick über Sentosa und den Süden gibt's gratis dazu.
**Crystal Jade Seafood Kitchen $$$**, 2 Lorong Mambong, ☏ 64690300. Chinesische Küche und, wie der Name schon sagt, frische Meeresfrüchte in allen Variationen.

**Jurong**
Auf dem Gelände des ehemaligen Reptilienparks gegenüber dem Jurong Bird Park steht heute der Restaurant-Komplex **The Village@Jurong Hill** www.village.com.sg. Hier haben sich nicht nur diverse Restaurants angesiedelt, darunter ein vegetarisches Restaurant sowie ein Seafood Center, sondern auch ein KTV (private Karaoke-Zimmer) und ein Wellnesscenter.

### Hawker Shops/Food Courts

**Holland Village Foodcenter**, Ecke Lorong Liput und Lorong Mambong.
**Holland Village Food Court**, gegenüber dem Holland Village Foodcenter in der Lorong Liput. Beide Food Courts bieten einen guten und günstigen Querschnitt durch die Küchen Singapurs. Der Schwerpunkt liegt auf chinesischem Essen.

### Nightlife

Außer im Holland Village werden in diesem Teil Singapurs abends die Bürgersteige hochgeklappt. Wer gemütliche Bar-Atmosphäre mit gelegentlicher Live-Musik sucht, ist in den Pubs um das Holland Village jedoch richtig.
**Eski Bar**, 46 Lorong Mambong, ☏ 64696180, info@eskibar.com, So–Do 14–1 Uhr, Fr und Sa 14–3 Uhr. Singapurs unterkühlteste Bar, wörtlich genommen. Auf Minusgrade gekühlt, fällt hier das Chillout nach der Arbeit besonders leicht. Wintergarderobe kann am Eingang geliehen werden.
**Harry's Bar @ Holland V**, 27 Lorong Mambong, ☏ 64674222, Mo–Do 17–1 Uhr, Fr 17–2 Uhr, Sa 12–2 Uhr, So 12–1 Uhr. Ein weiterer Ableger der „Harry's"-Kette, gemütliches englisches Pub, an Wochenenden manchmal Live-Musik.
**Siem Reap**, 44 Lorong Mambong, ☏ 64685798. www.indochine-group.com. Mitglied der designorientierten IndoChine-Kette. Hippe Bar/Restaurant, entsprechende Preise.
**Tango**, 35 Lorong Mambong, ☏ 64637365. Gepflegte Bar mit gutem Weinangebot.
**Wala Wala Bar**, 31 Lorong Mambong, ☏ 64624288, So–Do 16–1 Uhr, Fr, Sa 16–2 Uhr. Angesagte Expat-Bar, große Auswahl an europäischen Biersorten, abends Live-Musik.

*Reisepraktische Informationen: Der Westen Singapurs*

### Einkaufen
**Anthropology Homeware**, 16A Lorong Mambong, Holland Village, ℡ 64672663. Skurriler Kramladen.
**Cho Lon Kunstgalerie**, 43 Jalan Merah Saga, ℡ 64737922, Mo–Sa 11–19.30 Uhr, So 11.30–17.30 Uhr. Alles von Kitsch bis Kunst.
**Holland Road Shopping Center**, 211 Holland Avenue. Hochwertige Boutiquen, Kunstartikel und New Wave auf engem Raum. Expat-orientiertes Angebot.

## Harbour Front

### Hawker Shops/Food Courts
**Harbour Front Centre Food Court**
**Seah Im Road Food Centre**, Ecke Telok Blangah Road und Seah Im Road.
**Telok Blangah Crescent Food Centre**, 11 Telok Blangah Crescent.
**Telok Blangah Rise Food Centre**, 36 Telok Blangah Rise.

### Restaurant
**Imperial Restaurant (Imperial Herbal)**, VivoCity #03-08 Lobby G, 1 Harbour Front Walk, www.imperialherbal.com, ℡ 63370491. Essen ist Medizin – sagt die traditionelle chinesische Heilkunst. In diesem Restaurant, das vom Metropole Hotel in Central North hierher gezogen ist, wird dies konsequent umgesetzt. Ein chinesischer Kräuterdoktor berät die Gäste und lässt die Gerichte danach mit den passenden Zusätzen versehen. Siehe dazu S. 64.

*„Essen ist Medizin" – das Motto im Imperial Herbal*

### Nightlife
Auch entlang der Harbour Front gibt es einige interessante Adressen für einen angeregten Abend:
**Altivo**, 109 Mount Faber Road, The Jewel Box, ℡ 62708223, 🖷 62734639, Mi–Sa 9–3, So–Di 9–24 Uhr. Schöne Aussicht am Mount Faber mit Blick auf die Insel Sentosa. Ein wunderbarer Platz für einen gepflegten Wein nach dem Essen.
**St. James Power Station**, Harbour Front, 3 Sentosa Gateway, ℡ 62707676, www.stjamespowerstation.com. Das ehemalige Kraftwerk am Hafen beherbergt neun Clubs, die teils bis zum Frühstück geöffnet sind. Absolut empfehlenswert!

### Einkaufen
**VivoCity** am Maritime Square ist die größte Shopping Mall Singapurs – mit den üblichen Ketten und Restaurants. Von der schieren Menge an Geschäften und Boutiquen einmal abgesehen, unterscheidet sich die Harbour Front Mall nur wenig von den anderen gigantischen Shoppingplätzen wie beispielsweise Suntec City. Details gibt es unter www.vivocity.com.sg.

*Außerhalb des Zentrums*

# Singapurs grüner Norden

Grün sieht es aus auf Singapurs Stadtplan, wenn man über den Norden blickt, grün mit einigen blauen Flächen. Während die anderen Stadtviertel Singapurs mit ihren Sehenswürdigkeiten die Besucher anziehen, bleibt dieser Teil zumeist ein weißer – pardon, grüner Fleck. Und dies erst einmal zu Recht, denn große Attraktionen kann der Norden der Stadt nicht bieten, zumindest nicht im touristischen Sinn. Ein weiter Grüngürtel zieht sich vom **MacRitchie Reservoir Park** über das Upper und

*Singapurs grüner Norden*

Lower Peirce Reservoir, das Upper Seletar Reservoir bis hin zum **Singapurer Zoo**. Viel Natur folglich, meist unberührt oder nur wenig getrimmt, was aber auch wieder einen gewissen Reiz ausmacht – für Naturliebhaber, Jogger, Wassersportler und Vogelbeobachter. Diese finden vor allem im **Sungei Buloh Wetland Reserve** ihr Sanktum – einem unter Naturschutz stehenden Feuchtgebiet an der malaysischen Grenze.

Singapurs Norden entdeckt man am besten mit Muße, guten Schuhen und einem Auge für die Schönheiten der tropischen Natur. Wem das nicht genügt, der findet im Nordosten, in der Nähe der Toa Payoh MRT Station (NS 19), an der eine ausgedehnte Erkundung dieser Region Singapurs idealerweise beginnt, einige höchst sehenswerte Tempel und Klöster, unter anderem das Lian Shan Shuang Lin Kloster.

### Redaktionstipps

▶ Größte buddhistische Anlage Singapurs – **Kong Meng San Phor Kark See Tempel** (S. 220)
▶ Grüne Lunge Singapurs – der **MacRitchie Reservoir Park** (S. 221)
▶ Frühstück mit den Orang-Utans im **Zoo von Singapur** oder die nachtaktiven Tiere bei der **Night Safari** erleben (S. 223)

## Lian Shan Shuang Lin Kloster (Siong Lim Tempel)

### So kommt man hin

Bus 238 (Stopp B06) oder 700 Meter Fußweg Richtung Norden von der Toa Payoh MRT Station (NS19).

Auch wenn die Lage am **Pan Island Expressway (PIE)** nicht an religiöse Hingebung und Kontemplation denken lässt, ist das im Hokkien-Dialekt auch **Siong Lim Tempel** genannte **Lian Shan Shuang Lin Kloster (1)** eine der aktivsten und populärsten buddhistischen Anlagen Singapurs. Ursprünglich Anfang des 20. Jahrhunderts auf Initiative des chinesischen Mönchs *Sek Hean Wei* während einer Pilgerreise nach Sri Lanka gegründet, machen die Gebäude des Klosters heute einen eher modernen Eindruck. Nachdem der lokale Philanthrop *Low Kim Pong* Grundstück und Finanzierung zum Bau der Anlage zur Verfügung stellte, und dessen Sohn bereits zwischen 1919 und 1935 die ersten Erweiterungsbauten veranlasste, gaben die Ernennung zum Nationaldenkmal im Jahr 1980 und die folgenden Renovierungsarbeiten von 1991 bis 2001 dem Kloster seine heutige Gestalt. Besonders sehenswert sind die teils hölzernen, teils steinernen Buddha- und Boddhisattva-Figuren, die von Künstlern und Handwerkern des chinesischen Festlands ge-

*Aktives buddhistisches Kloster*

1 Lian Shan Shuang Lin Kloster (Siong Lim Tempel)
2 Sasanaramsi Tempel
3 Sun Yat-sen Nanyang Memorial Hall
4 HDB Hub
5 Kong Meng San Phor Kark See Tempel
6 MacRitchie Reservoir Park
7 Zoo von Singapur
8 Woodlands und Kranji War Memorial
9 Sungei Buloh Wetland Reserve

schaffen wurden und heute in den verschiedenen Hallen des Tempels zu sehen sind. Die siebenstöckige Pagode, die einen guten Überblick aus der Vogelperspektive auf das Kloster bietet und wie die gesamte Anlage ihr Vorbild in der chinesischen Provinz Fujian hat, ist erst vor einigen Jahren gebaut worden und dient vor allem touristischen Zwecken.
**Lian Shan Shuang Lin Kloster** *(Siong Lim Tempel), 184 E Jalan Toa Payoh, 62596924, www.shuanglin.org, tgl. 9–17 Uhr, Eintritt frei.*

Empfehlenswert ist ein Spaziergang vom Lian Shan Shuang Lin Kloster durch das vor allem chinesisch beeinflusste Stadtviertel südlich des Pan Island Expressway. Überquert man den PIE und folgt dann der Kim Keat Road, erreicht man nach einigen hundert Metern die Balestier Road, benannt nach dem ersten amerikanischen Konsul in Singapur, *Joseph Balestier*, der Mitte des 19. Jahrhunderts mehrere Zuckerrohrplantagen in der Gegend besaß. Überbleibsel dieser Zeit sind die vielen Shophouses entlang der Balestier Road.

Auf dem Weg von hier zurück zur MRT kommt man in der Tai Gin Road an dem sehenswerten burmesischen **Sasanaramsi Tempel (2)** vorbei und kann kurz vor Erreichen der Station Toa Payoh dem Urvater der chinesischen Revolution, *Sun Yat-sen*, in der **Sun Yat-sen Nanyang Memorial Hall (3)** seine Aufwartung machen. Dessen zwischenzeitlicher Wohnsitz ist heute ein Museum seines Wirkens und der bürgerlichen chinesischen Revolution. Wer sich für die neuere Stadtentwicklung Singapurs interessiert, dem sei das kleine Stadtbaumuseum, **HDB Gallery**, im ersten Untergeschoss des **HDB Hub (4)** empfohlen. Toa Payoh war eine der ersten Satellitenstädte Singapurs und spielte so eine wichtige Rolle im 1960 aufgelegten Wohnungsbauprogramm des Stadtstaats.
**Sasanaramsi Burmese Buddhist Tempel**, *14 Tai Gin Road, 62511717, www.burmesebuddhisttemple.org.sg, tgl. 6–22 Uhr, Eintritt frei.*
**HDB Gallery** *(Stadtbaumuseum), 480 Toa Payoh, Lorong 6, HDB Hub, UB 1, www.hdb. gov.sg/hdbgallery, Mo–Fr 8.30–17 Uhr, Sa 8.30–12.30 Uhr, Eintritt frei.*

# Kong Meng San Phor Kark See Tempel

> **So kommt man hin**
>
> Bus 410 von der Bishan MRT Station (NS 16), Bus Stopp B04

*Größter buddhistischer Tempel der Stadt*

Drei Metrostationen nördlich von Toa Payoh und gut zwei Kilometer vom Mac-Ritchie Reservoir entfernt liegt mit dem **Kong Meng San Phor Kark See Tempel (5)** die mit mehr als neun Hektar größte buddhistische Anlage der Stadt. Sieht man das im Jahr 1920 von dem buddhistischen Würdenträger *Zhuan Dao* gegründete Kloster heute, so tut man sich schwer, zu glauben, dass hier bis Mitte der 1940er-Jahre nur einige wenige, von Urwald umgebene Gebäude standen. Erst mit dem zweiten Abt *Hong Choon* begannen ab 1947 die Erweiterungsarbeiten, die unter anderem den Bau eines Altenheims, des **Evergreen Bright Hill Home** – immerhin mehr als fünf Millionen SGD teuer – mit einschlossen.

Das Kloster war ursprünglich vor allem als Unterkunft für Wandermönche gedacht. Heute besuchen viele Pilger aus dem In- und Ausland jedes Jahr das Kloster, auch wenn es dem nicht initiierten Besucher schwerfällt, die Anziehungskraft der Anlage nachzuvollziehen. Die schiere Größe des Klosters übt dann dennoch einen gewissen Reiz aus. Vor allem die der Göttin der Barmherzigkeit (Guanyin) gewidmete **Halle des großen Mitgefühls** *(Hall of Great Compassion)*, die von einem Glocken- und Trommelturm flankierte **Haupthalle** *(Hall of Great Strength)* mit der vergoldeten Figur des historischen Buddhas Sakyamuni und die **Pagode der 10.000 Buddhas** lohnen einen kurzen Besuch.

*Zahlreiche Pilger*

Das riesige Krematorium im Süden der Anlage wirkt ob seiner Monstrosität fast surreal. Auf dem Dach prunkt eine überlebensgroße Figur des Boddhisattva Ksitigarbha, dem in der buddhistischen Kosmologie die Erlösung sündhafter Seelen von den Höllenqualen und die Begünstigung einer höheren Wiedergeburt zugeschrieben wird.

**Kong Meng San Phor Kark See Tempel,** *88 Bright Hill Road,* ☏ *64584454, tgl. 6–21.30 Uhr, Eintritt frei.*

# MacRitchie Reservoir Park

### 👉 So kommt man hin

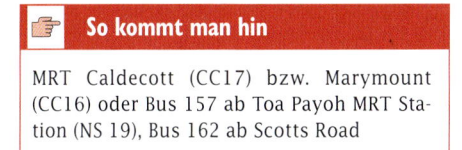

MRT Caldecott (CC17) bzw. Marymount (CC16) oder Bus 157 ab Toa Payoh MRT Station (NS 19), Bus 162 ab Scotts Road

Touristen verirren sich relativ selten in den **Mac Ritchie Reservoir Park (6)**, was vor allem daran liegt, dass der etwa zwölf Hektar große Park rund um das Reservoir in kaum einem Reiseführer erwähnt wird. Benannt nach dem britischen Städtebauingenieur *James MacRitchie*, ist der Park im Norden Singapurs vor allem für Singapurer und Expats interessant, ein Naherholungsgebiet, das neben Wanderwegen auch ausgezeichnete Angel- sowie Wassersportmöglichkeiten bietet. Ähnlich wie im Sungei Buloh Wetland treffen sich zum Vogelzug zudem die Vogelbeobachter an den Ufern des Reservoirs.

Ein gutes Dutzend Wanderwege durchkreuzen das Areal, empfehlenswert ist vor allen Dingen der **MacRitchie Nature Trail**, der von der Bushaltestelle an der Lornie Road auf elf Kilometern Strecke rund um das Reservoir führt. Der Beschilderung gegen den Uhrzeigersinn folgend, läuft man die ersten Kilometer zumeist auf hölzernen Plankenwegen durch die Feuchtzone am Ufer entlang.

*Außerhalb des Zentrums*

*Auf dem MacRitchie Nature Trail kann der Park sehr gut erkundet werden*

*Mehrere Wanderwege führen durch das Naherholungsareal*

Nach etwa zwei Kilometern verlässt man den Uferweg in Richtung Norden. Ab hier setzt sich der Rundweg auf befestigten und gut ausgeschilderten Wegen durch dichten tropischen Sekundärwald fort. Nachdem man am östlichsten Punkt des Nature Walk rechter Hand den Singapore Island Country Club entdeckt hat, folgt man der Beschilderung in Richtung Westen und erreicht nach einem knappen Kilometer die Ranger Station und kurz dahinter den sogenannten **Treetop Walk**. Achtung: Montags ist der Treetop Walk geschlossen!

Auf diesem kurzen Abstecher nördlich des Hauptwegs führt eine 250 Meter lange Hängebrücke über die Baumkronen und der Besucher hat eine ausgezeichnete Sicht auf die weitgehend unberührte Natur des Parks. Zurück auf dem nun **Sime Track** genannten Hauptweg, bietet der **Jelutong Tower**, den man nach etwa 20-minütiger Wanderung erreicht, einen weiteren guten Aussichtspunkt auf die Dschungelvegetation.

Etwas surreal wirkt hier der Blick in westliche Richtung, wo die Anlage des Sime Golfclubs liegt, an dessen Ausläufern der Wanderweg nun entlangführt. Nach knapp vier Kilometern, meist in Sichtweite des Reservoirs, erreicht man wieder den Ausgangspunkt. Da es entlang des Wanderwegs keine Verpflegungsmöglichkeiten gibt, empfiehlt es sich, Proviant und auf jeden Fall Getränke mitzunehmen. Trinkwasser aus der Leitung kann an der Ranger Station aufgefüllt werden.

*Einkehrmöglichkeiten*

Nach dem langen, aber nicht zu anspruchsvollen Rundweg kann man sich beispielsweise in einem der Restaurants im **Thompson Imperial Court** auf der Upper Thompson Road (Nr. 200) stärken. Mit Pfannkuchen und anderen Süßspeisen lockt das **Little Pancakes**.

Theoretisch ist es auch möglich, vom MacRitchie Reservoir vorwiegend auf Wanderwegen entlang der Ausläufer des Upper Peirce Reservoir bis ins Bukit Timah Nature Reserve zu laufen. Dieser etwa vier Kilometer lange Weg ist allerdings nicht ausgeschildert und erfordert so einigen Orientierungssinn. Wer ein wenig Zeit mitbringt, kann auf diesem Weg jedoch eine Tageswanderung vom MacRitchie Reservoir über das Upper Peirce Reservoir und Bukit Timah zum Bukit Batok Nature Reserve unternehmen und das grüne Singapur zu Fuß entdecken. Alternativ ist es auch möglich, in Richtung Norden zum Zoo abzubiegen.

**MacRitchie Reservoir Park**, *Reservoir Road, www.wildsingapore.com/places/macr.htm, Eintritt frei.*

# Zoo von Singapur

### So kommt man hin

MRT Station Ang Mo Kio (NS16), weiter mit dem Bus 138 oder bis MRT Station Choa Chu Kang (BP1/NS4) und weiter mit dem Bus 927

Ganz zu Recht hat der 1973 ins Leben gerufene **Zoo von Singapur (7)** zahllose internationale Auszeichnungen gewonnen (darunter allerdings auch so bedeutende wie den *Happy Toilets Award* 2004). Der Zoo gehört zu den besten der Welt und überzeugt durch möglichst artgerechte Haltung der Tiere. Auf 26 Hektar leben hier über 2.800 Tiere aus 300 Spezies. Zäune und andere Absperrungen sind dabei äußerst selten zu sehen, da die Bewohner durch versteckte Gräben an der Flucht gehindert werden. Zahlreiche Extras haben dem Zoo zu weiterem Ruhm verholfen: Das Frühstück mit Orang-Utans beispielsweise oder diverse Tiershows, die, ganz singapurisch, immer auch einen didaktischen Wert haben.

Gleich nebenan, aber auf separatem Gelände, liegt der 35 Hektar große Nachtzoo **Night Safari** mit 130 nachtaktiven Tierarten. Nicht nur für Kinder ein echtes Highlight: Die Gehege sind so geschickt angestrahlt, dass die mehr als 2.500 Tiere den Besucher meist gar nicht bemerken und die Absperrungen und Gräben im Dämmerlicht quasi verschwinden. Übrig bleibt das aufregende Gefühl, ganz nah den echten Dschungel erlebt zu haben.

*Beobachtung nachtaktiver Tiere*

Am besten lassen sich die verschieden Zonen mit der kleinen Bahn erkunden, die regelmäßig über die beiden Rundwege East Loop und West Loop durch den Regenwald verkehrt.

**Zoo von Singapur**, *80 Mandai Lake Road, ☎ 62693411, infocounter.zoo@wrs.com.sg, www.zoo.com.sg, tgl. 8.30–18 Uhr, Eintritt Erwachsene 22 SGD, Kinder (3–12 Jahre) 14 SGD.* **Night Safari** *(Nachtzoo), www.nightsafari.com.sg, tgl. 19.30–24 Uhr, letzter Einlass 23 Uhr, Eintritt Erwachsene 35 SGD, Kinder 23 SGD.*
**Zoo-Bahn** *Erwachsene 5 SGD, Kinder 3 SGD.*
**Park Hopper Ticket** *(Night Safari und Zoo) Erwachsene 49 SGD, Kinder 32 SGD; Park Hopper Ticket für Zoo, Night Safari und Jurong Bird Park Erwachsene 69 SGD, Kinder 46 SGD.*

## Woodlands und Kranji War Memorial

> **So kommt man hin**
>
> 300 Meter Fußweg ab Kranji MRT Station (NS7), Exit C

Meist sieht man als Besucher den Stadtteil **Woodlands** nur auf der Durchreise, auf dem Weg von oder nach Malaysia. Knapp fünf Kilometer nördlich des Zoos gelegen, hat Woodlands den Charakter einer Grenzstadt. Mit dem „Causeway Point" steht hier eines der größten Einkaufszentren Singapurs und vor allem an Wochenenden reihen sich Privatautos wie Lastwagen Stoßstange an Stoßstange, um über den 1924 gebauten 1.056 Meter langen **Johor-Singapore Causeway** von Singapur nach Johor Bahru an der Südspitze Malaysias zu fahren. Wie viele Satellitenstädte ist auch Woodlands ein Stein und Beton gewordenes Beispiel für das soziale Wohnungsbauprogramm des Stadtstaats – jeder „Housing Estate" eine Kleinstadt für sich, mit Einkaufszentrum, Food Center und gut strukturierter Verwaltungs- und Infrastruktur.

*Kriegsgedenken*

Als Besichtigungsziel lohnt sich Woodlands nicht wirklich, auf dem Weg von oder nach Malaysia kann man jedoch einen Abstecher zum **Kranji War Memorial (8)** unternehmen, das gerade einmal 300 Meter von der Kranji MRT entfernt liegt. Auf dem penibel gepflegten Areal sind 4.458 alliierte Soldaten bestattet, die bei der Verteidigung Singapurs im Jahr 1942 und während der darauffolgenden dreijährigen Besatzung durch die Japaner ihr Leben ließen. Auf den zwölf Stelen der eigentlichen Gedenkstätte sind die Namen von mehr als 24.000 Soldaten eingraviert, die im Zweiten Weltkrieg im Pazifik gefallen sind und deren sterblichen Überreste jedoch nie gefunden wurden.

**Kranji War Memorial**, Woodlands Road, ☏ 1800-7362000, tgl. 7–18 Uhr, Eintritt frei.

## Sungei Buloh Wetland Reserve

> **So kommt man hin**
>
> Mo-Sa: Bus TIBS 925 ab MRT Kranji (NS7) bis „Kranji Reservoir Carpark", dann 15 Minuten Fußweg. So und feiertags: Bus TIBS 925# ab MRT Kranji bis zum Eingang des Schutzgebiets.
> Auf dem Rückweg Bus 925/925# in Richtung „Woodlands Interchange".

*Einzigartiges Feuchtnaturschutzgebiet*

Was als Initiative einiger Ornithologen im Jahr 1986 begann, ist heute das einzige Feuchtnaturschutzgebiet im Stadtstaat Singapur. Das sensible Ökosystem des 87 Hektar großen Mangrovengebiets wurde 1989 unter Naturschutz gestellt und unter der Schirmherrschaft des „Natural Parks Board" zu einem Naturlehrpfad ausgebaut. Unter Mitwirkung des britischen „Wildfowl & Wetland Trust" und des WWF entstand so eines der raren Beispiele, wie Naturschutz und Tourismus Hand in Hand gehen können. Überlaufen ist das angenehm weitläufige Areal des **Sungei Buloh Wetland Reserve (9)** auch an Wochenenden nicht, sieht man von den Waranen ab, die sich gewöhnlich auf den Wegen sonnen und jeden Besucher misstrauisch, aber unaufgeregt beobachten. Von Johor Bahru auf dem malaysischen Festland aus ruft der Muezzin zum Gebet, und an Wochentagen besucht zuweilen eine Schulklasse auf Exkursion das Feuchtgebiet. Je nach Zeit und Laune hat der Besucher die Auswahl zwischen vier ausgezeichnet beschilderten Rundwegen, vom 30-minütigen **Mangrove Boardwalk** bis hin zur sieben Kilometer langen **Route Three**, die auf einer etwa fünfstündigen Wanderung ein umfassendes Mangroven-Erlebnis verspricht.

*Im Feuchtgebiet der Sungei Buloh Wetland Reserve*

Bedenkt man die etwa einstündige Anreise von der Stadtmitte, sollte man mindestens einen halben Tag für den Besuch Sungei Bulohs einplanen. Man kann sich aber durchaus einen ganzen Tag Zeit nehmen für einen ausführlichen Blick auf Fauna und Flora der Mangroven. Vor allem während der Zeit des Vogelzugs zwischen September und März kommen Vogelliebhaber in Sungei Buloh auf ihre Kosten. Aber auch der zoologisch und botanisch weniger beschlagene Besucher wird von der Parkverwaltung didaktisch an die Hand genommen und findet auf übersichtlich gestalteten Tafeln Wissenswertes über die Tier- und Pflanzenwelt Sungei Bulohs. An Samstagen werden täglich jeweils vier kostenlose Touren (Englisch und Mandarin) durch die Mangroven angeboten, außerdem gibt es saisonale Sondertouren. Für 50 SGD kann man als Gruppe auch eine individuelle Führung buchen. An Sonn- und Feiertagen hält der Bus 925 direkt vor dem Eingang. Besucht man Sungei Buloh an Werktagen, wenn der öffentliche Bus nur bis zum knapp zwei Kilometer vom Schutzgebiet entfernten **Kranji Reservoir Carpark** fährt, so fragt man sich, ob man nicht beim letzten Wohnblock falsch abgebogen ist.

*Rundwege und kostenlose Touren*

Die Chance ist groß, dass man als einziger an dieser Haltestelle aussteigt, und nichts weist auf das nahe gelegene Naturschutzgebiet hin. Für etwa 500 Meter folgt man der Asphaltstraße in Fahrtrichtung, dann zweigt eine ebenfalls geteerte Straße nach Norden ab. Der etwa 20-minütige Fußmarsch zum Feuchtgebiet mag an heißen Tagen beschwerlich sein, hat aber durchaus seinen Reiz.

Linker Hand prunken die vielfarbigen Bougainvilleen einer Gärtnerei und von rechts ertönt zuweilen ein Platschen aus der örtlichen Krokodilfarm. Für den Rückweg

*Üppige Flora in Sungei Buloh*

empfiehlt sich auch der **Kranji Nature Trail**, der durch die Mangroven von Sugei Buloh zurück zur Bushaltestelle führt, in der Gegenrichtung mangels Beschilderung aber kaum zu finden ist.

### Hinweis
Bitte nicht auf die **Warane** treten! Aufgrund von Umbauarbeiten ist der **Kranji Nature Trail** 2013 für einige Monate geschlossen. Aktuelle Daten unter www.sbwr.org.sg.

**Sungei Buloh Wetland Reserve**, 301 Neo Tiew Crescent, ☏ 67941401, sbwr@pacific.net.sg, www.sbwr.org.sg, Mo–Sa 7.30–19 Uhr, So und feiertags 7–19 Uhr, Mo–Fr Eintritt frei, Sa/So und feiertags Erwachsene 1 SGD, Kinder 0,50 SGD, Gratisführungen (Englisch/Mandarin) Sa 9, 11, 13 und 17 Uhr, Einführungsfilme Mo–Sa 9, 11, 13 und 17 Uhr, So stündlich 9–17 Uhr.

## Reisepraktische Informationen

### Unterkunft
siehe S. 166 und S. 215

### Restaurants
**Little Pancakes @ Thomson Imperial Court $–$$**, 200 Upper Thomson Road, ☏ 62588515, So, Mo, Mi, Do 12–23 Uhr, Fr/Sa 12–1 Uhr, Di geschl. Pfannkuchen aller Art und andere leckere Teigwaren im Thompson Imperial Court in Laufweite des MacRitchie Reservoirs.
**Brazil Churrascaria $$$**, 14/16 Sixth Avenue, ☏ 64631923, www.brazilchurrasco.com, tgl. 18.30–22.30 Uhr. Brasilianisches Grillrestaurant.

### Food Courts/Hawker Centres
**Chomp Chomp**, 20 Kensington Park Road, tgl. 18–1 Uhr.

### Einkaufen
**Causeway Point**, 1 Woodlands Square, ☏ 68942237. Das laut „Straits Times" beste Einkaufszentrum Singapurs ist unweit der MRT-Station Woodlands (NS 9) gelegen und bietet in über 250 Geschäften eine breite Auswahl an Lebensmitteln, Mode und Dingen des täglichen Bedarfs.
**Junction 8**, 9 Bishan Place, ☏ 63542955. An der MRT-Station Bishan (NS 17) gelegen, wird dieses Einkaufszentrum vor allen Dingen von Singapurern frequentiert.

*Auf der anderen Seite der Grenze: Johor Bahru*

# Auf der anderen Seite der Grenze: Johor Bahru

Malaysias zweitgrößte Stadt und Hauptstadt des Sultanats Johor liegt keine 40 Minuten per Bus entfernt. Architektonisch und kulturell ist die Millionenstadt Johor Bahru am anderen Ufer der Straße von Johor zwar keine sensationelle Sehenswürdigkeit, aber für alle, die noch nie malaysischen Boden betreten haben, eine Gelegenheit, quasi im Vorübergehen, noch ein Land mitzunehmen. Im Vergleich zu vielen anderen Städten der Region ist Johor Bahru noch recht jung: 1855 offiziell von Sultan *Abu Bakar* gegründet, wundert es nicht, dass heute jedes sehenswerte Gebäude einen Bezug zu seinem Gründer zu haben scheint. De facto lebt Johor Bahru vor allem von der Industrie – und der Nähe zu Singapur.

*Malaysias zweitgrößte Stadt*

Den meisten europäischen Besuchern wird es so gehen wie den Singapurern: Ihnen steht meist der Sinn nach einem Tapetenwechsel, und das laute, vergleichsweise lebendige Johor Bahru bietet die Möglichkeit, günstig einzukaufen. Aber auch diverse zweifelhafte Etablissements gibt es in Johor Bahru in recht offensichtlicher Anzahl. Nicht zuletzt sind auch die Hawker Shops und Food Courts bekannt für ihre Seafood-Spezialitäten. Budget Traveller, die ab Singapur noch weitere Länder der Region erkunden wollen, kommen ohnehin kaum um Johor Bahru herum: Die Bus-, Flug- oder Zugtickets nach Malaysia, Thailand oder Indonesien sind hier meist er-

*Bekannt für Seafood-Spezialitäten*

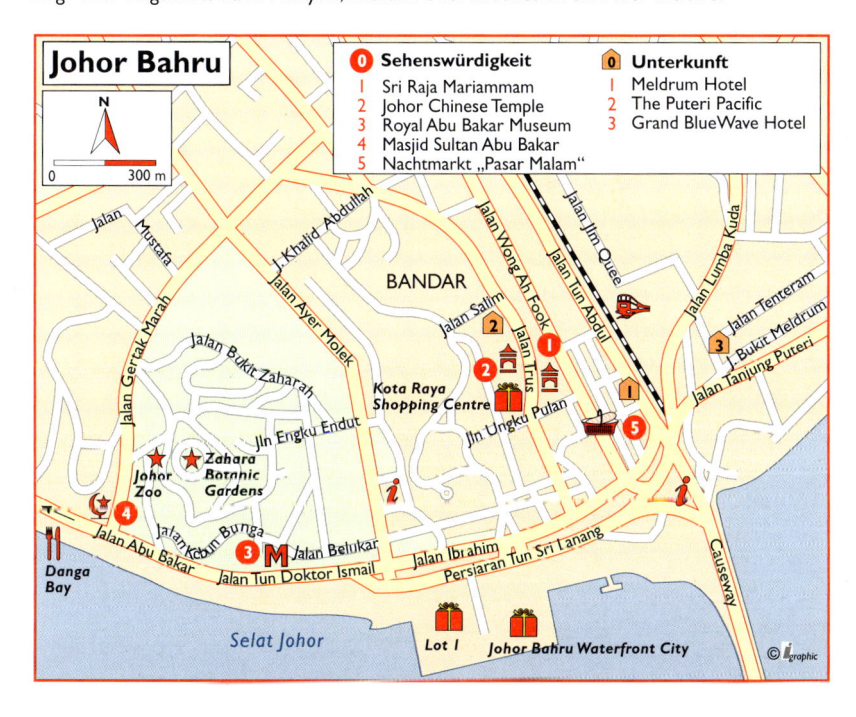

## Johor Bahru

**Sehenswürdigkeit**
1 Sri Raja Mariammam
2 Johor Chinese Temple
3 Royal Abu Bakar Museum
4 Masjid Sultan Abu Bakar
5 Nachtmarkt „Pasar Malam"

**Unterkunft**
1 Meldrum Hotel
2 The Puteri Pacific
3 Grand BlueWave Hotel

heblich günstiger, sodass viele Reisende ihre Weiterfahrt ab Johor Bahru organisieren. Tagesausflügler nach JB, so die Kurzform, finden die Innenstadt gleich hinter der Grenzstation an der Südspitze der Stadt.

*Infos zur Orientierung*  Erste Informationen und Stadtpläne gibt es in der Touristeninformation im Tun Abdul Razak Complex. In der Innenstadt selbst liegen der indische Tempel **Sri Raja Mariammam (1)** in der Jalan Ungku Puan und der **Johor Chinese Temple (2)** in der Jalan Trus.
**Sri Raja Mariammam Temple**, *Jalan Ungku Puan, zwischen Jalan Wong Ah Fook und Kotaraya Plaza Shopping Complex, tgl. 6–21 Uhr.*
**Johor Chinese Temple**, *Jalan Trus, tgl. 7–19 Uhr.*

Sehenswert ist weiterhin das **Royal Abu Bakar Museum (3)** *(Muzium Diraja A.B.)*. Der ehemalige Sultanspalast aus dem Jahr 1866 beherbergt seit 1990 ein Museum mit Exponaten aus dem Besitz der Sultansfamilie und wird nur noch für offizielle Empfänge genutzt.
**Royal Abu Bakar Museum**, *Istana Besar, Jalan Ibrahim, Sa–Do 9–17 Uhr. Eingänge in der Jalan Air Molek und Jalan Ibrahim.*

Wendet man sich hier nach Westen, kommt man, am Zoo vorbei, zur Moschee **Masjid Sultan Abu Bakar (4)**. Diese wurde zwischen 1892 und 1900 erbaut und wirkt auf den ersten Blick eher wie ein britisches Verwaltungsgebäude.
**Masjid Sultan Abu Bakar**, *Jalan Gertak Merah, Sa–Do 10–18 Uhr.*

Wer einfach nur mal schnell nach Malaysia schnuppern möchte, ist mit einem vollen Nachmittag in Johor Bahru gut bedient. Mit etwas mehr Zeit lohnt es sich, bis nach Einbruch der Dunkelheit zu bleiben: Dann werden die zahlreichen Hawker und fliegenden Händler aktiv.

## Reisepraktische Informationen

### Währung
Der Ringgit ist die Währung in Malaysia (Währungscode MYR). Er unterteilt sich in sen (Cents). Inoffiziell ist der Ringgit auch als Malaiischer Dollar bekannt. 1 € entspricht 4 MYR (Stand Frühjahr 2013).

### Unterkunft
**Meldrum Hotel $ (1)**, *1 Jalan Meldrum,* ☏ *060-7-2278988,* 📠 *060-7-2278990, meldrumhotel@gmail.com, www.meldrumhotel.com. Einfach, aber sauber und vor allem mit freundlichem Service, dazu noch sehr zentral gelegen. Doppelzimmer, auch Schlafsaal vorhanden.*
**The Puteri Pacific $$$$ (2)**, *The Kotaraya, Jalan Abdullah Ibrahim,* ☏ *060-7-2233333,* 📠 *060-7-2236622, www.puteripacific.com, 500 Zimmer. Das Hotel liegt direkt in der Innenstadt und nur wenige Schritte von der Grenzstation entfernt. Internationaler Standard für gutes Geld.*
**Grand BlueWave Hotel $$$$ (3)**, *9R Jalan Bukit Meldrum,* ☏ *060-7-2216666,* 📠 *060-7-222 9473, www.grandbluewave-johorbahru.com, 184 Zimmer. Luxuriös, aber*

sehr gemütlich: Das Hotel liegt nicht nur sehr zentral, sondern ist auch besonders gut ausgestattet, inklusive Sauna und Pool. Große Zimmer. Für Familien geeignet, da spezielle Family Suites verfügbar sind.

### Restaurants

**Bamboo Restaurant** $-$$, 1 Jalan Sutera, Taman Sentosa im Nordosten der Stadt. Besonders die Spezialität des Hauses „Paper wrapped Chicken" ist absolut empfehlenswert.

**Meishan Szechuan Restaurant** $$, Mutiara Hotel, Jalan Dato Sulaiman, Taman Datin Rokiah Viertel, www.mutiarahotels.com/johor-bahru/dining/meisan-szechuan.html, geöffnet 17–23 Uhr. Scharfe Küche aus der Provinz Sichuan: eines der besten chinesischen Restaurants der Region.

### Hawker Shops/ Food Courts

**Danga Bay** $-$$, Lido Beach, Jalan Skudai. Der recht neue Hawker Centre und Restaurantkomplex im Westen der Stadt wurde von der Stadtregierung bewusst als Touristenattraktion angelegt – lohnend!

*Das Essen in Johor Bahru ist gut und preiswert*

**Nachtmarkt „Pasar Malam"** $ (5), Jalan Ungku Puan, Ecke Jalan Wong Ah Fook. Eine große Auswahl an malaiischen, chinesischen und indischen Spezialitäten – günstiger geht es nicht. Zudem noch sehr zentral gelegen!

**Taman Sri Tebrau Hawker Centre** $, Jalan Keris, geöffnet ab 11 Uhr bis weit nach Mitternacht, allerdings recht weit vom Zentrum im Norden der Stadt gelegen.

### Einkaufen

Johor Bahrus Innenstadt ist voller Einkaufszentren, Märkte und Straßenstände. Zigaretten und andere Zollwaren kauft man allerdings besonders günstig in der „**Zon**", einer Duty-free-Zone im östlich gelegenen Stulang-Laut-Viertel. Passagiere der Fähre kommen hier ohnehin vorbei. „Zon" liegt an der Kreuzung der Jalan Ibrahim Sultan und Jalan Setulang Laut. Elektronikwaren und Spiele, DVDs und CDs gibt es besonders günstig im **Holiday Plaza** auf der Jalan Dato Sulaiman.

# 6. DIE INSELN

# Sentosa Island

> **So kommt man hin**
>
> Per Seilbahn „**Sentosa Cable Car**" ab Mount Faber via Harbour Front Tower 2, tgl. 8.25–22 Uhr. Hin- und Rückfahrt ab Mount Faber, Erwachsene 26 SGD, Kinder 15 SGD.
> Mit MRT-Bahnen (North-East Line oder Circle Line) kann man bis zur Harbour Front Station fahren. Von dort kann man ab Level 3 in der VivoCity Shopping Mall den **Sentosa Express** nehmen. Der Sentosa Express verbindet die MRT Station Harbour Front mit den Sentosa-Stationen Waterfront, Imbiah und Beach, Ticket 3,50 SGD/Person.
> Sentosa Island ist auch über den **Sentosa Boardwalk** (rund um die Uhr) zu Fuß zu erreichen (Ticket 1 SGD/Person), ebenso ab VivoCity Shopping Mall. Der Spaziergang kann nach Wahl über die überdachten Rollbänder (tgl. 7–24 Uhr) beschleunigt werden.

Disneyland, tropisches Paradies und Ferienkolonie: Von jedem nahmen die Planer ein bisschen, als sie Sentosa Ende der 1970er-Jahre in eine Bade- und Spaßinsel verwandelten. Die Grundidee war richtig: Strände, Attraktionen und Übernachtungsgelegenheiten auf engem Raum vor den Toren einer Großstadt, das konnte im Grunde genommen gar nicht schiefgehen. Besonders Familien und stressgeplagte Besucher sollten durchaus einen oder zwei Tage auf Sentosa einplanen: Die Strände sind erstaunlich gut und mit gerade einmal einer halben Stunde Anfahrtszeit liegt die Insel ganz bestimmt in erreichbarer Nähe.

*Schönes Ausflugsziel für Familien*

Lange Zeit war Sentosa unter dem Namen *Pulau Blakang Mati* bekannt und beherbergte lediglich ein Fischerdorf und britische Festungsanlagen. Als Wohnort kaum geeignet, schien die sumpfige Insel Sentosa hingegen von großer militärischer Bedeutung, denn von hier aus ließ sich der Zugang zum Keppel Harbour kontrollieren. Nachdem bereits in den 1880er-Jahren das Fort Siloso entstand, wurde Sentosa in den 1930er-Jahren zum Sitz der Britischen Royal Artillery ausgebaut. Während des Zweiten Weltkriegs platzierten die Briten auf Fort Siloso ihre nach Süden gerichtete Artillerie, die den erwarteten japanischen Angriff abwehren sollte.

In der Tat überrannten die Truppen des Tenno Singapur, allerdings von Norden aus, sodass die britischen Verteidigungsanlagen auf Sentosa nutzlos blieben. Nach dem Ende der japanischen Besatzung 1945 wurde die Insel weiterhin militärisch genutzt, und zwar als Basis des *Singapore Regiment of the Royal Artillery*, das aber bereits zehn Jahre später von einem Gurkha Regiment abgelöst wurde, während Fort Siloso, Fort Serapong und Fort Connaught aufgegeben wurden. Einige Jahre, nachdem die Briten 1967 die Insel an Singapur zurückgegeben hatten, wurde sie als Naherholungsziel

> **Redaktionstipps**
>
> ➤ Strandvergnügen auf **Sentosa Island** (S. 231)
> ➤ **Underwater World** ist ein Erlebnis für Jung und Alt (S. 234)
> ➤ Ursprüngliche Wander- und Radrouten auf **Pulau Ubin** (S. 238)
> ➤ Skurriler Tempel – der **Schrein des deutschen Mädchens** (S. 243)
> ➤ Mythische Geschichten auf **Kusu Island** (S. 245)

*Regenwald und Attraktionen*

auserkoren und 1972 in Sentosa umbenannt. Ein gewollt werbewirksamer Name, denn wörtlich übersetzt bedeutet der malaiische Ausdruck „Ruhe". Von der gut 500-Hektar-Fläche sind heute noch 70 Prozent mit sekundärem Regenwald bedeckt, auf dem restlichen Terrain drängen sich die Touristenattraktionen. Fast drei Millionen Besucher pro Jahr zeigen, dass das Programm gut ankommt.

Abgesehen von den Taxis sind auf der Insel alle Verkehrsmittel gratis, seit 1998 ist auch die Anreise per Privatwagen erlaubt. Mittlerweile ist es sogar möglich, für 1 SGD zu Fuß von der VivoCity Shopping Mall über den Boardwalk und überdachte Rollbänder auf die Insel zu gelangen. Am einfachsten ist die Anreise per Sentosa Express Train ab Harbour Front Station. Auf der Insel selbst verkehren Busse auf drei Busrouten, deren Benutzung kostenlos ist.

## Strand

Die gesamte Südküste Sentosas wurde in einen mehr als 3,2 Kilometer langen Badestrand verwandelt, der sich über drei thematisch leicht verschiedene Abschnitte erstreckt. Der **Siloso Beach (1)** am westlichen Ende ist sicher der belebteste der drei: Das Action-Angebot in Form von Strandvolleyball, Kanuverleih und Inlineskating zieht viele junge Singapurer und Familien an.

Weiter östlich schließt sich der **Palawan Beach (2)** an, ein belebter Strand mit Beach Clubs, Bars, Restaurants und diversen kleinkindgerechten Attraktionen wie beispielsweise dem interaktiven Brunnen. Der Sentosa Express führt direkt zum Palawan Beach. Eine Hängebrücke verbindet den Strand mit einer kleinen Insel, dem vermeintlich südlichsten Punkt Kontinentalasiens. Wer einfach nur in Ruhe baden und entspannen möchte, sollte sich den **Tanjong Beach (3)** aussuchen, denn der östlichste und damit entlegenste der Strände liegt relativ weitab der anderen Attraktionen. Seitdem der **Beach Club KM8 (4)** eröffnet wurde, kann aber auch hier nicht mehr für völlige Stille garantiert werden.

Allen Stränden gemein ist, dass sie nicht nur ausnehmend sauber sind, sondern auch hervorragend ausgestattet: Umkleidekabinen, Süßwasserduschen, Schließfächer und Sonnenschirme gibt es in ausreichender Menge. Alle drei Strände sind bewacht.

*Sandstrände mit Palmen auf Sentosa Island*

Sentosa Island | 233

## Sentosa Island

1. Siloso Beach
2. Palawan Beach
3. Tanjong Beach
4. KM8
5. Tiger Sky Tower
6. Butterfly Park & Insect Kingdom
7. Merlion
8. Images of Singapore
9. Musical Fountain
10. Cinemania
11. Cinema 4D
12. Sentosa Luge
13. Underwater World
14. Dolphin Lagoon
15. Animal & Bird Encounter
16. Fort Siloso
17. Nature Walk
18. Resorts World Sentosa (mit Universal Studios)

## Spiele für das Volk

*Singapurs Disneyland*

Wer per Seilbahn anreist, kann schon von Weitem sehen, wieso sich Sentosa immer wieder mit Disneyland vergleichen lassen muss: Dicht aneinander liegen die Attraktionen, die sich nicht nur an kindliches Publikum richten. Wer die folgenden Themenparks und Erlebnisattraktionen allesamt ausprobieren möchte, sollte einen mehrtägigen Aufenthalt einplanen.

Weithin sichtbar ist der **Tiger Sky Tower (5).** Der größte freistehende Aussichtsturm Asiens am Imbiah Lookout ragt mehr als 110 Meter über Sentosa hinaus. Bei gutem Wetter reicht die Sicht bis Indonesien. Die Fahrt zur Aussichtsplattform erfolgt in einer verglasten Kabine, die an der Außenwand hinaufkatapultiert wird. Wenige Schritte weiter liegen **Butterfly Park & Insect Kingdom (6)** mit mehr als 25.000 Schmetterlings- und Insektenarten, und die 37 Meter hohe Megaversion des Wahrzeichens **Merlion (7).** Im 12. Stock befindet sich eine Aussichtsplattform.

**Butterfly Park & Insect Kingdom**, *51 Cable Car Road, ☏ 62750013, tgl. 9–18.30 Uhr, Eintritt Erwachsene 10 SGD, Kinder 6 SGD.*
**Tiger Sky Tower**, *Imbiah Lookout Zone, 41 Cable Car Road, www.skytower.com.sg, tgl. 9–21 Uhr, Eintritt Erwachsene 15 SGD, Kinder 10 SGD.*
**Merlion**, *Imbiah Lookout, tgl. 10–20 Uhr, Eintritt Erwachsene 8 SGD, Kinder 5 SGD.*

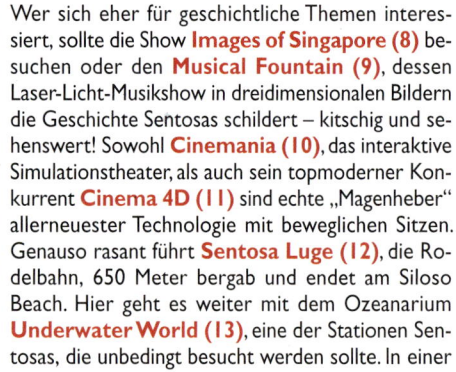

*Im Butterfly Park*

Wer sich eher für geschichtliche Themen interessiert, sollte die Show **Images of Singapore (8)** besuchen oder den **Musical Fountain (9)**, dessen Laser-Licht-Musikshow in dreidimensionalen Bildern die Geschichte Sentosas schildert – kitschig und sehenswert! Sowohl **Cinemania (10)**, das interaktive Simulationstheater, als auch sein topmoderner Konkurrent **Cinema 4D (11)** sind echte „Magenheber" allerneuester Technologie mit beweglichen Sitzen. Genauso rasant führt **Sentosa Luge (12)**, die Rodelbahn, 650 Meter bergab und endet am Siloso Beach. Hier geht es weiter mit dem Ozeanarium **Underwater World (13)**, eine der Stationen Sentosas, die unbedingt besucht werden sollte. In einer 83 Meter langen Acrylröhre wandelt der Besucher durch die Welt der Meerestiere. Im Eintrittspreis inbegriffen ist die Show in der **Dolphin Lagoon (14)**, die allerdings einige Busstationen weiter am Palawan Beach liegt. Gleich um die Ecke, im Palawan-Amphitheater, findet mehrmals täglich auch die Gratis-Tiershow des **Animal & Bird Encounters (15)** statt.

Ganz im Südwesten der Insel liegt **Fort Siloso (16)**. In der ehemaligen britischen Festung befindet sich heute eine Multimedia-Ausstellung zur britischen Militärgeschichte Singapurs, zum Zweiten Weltkrieg und zur japanischen Besatzung.

Wem all die technologisch hochwertigen Attraktionen nicht zusagen, der sollte zumindest den **Nature Walk (17)** von der Seilbahnstation zum Sentosa Beach absolvieren: Der Weg führt auf einem 1,5 km langen Pfad durch den Regenwald und bietet mit etwas Glück die Gelegenheit, Affen, Reptilien und viele andere Tiere aus nächster Nähe zu beobachten.

2010 wurden im Norden der Insel die **Resorts World Sentosa (18)** eröffnet – eine gigantische Anlage inklusive mehreren Hotels, Universal Studios Singapore, Marine Life Park und einem Casino.

*Delfin-Vorführung in der Dolphin Lagoon*

Zum **Marine Life Park** gehören das **S.E.A. Aquarium** mit über 800 Meeresbewohnern sowie der Wasservergnügungspark **Adventure Cove Waterpark**. In die Welt von *Shrek*, der tierischen Trickfilmhelden von *Madagascar* und der Dinosaurier von *Jurassic Park* entführen die **Universal Studios Singapore**. Der Freizeitpark wartet in sieben verschiedenen Themenbereichen (Shrek, Jurassic Park, Madagascar, Hollywood, New York, Science Fiction und das alte Ägypten) mit vielen Attraktionen wie Fahrten durch die Filmkulissen mit nachgestellten Szenen, Veranstaltungen und thematischen Shows aus der Filmwelt auf.

*Komplex mit Hotels, Filmpark und Spielcasino*

Eine magische Anziehungskraft haben am Abend die Licht- und Wasserspiele des **Lake of Dreams**. Das Spektakel nahe dem Casino kann man kostenlos erleben.

Singapurs erstes **Casino** war lange umstritten: Um die ansässige Bevölkerung nicht allzu oft in Versuchung zu führen, müssen Singapurer immerhin 100 SGD Eintritt bezahlen. Gäste mit ausländischem Pass jedoch dürfen die opulent-plüschigen Hallen umsonst betreten.

## Reisepraktische Informationen

### Themenparks/Attraktionen

**Underwater World**, 80 Siloso Road, ☎ 62750030, tgl. 10–19 Uhr, www.underwaterworld.com.sg, Eintritt Erwachsene 25,90 SGD, Kinder 17,60 SGD.
**Fort Siloso**, tgl. 10–18 Uhr, Eintritt Erwachsene 8 SGD, Kinder 5 SGD, gratis Führungen Fr–So und feiertags 12.40 und 13.40 Uhr.
**Casino Resorts World Sentosa**, 39 Artillery Avenue, www.rwsentosa.com, Zutritt erst ab 21 Jahren, Eintritt gratis für ausländische Besucher (Pass unbedingt mitbringen!), Eintritt für Einheimische 100 SGD für 24 Stunden. Besucher sollten angemessen gekleidet sein: „Smart casual", also keine Flip-Flops oder kurze Hosen. Rund um die Uhr geöffnet.

*Drei- und vierdimensionales Erleben im Sentosa 4D Magix*

**Lake of Dreams**, tgl. um 21.30 Uhr findet eine gigantische Wasser-, Licht- und Lasershow am See neben dem Casino statt.
**Universal Studios**, 8 Sentosa Gateway, ☎ 65778888, enquiries@rwsentosa.com, tgl. 10–19 Uhr, z. T. länger, Eintritt Erwachsene 74 SGD, Kinder (4–12 Jahre) 54 SGD.
**Marine Life Park** mit **S.E.A. Aquarium** (tgl. 10–19 Uhr) und **Adventure Cove Waterpark** (tgl. 10–18 Uhr), Eintritt jeweils Erwachsene 29 SGD, Kinder 20 SGD.
**Musical Fountain**, 5 Garden Avenue, Showzeiten 19.40 und 20.40 Uhr, Eintritt frei.
**Cinemania**, tgl. 11–20 Uhr, Eintritt Erwachsene 12,50 SGD, Kinder 8 SGD.
**Sentosa 4D Magix**, 51B Cable Car Road, ☎ 62745355, 62757113, www.sentosa4d magix.com.sg, 10–21 Uhr, Showtime alle halbe Stunde, diverse Packages Erwachsene ab 28,90 SGD, Kinder ab 18,90 SGD.
**Images of Singapore**, 40 Cable Car Road, ☎ 62750426, 🖷 62750161, tgl. 9–19 Uhr, Eintritt Erwachsene 10 SGD, Kinder 7 SGD.
**Animal & Bird Encounters**, Palawan-Amphitheater, 12–18 Uhr, Showtime alle halbe Stunde, Eintritt frei.

### Unterkunft
**Costa Sands Resort Sentosa $$–$$$ (1)**, 30 Imbiah Walk, ☎ 62751034, 🖷 62751074, www.costasands.com.sg, 49 Zimmer. Auf einem Hügel am Siloso Beach gelegen, bietet das Resort Hütten und klimatisierte Chalets an.
**Hard Rock Hotel $$$ (2)**, Resorts World Sentosa, ☎ 65778888, www.rwsentosa. com. Cooles Hotel im Stil der Hard Rock Cafés – eher für jüngeres Publikum geeignet.
**Shangri-La's Rasa Sentosa Resort $$$$$ (3)**, 101 Siloso Road, ☎ 62750100, www.shangri-la.com/singapore/rasasentosaresort/. Sentosas größtes (Luxus-)Hotel mit mehr als 450 Zimmern, direkt am Siloso Beach.
**The Sentosa Resort & Spa $$$$$ (4)**, 2 Bukit Manis Road, ☎ 62750331, rsvn@thesentosa.com, www.thesentosa.com, 167 Zimmer. Das ehemalige Beaufort Sentosa liegt auf einem Hügel am Tanjong Beach und damit ein wenig ruhiger als die Konkurrenten. Besonders romantisch: die Gartenvilla mit eigenem Pool.

### Restaurants
**Trapizza $$ (1)**, Siloso Beach (nördliches Ende), ☎ 63762662, tgl. 11–21.30 Uhr. Die italienische Pizzeria bietet neben den üblichen Speisen auch die ungewöhnliche Möglichkeit, sich an einem Trapez zu versuchen.

# Sentosa Island Reisepraktisches

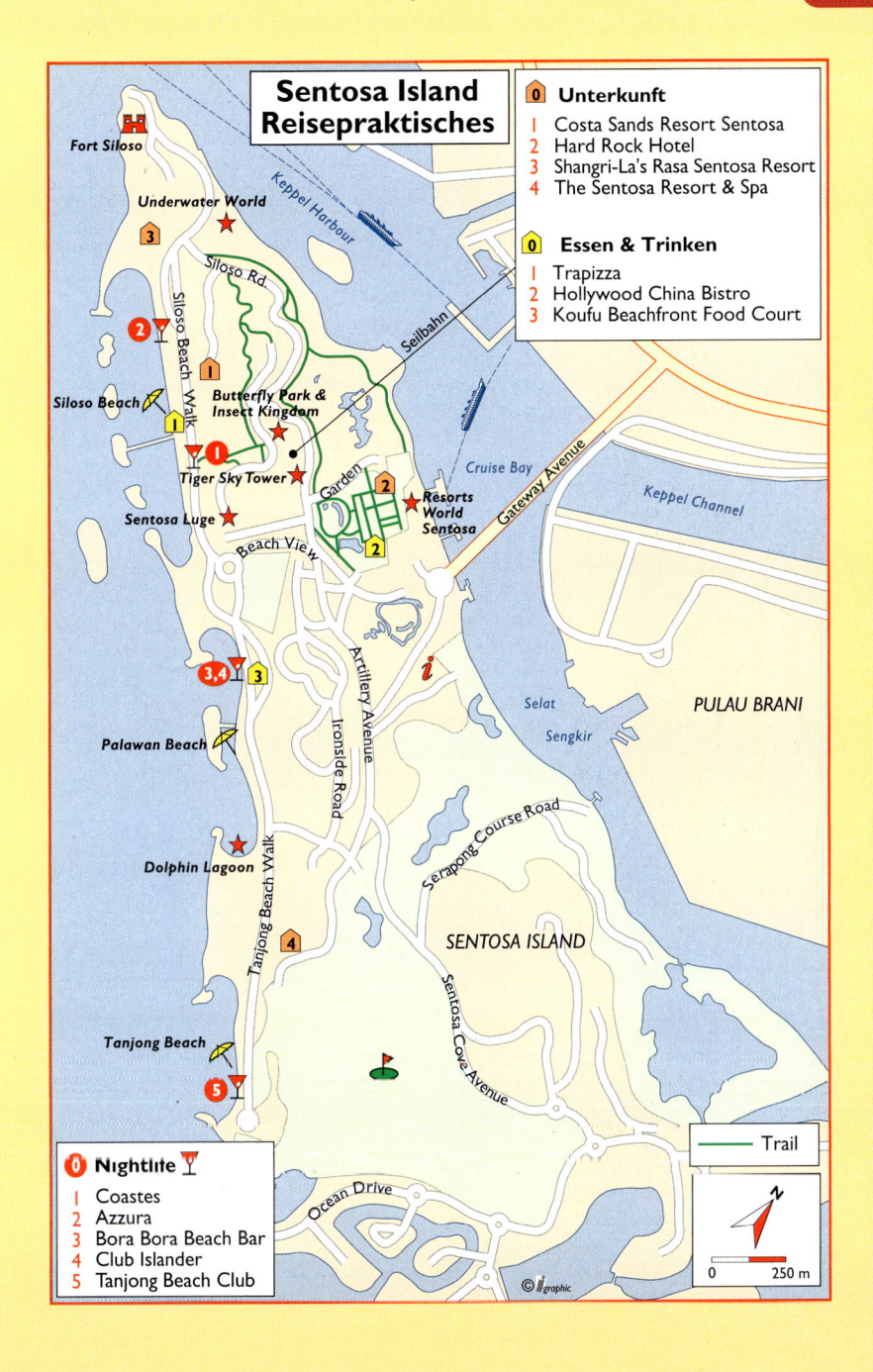

**Unterkunft**
1. Costa Sands Resort Sentosa
2. Hard Rock Hotel
3. Shangri-La's Rasa Sentosa Resort
4. The Sentosa Resort & Spa

**Essen & Trinken**
1. Trapizza
2. Hollywood China Bistro
3. Koufu Beachfront Food Court

**Nightlife**
1. Coastes
2. Azzura
3. Bora Bora Beach Bar
4. Club Islander
5. Tanjong Beach Club

**Hollywood China Bistro $$ (2)**, Universal Studios Singapore, Resorts World Sentosa, ☎ 65778888, www.rwsentosa.com., tgl. 10–19 Uhr. Chinesische und westliche Snacks nach dem Motto „East meets West".

### Food Courts
**Koufu Beachfront Food Court $–$$ (3)**, Palawan Beach, www.koufu.com.sg. Günstige, asiatische Menüs. Man kann draußen sitzen – oder im klimatisierten Innenraum.

### Nightlife/Beach Bars
**Coastes (1)**, Siloso Beach, 50 Siloso Beach Walk, www.coastes.com, ☎ 62749668, Mo–Do 10–24 Uhr, Fr 10–1 Uhr, Sa 9–1 Uhr, So und feiertags 9–24 Uhr. Cocktailbar mit Grillgerichten: Entspannung im Liegestuhl, familienfreundlich, mit Kinderecke.
**Azzura (2)**, Siloso Beach, ☎ 62708003, www.azzura.sg, Mo–Fr 10–22 Uhr, Sa, So und feiertags 10–2 Uhr. Bequeme Liegen am Strand, Snackbar, Restaurant und ein Bootsverleih: Hier kann man locker den ganzen Tag verbringen.
**Bora Bora Beach Bar (3)**, 82 Lighthouse Beach Walk, Palawan Beach, ☎ 62780838, www.borabeach.com, tgl. 10.30–19 Uhr. Ruhige Strandbar mit jazziger Hintergrundmusik, dazu auch ein kleine Auswahl an Menüs und Finger Food.
**Tanjong Beach Club (5)**, Tanjong Beach, ☎ 62701355, www.km8.com.sg, Di–So 11–23 Uhr. Schicke Bar mit Restaurant: Nichts für die älteste Jeans!

### Einkaufen
Der **7-Eleven** am Palawan Beach ist 24 Stunden geöffnet. Hier findet man neben Getränken und Knabberwaren auch Zeitschriften und einfache Snacks. Ansonsten bieten die Souvenirläden der verschiedenen Attraktionen allerhand Kitsch und Reiseerinnerungen zu den üblichen Touristenpreisen. Wer Schnäppchen sucht, ist in der Stadt definitiv besser aufgehoben.

# Pulau Ubin

### So kommt man hin

MRT Station Bedok (EW5), Ausgang B, Bus 2 bis Changi Village (Endstation).
MRT Station Tampines (EW2), Bus 29 bis Changi Village (Endstation).
Boat von Changi Point, gegenüber der Busstation Changi Village (unregelmäßig, durchschnittlich alle 20 Minuten, 2.50 SGD).
Alternativ Bus 2 ab MRT Chinatown.

### Information
**Informationskiosk** am Bootspier, ☎ 65424108, tgl. 8–17 Uhr.
Website: http://www.pulauubin.com.sg
Geschichten über Pulau Ubin gibt es in einem äußerst interessantem Blog:
http://pulauubinstories.blogspot.com

Mangroven, Fischerdörfer und mehr als 50 Kilometer Radweg durch dichte tropische Wälder. Klingt eher nach einem Urlaubsparadies an der thailändischen Küste, liegt aber nur zwei Kilometer vor der Ostküste Singapurs entfernt: Pulau Ubin. Die gerade mal 10,2 Quadratkilometer große Insel ist ein beliebtes Ausflugsziel für die Bewohner Singapurs, die der Hektik der Stadt entfliehen wollen – und eine empfehlenswerte Alternative für alle Besucher, die in Singapur mehr suchen als urbanes Flair. Pulau Ubin ist sicherlich kein Tropenparadies, aber ein lohnender Ausflug in das „ländliche" Singapur, eine Stippvisite in die Vergangenheit des Stadtstaats und auch ein kulinarisches Highlight: Die Meeresfrüchte in den Restaurants der Insel sind frisch und für Singapurer Verhältnisse günstig. Kein Wunder, gibt es auf der Insel doch einige Dutzend Shrimpsfarmen.

*50 Kilometer Radweg*

Auch wenn Pulau Ubin oft als malaiisch geprägte Insel bezeichnet wird, siedeln hier heute vor allem Chinesen. Zwar waren die ersten Siedler auf Pulau Ubin Malaien, was sich bis heute in der Struktur der Inselsiedlungen, der sogenannten *Kampongs* (malaiisch für Dörfer) niederschlägt, mit Plantagenwirtschaft und Granitabbau kamen aber bereits seit Mitte des 19. Jahrhunderts immer mehr Chinesen auf die Insel. Englisch wird hier mit Ausnahme der Hauptsiedlung am Bootsanleger wenig gesprochen, mit Mandarin- oder gar Hokkienkenntnissen ist man als Besucher eindeutig im Vorteil. Noch 1990 lebten mehr als 1.400 Menschen auf Singapurs zweitgrößter Insel, seit der Schließung des letzten Granitsteinbruchs im Jahr 1999 hat sich die Bevölkerung auf knapp 200 Bewohner eingependelt, die vor allem von Shrimpszucht, Fischfang und vom Tourismus leben. Die Granitsteinbrüche, einst Namensgeber der Insel (*Ubin* = Granit auf Malaiisch), sind heute zu Baggerseen geworden. Baden ist dort allerdings strengstens verboten, dementsprechend sind die Seen von hohen Zäunen umgeben.

*Chinesische Siedlungen*

*In Pulau Ubin Village kann man Fahrräder für die Inselerkundung leihen*

*Mittagspause am Hafen*

*Ländliches Singapur*

Bereits beim Übersetzen mit dem „**Bumboat**" wird man auf die deutlich ruhigere Gangart auf der Insel eingestimmt. Die kleinen, ursprünglich als Versorgungsschiffe genutzten Boote fahren erst, wenn genügend Passagiere an Bord sind. An Wochenenden füllen sich die zwölfsitzigen Schiffe in etwa zehn Minuten, an Wochentagen oder zur Mittagszeit muss man schon einmal bis zu einer halben Stunde warten. Die Boote verkehren zwischen 6 und 21 Uhr, bei Bedarf auch länger.

Nach zehn Minuten Schaukeln auf dem Meer erreicht man die **Hauptanlegestelle (1)** am Pulau Ubin Village. Schon die Siedlung an der Anlegestelle hinterlässt einen erfrischend chaotischen Eindruck: Rudelweise Hofhunde, Hühner und Katzen bevölkern genauso die Wege der Insel wie Mountainbiker im Rennoutfit. Berge hat die Insel zwar nicht, aber manch ein schlammiger Wald- und Wiesenweg dürfte den Radsportler trotzdem fordern. Dichter Autoverkehr ist jedoch nicht zu befürchten. Zwar haben einige Bewohner einen Wagen importiert, doch wirklich sinnvoll ist die Anschaffung nicht: Mangels Brücke oder Fähre bleiben die Spritztouren auf die Fläche der etwas über tausend Hektar großen Insel beschränkt. Mangelnde Verbindungen zum Festland müssen nicht immer ein Hindernis sein, dies bewies vor wenigen Jahren ein Elefant aus der malaiischen Provinz Johor. Dieser begab sich abenteuerlustig auf eine kurze Schwimmtour und versetzte die Bewohner der Insel für einige Stunden in helle Aufregung.

Dass derartige Ausflüge nicht immer gut ausgehen, zeigt die Entstehungslegende der Insel, die, so will es der Volksmund, durch ein unüberlegtes Wettschwimmen dreier Tiere entstand. Der Verlierer sollte sich in eine Insel verwandeln, so war es ausgemacht, doch da Elefant, Frosch und Schwein allesamt ertranken, entstanden gleich zwei Inseln: der Frosch wurde zu Pulau Skudong, das Schwein und der Elefant verschmolzen zu Pulau Ubin.

Direkt gegenüber dem Bootssteg verteilt der **Besucherkiosk (2)** kostenlose Karten der Insel. Hier gibt man auch gerne Auskunft über lohnende Wander- und Radrouten. Etwa 100 Meter westlich, im **Pulau Ubin Village**, dem Hauptort der Insel, kann man an mehreren kleinen Läden Fahrräder mieten. Es empfiehlt sich, ein wenig herumzuschauen und zu vergleichen, da nicht alle Räder wirklich gut in Schuss sind.

Lieber sollte man ein paar Dollar mehr anlegen. Wer eine Radtour auf der Insel plant und nur wenig Zeit hat, sollte eher den Westen erkunden, da dieser ursprünglicher und landschaftlich reizvoller ist. Der Osten der Insel bietet sich für einen Spaziergang und einen ausgedehnten Radausflug an. Die zentrale Straße der Insel, der geteerte **Jalan Ubin** (das malaiische Wort *Jalan* bedeutet schlicht „Weg"), führt vom Meeting Point im Pulau Ubin Village in Richtung Norden zur **Murai Hut (3)**. Hier zweigt linker Hand ein gut zu radelnder Waldweg in Richtung **Mamam Beach (4)** ab – ein kleiner Sandstreifen, an dem, wie an anderen ausgewiesenen Stellen auf der Insel, Camping explizit erlaubt ist.

*Mögliche Radtouren*

Über den Jalan Mamam erreicht man die **Beberek Hut (5)**, von der man entweder auf dem Jalan Sam Heng zurück zum Inselzentrum kommt oder einen Abstecher in den Osten der Insel unternehmen kann. Dieser Weg ist eher für Wanderer geeignet, als Radfahrer sollte man eine gewisse Steigungstoleranz und Off-Road-Erfahrung mitbringen.

*Wanderweg*

Am äußersten östlichen Ende Pulau Ubins liegt das unter Naturschutz stehende **Feuchtgebiet Tanjong Chek Jawa (6)**, das nach dem Vorbild des Sungei-Buloh-

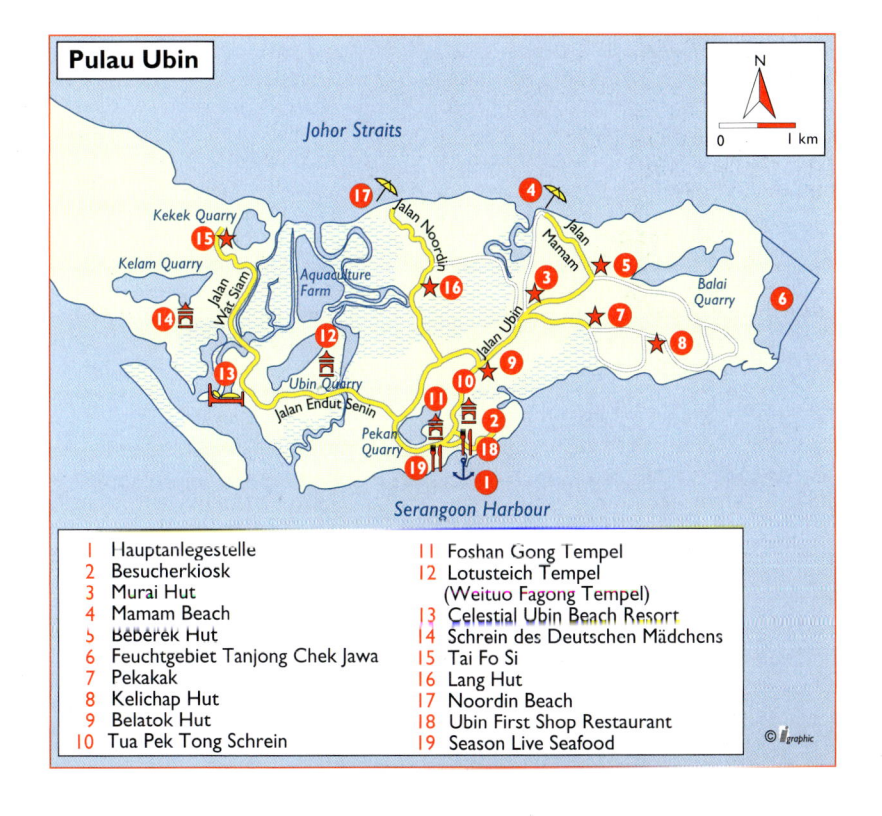

### Pulau Ubin

1. Hauptanlegestelle
2. Besucherkiosk
3. Murai Hut
4. Mamam Beach
5. Beberek Hut
6. Feuchtgebiet Tanjong Chek Jawa
7. Pekakak
8. Kelichap Hut
9. Belatok Hut
10. Tua Pek Tong Schrein
11. Foshan Gong Tempel
12. Lotusteich Tempel (Weituo Fagong Tempel)
13. Celestial Ubin Beach Resort
14. Schrein des Deutschen Mädchens
15. Tai Fo Si
16. Lang Hut
17. Noordin Beach
18. Ubin First Shop Restaurant
19. Season Live Seafood

*Unter Schutz gestellt*

Feuchtgebiets zum Naturlehrpfad ausgebaut werden soll. Ursprünglich war hier ein Landgewinnungsprogramm geplant, unter anderem als Trainingsgelände des Militärs, das bereits die Nachbarinsel Pulau Tekong unter seiner Ägide hat. Massive Proteste von Naturschützern ließen die Singapurer Regierung jedoch einen 2001 abgesegneten Entwicklungsplan aussetzen und das sensible Ökosystem von Tanjong Chek Jawa unter Schutz stellen. Heute führt ein hölzerner „Boardwald" 1,1 Kilometer entlang der Küste durch Chek Jawa, der von 8.30 bis 18 Uhr geöffnet ist. Alle anderen Areale des Naturschutzgebiets sind nur im Rahmen einer geführten, etwa einstündigen Tour möglich. Besonders lohnend ist der Besuch während der Ebbe. Aktuelle Informationen hierzu gibt es unter http://habitatnews.nus.edu.sg/news/chekjawa/ sowie am Informationskiosk gegenüber dem Bootsanleger. Vorabbuchungen sind unter der Telefonnummer ☏ 65424108 möglich.

Auf Waldwegen erreicht man über die **Pekakak (7)** und die **Kelichap Hut (8)** wieder den Jalan Ubin. Hier lohnt ein Abstecher über einen kleinen Feldweg etwa 500 Meter hinter der **Belatok Hut (9)** in Richtung Osten. Ein Naturlehrpfad führt durch Mangroven und an kleinen Sandstränden vorbei zurück zum Bootsanleger.

Im Westen der Insel empfiehlt sich vor allem ein Abstecher zum **Schrein des Deutschen Mädchens**, ein skurriler Tempel, etwa einen Kilometer südwestlich des Jalan Wat Siam, rund acht Kilometer vom Bootsanleger entfernt. Auf dem Weg dorthin kommt man, dem Jalan Jelutong folgend, an mehreren kleinen Dörfern und einigen chinesischen Tempeln vorbei. Direkt am Meeting Point steht der **Tua Pek Tong Schrein (10)** sowie eine Bühne für chinesische Opern, gleich nach Verlassen des Hauptorts führt ein kleiner Weg zu dem buddhistischen **Foshan Gong Tempel (11)**.

Nach dem Passieren der Jelutong-Brücke zweigt, kurz vor der Merbah Hut, rechter Hand ein Feldweg zum **Lotusteich Tempel (12)** (Weituo Fagong Tempel auf Chinesisch), einem architektonisch interessanten buddhistischen Tempel im Hokkien-Stil ab. Kurz hinter der Merbah Hut liegt, von Campingplätzen abgesehen, mit dem **Celestial Ubin Beach Resort (13)**, dem ehemaligen Marina Country Club (MCC) Ubin Resort, die einzige Übernachtungsmöglichkeit auf der Insel. Das etwas überdimensioniert wirkende Resort bietet einfache, aber saubere Bungalows mit Bad, einen Swimmingpool sowie ein stilvolles Restaurant-Café. Letzteres ist jedoch außerhalb der Hauptbesucherzeiten meist geschlossen.

*Lotusteich*

Hinter dem Celestial Resort beschreibt die Straße einen 90-Grad-Bogen nach links und führt über die Puake-Brücke, kurz danach geht ein Feldweg zum **Schrein des Deutschen Mädchens (14)** ab, wie ein dreisprachig Deutsch-Englisch-Chinesisch gehaltenes Hinweisschild ankündigt. Den Schrein erreicht man nach einem weiteren Kilometer. Von außen ist der gelb getünchte, hinter einem großen Baum versteckte Tempel eher unscheinbar. Im Inneren wirkt er wie eine Mischung aus daoistischem Tempel und Puppenhaus. Auf dem zentralen Altar steht, von einer Spitzendecke beschirmt, eine prächtig gekleidete Barbiepuppe in einer verspiegelten Plastikbox, flankiert von chinesischen Vasen und einer Auswahl von Shampoo- und Parfümfläschchen. Auf einem Teller vor der Puppe liegen als Opfergaben Bonbons, zu beiden Seiten des Altars werden in kleinen Schreinen daoistische und buddhistische Gottheiten verehrt. Der Legende nach geht der Tempel auf ein deut-

*Schrein des Deutschen Mädchens*

sches Mädchen zurück, das im Jahr 1914 in einem der Steinbrüche verunglückte. Mit Beginn des Ersten Weltkriegs wurden seine Eltern, denen eine Kaffeeplantage auf der Insel gehörte, interniert; das Mädchen flüchtete und stürzte in einen der Steinbrüche. Als die Leiche einige Tage später gefunden wurde, errichtete die lokale Bevölkerung einen kleinen Schrein an der Unglücksstelle. Über die Jahre entstand das Gerücht, ein Besuch des Schreins brächte Glück und Segen. Vor allem Glücksspieler pilgerten in der Folgezeit zu dem kleinen Tempel und wussten von satten Wettgewinnen zu berichten. Dadurch gewann der Schrein an Popularität und auch die lokale Bevölkerung sprach ihm segenbringende Wirkung zu. Ursprünglich stand der Tempel auf einer Anhöhe in der Nähe des Steinbruchs, in dem das deutsche Mädchen verunglückte.

*Skurriler Tempel*

Aufgrund der Ausweitung des Steinbruchs wurde der Schrein 1974 an seine heutige Stelle verlegt. Seitdem hat seine Popularität deutlich abgenommen und er geriet fast in Vergessenheit. Immerhin hat sich die Organisation für paranormale Phänomene Singapurs (*Singapore Paranormal Investigators*, SPI) der Sache angenommen und versucht seit einiger Zeit – vergeblich Licht in die dunkle Geschichte zu bringen.

Am Endpunkt der asphaltieren Straße (Jalan Wat Siam) liegt der **Tai Fo Si (15)**, der einzige buddhistische Tempel im thailändischen Stil auf Pulau Ubin. Von hier führen einfache Feldwege weiter in den Westen der Insel, der der Organisation *Outbound Singapore* (OBS) als Trainingscamp dient. Die OBS, 1967 gegründet und lange Zeit unter der Obhut des Militärs, versucht nach eigener Aussage „durch unmittelbare und zielgerichtete Naturerfahrung den Charakter Jugendlicher zu stärken, sowie Führungspersönlichkeit und Gruppengefühl herauszuarbeiten." Seit 1995 bildet die

OBS in Ubin Jugendliche aus, wundern Sie sich also nicht, wenn Ihnen im Westen der Insel große Pfadfindergruppen entgegenkommen. Weniger Drill, aber umso mehr Landschaft verspricht der Rückweg über den Jalan Endut Senin und den Jalan Batu Ubin zur **Lang Hut (16)**. Kurz hinter der Lang Hut führt die asphaltierte Straße zum **Noordin Beach (17)**, kein tropischer Traumstrand, aber immerhin ein Stück Sand am Meer mit schönem Blick auf Malaysia und guten Bademöglichkeiten. Biegt man einen Kilometer vor dem Noordin Beach den ausgeschilderten Feldweg in Richtung Murai Hut ab, so radelt man durch Shrimpsfarmen und Mangroven zurück in Richtung Pulau Ubin Village. Hier kann man bei gegrillten Meeresfrüchten oder chinesischer Hausmannskost den Tag ausklingen lassen.

## Reisepraktische Informationen

### Hinweis
**Karte** *siehe Seite 241.*

### Unterkunft
**Celestial Ubin Beach Resort $$ (13)**, *1000 Pulau Ubin,* ☎ *65426681, http://ubinbeach.celestialresort.com. Ehemals Marina Country Club (MCC). Einfache, aber saubere und komfortable Bungalows in unterschiedlicher Größe. Ideal, um einige Tage auszuspannen.*

### Camping
**Mamam Beach (4)** *und* **Noordin Beach (17)**: *Ausgezeichnete kostenlose Möglichkeit, das eigene Zelt aufzustellen. Eigenes Equipment und Verpflegung sind mitzubringen, da es keine Leih- und keine Einkaufsmöglichkeit in der Nähe gibt.*

### Restaurants
**Ubin First Stop Restaurant $ (18)**, *Ubin Village,* ☎ *65432489, Do–Di 11–20 Uhr. Einfaches, aber ausgezeichnetes chinesisches Restaurant auf dem Dorfplatz. Englische Speisekarte, mit Mandarin kommt man jedoch besser zurecht. Im Angebot sind einfache Gerichte wie gebratener Reis und Nudelsuppen, aber auch das Meeresfrüchte- und Fischangebot ist frisch und delikat zubereitet.*
**Season Live Seafood $–$$ (19)**, *Ubin Village,* ☎ *65427627, tgl. 11–19.30 Uhr. Direkt am Meer gelegenes Restaurant mit frischen Meeresfrüchten und Fischgerichten vom Grill. Einfaches Ambiente, aber schöne Terrasse mit Meerblick.*

### Einkaufen
*Mehrere kleine Geschäfte in* **Pulau Ubin Village** *in der Nähe des Piers. Beschränktes Sortiment, Snacks und Getränke. Keine Einkaufsmöglichkeiten jenseits des Hauptdorfs und an den Stränden und Campingplätzen.*

### Fahrradverleih
*Mehrere kleine Verleihstationen sind am Eingang zum Dorf zu finden. Die Leihgebühr richtet sich nach Modell und Zustand des Rads und ist abhängig vom eigenen Verhandlungsgeschick zwischen 2 und 4 SGD/Std., 8–12 SGD für den halben, 15–20 SGD für den ganzen Tag.*

# Kusu Island

### So kommt man hin

Die Fähre ab Marina South Pier braucht etwa eine Viertelstunde bis nach Kusu Island.
Abfahrtszeiten: Mo–Sa 10 und 14 Uhr, So 9, 11, 13, 15 und 17 Uhr.
Lediglich während des Kusu-Festivals Ende September–Ende Oktober legt die Fähre tgl. zwischen 6.30 und 17.30 Uhr ab Clifford Pier ab. Zu dieser Zeit sind die Boote „randvoll"!

Reisende mit einem Faible für lokale Religionen legen schon auf dem Weg nach St. John's einen ersten Zwischenstopp ein: Im Ticketpreis inbegriffen ist die kleine Nachbarinsel Kusu, die hin und wieder auch als Pulau Tembakul auf den Karten verzeichnet ist. Mythische Erzählungen ranken sich um die Insel, die ursprünglich aus einem Schildkrötenpanzer entstanden sein soll: Um zwei Schiffbrüchige zu retten, verwandelte sich eine magische Schildkröte in besagte Insel, die beiden Seeleute kletterten an Land – und zeigten sich, dem Tode entronnen, umgehend erkenntlich: Mit je einer Gebetsstätte ihrer Glaubensrichtung hinterließen der malaiische wie auch der chinesische Seemann die Hauptattraktionen der Insel.

*Entstehungsmythos*

Heute sind die beiden Schreine nicht nur bei Ausflüglern beliebt: Der Besuch des chinesischen **Tua Pek Kung** (Da Bo Gong Tempel), der dem gleichnamigen Gott der Kaufleute und der Boddhisattva Guanyin gewidmet ist, verspricht Reichtum und Kindersegen.

Auch der malaiische Schrein **Keramat Kusu** soll kinderlosen Ehepaaren helfen, doch noch den ersehnten Nachwuchs in die Welt zu setzen. Wer die Maler-Orgie in Gelb betritt, hat sogar die Auswahl zwischen mehreren separaten Gebetsstätten: Drei malaiische Heilige werden hier verehrt, denen große Frömmigkeit zu Lebzeiten bescheinigt wird: *Syed Abdul Rahman*, seine Mutter *Nenek Ghalib* und die Schwester *Putei Fatimah*. Besonders während des Kusu-Festivals im neunten Monat des Mondkalenders treten sich hier Tausende von Pilgern gegenseitig auf die Füße, um für Glück und Wohlstand zu beten.

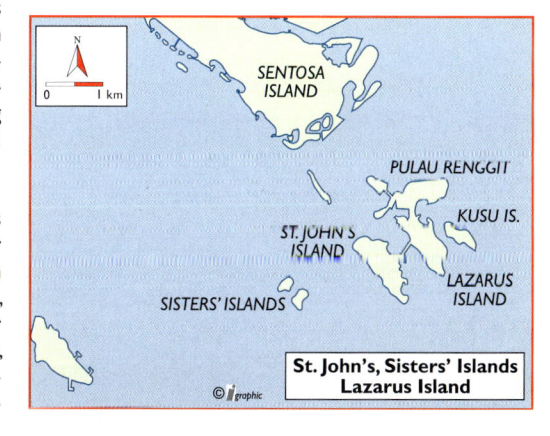

Die Erfolgsquote des Schreins lässt sich an der Anzahl der roten und gelben Schleifen in den Ästen ablesen: Für erfüllte, große Wünsche bindet der Bittsteller eine rote Schleife an, handelt es sich um einen einfachen, generellen Wunsch, genügt auch eine gelbe. Dass sich heute derart viele Wallfahrer gleichzeitig auf der Insel aufhalten können, verdanken diese übrigens der singapurischen Regierung: Als die Insel 1975 an den Fährverkehr angeschlossen wurde, vergrößerte man durch Landaufschüttung gleichzeitig die Inselfläche von 1,2 auf 8,5 Hektar.

Neben den beiden Tempeln gibt es auf Kusu nur wenig zu sehen: Einige Schildkröten-Terrarien helfen den besuchenden Schulklassen über die Wartezeit bis zum Ablegen des nächsten Boots hinweg. Grandiose Strände hat Kusu nicht, auch wenn es gerne als Badeinsel angepriesen wird, und auch keine Cafés oder Restaurants. In gut einer Stunde lässt sich die Insel umfassend erkunden. Übernachtungen sind auf Kusu übrigens generell nicht erlaubt.

## Sisters' Islands und Pulau Hantu

*Baden und tauchen*

Für die meisten Reisenden werden diese kleinen Inseln nicht auf dem Programm stehen, da sie nicht an den regulären Fährbetrieb angeschlossen sind. Wer trotzdem ungestört baden oder tauchen möchte, mietet sich am Clifford Pier ein Wassertaxi und organisiert die Anreise individuell. Gut 50 SGD pro Stunde sollten Sie dafür veranschlagen. Auf den Inseln selbst gibt es wenig Infrastruktur, Lebensmittel müssen mitgebracht werden. Übernachtungen auf den Sisters' Islands und Pulau Hantu sind nur mit Genehmigung durch das Southern Islands Management möglich.
*Die verantwortlichen Stellen sind per E-Mail unter administrator@sentosa.com.sg zu erreichen oder per Fax unter ☏ 62750161.*

## St. John's Island und Lazarus Island

### ☞ So kommt man hin

Mit der Fähre ab Marina South Pier, Dauer: 45 Minuten.
Mo–Sa Abfahrt 10 Uhr und 13.30 Uhr, So und feiertags 9, 11, 13, 15 und 17 Uhr. Hin- und Rückfahrt Erwachsene 15 SGD, Kinder 12 SGD, weitere Infos unter www.islandcruise.com.sg.

*Einst Quarantäneinsel und Strafkolonie*

Noch Anfang des 20. Jahrhunderts bedeutete ein Ticket nach St. John's alias Pulau Sakijang Bendera wenig Gutes: Wer auf die Insel fuhr, war entweder bereits von der Cholera befallen oder hatte gute Chancen, sich die Seuche in der dortigen Quarantänestation einzufangen. Erst als 1950 die Einwanderungsgesetze verschärft wurden, schlossen sich auch die Tore des Quarantänegebiets. Gesellschaftsfähig wurde die Insel aber noch lange nicht: Anstelle der kranken Zuwanderer harrten hier nun Mitglieder der chinesischen Geheimgesellschaften der Deportation. Kaum hatte sich Singapur der Mafiosi entledigt, beschloss die Regierung, auch mit der Drogensucht abzurechnen: St. John's wurde in ein Rehabilitationszentrum für Opiumabhängige verwandelt. 1975 schien der Stadtstaat seine Aufräumarbeiten erledigt zu haben. Die berüchtigte Insel wurde kurzerhand zum Ferienziel erklärt und für die Öffentlichkeit freigegeben.

# St. John's Island und Lazarus Island

*Auf dem Weg nach St. John's*

Zugegeben – einen schönen Ausblick hatten bereits die unfreiwilligen Bewohner der hügeligen Insel: Von palmengesäumten Stränden umgeben, konnte sich St. John's daher schnell als Wochenendziel etablieren. Und mit nur 6,5 km Distanz zur Hauptinsel Singapurs ist die Fahrtzeit selbst für Distanz-entwöhnte Singapurer noch gut zu verkraften. Besonders an Wochenenden herrscht daher Gedränge am Pier der Fähre, die die erholungsbedürftigen Bürger in ca. 20 Minuten vom Sentosa Ferry Terminal zur Insel bringt.

*Heute beliebtes Wochenendziel*

Wer auf St. John's noch einen Hauch von Strafkolonie erwartet, wird allerdings enttäuscht: Lediglich eine Tafel an der Anlegestelle erinnert an diese Zeiten, ansonsten bleibt der abendliche Bierexzess in Perry Phuas „Gipfelkneipe" auf dem Hügel am Strand die einzige Möglichkeit, nach erfolgreicher Entspannung über die Strenge zu schlagen. Verpflegung und Ausrüstung sollte man deshalb mitbringen, denn abgesehen vom kleinen Kiosk der Kneipe gibt es keine weiteren Einkaufsmöglichkeiten. Besonders unter der Woche lohnt sich der Besuch der 41 Hektar großen Insel.

Wer länger bleiben will, kann sich in der Ferienkolonie einmieten: Die *Sentosa Development Corporation* vermietet einen Bungalow in Strandnähe, der bis zu zehn Personen fasst. Größere Gruppen können sich im benachbarten Schlafsaal einmieten. Preise und weitere Details gibt es unter der Sentosa-Hotline: ☏ 1800-7368672 von 9 bis 10 Uhr oder unter administrator@sentosa.com.sg

Durch eine Brücke ist St. John's mit der Nachbarinsel **Lazarus Island** verbunden, die wiederum durch Landgewinnung mit Pulau Seringat zusammengelegt wurde. Beide kommen sie auf 47 Hektar Größe. Große Teile dieser Insel sollen auch in Zukunft unberührt bleiben.

# 7. ANHANG

# Literatur/Buchempfehlungen

- Manfred Kieserling (Hg.): „**Singapur – Metropole im Wandel**". 2000 Frankfurt. Soziologische und politische Analysen in lesbarer Form bieten einen interessanten Einblick in Gebiete, die vom Reiseführer sicher nicht abgedeckt werden können.

- Bernhard Dahm und Roderich Ptak (Hrsg.): „**Südostasien-Handbuch**". 1999 München. Der komplette Überblick über Südostasien und damit auch Singapur: Geschichte, Politik und aktuelle Entwicklung im Detail.

- Peter Church: „**Short History of South East Asia**". 2009 Singapore. Die Geschichte der südostasiatischen Staaten jeweils separat abgehandelt: Übersichtlich und spannend zu lesen. Bei Singapur leider erst ab der Unabhängigkeit.

- Nigel Barley: „**Der Löwe von Singapur – eine fernöstliche Reise auf den Spuren von Thomas Stamford Raffles**". Wer war Raffles eigentlich wirklich? Barley begibt sich auf die Spurensuche vor Ort. Mit englischem Humor geschrieben, verbindet das Buch Geschichte und Aktualität.

- Jim Baker: „**Crossroads – A popular History of Malaysia and Singapore**". 2010 Singapur. Geschichte, ausführlich und von Anfang an.

- David Brazil: „**Insider's Singapore. The Alternative City Guide**", Times Editions, 2001 Singapore. Brazil hat politische und historische Anekdoten gesammelt und die Hintergründe zu weniger bekannten Gebäuden ausgegraben. Eine schöne Lektüre für Reisende, die bereits alle konventionellen Reiseführer gelesen haben.

- Mighty Minds Publishing: „**Fun Singapore. A Leisure, Recreational and Discovery Guide**". Übersichtlich und prall gefüllt mit Karten, Bildern und Informationen. Ideal, um einen Überblick über die Sehenswürdigkeiten Singapurs zu bekommen.

- Hwee Hwee Tan: „**Mammon Inc.**", 2005 Berlin. Glänzende Satire auf die Macht der Weltkonzerne und den „Singapore Way of Life".

- James Clavell: „**Der Rattenkönig**", 2001 München. Eindringliche und bedrückende Schilderung der Kriegsgefangenenlager in Singapur während des Zweiten Weltkriegs.

- Jiu Dan: „**Crows: The Singapore dream of a group of China women**", 2001 Singapur. Skandalbuch des Jahres 2001, beschreibt das Leben und die Leiden festlandschinesischer Frauen in Singapur.

- Mark Ravinder Frost, Yu-Mei Balasingamchow: „**Singapore: A Biography**", Singapur 2010. Das wahrscheinlich ausführlichste und am besten bebilderte Werk über die Geschichte Singapurs von 1300 bis 1965.

# Stichwortverzeichnis

## A
Abdul Gaffoor Moschee 149
Abreise 52
Ahnenverehrung 31
Akupunktur 52
Al Abrar Moschee 183
Alkohol 52
Alsagoff Arabic School 143
Amoy Street 182
Amoy Street Food Centre 183
Amtssprachen 41
Angullia Moschee 150
Ann Siang Hill 182
Ann Siang Hill Road 175
Anreise 52
Apotheken 54
Arab Street 81, 140
Arbeitserlaubnis 55
Armenian Church 119
Arts House 115
ArtScience Museum 106
ASEAN 24
Asia Insurance Building 172
Asian Civilisations Museum 106
Atheisten 36
Aufenthaltserlaubnis 55
Auslandskrankenversicherung 70
Auto fahren 55
Autovermietungen 56

## B
Babys 57
Babysitter 57
Bangkok 91
Bank of China 170
Banken s. Geld
Barisan Sosialis 17
Bars 49
Batam Island 91
Battle Box 123
Behinderte 57
Behörden 57
Bettler 58
Bevölkerung 30
Bintan 91
Boat Quay 107, 108
Bootsfahrten 111
Botanischer Garten 164
Botschaften 58
Boutiquehotels 155
Bras Basah Road 127
Bücher 59
Buddhismus 30
Bugis 132
Bugis Village 132
Bukit Batok Town Park 214
Bukit Timah Nature Reserve 211
Burkill Hall 165
Business-Informationen 59
Bussystem 83

## C
Cairnhill Road 161
Caldwell House 118
Camping 60
Cathedral of the Good Shepard 119
Cavenagh Bridge 113
Cenotaph 117
Central North 127
Changi 199
Changi Beach Park 200
Changi Prison Museum 199
Changi Village 200
Chijmes 118
Chinatown 80, 174
Chinatown Arts Belt 179
Chinatown Complex 179, 189
Chinatown Heritage Centre 178
Chinese Garden 205
Chinese Theatre Circle 179
Chinesen 30, 174
Christen 36
Church of Saint Peter and Paul 131
Church of the Holy Family 195
CityBuzz 157
City Hall 116
Civilian War Memorial 118
Clarke Quay 107, 109
Clifford Pier 170
Club Street 182, 188

Colonial Core 113
Cuppage Terrace 161

**D**
Daoismus 31
Deutsche Bank 70
Drogen 60
Drogerien 54
Dschungel 211
Dunlop Street 149
Dunxton Hill 184
Durian 117

**E**
East Coast Park 192
East Coast Road 195
East India Company 12, 18
Eastern & Oriental Express 52
Einkaufen s. Shopping
Einreise 61
Einwanderer 30
Elektrizität 61
Emerald Hill 160
Equinox Complex 117, 126
Ermäßigungen 61
Esplanade Theaters on the Bay 117
Esplanade-Park 117
Essen und Trinken 61
Ethnien 30
Eu Yan Sang Clinic 181, 189

**F**
Fähren s. Weiterreise
Fahrkarten 84
Fahrrad fahren 66
Far East Square 184
Farquhar, William Colonel 14
Feiertage 40
Fengshui 32
Fernsehen 66
Feste 40
Festivals 40, 48, 75
Fettnäpfchen 46
Financial District 170
Flüge 67
Flughafen 53
Fort Canning 122
Fort Canning Centre 122

Fort Canning Park 121
Fort Siloso 235
Fotografieren 67
Fountain of Wealth 139
Frauen allein unterwegs 68
Friseur 68
Fullerton Hotel 104, 108

**G**
Gardens by the Bay 106
Gedong Kuning 143
Geführte Touren 69
Geisterglauben 32, 37
Geld 70
Geschichte 11
Gesellschaft 30
Gesundheit 70
Geylang 191
Geylang Serai 191
Geylang Serai New Market 193, 198
Goh Chok Tong 26
Golf 71
Goodwood Park Hotel 159

**H**
Haji Lane 141
Hajjah Fatimah Moschee 143
Haw Par Villa 208
Hawker Center 62
HDB Gallery 220
HDB Hub 220
Hill Street Building 107
Hilton Hotel 158
Hinduismus 33
Holland Village 204
Hotelkategorien 88
House of Japan 141, 145
Housing Estates 25, 175, 179
Hussein, Mohammed Shah, Sultan von Johor 13

**I**
Imperial Herbal 64, 217
Inder 32, 146
India Arts Belt 149
Indian Cultural Corner 149
Indonesien 91
Informationen 72

Internet 72
Islam 35
Istana 164
Istana Kampong Glam 143

**J**

Jackson Plan 14
Jamae Moschee 179
Japanese Garden 206
Java 13, 18
Johor Bahru 89, 227
- Johor Chinese Temple 228
- Masjid Sultan Abu Bakar 228
- Royal Abu Bakar Museum 228
- Sri Raja Mariammam Tempel 228
Joo Chiat Komplex 193
Jurong Bird Park 210

**K**

Kaiserreich, japanisches 16
Kampong Glam 140
Karten 74
Katong 191
Katong Bakery 196
Kenny Fong 37
Keremat Iskandar Shah Schrein 122
Keremats 36
Kinder 74
Kleidung 75
Klima 22, 78, 79
Knigge 45
Konfrontasi 17
Konfuzianismus 27, 31
Konfuzius 27, 31
Kong Meng San Phor Kark See Tempel 220
Konsulate 58
Kranji Nature Trail 226
Kranji Reservoir Carpark 225
Kranji War Memorial 224
Kuala Lumpur 90
Kuan Im Tng Tempel 194
Kuan Im Tong Tempel 132
Küche 61
Küche, chinesische 62
Küche, indische 63
Küche, malaiische 63
Küche, medizinische 64

Küche, Peranakan- 65, 196
Kulinarisches Glossar 62
Kultur 30, 47
Kusu Island 245

**L**

Landschaft 19
Lau Pa Sat Food Centre 173
Lazarus Island 246
Lee Hsien Loong 23, 27
Lee Kuan Yew 23, 26, 29, 174
Leong Nam Temple 193
Leong San Tempel 151
Lian Shan Shuang Lin Kloster (Siong Lim Tempel) 219
Lim Bo Seng Memorial 117
Literatur 248
Little India 80, 146
Little India Arcades 149
Little Tokyo 163
Londoner Vertrag 14

**M**

MacRitchie Nature Trail 221
MacRitchie Reservoir Park 221
Maggi Beer Garden 149
Maghain Aboth Synagoge 129
Majestic Theatre 177
Makaken 213
Malabar Moschee 143
Malakka-Straße 12, 20
Malay Heritage Centre 143
Malay Village 193
Malaysia 12, 17, 89, 227
Marina Bay 103
Marina Bay Sands Hotel 105, 108
Marina South 105
Märkte 82
Masjid Khalid 193
Maßeinheiten 77
Medien 43
Meerenge von Johor 19
Melaka 90
Memorial Obelisk 113
Merlion 105
MICA-Building 121
Ming Village 214
Mohamed Sultan Road 107, 110

Monsun 22
MRT (U-Bahn) 83
Mustafa Centre 80, 152
Mythen, chinesische 208

## N
Nachtleben 77
Nachtmärkte 62
Nagore Durgha Schrein 184
Nathan, S. R. (Sellapan Ramanathan) 23
National Art Gallery 116
National Museum of Singapore 120
Naturreservat Bukit Timah 211
New Bugis Street 132
Norden Singapurs 218
Notruf 77

## O
Öffnungszeiten 78
Off-Theater 76
Old Malay Cemetery 143
Old Muslim Cemetery 143
Old Parliament House 115
One Fullerton 105
Opiumkrieg 172
Orchard Road 80, 157
Osten Singapurs 199
OUB Centre 172

## P
Padang 117
Pagoda Street 177
Pagode der 10.000 Buddhas 221
Parameswara (Iskander Shah) 11
Parco Bugis Junction 138
Parkview Square 133
Pasir Ris Park 201
People's Action Party 17
People's Park Complex 177
Peranakan Museum 119, 196
Peranakan Place 160
Peranakan-Kultur 119, 196
Pinto Pagar 161
Politik 23
Post 78
Preiskategorien (Hotels) 88
Preiskategorien (Restaurants) 65
Programmvorschläge 99

Pulau Hantu 246
Pulau Tioman 90
Pulau Ubin 238
- Beberek Hut 241
- Belatok Hut 242
- Besucherkiosk 240
- Celestial Ubin Beach Resort 242
- Feuchtgebiet Tanjong Chek Jawa 241
- Foshan Gong Tempel 242
- Hauptanlegestelle 240
- Kelichap Hut 242
- Lang Hut 244
- Lotusteich Tempel (Weitou Fagong Tempel) 242
- Mamam Beach 241
- Murai Hut 241
- Noordin Beach 244
- Pekakak 242
- Pulau Ubin Village 240
- Schrein des Deutschen Mädchens 243
- Tai Fo Si 243
- Tua Pek Tong Schrein 242

## R
Raffles City 117
Raffles Hotel 127, 135
Raffles Landing Site 106
Raffles Place 171
Raffles Quay 172
Raffles Terrace 123
Raffles, Sir Stamford 13, 17, 103, 116, 122, 146, 174
Rauchen 78
Regierungssitz 164
Reinigung 89
Reisebüros 87
Reisezeit 78
Religionen 30
Riau-Inseln 91
Ridley, Henry Nicholas 165
Riverside Point 108
Robertson Quay 108, 110
Robinson, Sir William 172
Rochor Canal 127
Ru Yun Pagode 205
Rubber Ridley
   s. Ridley, Henry Nicholas

## S

Sago Lane 179
Sago Street 179
Saint Joseph's Church 131
Sakyamuni Buddha Gaya Tempel 151
Sarkie, Gebrüder 128
Sasanaramsi Tempel 220
Sculpture Square 133
Sentosa Island 231
- Animal & Bird Encounters 234
- Butterfly Park & Insect Kingdom 234
- Cinema 4D 234
- Cinemania 234
- Dolphin Lagoon 234
- Fort Siloso 234
- Images of Singapore 234
- Lake of Dreams 235
- Marine Life Park 235
- Musical Fountain 234
- Nature Walk 235
- Palawan Beach 232
- Resorts World Sentosa 235
- Sentosa Luge 234
- Siloso Beach 232
- Tanjong Beach 234
- Tiger Sky Tower 234
- Underwater World 234
- Universal Studios Singapore 235
Shopping 78
Shopping Center 162
SIA-Hop-On-Bus 99, 157
Sicherheit 82
Singapore Art Museum 129
Singapore Cricket Club 117
Singapore Discovery Centre 214
Singapore Flyer 134
Singapore Paranormal Investigators (SPI) 37
Singapore Philatelic Museum 119
Singapore Recreation Club 117
Singapore Repertory Theatre 76
Singapore River 103
Singapore Science Centre 207
Singapore Tourism Board 72
Singapore Visitors Center 161
Singapur-Knigge 45
Singlish 43
Siong Lim Tempel 219
Sisters' Islands 246
Smith Street 178
Snow City 215
South East Asian Birds Aviary 211
Southern Ridges 203
Spice Garden 123
Sport 82
Sprache 41, 82
Sri Krishnan Tempel 133
Sri Mariamman Tempel 180
Sri Senpaga Vinayagar Kalamandapam Tempel 196
Sri Srinavasa Perumal Tempel 151
Sri Veeramakaliamman Tempel 150
St. Andrew's Cathedral 116
St. John's Island 246
Stadtverkehr 83
Steuerrückerstattung 85
Strafen 85
Straits Settlements 14
Strände 85
Sultan Gate 143
Sultan Moschee 142
Sun Yat-sen 220
Sun Yat-sen Nanyang Memorial Hall 220
Sungei Buloh Wetland Reserve 224
Suntec City 134, 139
Supreme Court 115
Swissôtel The Stamford 117, 124
Syed Alwi Street 147

## T

Tan, Tony (Tan Keng Yam) 23
Tan Kim Seng Fountain 117
Tekka Mall 147
Tekka Market 147
Telefonieren 86
Telok Ayer Street 183
Tempel der Buddhazahn-Reliquie 185
Thaipusam Festival 41, 150
The Necessary Stage 76
Theater 48, 76
Theatreworks 76
Themenparks 203, 214, 235
Thian Hock Keng Tempel 183
Thye On Ginseng Medical Hall 181
Toa Payoh 219

Touren, geführte 69
Tourenvorschläge 99
Tourveranstalter 87
Toy Factory Productions 76, 179
Tregonning, Professor 11
Trengganu Street 178
Trinkgeld 87
Trinkwasser 87
TV-Programme 45

## U
U-Bahn MRT 83
Umweltschutz 19
Unterkünfte 87
Upper Peirce Reservoir 223

## V
Vegetarier/Veganer 88
Veranstaltungen 75
Veranstaltungskalender 88
Versicherung 88
Victoria Theatre and Concert Hall 113
Visitor Card 84
Visum 88
VivoCity 217

## W
W!ld Rice 76
Wäsche waschen 89
Weiterreise 89
Wellness 92
Westen Singapurs 203
Wholesale Center 144
Wild Wild Wet 201
Wirtschaft 23
Wisma Geylang Serai 193
Woodlands 224

## Y
Yue Hwa Chinese Products 80, 177, 189

## Z
Zam Zam Restaurant 144
Zeitungen/Zeitschriften 45, 93
Zeitzone 94
Zoll 94
Zoo von Singapur 223

# Bildnachweis

Alle Abbildungen stammen von Françoise Hauser und Volker Häring, außer

Eastern & Oriental Express: Seite 53
fotolia.com (ocipalla): Seite 112 und Buchrückseite unten
Hotel Wanderlust: Seite 154, 156 u.
IFA Bilderteam: Seite 132
National Museum of Singapore: Seite 11, 12, 17, 18 (2x)
New Majestic Hotel: Seite 156 o.
Peranakan Museum: Seite 120
Sentosa Tourism: Seite 74, 92, 138, 230, 235, 236
Singapore Science Centre: Seite 207
Wangz Hotel: Seite 97, 155
Wikipedia: Seite 13, 14, 19

# China individuell

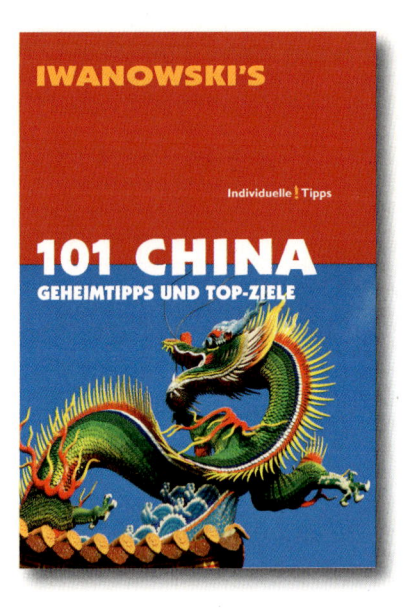

In Band „101 China – Geheimtipps und Top-Ziele" haben die beiden China-Experten Françoise Hauser und Volker Häring ihr gesamtes Fachwissen gebündelt.
„Für uns als Autoren war das Buch eine Herzensangelegenheit. Wir sind mehrmals pro Jahr im Reich der Mitte unterwegs und haben unseren Spaß, neue Routen, Hotels und Restaurants auszuprobieren. Dank der rasanten Entwicklung in China wird das Land dort nie langweilig und birgt immer wieder tolle Überraschungen."
Diese Freude am Land merkt man den 101 Artikeln an: Sie berichten auf je einer farbigen Doppelseite über die architektonischen Weltwunder, die kulturellen Highlights, die heiligen Stätten, die weltberühmte Küche, die schönsten Landschaften und vor allem die Besonderheiten im Verborgenen.
Das Buch ist in acht Kapitel geordnet: Städte & Regionen, Natur & Landschaft, Tempel, Klöster & Paläste, Museen & Kunst, Literarische & Politische Spuren, Hotels & Guesthouses, Essen, Trinken & Nightlife sowie Fahrrad- & Trekkingtouren. Im Anhang finden sich allgemeine reisepraktische Hinweise von A – Z. In den Umschlaginnenklappen sind alle 101 Spots auf zwei Übersichtskarten eingezeichnet.

## Das komplette Verlagsprogramm unter:
## www.iwanowski.de

# China individuell

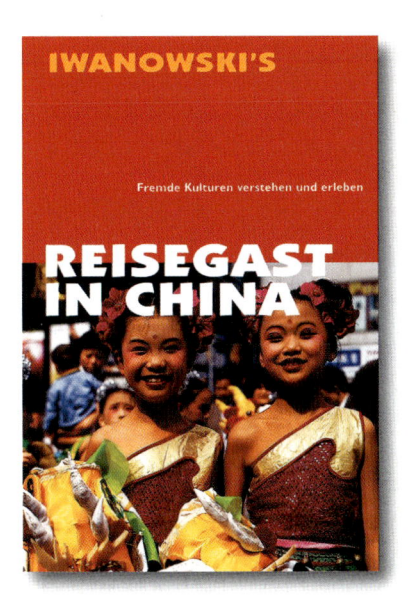

„‚Reisegast in China' bietet nicht nur zahlreiche Informationen zur Geographie, Geschichte und Kultur Chinas, sondern erläutert auch Hintergründe zum chinesischen Alltag und wie sich ein ausländischer Gast darin bewegt, ohne allzu oft in Fettnäpfchen zu treten. Feste- und Feiertage sind hier ebenso thematisiert wie Farb- und Tiersymbolik, Religion, TCM, oder Esskultur. Der Kulturführer ist mit Bildern, Karten, sowie einem kleinen Sprachführer ausgestattet...
Geeignet für: alle, die fest davon überzeugt sind nie im Leben genervt 'oh, diese Chinesen' zu raunen. Einschätzung: Toller kleiner Kulturführer mit Wiedererkennungswert." **www.dragonview.de**

„Die kompakten Reisebegleiter geben Urlaubern und Geschäftsreisenden die nötigen Starthilfen, um sich im Zielgebiet fast wie ein Einheimischer zu bewegen. Jedes Buch der Reihe „Reisegast in..." bietet fundierte Infos zur Kultur und den Essgewohnheiten des Urlaubslands, erklärt die Religionen näher und hilft mit einem kleinen Knigge durch den Urlaubsalltag. Außerdem gibt es praktische Karten und sogar einen Mini-Sprachführer. Highlight der Reisehandbücher: das Kulturspiel. Für sechs mögliche Situationen im Urlaub werden drei Antwortmöglichkeiten gegeben. Die richtige Lösung ist manchmal alles andere als offensichtlich!" **Travel Talk**

## Das komplette Verlagsprogramm unter:
## w w w . i w a n o w s k i . d e

# ebook-Reiseführer

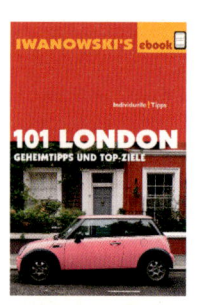

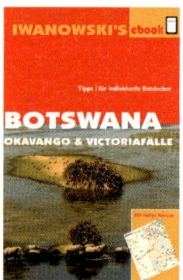

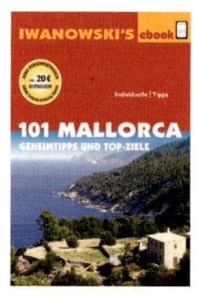

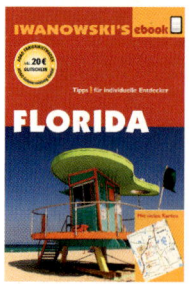

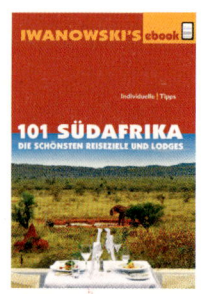

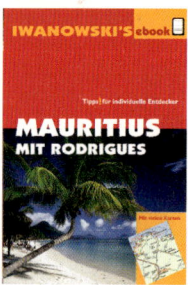

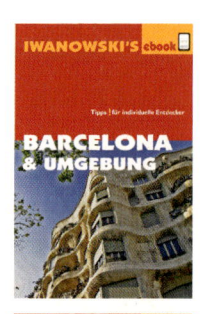

Die Iwanowski's ebooks liegen im epub-Format vor, sodass sich Texte und Bilder dynamisch an die jeweilige Bildschirmgröße des Lesegerätes anpassen. Das Format ist für die Nutzung auf dem iPad optimiert. Die epub-Datei ist auch auf Tablet-PCs mit Android-Apps, Smartphones und ebook-Readern lesbar. Weitere Titel in Vorbereitung.

Veränderung der Schriftgröße und -art sowie durch Fingertipp vergrößerbare Karten und Fotos (je nach Lese-App)

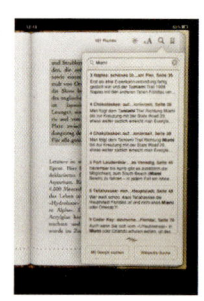

Suchfunktion im Buch bzw. bei Google oder Wikipedia

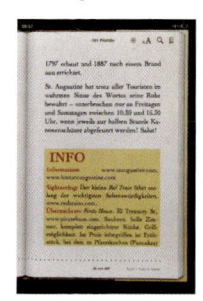

Direkt verlinkte Internetadressen

## Das komplette Verlagsprogramm unter:
## www.iwanowski.de

# 101 Geheimtipps

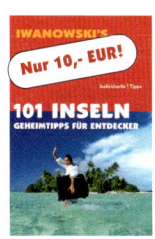

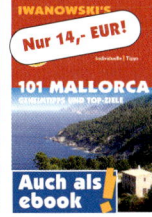

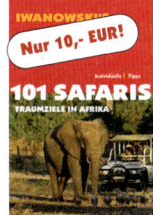

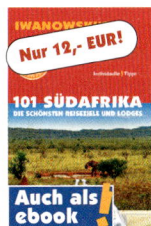

- 101 BERLIN — Nur 14,- EUR! (Auch als ebook)
- 101 CHINA — Nur 14,- EUR!
- 101 FLORIDA — Nur 14,- EUR!
- 101 HAMBURG — Nur 14,- EUR! (Auch als ebook)
- 101 INDIEN — Nur 14,- EUR!
- 101 INSELN — Nur 10,- EUR!
- 101 KANADA-WESTEN — Nur 14,- EUR!
- 101 LONDON — Nur 12,- EUR! (Auch als ebook)
- 101 MALLORCA — Nur 14,- EUR! (Auch als ebook)
- 101 NAMIBIA — Nur 14,- EUR! (Auch als ebook)
- 101 REISEN FÜR DIE SEELE — Nur 12,- EUR!
- 101 SAFARIS — Nur 10,- EUR!
- 101 SKANDINAVIEN — Nur 12,- EUR!
- 101 SÜDAFRIKA — Nur 12,- EUR! (Auch als ebook)
- 101 USA — Nur 12,- EUR!

„Eine Reihe als Ideensammlung für kreatives individuelles Reisen."
*Begründung der Jury zum ITB Award 2011 für "Die besondere Reiseführer-Reihe"*

„Wunderbar zum Stöbern und Auf-Ideen-Kommen."
*Brigitte zu „101 Inseln"*

„Dieser neue Reisebuchtyp ist kein Reisebuch, wie gewohnt. Dies ist eine Ideensammlung – eine Schüssel voller Appetithappen oder ein Ideenfinder. Ein gutes Konzept, ein gutes Buch".
*Freie Presse Chemnitz zu „101 USA"*

## Das komplette Verlagsprogramm unter:
## www.iwanowski.de

# IWANOWSKI'S REISEBUCHVERLAG

# FÜR INDIVIDUELLE ENTDECKER

## REISEHANDBÜCHER

### Europa
Barcelona und Umgebung
Berlin*
Dänemark*
Finnland*
Irland*
Island*
Liparische Inseln *
Lissabon
Madeira*
Moskau & Goldener Ring
Nordspanien & Jakobsweg*
Norwegen*
Paris und Umgebung*
Piemont & Aostatal*
Polens Ostseeküste & Masuren*
Provence mit Camargue*
Rom*
Schweden*
Tal der Loire mit Chartres*

### Asien
Hong Kong
Oman*
Peking
Rajasthan mit Delhi & Agra*
Shanghai
Singapur
Sri Lanka/Malediven*
Thailand*
Tokio mit Kyoto
V.A.E. mit Dubai & Abu Dhabi *
Vietnam*

### Afrika
Äthiopien*
Botswana*
Kapstadt & Garden Route*
Kenia/Nordtanzania*
Mauritius mit Rodrigues*
Namibia*
Südafrikas Norden & Ostküste*
Südafrika*
Uganda/Ruanda*

### Australien / Neuseeland
Australien mit Outback*
Neuseeland*

### Amerika
Chile mit Osterinsel*
Florida*
Guadeloupe und seine Inseln
Hawaii*
Kalifornien*
Kanada/Osten*
Kanada/Westen*
Karibik/Kleine Antillen*
New York
USA/Große Seen*
USA/Nordosten*
USA/Nordwesten*
USA/Ostküste*
USA/Süden*
USA/Südwesten*
USA/Texas & Mittlerer Westen*
USA/Westen*

### 101... - Serie: Geheimtipps und Top-Ziele
101 Berlin
101 China
101 Florida
101 Hamburg
101 Indien
101 Inseln
101 Kanada-Westen
101 London
101 Mallorca
101 Namibia – Die schönsten Reiseziele, Lodges & Gästefarmen
101 Reisen für die Seele – Relaxen & Genießen in aller Welt
101 Reisen mit der Eisenbahn – Die schönsten Strecken weltweit
101 Safaris – Traumziele in Afrika
101 Skandinavien
101 Südafrika – Die schönsten Reiseziele und Lodges
101 USA

## REISEGAST IN...
Ägypten
China
England
Indien
Japan
Korea
Polen
Russland
Südafrika
Thailand

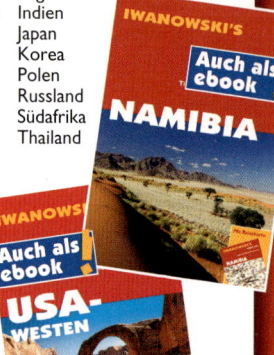

\* mit herausnehmbarer Reisekarte
 auch als ebook-Reiseführer (epub)

Iwanowski's Reisebuchverlag GmbH • Salm-Reifferscheidt-Allee 37 • D- 41540 Dormagen
TEL: 02133/260311 • FAX: 02133/260333 • E-MAIL: INFO@IWANOWSKI.DE
www.iwanowski.de • www.facebook.com/Iwanowski.Reisebuchverlag
www.twitter.com/Iwanowskireisen